KB124722

교육사회학 3판

학교 사회-문화 분석

| 김병성 저 |

A Sociology of Education

학지사

3판 머리말

한국교육학회 산하 교육사회학 연구회가 1967년 4월 발족되어 초대 회장에 고(故) 진원중 교수님을 모시고 저자는 초대 간사로 한국교육사회학 연구에 입문하였다. 그리고 1990년 저자가 한국교육사회학회 회장 때 학회지『교육사회학 연구』창간호(1권 1호)가 발간되었다.

교육사회학회가 창립 50주년이 가까워지는 지금, 지나간 연구·활동의 날들이 주마등 같이 지나간다. 1970년대 '한국행동과학연구소'에서 완전학습 연구, 남아존중 사상 연구, 인구문제 관련 교육프로그램 개발 등과 1980년대 '한국교육개발원'에서 교육불평등, 교육격차, 고교평준화, 청소년 문제 등 수많은 한국 교육 문제 해결을 위한 기초·정책연구를 진행하였다. 이어 한국교원대학교에서 수많은 대학생, 현장교사와 석·박사과정 학생들과 교육사회학 관련 강의와 연구를 계속적으로 수행하여 왔다.

그간 우리의 교육사회학 탐구는 서구적 이론이나 방법론에 기반하여 발전되어 온 것을 부정하기는 어려울 것이나 저자는 나름대로 두 연구소 생활을 통하여 주로 사회학적 연구 기초소양을 터득하였다. 그리고 교육 연구의 실제 방향은 교육현장, 학교 및 학급의 교육 실천에 적용할 수 있는 데 주안점을 두었다. 서구적 완전학습, 교육격차, 교육평등화, 청소년 비행 등에 관한 이론이나 관점을 우리 교육의 현실, 교실현장을 중심으로 연구모형을 재구성하여 실험·실천 방향을 설정하고 그 효과를 검증하는 노력을 하였다.

그간 '교육사회학' '교육과 사회' 그리고 '교육사회학 관련 이론' 등을 통하여 대학, 대학원 그리고 현장교사들에게 많은 호응을 받은 것에 깊이 감사드린다. 이런 응원에 힘입어 이번에 그간의 대학강의와 연구에서 사용한 자료 중 아직 소개가 덜 된 내용을 첨가하여 지금까지의 교재 내용을 리모델링(Remodeling)한다는 의도로 교육사회학 관련 저자의 연구자료를 종합·정리한 『교육사회학: 학교사회·문화분석』을 출판하게 되었다.

특히 사회문제, 사회갈등, 교육격차·불평등 그리고 청소년 문화 등에 관한 보다 구체적인 내용과 자료를 첨가하였다.

교재 구성은 '교육사회학이론 → 학교사회문화 → 교육실천 과정'이라는 전체 구조를 중심으로 내용을 체계화하였다.

구체적으로 제1부에서는 교육과 사회관계를 교육사회학의 발달 과정, 거시·미시적 관련 이론, 학문적 성격과 연구 영역으로 제시하였고, 제2부에서는 교육불평등과 교육격차·학력격차의 문제를 그 접근 모형과 실천 과정을 구체적 자료에 더하여 제시하였으며, 제3부에서는 청소년 문제와 교육갈등과 사회갈등의 현안을 중심으로 현실교육의 문제, 한국교육의 가능성과 한계성을 살펴보고, 제4부에서는 사회체제로서 학교문화, 학급사회 역동성, 학교학습풍토, 교사기대와 교육효과, 학교효과의 실증연구, 학급의 사회심리학적 과정에 관한 내용을 추가하였으며, 제5부 한국 사회와 글로벌 교육에서는 평생교육, 다문화교육의 필요성과 발전과제 그리고 북한 사회의 교육이념, 제도, 과정 등을 제시하였다.

이 책에 수록된 내용이 한국 교육사회학의 전체 내용을 포괄할 수는 없으나 저자가 지금까지 연구·개발한 자료에 근거하여 기술하였다.

교육과 사회관계를 체계적으로 접근-분석-설명하는 교육사회학의 탐구를 미시·거시적 관점으로 양분하여 구분한다면 이 책은 학교사회, 학급문화의 측면, 즉 미시적 관점에 주안점을 갖고 보다 구체적으로 제시하였다. 그 자체의 이론이나 관점도 중요하겠지만 궁극적으로 교육사회학 탐구의 목적은 학교교육의 발전, 즉 교실 내 교사-학생의 상호작용이 어떻게 이루어져야 교육효과가 달라질 수 있다는 가능성을 제시하여야 그 학문적 존재 가치가 있기 때문이다.

이 책 출판에 즈음하여 큰 도움을 주신 중요한 분들의 헌신적인 협조를 잊을 수 없다. 한국교육개발원에서 최상근 박사, 정영애 교수, 최돈민 교수, 한대동 교수

그리고 한국교원대학교 박사 과정의 홍재호, 허정무 교수를 비롯하여 김석수, 강길석, 김승호, 최진철, 공한옥, 배종웅, 소창영 교장의 열띤 토의 그리고 대학 강의와 현직교사 지도를 통하여 계속적으로 이 책의 수정 · 보완점을 알려 준 김종두, 김용구 박사님께 깊은 감사를 드린다. 무엇보다 저자의 학문적 도전력과 연구에 영향을 주신 미시간주립대학교의 지도교수이신 교육사회학 태두, Wilbur B. Brookover 교수님의 은혜를 평생 잊을 수 없다. 또 학교교육 현장에서 수업실천을 직접 실행하면서 교사기대 효과나 학급 내 교사-학생 관련 요인을 직접 체험하고 알려 준 여식 김지선, 김지영 박사, 최종 원고 정리에 격려와 협조를 아끼지 않은 집사람 박복자께도 고마움을 전한다. 이 책은 나의 사랑스런 조손(祖孫) 근호, 진아, 시현, 인아, 주아, 윤의 장래 성공적 교육을 기원하며 바친다.

지금까지 근 20년 넘게 저자의 미약한 집필서 출판을 변함없이 독려 · 허락해 주신 학지사 김진환 사장과 편집 · 영업진 여러분께도 깊은 감사를 드리는 바다.

2017. 2.

저자 김병성

1판 머리말

교육학의 기초교과인 교육사회학은 교육과 사회관계를 체계적으로 접근 · 분석 · 설명하는 사회과학이라고 할 수 있다. 학자에 따라서는 '교육의 사회적 기초' '교육의 사회적 이해' 그리고 '교육과 사회' 등으로 지칭하기도 한다. 전통적으로 교육과 사회관계의 접근은 사회학을 중심으로 하여 교육현상에 대한 거시적 · 주변적 성격이 강하게 부각되었다. 다시 말해서 교육학의 주변적 이론모형, 즉 사회화, 사회 및 문화변동, 계층이동, 기회균등과 같은 구조적 · 거시적 이론모형에 의하여 교육현상을 설명하는 데 주력하였다고 볼 수 있다. 그러나 최근의 새로운 접근경향은 교육내적 측면을 중심으로 한 미시적 · 내면적 · 역동적 인과성(因果性)이나 관계를 밝히는 데 관심을 두고 있다. 따라서 교육사회학의 새로운 접근은 학교체제, 학급 내 집단역동관계, 교사 · 학생 역할 및 기대효과 등과 같은 관계성이나 상호작용에 주안점을 두고 접근 · 분석하려는 노력이 한층 심화되고 있다.

이러한 관점에서 본서는 '교육'과 '사회' 관계를 체계적으로 접근 · 분석 · 설명하는 데 있어서 앞의 두 관점, 즉 사회학적인 거시적 관점과 교육실제를 설명하는 미시적 관점을 포괄하여 제시함으로써 교육사회학의 학문적 영역을 조화롭게 연계시키고자 노력하였다. 사회현상의 하나로서의 교육양상을 접근하고 설명하는 데 있어서 미시적 · 거시적 관점은 상호보완적으로 투입될 수밖에 없을 것이다. 연구자의 관점에 따라서는 접근시각(視角)에서의 차이가 가능하기 때문이다. 거시적 관점은 사회라는 전체 맥락이나 구조 속에서 교육 또는 학교의 기능과 역할이 무엇인가, 그것을 설명하는 이론적 근거는 무엇인가를 더 강조할 것이다. 반대로 미시적 관점에서는 학교사회 체제 내의 과정(過程)이나 상호작용 관계에 영향을 주는 사회적 세력이나 관계구조에 더 관심을 두게 된다.

따라서 본서는 교육현상이나 실제를 접근 · 설명함에 있어서 거시적 · 미시적 관점을 포괄하여 제시함으로써 학생들로 하여금 교육과학으로서의 교육사회학의 학문적 성격과 그 탐구방법 등을 익히는 데 가장 중요한 목적을 두고자 한다.

본서의 내용은 첫째, 교육과 사회관계를 이해하는 데 있어서 교육사회학의 접근의 틀: 거시적 · 미시적 접근의 기본 관점과 관련 이론을 제시하였다. 둘째, 거시적 관점의 교육사회학 영역으로 과정, 사회변동, 사회계층과 사회이동, 정보화 사회와 교육관계를 기술하였다. 셋째, 미시적 관점으로서 학교사회의 체제와 문화, 집단역동, 교사 · 학생의 역할과 기대 등에 관한 교육사회의 심리학적 이론과 방법을 제시하였다. 넷째, 거시 · 미시적 관점을 통합하여 사회문제로서 학교교육의 가능성과 한계성, 청소년 문제, 대중매체와 교육, 그리고 사회구조적 불평등과 교육관계를 제시하였고, 끝으로 한국교육 균형발전의 과제를 위하여 북한 사회체제와 교육, 평생교육 체제와 발전과제를 중심으로 교육과 사회발전 방향을 제시하였다.

이 책은 필자가 앞서 쓴 『교육사회학』(1988), 『교육과 사회』(1994)를 한국교원대에서 대학과 대학원 학생들에게 강의하면서 최근에 변화되고 새롭게 제기되는 교육사회학적 문제와 과제를 보충하여 기술한 것이다. 1988년 처음 출판되어 두 번의 개정을 거쳐 『교육과 사회』(1994)로 보완하기까지 한국교원대 졸업생과 재학생들의 계속적인 토의와 협조에 많은 도움을 받았다. 한국교육개발원의 최상근, 최돈민 박사를 비롯하여 교육현장에 계신 김석수, 강길석, 소창영, 김종두 박사는 물론 원고 정리에 정성을 다하여 준 김용구, 오정숙 선생님께도 깊은 감사를 드린다. 아울러 교육학 전문서적 출판에 탁월한 노력과 열의로 이 책의 출판을 도와준 학지사 김진환 사장님과 편집부 직원들에게 깊은 감사를 드린다.

끝으로 학구적 열의와 어려움을 격려해 준 집사람과 지선, 지영, 지호에게 고마움을 전한다.

2004. 7.

저자 씀

차 례

제2부 | 교육불평등과 교육격차

제3부 | 사회문제와 청소년

제5부 | 한국 사회와 글로벌 교육

I 교육과 사회문화

아테네학당

16세기 라파엘로 작품. 그림의 중앙에 있는 두 인물은 플라톤과 아리스토텔레스다. 중세의 스콜라 철학 이후 아리스토텔레스의 사상과 르네상스 시기의 신 플라톤주의의 조화를 상징한다. 플라톤은 자신의 저서 티마이오스를 들고 오른손을 높이 들어 하늘을 가리키며 관념 세계를 논하는 모습이고, 아리스토텔레스는 니코마코스 윤리학을 들고 자연세계에 대한 탐구를 대변하고자 땅을 향해 손바닥을 펼치는 동작을 하고 있다.

교육산책 1 • 학교사회공동체

인간의 삶은 개체적인 존재가치에 못지않게 집단구성원의 일원 내지 그 사회적 연대의식 속에서 의미와 보람을 찾게 된다. 가정집단 속에서의 부모 · 형제의 관계와 마찬가지로 학교사회 속에서 교사 · 동료와의 공동체의식은 상호간의 헌신, 삶의 가치와 희열 그리고 사회정의와 생활공동체적인 특성을 갖게 한다.

그러나 근자에 우리 교육의 심각성 중에서 이러한 교육공동체의식의 부재, 더 나아가 공동체 위기란 표현까지 표출되고 있다.

공동체란 높은 정도의 정서적 유대감이 도덕적 헌신, 사회적 응집, 시간적 연속성 그리고 인간적인 친밀성을 특징으로 하는 모든 형태의 사회관계를 총괄하는 개념이다. 공동체가 인간에게 끼치는 영향력은 단순히 개인적 의지와 이해관계 수준에 의하여 감지되기보다는 같이 호흡하며 서로 부대끼는 가운데 서로 살고자 하는 깊은 정신적 수준에 의하여 체감적으로 인지되게 된다. 사회적 연대의식의 강조는 공동체 의식에서 공동체적 삶의 본질을 이루는 중핵개념이다.

가정의 사회화 기능은 태도 · 가치 형성 등을 위한 규범적 측면에 강조점을 둔다면 학교는 지식 · 기술 등을 습득시키는 인지적 측면에 치중한다.

한편 학교공동체는 가족의 교육적 기능을 넘어서는 교육의 장으로서 가족 구성원에 의한 교육의 비생산성을 극복하기 위한 것이 주요 목적이다. 즉, 가족에 의한 교육방법, 교육 내용에서의 체계성이나 일관성이 부족할 뿐 아니라 교육방법의 결여 때문이다.

따라서 학교공동체의식의 고양을 위하여 고려되어야 할 방향은 다음과 같다.

학교사회는 이익공동체 성격을 탈피하고 운명공동체 개념을 찾아야 한다. 이익공동체는 경쟁, 갈등, 효율성 또는 도구적 합의를 특징으로 삼는 비공동체의 사회적 관계라고 할 수 있다. 그러나 학교공동체는 서로서로가 친밀하고 평등과 협조의 원칙하에 서로 인격적인 관계를 유지하며, 서로의 감정을 응집시키며 서로가 서로에게 윤리적으로 동시에 도덕적인 유대를 유지 · 지속시키는 공동성 지향하는 집단이다.

다음으로는, 교육공동체 형성을 위한 학교의 사회화는 선별적 사회화보다는 동질적 사회화를 지향하는 노력이다. 동질적 사회화는 학생의 지식, 가치, 규범 형성에서 어떤 공통성을 부여함으로써 경쟁이나 대결을 지양하고 연대의식으로 상호 자극, 동기 유발 그리고 선의의 경쟁이 이루어질 수 있다.

제1장

교육사회학의 발달

All men by nature desire to learn.
모든 사람은 본능적으로 배우는 것을 바란다.
〈Aristotel〉

흔히 인간을 사회적 동물이라고 부른다. 이는 인간은 무기력한 생물학적 · 자연적 존재로 태어나 점차 사회의 구성원으로 성장해 가면서 사회적 · 문화적 존재로 면모를 갖추어 나감을 뜻한다. 이렇게 인간은 사회적 · 문화적 특성에 따라 미국 사람, 일본 사람 그리고 한국 사람으로 각기 다르게 성숙하게 되고 발전한다.

이와 같이 인간이 자기가 속해 있는 사회 또는 집단 속에서 갖가지 행위양식이나 가치규범과 같은 문화 내용을 학습해 가고 내면화(internalization)하는 과정을 넓은 의미의 교육이라고 할 수 있다. 그래서 듀이(J. Dewey)는 교육을 **사회적 과정**(social process)이라고 규정하였고, 크리크(E. Krieck)는 교육을 사회적 동화(同化) 과정이라고 규정하였다.

교육은 인간관계가 형성되는 크고 작은 만남에서 이루어지는 사회적 행위다. 교육내용은 거의 모두가 사회적으로 축적되고 형성된 문화내용으로 구성되므로 교육은 바로 사회적 현상의 한 양태라고 할 수 있다.

흔히 우리는 '사회적'이라는 의미를 너무 거시적(巨視的) 수준(macro level)으로 받아들이는 경우가 많다. 여기서 사회라는 개념은 둘 이상 개인의 모임을 뜻한다. 사람의 모임에는 으레 관념적 · 규범적 · 물질적 요소가 있게 마련이므로, 사회란 개념 속에는 이러한 요소들이 묵시적으로 포함된다. 아울러 사회적이라는 의미는 개인적 차원이 아닌, 즉 집단적이라는 뜻과 **정태적**(靜態的, static)이기보다는 상호작용적 또는 **동태적**(動態的, dynamic)인 관계를 더 강조하는 뜻이 된다.

사회적 과정으로서의 교육은 인간관계가 이루어지는 크고 작은 만남에서 야기되는 어떤 관계나 상호작용을 포함하며, 이것이 바로 교육의 사회적 성격을 말해준다. 가정, 학교, 교회, 직장 등에서 두 사람 이상이 모여 서로의 행동 · 태도 · 신념 등에 영향을 주고받는 관계, 즉 교육자(또는 지도자)와 피교육자(학습자)의 관계를 형성하는 넓은 의미의 교육적 과정을 의미한다. 인간이 사회의 일원으로 생활하면서 사회의 영향을 받는 과정은 사회적 상호작용으로 설명된다.

사회적 상호작용이란 한 개인이나 집단이 다른 개인이나 집단을 자극하여 그로 인하여 이에 관여되는 모든 개인이나 집단에 여러 가지 변화를 일으키는 과정을 말한다. 개인과 집단과 문화 사이의 다양한 상호작용은 항상 변화하고, 이렇게 사회적 관계를 통하여 수행되는 교육은 가정에서는 부모와 자녀관계, 교회에서는 목사와 신도, 직장에서는 상사와 직원 그리고 학교사회에서는 교사와 학생의 상호작용을 통하여 교육자와 피교육자의 관계를 맺게 되는 것이다. 물론 원시시대에도 촌장과 부락민의 관계로 이러한 사회적 관계를 통한 교육행위는 있었다. 따라서 어떤 형태의 집단에서도 사회적 과정으로서의 교육은 존재하기 마련이다.

1. 사회-교육-문화의 관계

교육은 사회라는 커다란 유기체 내에서 문화를 내용으로 수행된다. 인간은 문화를 내면화하여 사회적인 존재로 발달해 나가는데, 교육은 인간을 문화화(文化化)하는 과정이라고 할 수 있다. 즉, 문화화는 개인이 문화를 습득하여 내면화하는 과정을 말하는데, 이는 일생을 통하여 일어나는 사회화(社會化) 과정이라고 할 수 있다. 특정 사회의 문화는 제도화된 학교교육을 통하여 다음 세대로 전달 · 계승하게 된다. 따라서 학교교육은 전체 사회 구조(또는 체제) 속에서 그 사회문화의

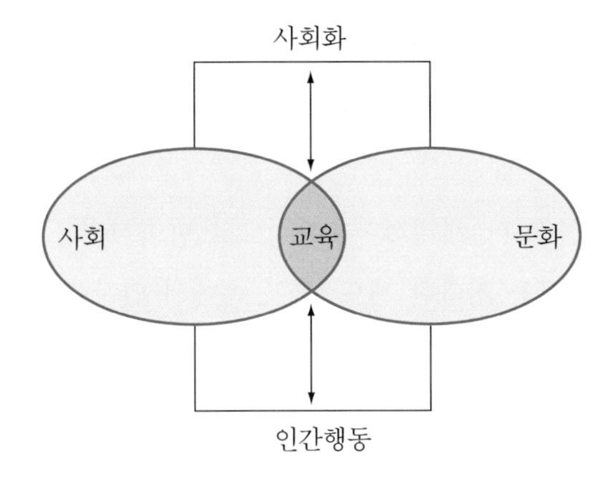

[그림 1-1] **교육-사회 관계 구조**

중심적인 내용을 학습해 나가는 사회화 과정이라고 할 수 있다. 사회화 과정에서 교육은 그 목적에 있어서나 그것을 달성하는 과정에 있어서 사회적 · 문화적 상호관계 속에서 벗어날 수 없으며, 교육기관은 학교라는 사회제도의 한 형태로 존재하면서 사회체제와 문화내용을 상호 연계지어 인간의 성장 발달을 도와주는 역할을 하게 된다. 교육과 사회관계를 보는 입장에 따라서 다를 수는 있지만 교육이 사회로부터 영향을 주고받는 상호 의존적 관계임은 아무도 부인할 수 없다.

이와 같이 교육은 사회 속에서, 사회에 의하여, 사회를 위하여 이루어지는 사회적 현상의 하나다. 따라서 교육의 목적과 내용도 사회적 성격을 띠고 있으며, 교육의 방법이나 교육의 평가도 사회로부터 영향을 받는다. 다시 말하면 교육의 과정이 사회적 과정이라고 할 수 있다.

브루코버(Brookover, 1977)는 교육의 사회적 성격을 다음과 같이 제시하고 있다.

- 교육은 사회 성원들에게 그들이 처한 환경에서 어떻게 행동해야 하느냐하는 것을 가르쳐 준다. 즉, 교육이란 인간행동의 발달과 변화를 다룬다.
- 인간행동은 본질적으로 사회적이므로 교육은 사회적 과정이다. 인간의 거의 모든 행동은 타인과 상호작용을 통하여 학습된다.
- 교육은 사람들의 사회화를 의식적으로 도모한다.
- 교육은 문화전달이라는 방법으로 한 사회의 영속화를 담당한다.
- 교육은 아동 및 청소년들에게 소정의 행동유형을 가르친다.

교육은 인간행동을 보다 체계적 · 계획적으로 변화시키는 데 주된 목적이 있다. 학교교육은 사회라는 커다란 제도, 구조 속에서 인간행동, 즉 어떤 지식, 가치, 신념 등을 효과적으로 변화시키기 위한 사회제도의 한 양태라고 할 수 있다. 학교교육은 그 사회의 문화가치를 주된 내용으로 하여 이루어지게 된다. 따라서 사회, 문화 그리고 교육실천은 상호 의존적 · 역동적 관계를 맺으며 이루어질 수밖에 없다. 다시 말해서 학교교육은 사회화라는 전체 과정 속에서 사회의 문화내용을 체계적으로 학습자(학생)들에게 전달함으로써 바람직한 지식, 태도, 가치 등의 행동특성을 길러내는 교육의 과정이라고 할 수 있다.

자연스러운 교육현상이 점차 제도화되면서 그 사회의 이념, 체제 등이 교육체제에 깊숙이 파급되는 한편 일반적인 문화내용이 조직화, 체계화되어 교육내용으로 선별되고 구축됨으로써 제도적인 학교교육이 출발하게 된 것이다.

문화는 어떤 집단의 구성원이 공통적으로 가진 생활양식 또는 사고방식을 말하기도 한다. 따라서 문화는 개체의 특성을 가리키는 것이 아니라 집단에 공유된 특성을 지칭하기도 한다. 인간의 문화는 유전적 요인에 의하여 결정되기보다는 학습된 결과로 얻어지게 된다. 한 집단의 구성원들은 그 집단의 문화내용을 배워가면서 그 집단의 생활에 적응하게 된다. 현대의 복합사회에서 생활양식과 사고방식의 공유체인 문화를 한 세대에서 다른 세대로 전달해 주는 데 있어서 학교교육의 기능은 대단히 중요하다.

문화의 학습성과 더불어 문화화는 대체로 전승되고 누적된다. 따라서 문화를 사회적 유산이라고 할 때에는 이 문화의 누적성을 강조한 것이다.

교육은 문화내용을 중심으로 인간과 사회의 관계를 매개하고 그 매개과정을 통하여 문화를 계승 · 발전시킨다. 따라서 교육은 사회와 문화를 분리할 수 없는

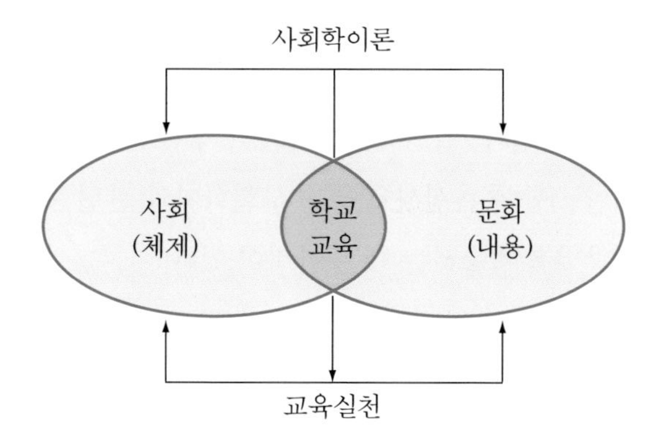

[그림 1-2] **교육사회학의 학문적 성격**

밀접한 관계를 가진다. 이런 관점에서 교육은 사회화와 문화화를 동시에 포괄하고 있으며 상호 연계해 주는 매개작용을 한다고 볼 수 있다. 사회학자들은 사회화에 더 강조점을 두고 사회학 이론 정립에 강조점을 두지만, 교사나 교육연구자들은 교육실천에 더 관심을 두고 문화화에 더 관심을 갖게 된다. 학교교육이라는 제도교육은 보다 계획적이고 체계적인 노력으로 사회화와 문화화를 효과적으로 접목시키는 역할을 하게 된다.

이러한 과정에서 교육사회학의 학문적 탐구와 접근이 출발하게 되었다.

교육사회학은 사회학적 이론과 방법을 학교교육 실천에 적용하려는 노력에서 시작되었다고 볼 수 있다. 학교를 커다란 사회체제 속의 작은 조직체제로, 즉 학교사회체제로 연계하여 학문적 이론을 정립하는 것이다. 학교 조직 내에서 교사·학생·행정가 그리고 기타(교사-학생, 교사-행정가, 학생-학생 간의 교육실천 과정) 학교 교육활동에서 사람들 간에 파생되는 상호작용 과정에서 사회학적 관점과 방법을 적용하여 교육효과를 극대화하려는 노력이다. 궁극적으로는 학생의 행동특성, 즉 지식, 가치, 신념 등과 같은 행동특성을 긍정적으로 변화시키려는 교육적 노력으로 사회학적 이론이나 방법을 적용하는 데 목적이 있는 것이다.

이러한 교육사회학적 노력과 탐구는 크게 두 가지 부류로 나눌 수 있다. 그 하나는 기존의 사회학적 이론이나 방법을 교육실천에 적용하여 교육효과를 높이는 데 주된 관심이 있는 관점이 있는가 하면, 다른 한편으로는 기존의 사회학적 이론과 방법을 더 심화하고 확충하는 데 주안점이 있는 경우가 있다. 전자는 교육분야에 종사하는 교사, 교육행정가, 일반교육학자들의 주관심사라고 할 수 있으나 순수 사회과학적 탐구(연구)를 주관심사로 하는 사회학자와 관련 학자들은 보다 새로운 사회학적 이론과 방법을 창출하는 데 주안점이 있다.

2. 교육사회학의 발달

교육사회학의 태동

19세기 중반 사회학에서는 교육의 사회성에 관한 인식과 교육의 사회적 기능에 대한 자각이 일어났으며 이는 교육사회학의 성립을 촉진하는 직접적인 계기가 되었다. 초기의 미국 사회학자들은 교육이 사회진화와 사회진보에 있어서 중요한 수단이 되고 사회통제를 위해 효과적인 기능을 발휘할 수 있다고 언급하였다.

영국에서는 이미 스펜서(Spencer, 1861)가 교육적 지식을 공리주의적 관점에서 조직화하려고 노력했고, 미국에서는 사회의 역동적 측면에 큰 관심을 가지고 있었던 워드(Ward, 1883)가 사회진보를 도모하고 인간을 행복에 이르게 하는 가장 효과적인 수단은 교육에 의한 지식의 보급이라고 주장했다. 또 스몰(Small, 1897)은 학교가 하나의 사회제도이기 때문에 학교의 관리, 훈육 및 교수법은 사회적인 준거 틀에서 행해져야 한다면서 교육의 사회성을 강조했다. 교육을 사회통제 체제의 기초로 인식한 로스(Ross, 1901), 사회의 본질을 가장 많이 찾고, 경험할 수 있는 장소인 1차 집단으로서의 학교의 의미를 언급한 쿨리(Cooley, 1902), 학교체제를 풍토와 사기의 관점에서 재고해야 한다고 주장한 섬너(Sumner, 1907) 등에서 볼 수 있듯이, 초기의 사회학자들은 사회에 관한 과학적 이론들이 교육과의 관련을 배제한 채 형성될 수 없음을 충분히 인식하고 있었다.

이와 같이 초기 사회학자들의 교육에 관한 인식이 교육사회학의 성립을 준비하는 기반이 되고 자극을 형성했다는 것은 분명하다. 그러나 그들의 인식이 교육의 사회적 기능과 교육의 사회성에 대한 자각을 일반인들에게 환기시키는 면에서는 유익했지만, 그 구체적인 양상을 실증적으로 규명하지는 못하였으며 다분히 사변적이고 처방적인 고찰에 그쳐 사회철학적 관심의 단계를 넘어설 수 없었다.

자본주의 경제가 발전함에 따라 미국에서는 19세기 말부터 20세기 초에 걸쳐 여러 가지 새로운 사회문제를 해결해야 할 필요에 직면하게 되었다. 교육계에서도 이러한 사회적 요청에 부응하기 위하여 여러 정책이 적극적으로 강구되었는데, 무엇보다 먼저 교사양성기관에서의 교사교육의 확충에 역점을 두게 되었다. 그 기본목표는 사회변동에 적응할 수 있는 교사의 사회적 태도 육성이었으나, 직접적으로는 교육현장에서 부딪히는 여러 문제를 효율적으로 해결할 수 있는 능력을 교사들에게 습득시키기 위한 학문적 기초를 갖게 할 필요가 있었다. 그 결과 교육사회학이 교사교육의 주요교과로 부상하게 되었고, 교육문제의 해결에 있어서 사회학의 원리와 지식이 필수적이라는 인식이 보편화되어 갔다.

일찍이 1907년에 스잘로우(H. Suzallow, 1875~1933)가 컬럼비아대학교 교육학부에 '교육사회학(Educational sociology)'이라는 강좌를 처음 개설하였고, 이어서 1917년에는 캔자스 주립사범학교의 스미스(W. R. Smith)가 『교육사회학(An Introduction to Educational Sociology)』이라는 교재를 처음으로 출판한 것으로 미루어 보면, 1910년대에 들어서면서 교육사회학의 보급이 상당히 진전된 것 같다. 실제로 당시에 '교사교육을 위한 교육사회학'이 유행했음을 보여 주는 연구도 있다(Lee, 1927).

교육사회학의 발달

학교를 사회문화적으로 이해해야 할 필요성에 대한 인식이 커짐에 따라 교육학부나 사범학교 등에서 유능한 교사가 되기 위해서는 학급의 역동적인 면을 사회적으로 접근할 수 있어야 된다고 보고 이에 관한 교과과정을 설정하기 시작했다. 그러나 1927년에 행해진 교사교육과정의 내용을 보면, 이러한 교과과정들이 실제에 있어서는 교육의 문제점들과 그에 관한 여러 가지 견해들의 나열에 불과했다. 이와 비슷하게 사회학과에 개설된 신교육사회학의 과정들도 교육의 기능에 대한 여러 가지 믿음직스럽지 못한 견해들의 집합으로 특징지어졌다. 물론 금세기 초반의 사회학자들과 교육자들 사이에는 폭넓게 공유되는 신념이 있었는

데, 그것은 사회학의 목적은 교육과 관련을 가져야 한다는 것이었으며 이러한 신념은 오늘날까지도 그대로 이어져 내려오고 있다.

교육사회학적 연구 초기의 주제들 중의 하나는 사회학이 사회적 문제들이 해결되고 사회적 진보가 이룩될 수 있도록 교육을 조직해 나가는 데 기초를 제공해야만 한다는 것이었다. 이러한 경향은 교육에 있어서의 사회적 문제들을 해결함에 있어 사회학의 도움을 받는 것을 말하는데, 이는 대체로 1922년에 미국의 지도적 사회학자들 가운데 한 사람인 워드(L. F. Ward)에 의해서 시작되었다고 볼 수 있다. 문제해결을 주요 의제로 설정하는 경향은 그 이후 제2차 세계 대전이 종료될 무렵까지 특별히 교육에 관심이 있는 사회학자들뿐만 아니라 일반적인 사회학자들 사이에서까지도 계속 유지되었다. 교육사회학자들은 외형적으로는 공식적인 양성 과정을 거친 사회학자나 교육자들이었는데, 교육적 문제들을 해결하는 데 도움이 되도록 사회학적인 원리들을 적용할 것을 강조했다.

문제해결식 접근과 밀접하게 연관된 것으로, 교육사회학은 교육체제를 위한 목표나 목적도 제공해야 한다는 신념이 공유되고 있었다. 그리고 교육학부에서 가르치는 교육사회학은 교사들과 그 외 다른 사람들이 교육에 영향을 미치는 사회적 과정들을 이해하고 통제하는 데 도움을 줄 수 있는 사회학의 모든 부면을 빠짐없이 포함해야 한다는 관점을 유지했다. 교육에 도움을 주기 위해 사회학을 활용한다는 이러한 태도는 또한 사회학 학부들 사이에서도 팽배해 있었으며 결과적으로 교사의 교육을 위해 유용하다고 믿는 사회학 과정들을 설정하기에 이르렀다. 이러한 과정들 중에서 가장 흔한 것들로는 가족, 지역사회, 학교 내에서의 사회화 과정과 교육 등이었다. 달리 말하면 교육학부나 사회학부 양편 모두에서의 사회화 과정들은 교육적 목표의 개발이나 교육적이거나 사회적인 문제들을 해결하는 데 적용될 수도 있는 사회적 행동의 원리들을 확인하는 데 관심을 가지고 있었다. 일반적으로 이러한 경향을 우리는 '**교육적 사회학**(Educational Sociology)'이라고 부른다.

1940년대에 들어서면서 이러한 연구 경향에 변화가 일기 시작했다. 지역사회공동체의 분석이 주목받기 시작했는데, 이것이 교육체제를 기능화시키는 데 관련이 있다고 믿었기 때문이다. 이러한 분석에서는 학교와 공동체 사이에서 일어나는 관계들을 강조했다. 그리하여 단순히 사회학을 교육에 적용하는 것으로부터 교육의 문제를 사회적으로 규명하는 방향으로 빠르게 변화하게 되었다.

뒤르켐(E. Durkem)의 뒤를 이어 미국의 사회학자인 엔젤(R. C. Angell)은 1928년에 교육사회학자들은 교육의 과정을 전문적으로 연구하는 사회학자가 되어야 하고, "교육사회학은 단순히 순수 사회과학의 한 분야다"라고 말했다. 그는 사회학적 지식을 교육의 연구에 적용하는 것을 '교육의 사회학(Sociology of Education)'이라고 부르기를 즐겨했다. 이는 학교를 분석 가능한 사회학적 자료의 출처로 간주하고 있음을 뜻한다고 볼 수도 있다.

1935년에 엔젤의 입장과 비슷한 견해가 로이터(E. B. Reuter)에 의해서 표명되었다. 그는 "교육사회학자들의 관심은 일반적으로 사회학자들의 그것과는 다른데 그 이유는 교육사회학자들은 오로지 특별히 선택된 대상만을 연구한다는 점 때문이다…… 교육사회학자들은 다양한 상황에서의 교육의 형태, 기능 그리고 발달에 대한 이해, 학교가 현존하는 제도권에 미치는 영향과 개인에 미치는 영향력의 발견 등에 깊은 관심을 가지고 있다"고 진술하였다.

엔젤이나 로이터 모두 교육의 사회학적 연구에 관한 이러한 관점에 따라서 그 분야에 대한 광범위한 분석을 행하지는 않았다. 그런데 1932년에 출판된 월러(W. Waller)의 책 『교수의 사회학(The sociology of teaching)』은 처음으로 교사의 역할을 그들의 학생과 지역사회 등에 관련지어 분석하려는 시도를 했다. 월러는 현재까지도 유용하게 쓰이고 있는 학교의 사회적 구조와 문화에 대한 분석을 했다. 그 당시 그 분야의 이론과 방법론적인 제약 때문에 제약을 받기는 했지만 월러의 학문적 업적은 현대의 많은 교육사회학자들의 귀감이 되고 있다.

그러나 월러의 관점과 엔젤과 로이터의 의견들이 구체적인 분야로서의 교육사회학에 관심을 가지고 있던 대부분의 사회학자들에 의해서 받아들여지기까지는 상당한 시일이 소요되었다. 1930년대부터 1950년대까지 극소수의 사회학 연구자들 또는 교육자들만이 교육의 사회적 부면에 관한 연구에 중요한 공헌을 했다고 볼 수 있다.

제2차 세계대전 이후 20여 년 동안, 교육을 연구하고 있던 사회학자들은 사회적 문제의 해결보다는 사회화 과정과 교육체제들의 구조를 기술하고 설명하는 데 치중하게 되었다. 이 시기는 또한 현저한 연구활동의 증가로 특징지을 수 있다. 사회적 문제의 해결에 집착하지 않고 지식의 획득을 강조한다는 것은 바로 제2차 세계대전 이후로 '교육의 사회학(Sociology of Education)'의 시대가 도래함을 뜻하는 것이었다.

3. 교육사회학의 성격

교육사회학은 교육학과 사회학의 접점에 위치하고 있어서 학문적 논의가 야기되는 바, 어떤 사람은 교육학의 하위영역으로 보는가 하면 다른 사람은 사회학의 하위영역으로 보는 견해가 있는데, 그 이유로는 교육사회학이 교육학과 사회학 양쪽에서 발전되어 왔기 때문에 처음부터 분쟁이 일어날 소지가 있다고 지적하고 있다. 또 교육사회학 연구에는 두 조류가 오랫동안 병존해 왔는데, 그 하나는 사회학의 지식을 교육실천에 응용하려는 실천지향적 조류이고, 다른 하나는 교육현상에 대한 탐구를 통하여 사회학의 지식과 이론을 넓히려는 사회학지향적 조류라고 보고 있다(김신일, 1986).

이 두 조류에 대하여 우리나라 교육학자들은 흔히 전자를 '교육적 사회학(Educational Sociology)'으로 지칭하며, 후자를 '교육의 사회학(Sociology of Education)'으로 부르고 있다. 실천지향적 접근은 미국에서 초기에 발달하였던 교육적 사회학으로서 사회학 이론을 교육실천에 응용하려고 하는 실천적 성격이 강한 반면, 사회학지향적 접근은 학문의 성격을 높이기 위하여 보다 과학적으로 사회현상으로서의 교육을 연구하려는 입장이라고 할 수 있다.

실천지향적 교육사회학

사회변동에 따른 교육의 재편성에 부응하여 성립 · 발전한 교육사회학이 태동 초기부터 실천적 · 규범적 · 응용적 성격을 강하게 띠게 되었던 것은 그 사회적 맥락에 비추어 자연스러운 것이었다.

로첵(Roucek, 1946)은 1940년대 중반까지의 미국 교육사회학의 유형을 다음의 세 가지로 분류하였다.

- 교육사회학을 교육목적과 교육과정의 결정에 응용하는 교육의 실천 보조적 학문으로 간주한다. 당시의 가장 일반적 유형으로 대표적인 학자로는 스미스(W. R. Smith), 챈슬러(W. E. Chancellor), 쿨스(F. R. Cools), 스네턴(D. Snetton), 피터스(C. C. Peters) 등을 들 수 있다.
- 충실한 교육계획은 무엇보다도 사회학적 조사연구에 기초를 두어야 하고, 퍼스낼리티의 문화적 · 집단적 요인에 초점을 두어야 하며, 사회학을 교육의 전 과정에 두루 응용해야 한다는 입장이다. 이 유형의 추진자는 페인(E. G. Payne)이며 그밖에 솔보(H. Solbow), 체르니(D. Cherney), 로첵(J. S. Roucek), 쿡크(L. A. Cook)를 들 수 있다.
- 일종의 특수사회학, '교육의 사회화' 를 추구한 사회과학적 접근으로서 앞의 두 유형에 비해 동조세력이 소수에 불과했으며 중심 학자로 즈나니에츠키(F. Znaniecki)와 월러(W. Waller)를 들 수 있다.

앞의 세 유형 중에서 처음의 두 유형은 그 방법과 절차는 다르지만 사회학의 원리와 지식을 교육의 실천적 문제해결에 응용한다는 공통된 목적의 관점에서 본다면 하나의 범주에 묶어서 취급할 수도 있다.

이와 같은 고찰을 통하여 우리는 미국 교육사회학의 주요 특성을 엿볼 수 있다. 즉, 응용과학적 입장이 미국 교육사회학의 대상, 내용, 방법 및 활용은 물론 그 존재 이유를 규정하는 가운데 그 후 교육사회학의 주도적 지위를 확립하게 되었던 것이다.

이러한 응용과학적 입장에 이론적 틀과 방향을 제시한 사람은 페인(E. G. Payne)이다. 그는 『교육사회학보』 창간호에 쓴 편집취지문에서 교육사회학이 사회변동의 결정수단이 될 수 있도록 커리큘럼의 내용, 교수방법 및 학교조직에 초점을 맞춘 조사연구를 중점적으로 수행할 것, 교육관계자가 어린이의 사회적 행동을 변용시킬 수 있도록 이론적인 면뿐만 아니라 실천적인 면에도 역점을 둘 것을 기대하고 있었다(Payne, 1927). 이와 같은 실천적 측면에 대한 강조는 『교육사회학보』의 부제로 '이론과 실천의 잡지' 라는 문구를 붙인 것에도 잘 나타나 있다.

초창기의 교육적 사회학은 교사들에게 필요한 사회학적 지식과 교육학자들이 교육연구와 문제분석에 있어서 사회학적인 지식과 방법을 응용하는 형태가 주된 목적이었다. 이러한 관심은 1930년대를 거쳐 제2차 세계대전을 전후하여 한층 더 발달하여 교육문제를 해결하는 데 교육심리학과 함께 하나의 불가결한 학문으로 그 위치를 다져 갔다. 이 시기에 사회학을 교육에 적용하려는 노력은 인격 형성의 사회학을 강조한 조르보오(H. W. Zorbough), 교육적 사회학 이론을 재정립한 브라운(F. J. Brown) 그리고 교육의 지역사회적 배경을 중심으로 연구한 쿡크(L. A. Cook) 등을 들 수 있다. 브라운은 교육적 사회학의 학문적 목적을 다음－지역사회와 사회적 진보수단으로서 학교 교사의 역할, 형식적 또는 비형식적 교육기관에 관련지어 민주적 이념, 문화, 경제 및 사회적 동향의 이해, 사회적 세력과 개인에게 미치는 영향 분석, 교육과정의 사회화, 이상의 목적을 달성하기 위하여 조사기술과 비판적 사고의 활동 등에 관한 것－과 같이 제시하고 있다.

특히 제2차 세계대전 후에는 학자들의 관심이 약간 바뀌어 지역사회의 구조와 성격을 분석하고, 그 속에서 학교의 기능을 밝히는 일이 중심 과제가 되었다. 이것은 사회학적 지식을 단순히 학교문제에 응용하는 것보다는 지역사회를 사회학적으로 연구하는 일이 중요한 과제인 것이다. 사회학자들의 지역사회에 관한 연구는 지역사회의 한 기관 혹은 조직체로서의 학교에 대한 관심을 새롭게 하였다.

이러한 실천지향적 교육사회학의 개념을 브루코버는 다음과 같이 제시하였다.

(1) 사회진보 수단으로서의 교육사회학

초기 실천지향적 교육사회학자들은 교육사회학을 사회진보와 사회악 제거에 기본이 되는 영역으로 간주하였고, 사회개선의 중요한 기능 수행을 강조하였다. 여기에 속하는 학자로는 워드(L. W. Word), 굿(A. Good), 엘우드(C. A. Ellwood), 키네만(Kinneman) 등이 있다.

(2) 교육목표 설정의 기초를 연구하는 교육사회학

이것은 교육목적이나 목표 설정에 있어서 사회적 결정요소를 분석하는 것에 관심을 가지며 그러한 목적을 위하여 사회와 인간의 필요에 의하여 교육의 사회철학적 측면에 접근하려고 노력하였다. 휘니이(R. L Finney), 스네덴(D. Snedden), 피터스(C. C. Peters), 클레멘트(S. C. Clement) 등이 대표적인 학자다.

(3) 사회화 과정을 분석하는 교육사회학

사회학자나 사회심리학자의 인성 발달에 관한 관심 이전에, 교육사회학자들이 아동의 사회화 과정에 관하여 관심을 갖고, 특히 사회적 환경으로서의 집단과 상호작용 과정이 개인에게 주는 영향에 관한 분석을 시도하였다. 이러한 연구는 엘우드, 스미스(W. K. Smith) 그리고 브라운(F. J. Brown)이 공헌자이며, 특히 브라운은 교육사회학은 개인의 경험이 얻어지고 조직되는 데 영향을 주는 문화환경에 큰 관심을 가져야 한다고 강조했다.

(4) 사회에서의 교육의 위치를 분석하는 교육사회학

이것은 보다 새로운 접근으로서 사회 또는 지역사회 안에서 작용하는 교육의 역할을 규명하는 것이다. 쿡크, 홀링스헤드(A. B. Hollingshead) 그리고 워너(W. L. Warner)가 대표적인 학자다. 특히 쿡크는 『교육의 지역사회 배경』에서 지역사회 내에서의 교육기관의 기능을 강조하였고, 학교와 지역사회의 환경에 관한 사회적 관계를 분석하였다.

(5) 학교 안에서의 사회적 관계와 학교와 지역사회 관계를 분석하는 교육사회학

이것은 학교사회 내에서의 사회적 상호 관계와 역할 등을 분석하는가 하면, 다른 한편으로는 학교 내의 구성원들과 지역사회와의 관계를 분석하려는 노력이다. 월러(W. Waller)는 교사가 가르치는 학생들이나 지역사회와 관련된 교사의 역할을 분석하였으며, 즈나니에츠키(F. Znaniecki), 캡프로우(T. Caplow), 맥기(R. McGee)는 고등교육에서의 교사의 역할에 관한 연구를 했으며, 이 분야에서는 학교 내의 집단 과정을 이해하는 데 있어서 동료집단 구성, 지도성, 거부행동 등의 연구가 관련된다.

지금까지 논의한 응용과학적 교육사회학은 그 대상이 학교에 한정되지 않고 인간의 사회적 행동과 퍼스낼리티와 관련된 가족, 또래집단, 이웃, 지역사회, 국가 등 각종 사회집단, 조직 및 생활양식 전반을 망라하여 그 내용이 포괄적이고 다양하며 연구방법 면에서도 가설검증 등의 절차가 누락된 원시적인 연구가 많고, 그 이론성이 약하기 때문에 종종 학문적 위신을 저하시키는 결과를 초래했다는 비판을 받기도 한다(Szreter, 1980).

학문지향적 교육사회학

미국 교육사회학의 전통적 주류는 응용과학적 교육사회학이라고 할 수 있으나, 한편으로는 순수과학의 입장을 중시하는 '교육의 사회학' 도 존재했던 사실을 간과해서는 안 된다.

1950년에 이르러 교육사회학은 실천지향적 학문에서 순수과학으로 탈바꿈하기 시작하였고, 가치판단으로부터 사실분석으로 그 성격이 변모하게 되었다.

즉, 제2차 세계대전 이전까지는 실제적인 사회관계와 사회적 세력 또는 사회의 교육적 형성력을 연구하려는 학문적 성격이 강하였다. 그러나 전후에는 교육사회학을 규범적 또는 응용적인 학문에서 객관도나 정확도가 높은 교육과학으로 재조직하려는 노력이 강하게 나타남에 따라 고도로 세련된 과학적인 연구방법을 적용하여 학문적인 과학화를 시도하려는 학자들이 나타났다.

이러한 노력은 '교육의 사회학' 은 교육의 본질을 '새 세대의 방법론적인 사회화' 에 두고 사회학적 접근방식으로 탐색함으로써 교육사회학을 일종의 교육과학으로 확립하고자 한 뒤르켐의 선구적 활동에 힘입은 바가 크다. 뒤르켐은 교육을 사회적 실제로 파악하고, 사회구조의 한 부분으로 교육의 사회적 기능을 밝히는 것을 교육연구의 핵심으로 보았다. 그에 의하면 교육학은 교육의 체계를 교육적 활동이라는 관점에서 고찰하는 실천적 이론이고, 교육과학은 교육의 체계를 그것이 어떠한 상태에 있고 또 있었던가에 대해 과학적으로 연구하는 학문으로 보았다. 따라서 사회적 사실로서의 교육의 현상 및 교육제도를 과학적으로 또는 객관적으로 가치판단을 배제하면서 연구하는 것이 교육과학이라고 생각했다.

스탈컵(Stalcup, 1967)에 의하면, 교육적 사회학은 교육운영 및 과정에 사회학의 일반적 원리와 연구결과를 응용하는 학문이고, 교육의 사회학은 교육체제의 사회학적 과정을 분석 · 연구하는 학문이라고 하였다. 1928년 엔젤(R. Angell)은 실천지향적인 교육사회학이 지배하던 시기에 교육의 과정에 관한 연구를 강조하면서, 교육사회학의 순수 사회과학적 성격을 내세웠다.

이와 비슷한 견해를 제시한 로이터(E. B. Reuter)는 실천지향적인 교육사회학자는 매우 제한된 자료만을 취급하며, 또한 사회학적인 문제보다는 사회적 · 도덕적 · 실제적 문제와 교육목적 및 교육과정에 관한 문제만을 다룬다고 비판하였다. 한편 월러(W. Waller)는 1932년 그의 저서 『교수의 사회학(The sociology of teaching)』을 통하여 순수 사회학적인 입장에서 학생 및 지역사회와의 관계 규명과 교사의 역할과 학교의 사회적 구조 및 문화에 대한 분석을 시도하였다.

1970년대 중반까지의 연구동향에 관하여 브루코버는 크게 세 가지로 구분하였다.

첫째는 제2차 세계대전 직후의 경향으로, 주로 학생의 성적과 태도 형성에 미치는 이웃, 가족, 사회의 영향을 규명하는 연구였다. 사회심리학적 접근을 통하여 학생의 자아개념, 가치관, 세계관의 형성 과정을 설명하는 연구가 주류를 이루었다.

두 번째 경향은 1950, 1960년대 초에 걸쳐 관심을 받던 교육의 사회적 기능을 밝히려는 연구였다. 국가 발전에 기여하는 교육의 기능을 전체적으로 또는 경제적 · 정치적 · 사회적 발전으로 나누어 설명하려는 경향이 짙게 나타났다.

세 번째 경향은 1960년대에 와서 활발했던 사회 조직체의 학교사회에 관한 연구다. 학교 내의 인간관계, 역할, 사회적 풍토, 학교문화 등에 관하여 많은 연구가 이루어졌다. 또, 학교 관료체제의 성격을 규명하려는 연구도 함께 이루어졌다.

학교사회학

브루코버(Brookover, 1949)는 '교육적 사회학' 에 대신하여 '교육의 사회학' 이 홍성하기 시작한 1940년대 말에 '교육의 사회학' 의 성격에 관해 독자적인 정의를 내린 바 있다. 그는 '교육의 사회학' 을 교육체제에서의 인간관계를 과학적으로 분석하는 학문으로 규정하고, 그 윤곽을 다음 네 가지 영역으로 나누었다.

- 교육체제와 사회의 다른 부면과의 관계
- 학교 내의 인간관계
- 학교가 교사와 학생의 행동과 인성에 미치는 영향
- 학교와 지역사회와의 관계

교육의 사회학은 교육체제의 중핵에 학교를 놓고서 사회적 과정과 형식을 학교와 관련지어 과학적으로 분석하고자 한 점이 '교육적 사회학' 의 방법과 대조적이다. '교육의 사회학' 에 대해 그가 정의를 내린 이후, 교재와 논문의 주제 또는 부제에 '교육의 사회학' 이란 명칭을 사용하는 일이 증가하였다. 그리고 이전까지는 『교육적 사회학보(The Journal of Educational Sociology)』로 불리던 교육사회학 학회지가 1963년 『교육의 사회학보(The Journal of Sociology of Education)』로 개칭되고, 종전의 미국교육사회학회가 미국사회학회(American Sociological Association)에 병합되었으며, 그 분과회도 '교육의 사회학분과회' 로 바뀌었다. 더욱이, 1967년 1월호 학회지에서부터 그 부제가 '사회화와 사회구조의 연구지' 로 달라진 것은 '교육의 사회학' 이 교육사회학에 대한 학회의 공식 정의로 일반화되고 정착되어 온 사실을 말해 준다.

앞에서 언급하였듯이, 당시의 '교육의 사회학' 은 무엇보다도 학교에 초점을 맞춘 연구를 지향해 왔으며, 그 대부분은 구조기능주의적 접근을 기초로 하고 있었다. 예를 들면, 사회적 기능의 측면에서 사회체제로서의 학교의 내부 구조와 기능을 분석한 파슨스(Parsons, 1959), 역할분석의 측면에서 학교와 학급의 사회구조와 기능, 그리고 학교의 외부환경을 분석한 그로스(Gross, 1959), 사회규범의 습득에 미치는 학교의 사회화 기능을 고찰한 드리벤(Dreeben, 1967), 학교조직의 구조와 과정 전반에 걸친 광범위한 분석을 시도한 비드웰(Bidwell, 1965) 등의 연구가 있다.

이리하여 오늘날 미국의 교육사회학은 거의 순수과학적 입장에 입각하여 구조기능주의적 접근으로 광의의 학교사회학에 초점을 맞춘 조사연구를 주로 지향하고 있다고 말할 수 있다. 1963년 이후 미국 교육사회학은 사회변동에 따른 새로운 교육과제에 직면하여 대체로 다음과 같은 연구동향을 나타내고 있다.

- 고등학교 또는 대학을 대상으로 한 연구로서, 학생의 자아개념과 가치관, 학업성취에 대한 포부와 경력지향에 관한 사회화 연구
- 대학원생의 연구활동과 직업 선택, 엘리트 양성 및 대학교수의 활동과 역할을 중심으로 한 사회학적 연구
- 인종별, 성별, 계층별, 공·사립학교별 학생의 교육 참여방식에 관한 연구

이 연구들은 한결같이 학교의 사회구조와 내부과정에 주목하여 그것과의 관련 속에서 학생 및 교직원의 역할과 행동을 가치 · 태도의 수준에서 고찰하려는 특징을 강하게 나타내고 있다. 이러한 경향을 '학교사회학' 이라고 명명할 수 있을 것이다(自野昌山, 1985).

4. 교육사회학의 연구영역과 방법

교육사회학의 연구도 다른 사회과학과 마찬가지로 여러 가지 방법을 사용할 수 있으나 크게 나누면 양적 연구(quantitative research)와 질적 연구(qualitative research)로 양분할 수 있다. 그러나 최근에는 이 두 방법을 상호 보완하여 사용하는 복합 연구방법(multi-methods)도 활용되고 있다.

표 1-1 교육사회학의 연구영역

칼 만하임	스나이더	UNESCO
① 교육자를 위한 사회학 • 인간성과 사회질서 • 사회집단이 개인에게 미치는 영향 • 사회구조 ② 교육의 사회학 • 학교와 사회 • 역사적 측면에서의 교육사회학 • 학교와 사회질서 ③ 교수의 사회학 • 학교생활의 사회학적 해석 • 교사-학생 상호관계 • 학교조직의 제문제	① 사회계급과 교육 ② 교사의 사회적 역할과 교직 ③ 제도로서의 교육 ④ 사회체제로서의 학교 ⑤ 문화실조 아동과 교육 ⑥ 사회구조와 조직 ⑦ 교사-학생의 역할	① 사회계층과 교육 ② 계층이동과 교육의 기회 ③ 인종문제 ④ 능력별 학습 집단 ⑤ 학급의 사회적 구조 ⑥ 학생의 역할 기대 ⑦ 교사의 역할과 지위 ⑧ 교육정책 및 사회정책 ⑨ 문화와 학교

양적 연구방법

양적 연구방법이란 실증적 연구 또는 경험주의적 연구방법이라고 불리며, 경험적인 자료를 통계 처리하고 수량화・수치화하여 분석하는 연구방법이다. 양적 연구방법은 사회조사와 실험연구에서 많이 채택되고 있다. 설문지 등을 활용하여 짧은 시간에 객관적인 자료를 수집하고 분석하여 연구자 중심의 연구보다는 객관적인 관점에서 연구를 전개할 수 있다는 장점을 갖고 있다. 수량화되고 수치화하여 통계적으로 검증할 수 있다는 의미는 객관적 관찰이 가능하다는 것이며, 수량화된 자료는 차이의 유무와 정도를 통계적으로 나타낼 수 있기 때문에 정확하고 정밀한 연구로 불린다. 따라서 양적 연구를 하기 위해서는 SPSS나 SAS 등과 같은 통계 프로그램을 다룰 수 있어야 한다. 한편, 단점으로 지적되는 것은 설문지에 대한 답변의 신뢰도다. 응답자들이 얼마나 설문에 성실하게 답변하였는가의 문제는 그 연구의 신뢰도에 커다란 영향을 주기 때문이다. 또한 수량화나 수치화가 될 수 없는 사회적 사실들은 연구대상에서 제외될 수밖에 없다.

양적 연구에서는 구조화된 측정방식을 이용하여 대상을 수량화하기 때문에 통계학적 분석에 의하여 결과를 해석할 수 있다. 여기서 자료가 수량화되어 있는 경우를 양적 자료라고 하며, 특히 인과관계를 파악할 목적으로 연구자가 통제한 상태의 실험을 통하여 얻어진 자료를 실험자료라고 한다. 그리고 어떤 현상을 기술하고 묘사할 목적으로 수집된 평가자료는 그 방법에 따라 설문조사자료와 관찰자료로 구분된다.

양적 연구는 교육연구의 과학화 이래 이 분야를 지배해 온 자연과학적 패러다임에 그 근거를 두고 있다. 자연과학에서는 세계가 모든 사람에 의해 동일하게 경험되고 인식되는 객관적 실체로 이루어져 있다고 가정한다. 따라서 이러한 실체는 기계적이고 수리적인 절차를 통해 경험적인 검증이 가능하다고 보기 때문에 자연과학이 추구하는 궁극적인 목적은 어떤 현상을 기술하고 설명하며, 예측하고 통제할 수 있는 정확한 법칙을 발견하는 것이다(김병성, 1996). 이러한 연구패러다임은 교육연구의 과학화와 더불어 인간현상에도 많이 적용되어 왔다. 어떤 교육현상을 이해하고자 할 때 객관적인 척도에 의한 측정을 통하여 양적인 자료를 수집하고, 이를 토대로 통계적인 추리과정을 거쳐 그 현상에 관한 수량적 결론을 이끌어 내거나, 그 관련 변인들 간의 인과관계를 양적 수치로 제시한다.

질적 연구방법

질적 연구방법은 사회적 현실을 끊임없이 움직이고 변화하는 과정을 드러내려고 하는 데 활용되는 방법으로서 인간의 주관적·정신적 현상을 탐구한다. 즉, 인간의 동기나 가치 등은 역사적·문화적 조건에 따라 다양하며 특수하기 때문에 양적인 연구에서처럼 인과적 법칙을 발견하기 어렵다(고형일 외, 2002). 이 연구방법에서는 문서, 일기, 기록 등에 나타난 연구대상자의 주관적 관점이 중시되며, 이를 구성하고 있는 여러 가지 주변 상황을 참여관찰이나 면접 등을 통해 해석하는 것이다. 때문에 질적 연구방법은 양적 연구방법에 비해 연구자의 주관적 요소가 많이 개입될 수 있다는 비판을 받고 있다.

질적 연구는 최근 자연현상과 인간현상 간에는 현저한 차이가 있다는 점이 지적되면서부터 그 필요성이 강조되기 시작하였다. 여기서는 인간 개개인의 존엄성이 강조되고, 각 개인 특유의 경험세계는 있는 그대로 의미 있고 가치 있게 인정되어야 함을 전제한다. 또한, 특정 이론가나 교육전문가가 도출해 낸 가설이나 이론에 부합되는 영역만을 중요시하고 교육적으로 가치 있다고 보는 기존의 입장을 비판한다.

질적 연구에서의 자료수집방법은 먼저 직접법으로서 자연스러운 관찰법, 참여관찰법, 비구조화된 심층면접법, 현장조사법, 문화기술법(ethnography: 민속방법론) 등이 활용되며, 그리고 간접법으로서 투사법 등이 활용된다. 특히, 투사법은 자료를 수집하는 과정에서 목적을 구체적으로 밝히지 않는다는 점에서 직접법과 구분되는데, 여기서는 평가대상의 동기나 신념, 태도나 느낌이 제대로 표현될 수 있도록 구조화되지 않은 방법으로서 연상기법, 완성기법, 구성기법, 표현기법 등이 활용된다.

질적 연구는 다양한 접근으로 이루어지기 때문에 연구절차의 기본 틀이 없는 것이 특징이다. 여기서는 구체적인 연구가설이 있는 것이 아니라 연구하는 과정에서 가설이 자연스럽게 형성되고, 그 가설이 검증되며, 다시 새로운 가설이 만들어지는 반복적 과정을 밟아 나간다. 연구의 내용과 대상 및 시기에 따라서 연구가 다양하게 진행되므로 연구자의 연구역량이 무엇보다도 우선되어야 하는 어려움이 있다.

5. 한국교육사회학

한국에 '교육사회학' 강좌가 처음으로 개설된 것은 1952년 9월이다. 한국전쟁 때문에 부산에 피난 내려가 있던 서울대학교 사범대학에 선택과목의 하나로 개설되었다. 담당자는 진원중(陳元重) 교수였다. 사회과학의 발달은 시민사회의 등장과 때를 같이하여 일어났는데, 일본 군국주의자들이 지배하는 식민지 한반도에서 사회과학에 관한 연구가 허용될 리가 없었다. 사회과학을 통하여 개발되는 비판적 안목을 식민지 지배자들이 두려워했기 때문이다(김신일, 2015: 25).

초창기 '교육사회학'의 성격은 실천지향적이었다. 즉, 교육자가 학교에서 교사로 활동하거나 행정가로 학교를 운영하고 정책을 수립하는 데 유용한 사회학적 지식을 모아 놓은 것들이었다. 교육자들이 교육현장에서 활용할 수 있는 사회학적 지식을 체계화한 것이다. '교육사회학' 강좌를 최초로 개설한 진원중 교수의 저서 『교육사회학 원론』(범문사, 1962)의 장별 제목을 일별하면 당시의 경향을 알 수 있다.

① 교육사회학의 학적 성격, ② 교육사회학의 연구방법, ③ 문화와 교육, ④ 사회통제와 교육, ⑤ 사회계층과 교육, ⑥ 사회집단과 교육의 예비적 분석, ⑦ 가족집단과 교육, ⑧ 유희 · 오락집단과 교육, ⑨ 지역사회와 교육, ⑩ 학교사회와 교육, ⑪ 경제사회와 교육, ⑫ 국가사회와 교육

교육사회학이 대학 강좌로 등장하자 그에 대한 관심은 빠른 속도로 높아졌다. 선택과목으로 시작한 지 2년이 지난 1954년에는 서울대학교 사범대학의 모든 학생이 수강해야 하는 필수과목으로 지정되었고, 1955년에는 교육공무원자격검정령시행세칙(문교부령 제39호)의 규정에 의하여 중등학교 교사자격 취득을 위한 교직과정의 한 과목으로 포함되었다. 뿐만 아니라 현직교사들의 연수를 위한 각종 강습회에도 필수과목으로 포함되기 시작하였다(진원중, 1969: 47). 10년도 되지 않는 짧은 기간에 대학 강좌로서의 '교육사회학'은 1970년대에 들어서서 정부가 추진하고 있던 '새마을 운동'에 보조를 맞추기 위하여 1972년에 문교부령을 개정하고 교원양성을 위한 교직과정의 필수과목으로 '교육사회학' 대신 '학교와 지역사회'라는 강좌를 신설하였다. 그 이유는 새마을 운동을 추진함에 있어서 학교가 지역사회 개발과 성인교육에 공헌할 수 있기 위해서는 교사가 이에 관한 지식과 열의를 가지고 있어야 한다고 판단했기 때문이다. 이에 따라 교직과정을 설치하고 있는 모든 대학에서는 '학교와 지역사회'를 강의하기 시작하였다.

교사양성을 위한 교직과정에 '학교와 지역사회' 강좌를 새로 만들어 필수 과목으로 지정한 것이 이 무렵이다. 이는 학교교육을 지역사회와 밀착시켜 운영함으로써 정부가 강력히 추진하고 있는 새마을 운동을 지원하려는 데 목적이 있었다. 따라서 강좌의 내용은 지역사회에 관한 기초적 지식, 지역사회 개발의 이론과 방법, 지역사회 학교의 운영을 중심으로 이루어졌다. 1967년 4월 17일에는 한국교육학회 내에 분과학회로 '교육사회학연구회'를 창설하였다. 초대회장으로 진원중(陳元重) 교수, 간사로는 김병성(金炳聲), 운영위원으로는 이규환(李圭煥), 황종건(黃宗建), 김선호(金善鎬), 김종서(金宗西), 박용헌(朴容憲) 교수 등이 선출되었다.

회원 수는 창립 무렵에 약 30명이었는데, 50년이 지난 현재는 300여 명을 헤아린다. 그리고 '한국교육사회학회'로 확대 발전하여 학회지 『교육사회학연구』가 2015년에 제25권에 이르렀다. 학회지 창간호는 1990년 5월 김병성(한국교원대) 회장 때 발간되었다.

교육사회학의 부활

'학교와 지역사회' 강좌는 1985년에 교직과정이 개편되면서 폐지되었다. 그 자리에 '교육사회학'이 다시 자리를 잡고 들어섰다. 다시 등장한 '교육사회학'의 내용은 1960년대와는 다른 것으로 바뀌었다. 실천지향적 성격이 약화되고 사회학지향적 성격이 강해졌다. 학교교육에 관한 사회학적 연구가 강조되기 시작한 것이다. 이렇게 변화가 일어난 데에는 그동안 구미의 교육사회학에 일어난 성격 변화를 국내 학자들이 수용한 이유도 있지만, 1980년대의 국내 민주화 운동이 사회과학 전반에 끼친 영향의 결과이기도 하다. 1980년대는 과거 어느 때보다도 반정부운동, 사회개혁운동 등이 사회과학과의 긴밀한 관련 속에서 전개되었다.

이념적 관점에 있어서 1980년대 이후의 교육사회학은 폭이 확대되었다. 과거에는 체제지향적이고 보수적인 성향에서 벗어나지 못하였으나, 1980년대에 들어와서는 마르크스(K. Marx) 및 막스 베버(Max Weber)의 갈등론적 관점이 소개되어 자본주의 체제의 학교교육에 대한 비판적인 연구를 자극하였다. 젊은 교육사회학자들은 선배들에 비하여 한결 진보적인 관점을 가지고 한국 교육사회학의 연구활동이 1980년대에 활발해지면서, 교육사회학에 대한 교육학도들의 관심이 전반적으로 높아졌다. 한국 사회의 1980년대 이후의 지적풍토가 전체적으로 사회과학에 대한 관심이 높았던 것과도 무관하지 않지만, 한국교육의 현재와 과거를 사회과학적으로 이해하려는 욕구가 어느 때보다도 강했다. 전공분야가 어디에 속하든지 간에 교육학과 학생뿐만 아니라 사범대학의 다른 학과 학생들도 교육사회학적 주제에 관하여 많이 읽고, 많은 토론을 벌이는 것이 하나의 경향이 되었다.

이때는 사회갈등이 심화되면서 교육과 불평등 문제가 계층간에 야기되어 고교평준화, 교육격차, 교육균형발전의 연구가 한국교육개발원에서 수행되었다(김병성, 1982).

교육사회학 논의는 1990년대 이후 더욱 다양해졌다. 여기에는 1980년대에서 1990년대로 넘어오는 시기에 국내에서 군사정권 퇴진과 아울러 국제적으로 동서유럽을 가로막고 있던 베를린 장벽의 붕괴와 소련의 와해가 끼친 영향이 크다. 국내적으로는 군사통치의 종식으로 사회적 · 학문적 활동에 자유의 공간이 확대되어 과거와 같은 편파적 이념의 장벽을 뛰어넘을 수 있게 되었고, 국제적으로는 동독과 소련의 사회주의 체제 와해와 나아가 중국의 자본주의 시장원리 도입으로 이념적 양분구조에서 벗어나게 되었다. 이에 따라 학문적 논의에 있어서 이념적 한계나 이념적 대결구도가 약화되어 매우 다양한 관점이 자유롭게 표출되었다. 문제의식도 다양해졌다. 탈근대주의, 세계화, 정보화 등을 교육과 연결시켜 논의가 활발하였다.

1990년대 이후의 또 한 가지 특징은 교육개혁에 관한 활발한 논의다. 교육개혁의 열풍은 전 세계적으로 1980년대부터 불었지만 국내에서는 1990년대에 와서 본격적인 개혁작업으로 구체화되었다. 특히, 김영삼 정부 시기에 '교육개혁위원회'가 1995년 5월부터 1997년 5월 사이에 발표한 일련의 교육개혁방안은 교육제도의 성격을 전면적으로 변화시키는 내용을 담고 있어서 많은 토론을 불러일으켰다. 특히 대학입시제도의 개혁과 학교의 자율화와 경쟁원리의 도입은 세계적인 교육개혁에 관한 논쟁과 맞물려 적지 않은 토론을 촉발시켰다(노상우, 1999; 손준종, 1996; 심성보, 1999; 이규환, 1996).

한편, 교육사회학이 교육학의 다른 영역과 마찬가지로 학교연구에 치중하는 것은 예나 지금이나 크게 다름이 없었다. 평생교육에 관한 사회학적 연구들이 없지는 않지만 대다수의 교육사회학자들의 관심은 여전히 학교에 쏠려 있다. 그러나 변화가 일어나고 있는 것은 분명하다. 학교 외 교육에 관한 연구가 늘었으며,

평생교육에 관한 논의도 증가하고 있다(김경희, 1998; 정유성, 1998; 권인탁, 2004; 한숭희, 2004; 오욱환, 2007). 평생교육과 아울러 평생학습에 대한 교육사회학의 관심은 확대될 전망이다.

제2장

교육사회학 접근이론

Life isn't about finding yourself. Life is about creating yourself.

인생은 자신을 발견해 가는 과정이 아니라 자신을 점차 창조해 나가는 과정이다.

〈George Bernard Shaw〉

1. 교육사회학 접근의 틀: 거시-미시적 접근이론
2. 기능이론과 갈등이론
3. 기능이론과 학교교육
4. 갈등이론과 학교교육
5. 해석학적 이론과 학교교육
6. 신교육사회학

모든 학문이 그러하듯이 교육사회학도 다른 학문과 같이 나름대로의 성격을 규정짓는 이론적 틀 또는 접근 · 분석 · 설명하는 방식이 있을 수 있다. 넓은 의미에서 교육사회학은 교육과 사회와의 관계를 설명하는 학문이다. 보다 구체적인 의미로는 교육의 사회적 과정과 사회제도로서의 성격을 설명하는 학문이라고 할 수 있다.

이러한 이론적 관점이나 접근을 위하여 **모형**(model) 또는 **패러다임***(paradigm)을 이용하기도 한다. 모형이나 패러다임은 어떤 학문의 성격을 체계적으로 **접근**(approach), **분석**(analysis), **논의**(studies)하는 **준거**(frame work)로 사용되며, 어떤 문제 또는 그 현상을 보고 파악하는 시각이나 사고의 틀이라 할 수 있다.

그러면 교육과 사회관계를 설명하는 교육사회학의 학문적 성격을 규정짓고 그것을 접근 · 분석 · 설명해 주는 시각이나 사고의 틀은 무엇이며 그 특징은 어떤 것인가? 이 장에서는 교육사회학 연구 및 이론적 패러다임의 유형을 그 발전 단계 및 이론적 관점과 특징을 관련 학자들의 견해를 중심으로 개관하고 본서의 구성 특징을 소개하고자 한다.

교육사회학은 1910년을 전후하여 가치 · 규범지향적 성격으로 시작된 학문으로서 1950년대까지는 사회학적 이론과 방법을 교육실천에 응용하려고 하는 실천지향적 성격이 강하며 교육문제나 현상에 대한 규범적 · 기술적 접근이 주된 흐름이었으나 1960년대부터는 교육문제나 현상에 관한 경험적 · 과학적 분석을 강조하는 학문지향적 성격이 짙게 나타났다.

이러한 과정에서 교육사회학은 실천지향적 성격에서 사회과학으로 탈바꿈하기 시작하였고, 가치판단으로부터 사실분석으로 그 성격이 변모하게 되었다. 특

* 패러다임이란 어떤 문제 또는 그 현상을 보고 체계적으로 접근(approach), 분석(analysis), 논의(discussion)하는 준거(frame work)로 사용되며 그 문제 또는 현상을 파악하는 시각이나 사고의 틀이라고 할 수 있다. 이 연구에서는 정보화에 따른 교육의 현상이나 문제를 파악하고 해결하기 위해서는 기존의 것에 대한 부분적이고 단편적인 수정이나 보완을 통하여 학교교육체제를 구성하는 사람들의 인식의 변화를 바탕으로 확연히 구분되는 변화, 즉 부분의 변화를 통한 전체적인 면에서의 변화를 의미한다. 교육에 대한 관점과 사고방식?행위양식 그리고 하교교육이 이루어지고 있는 기본적인 틀이 변해야 새로운 사회의 도전에 대비하고 적응할 수 있다는 의미로 사용하였다.

히 제2차 세계대전 이전까지는 실제적인 사회관계와 사회세력 또는 사회의 교육적 형성력을 연구하려는 학문적 성격이 강하였다(김병성, 1988: 16).

그러나 전후에는 교육사회학을 규범적 또는 응용적 학문에서 객관도나 정확도가 높은 교육과학으로 재조직하려는 노력이 강하게 나타나기 시작하였고, 고도로 세련된 과학적인 연구방법을 적용하여 학문적인 과학화를 시도하려는 학자들이 나타났다. 때를 같이하여 지금까지 사회학의 이론과 방법을 중심으로 그 그늘에서 헤어나지 못했던 입장을 탈피하여 선진 서구 교육사회학자들은 독자적이고 자율적인 접근방법을 주장하기에 이르렀다. 특히 이러한 새로운 시도는 1970년을 전후하여 지금까지 교육과 사회의 관계 · 문제 · 현상을 분석 · 설명하는 데 가장 핵심적 도구로 사용되어 왔던 기능주의 이론에 대한 대립적 시각과 도전을 불러일으킨 갈등론적 이론과 관점이 제기되면서 교육사회학 연구분야에 새로운 기운을 가져온 것이다.

이러한 새로운 이론적 접근들은 교육과 사회화의 관계를 설명함에 있어서 서로 다른 이론적 접근을 시도함으로써 교육사회학의 주요 이론 구축에 점차 공헌하게 되었다.

1. 교육사회학 접근의 틀: 거시-미시적 접근이론

지금까지의 교육사회학 관련 이론은 1950년까지 주로 뒤르켐(1956)이나 파슨스(1951)를 주축으로 한 기능주의 이론이 교육사회학의 중심 개념으로 되어 왔으나 1960년대에는 기능주의의 영향을 받아 **인간자본론**(human capital theory), **근대화이론**(modernization theory)이 출현함으로써 교육과 경제발전, 국가발전을 인과적으로 설명했다. 1970년대에 접어들면서 신마르크스주의의 영향으로 교육에 갈등론적 관심이 강조되기 시작하였다. 이와 관련한 **사회재생산이론**(social reprodution theory), 제국주의적 관점에서 교육을 보려는 **종속이론**(dependency theory), 교육을 통한 인간성 해방을 강조하는 급진적 **저항이론**(resistancy theory) 등이 교육사회학 연구에 새로운 영역으로 대두되었다.

이러한 갈등이론의 관련 이론들은 기능주의 이론의 기본 전제인 사회의 안정성, 상호 의존성, 통합성을 부인하고 사회의 속성을 변화, 불일치, 투쟁, 갈등이 존재하는 것으로 보고, 이러한 사회구성 요인 간의 이견(dissension), 변화, 불평등 관계나 개념을 교육현상과 연관지어 논의 · 분석하기 시작하였다.

1970년대 중반부터 종전의 교육사회학은 실증주의와 객관주의에 치우친다는 비판이 고조되면서 새로운 교육사회학적 접근의 필요성이 제기되었다. 이러한 경향이 이른바 **신교육사회학**(new sociology of education)의 출현이다. 신교육사회학은 영국을 비롯한 유럽 사회의 지식사회학(sociology of knowledge)의 전통에서 비롯되어 영국 사회에서의 계층구조와 교육제도의 불평등 문제, 그리고 미국 사회에서의 **교육과정 사회학**(sociology of curriculum) 연구에 많은 영향을 주었다.

신교육사회학자들은 학교에서 무엇이 가르쳐지고 있느냐와 교육과정의 사회학적 관심, 즉 교육제도 속에서 지식의 사회성 내지 사회적 조직의 탐구를 주된 연구 영역으로 삼았다.

1950년부터 활기를 띤 교육사회학 발전은 스펜서-뒤르켐-베버-파슨스를 거치면서 **거시적 접근**을 통한 사회제도 · 조직 · 구조 등을 체계적으로 연구하면서 기능이론의 토대가 형성되어 왔다. 그 후 기능이론에 대한 비판이 제기되면서 갈등이론(그리고 신교육사회학 관련 이론들)이 나타나기 시작했다. 이러한 과정에서 1970년대에 들면서 거시적 접근의 이론체계보다는 사회현상에 바탕을 두고 교육의 사회에 대한 전체적 설명보다는 학교사회, 교실사회 등 작은 집단을 분석하여 현상 그 자체를 밝히려는 **미시적 접근방법**이 성행되기 시작하였다.

미시적 접근은 사회현상을 설명하는 데 있어서 그 현상이 나타나게 된 원인, 즉 내면적 현상을 분석 · 설명하려는 것으로서 체제와 구조의 개념보다는 과정과 상호작용을 강조하고 있다.

이 두 접근방법에 관한 사회학적 근원은 뒤르켐과 베버의 견해에서 찾을 수 있다. 뒤르켐에 의하면, 구성원은 개인들의 합을 초월하여 생긴 하나의 실체(reality)이며 사회의 성격은 개인들의 행동과 사고에 영향을 준다고 한다. 즉, 개인은 사회에 대하여 피동적인 존재가 된다. 이와는 달리 베버는 개인들의 사회적 행동이 사회의 기초를 이룬다고 보고 이러한 개인들의 사회적 행동의 합이 사회의 성격을 이룬다고 보았다. 베버는 사회가 개인들과 별개의 것이 아니라 개인의 합에 불과하다고 본 것이다.

이와 같이 사회를 뒤르켐처럼 실체로 보는 견해를 '사회실체론(social realism)' 이라 하고, 베버와 같이 명목으로 간주하는 견해를 '사회명목론(social nominalism)' 이라고 한다.

사회를 하나의 실체로 보느냐, 단순한 명목으로 보느냐에 따라 그 이론적 전개 과정은 다르다. 뒤르켐처럼 사회를 실체로 보고 사회를 사회 그 자체로 파악하는 접근법을 '거시적 접근법(macro approach)' 또는 '구조적 접근법' 이라고 부른다. 반대로 베버처럼 사회를 명목으로 볼 경우에는 사회란 개인을 떠나서 별개로 존재하는 것이 아니고, 개인들의 합에 불과한 것이므로 사회를 이해하기 위해서는 그것이 개인의 사회적 행동이든 개인의 본질적인 행동이든 막론하고 개인부터 파악하려는 접근법을 '미시적 접근법(micro approach)' 혹은 '심리학적 접근법' 이라고 부른다.

거시적 접근법은 사회를 개인과는 독립적으로 존재하고 사회 나름의 실체를 갖는다는 사고에 근거를 두고 있으므로 사회현상을 분석할 때 분석의 대상을 사회 그 자체에 둘 뿐만 아니라 분석의 출발점 역시 개인보다는 사회에 두게 된다. 예컨대, 어떤 회사에서 노사분규가 일어나 파업(사회적 사실)이 일어났다면, 파업에 참가한 개개 노동자들을 분석하기보다는 그 파업의 전체로서의 성격을 나타내는 참가 노동자의 수, 격렬성의 정도, 요구사항 등을 분석해야 한다. 이는 파업의 전체 성격이 개인 참가자들의 사고, 감정, 행동에 미친 영향들과 연관짓게 된다.

이와는 대조적으로 미시적 접근법은 사회란 단지 개인들의 합에 불과한 것이므로 사회현상을 분석할 때 분석의 대상을 구성원 개인들에 둔다. 따라서 노사분규의 문제를 분석할 때 집단행동의 전체 성격보다는 참가자 개개인의 참가동기 · 행동방식 · 감정상태 등을 분석하고 종합하여 그 집단 파업의 성격을 규명한다. 이때는 집단행동과 참가 노동자의 관계는 앞의 경우와는 반대로 참가자가 집단행동(파업)의 성격을 형성하는 주체가 되고 파업은 결과로 파생되는 부수적인 것으로 분석된다.

거시적 접근법에 의한 이론들은 개인을 사회로부터 영향을 받아 움직이는 피동적인 존재로 취급한다. 미시적 접근법에 의거한 이론들은 개인의 본질 또는 특성이 그들이 소속한 사회의 기초를 형성한다고 본다. 따라서 개인의 자질이 도덕적이냐 아니면 탐욕적이냐에 따라 그 사회가 도덕적 사회 또는 이기적 사회로 형성될 가능성을 시사해 준다.

사회학 연구의 접근방법에 관하여 콜린스(Collins, 1931)는 그 분석 수준을 거시적 사회학과 미시적 사회학으로 분류하고 있다. 전자는 대규모적이고 장기적인 사회적 과정에 관한 분석이고, 후자는 인간의 언행, 사고하는 것에 대한 심층적 분석이라고 규정하였다.

교육사회학 연구도 사회학 연구의 분석 수준에 영향을 입어 거시적 수준과 미시적 수준으로 구분짓는다(Ballantine, 1983: 57). 전자가 학교체제와 사회체제의 관계 속에서 교육현상을 연구하는 것이라면, 후자는 학교체제나 교실에 관한 것에 주안점을 둔다. 이것을 교육사회학 패러다임에 연관지어 나타내면 〈표 2-1〉과 같다.

기능이론과 갈등이론적 접근은 거시적인 관점에서 대규모 사회, 조직 구조, 사회 및 문화체제를 다루는 반면, 상호작용적 접근은 개인과 소집단 사이의 소규모 상호작용 등에 관심을 두는 접근과 분석방법이다(Ballantine, 1983: 12). 교육사회학 접근에 적용한다면 거시적 접근은 학교가 대규모 사회 속에서 수행할 역할을 분석하는 데 비하여, 미시적 접근은 학교 및 교실을 분석단위로 그 속에서 일어나는 개인 간 상호작용과 소집단 내의 역동성 분석에 더 관심을 갖게 된다.

표 2-1 교육사회학 분석 및 접근 관점

	분석 수준	이론적 관점
거시적 접근	사회(구조) 제도 조직	기능이론 갈등이론(재생산이론, 종속이론, 저항이론)
미시적 접근	소집단 상호작용 역동성	신교육사회학 민속방법론 상호작용론 현상학

자료: J. H. Ballantine(1983: 58)

2. 기능이론과 갈등이론

기능이론의 관점

오늘날 교육사회학의 연구에서 중심 과제로 부각된 교육의 사회적 기능, 교육의 기회 균등, 사회변동, 계층이동, 교육계층, 직업의 배분 등에 관한 학자들의 시각은 매우 대립적인 관점이다. 기능주의 관점과 갈등주의 관점에 따라 그 강조점이 크게 나타난다. 물론 기능주의 관점이 주된 흐름이라면 갈등주의 관점은 기능주의 시각에 대한 비판, 도전으로 전개되어 온 것이다. 그들은 각기 자기의 주장에 대한 장점을 제시하고 있으며, 교육문제에 접근하는 방식에서도 매우 대조적이다.

그러므로 우선 이 대립된 패러다임의 성격을 개략적으로 관련 개념을 중심으로 살펴보고자 한다.

기능이론은 발전 과정으로 볼 때, 구조기능주의 이론(structual-functional theory)을 간략하게 명명하는 것으로서, 근래에 와서 학자의 취향에 따라 합의이론

(consensus theory), 질서이론(order theory) 또는 균등이론(equilibrium model) 등으로 불린다. 갈등이론 역시 최근에 와서는 급진주의이론(radical theory), 사회재생산이론, 종속이론, 저항이론까지 연결짓는 경향이 나타나고 있다.

기능이론은 사회학의 아버지로 불리는 콩트(A. Comte)나 사회유기체설을 제시한 스펜서(H. Spencer)에서 그 이론적 기초를 찾을 수 있다. 그러나 뒤르켐(E. Durkheim)이 이론적 근거를 발전시켰으며, 사회학 이론으로의 구축은 파슨스(T. Parsons)에 의해서였다.

기능이론과 갈등이론은 모두 거시적 관점에서 사회의 실체를 보고 그 본질이 무엇인가를 규명하려는 데에서부터 출발한다. 기능이론은 사회의 본질은 상호 의존적인 관계 또는 부분의 집합으로 구성된 체계(system)로 보고 이를 유기체에 비유하여 여러 기관이나 부분이 전체의 생존과 존립에 공헌하고 있는 관계로 보고 있다. 때문에 한 사회를 구조와 기능이라는 측면에서 분석하고 이해하려고 하며 그 지속과 번영을 위하여 질서 · 균형 · 안정을 추구하며, 더 나아가 사회 구성원 간의 합의(consensus)와 통합을 이룬다고 본다.

예컨대, 인체에 비유하면 전체 사회는 몸이요, 사회 내의 개인, 학교, 가정, 회사 같은 것은 인체의 부분, 즉 머리, 팔, 가슴, 위장, 폐 등과 같은 기관(organ)에 해당된다. 인체의 각 기관이 각기 담당하고 있는 기능을 순조롭게 수행하듯이, 사회 내부의 각 부분이 전체 사회 체제를 유지하는 데 필요한 기능을 수행하거나 유지시키기 위해 기능함으로써 몸 전체의 형평(건강)을 유지한다. 따라서 부분 간의 관계는 조화, 협동 그리고 합의의 관계로 맺어지게 된다. 부분 간의 기능이 약화되면 마치 병든 사람처럼 인체의 전체 생존 기능도 약화되게 된다.

파슨스는 이런 관계를 사회체제의 네 가지 요인으로 이루어진다고 보았다. 가장 포괄적이고 최상위의 차원으로 문화체제(cultural system), 그다음으로 사회체제(social system), 그 아래는 인격체제(personality system), 최하위의 것으로 행동적 유기체(behavioral system)로 구분하였다. 문화체제는 상징들로 이루어지는 가치, 신념, 규범에 관한 것이고, 사회체제는 정치 · 경제 · 사회 등 제 기관의 활동을 통합하는 체제이며, 인격체제는 사람이 사회적 존재로의 품성에 관련된 특성이고, 행동적 유기체는 일반적으로 인간의 생체를 의미한다.

그리고 이러한 사회체제는 첫째, 한 체제를 규정하고 있는 요소들은 기능상으로 상호 의존적이고, 둘째 한 체제의 구성요소들은 그 체제의 계속적 작용에 적극적으로 공헌하며, 셋째 한 체제는 다른 체제에 영향을 준다. 따라서 이 체제들은 위계적으로 상위체제에 대한 하위체제로 유기적인 작용을 하게 된다.

예컨대, 우리 사회의 전체 직업 체제의 종류로는 만오천여 종에 달하고, 직종으로는 최고 경영직, 전문직, 사무직, 근로직 등 7~8종으로 구분짓는다. 각 직업계층의 역할과 기능이 제대로 수행될 때 전체 직업 체제는 순탄하게 유리되어 전체 사회의 안정과 통합이 잘 이루어지게 된다. 그러나 반대로 직업계층 간의 마찰과 위화감이 조성되면 특정 직업 선호 경향, 근로자 부족, 사회 불안 등 각종 문제가 파생되어 결과적으로 사회적 · 경제적 발전을 저해하고 전체 사회의 안전과 통합을 약화시키게 된다.

또 연령, 능력, 계층구조 등도 각각의 하위체제를 구축하고 있는 바 그 하위체제 간에 상호 의존성과 유기적 관계가 어떠하냐에 따라 전체 사회의 안정과 통합에 기여한다. 뒤르켐은 모든 사회가 해체되지 않고 응결, 지속되고 있는 이유는 사회질서 때문이라고 생각했고, 이 사회질서의 기초는 사회구성원 간의 상호 의존성과 합의에 있다고 보았다.

갈등이론의 관점

기능이론과는 대조적으로 갈등이론은 사회의 실체를 개인과 개인 또는 집단과 집단의 끊임없는 세력다툼, 경쟁, 저항관계로 본다. 기능주의적 관점이 주된 흐름이라면 갈등주의적 관점은 기능주의 시각에 대한 비판과 도전으로 전개, 발전되어 왔다. 갈등이론은 사회의 본질을 경쟁과 갈등의 관계로 본다. 이익과 권력 등 가치 있는 것을 둘러싼 개인과 개인 사이, 집단과 집단과의 경쟁에서 야기되는 불화가 사회의 본질이라는 것이다.

갈등이론의 기본 발상은 마르크스 이론에서 유래되었는데, 그는 역사의 발전을 생산수단을 소유한 유산계급과 생산수단을 소유하지 못한 무산계급 사이의 투쟁의 결과로 보았다. 따라서 계급 간의 대립 갈등은 생산수단의 사적 소유 제도가 있는 한 피할 수 없으며, 이러한 대립 갈등의 영원한 종식은 사유제도를 철폐하는 공산주의의 실현에 의해서만 가능하다고 주장하였다.

현대의 갈등이론가들은 마르크스와는 달리 그 원인을 사회적 가치의 희소성(scarcity)에서 찾는다. 사회적 희소가치인 재화, 권력, 명예, 지위 등이 희소하기 때문에 희소가치를 둘러싼 갈등은 영원히 계속된다는 것이다. 희소가치로서의 돈, 지위, 명예는 그것을 획득하려는 욕구에 비하여 그 수와 양이 한정되어 있고 부족하기 마련이다. 이러한 사회적 희소가치에 대한 열망과 추구가 계속되고 사회의 구성원들은 누구나를 막론하고 개별적 혹은 집단적으로 사회적 가치를 더 획득하기 위해 끊임없이 갈등을 겪게 된다는 것이다.

갈등이론은 마르크스나 베버 등의 이론과 사상에 그 지적 뿌리를 두고 있으나, 기능이론에 대한 도전과 비판적 관점은 신마르크스주의(Neo-Marxism)자들에 의해 활발하게 전개되었다. 이 이론적 발전은 다렌도르프(R. Dahrendorf), 밀즈(C. W. Mills), 코저(L. A. Coser) 등에 의하였다.

1960년대를 거쳐 1970년대에 들어오면서 미국에서의 현대 갈등이론은 고도의 사회적 · 인종적 갈등과 관료주의화, 산업화, 도시화를 통한 억압에 회의를 느끼면서 유럽 사회학적 사고방식에 친숙한 지식인들의 반응으로 그 출발점을 찾았다. 이는 현존 사회구조의 현상유지를 합리화하는 데 주력하는 기능주의를 비판하면서, 그동안 등한시해 온 '사회변화'와 '집단갈등'이라는 중요한 사회현상을 교육문제와 관련시키는 노력이다.

갈등이론은 모든 사회집단은 그 구성요인이 각기 다른 목적과 이해관계를 가지고 상호관계를 유지하는 것으로 본다. 기능이론이 변화를 제대로 설명하지 못하고 권력투쟁, 계층갈등, 일탈행위 등을 소홀히 다루고 있다고 비판하면서, 사회

표 2-2 기능이론과 갈등이론의 기본가정

기능이론	갈등이론
1. 사회의 구성요소들은 비교적 지속적이고 안정된 구조를 가진다.	1. 모든 사회는 모든 면에 있어서 급격한 변화 과정을 겪는다. 이런 사회적 변화는 도처에 산재되어 있다.
2. 모든 사회는 요소들의 잘 통합된 구조다.	2. 모든 사회는 모든 면에 있어서 이견(異見)과 갈등을 나타낸다. 즉, 사회 갈등은 도처에 널려 있다.
3. 사회의 모든 요소는 각기 그 기능을 가지고 있으며, 이것은 사회체제 유지에 공헌하고 있다.	3. 사회의 모든 요소는 사회의 와해와 변동에 기여한다.
4. 모든 기능적인 사회구조는 그 구성원 간의 가치에 대한 합의에 그 토대를 두고 있다.	4. 모든 사회는 그 구성원의 일부가 다른 일부를 억압(강제)하는 데 기반을 두고 있다.

의 강제적인 속성과 사회변동의 확산성에 초점을 둔다. 그리고 한 집단의 목표는 다른 집단의 목적에 일치되지 않는다고 믿으며, 이러한 갈등현상은 외면적으로는 조용하게 보일지는 모르나, 내면적으로는 활기찬 움직임을 가지며, 때로는 표면화하거나 폭력화하기도 한다고 본다.

사회는 권력투쟁이 일반적이어서 강한 힘을 가진 집단에 의해 운영되는 것이 일반적인 사례이지만, 계속 변동하여 급격한 혁신도 가능하다고 한다. 갈등이론은 사회제도를 지배집단과 피지배집단으로 나누어, 지배집단이 모든 사회가치의 중심체 역할을 하여 현 상태를 계속 유지하기를 바라며, 반대로 피지배집단은 언제나 그 체제의 안정을 위협하고 있다고 본다. 따라서 지배집단은 언제나 그 체제의 안정을 위협당하고 있으므로 지배집단은 설득, 교화, 선전 등의 방법으로 피지배집단에게 자기들의 입장을 정당화한다.

갈등론적 시각에 의한 학교교육제도는 사회적 불평등을 재생산하는 수단에 불과하다고 본다. 학교교육내용도 특정계층의 지식과 가치를 형식적 교육과정에 의하여 주입하고 있다는 데 의견을 모으고 있다. 기능주의 이론은 교육의 사회화

기능을 통하여 사회구성인의 지식, 신념, 태도, 이념 등의 공동가치나 공민성 계발에 중점을 두는 반면, 갈등이론가들은 교화, 억압 등에 의한 잘못된 사회화를 교정할 수 있는 인간성 회복에 그 강조점을 둔다.

3. 기능이론과 학교교육

기능이론

기능이론에 의하면, 사회는 상호 의존적인 부분들로 구성되어 있고 이들 각 부분은 전체 사회의 기능화에 필요한 역할을 원만하게 수행한다는 가정에서 출발한다. 기능론자들은 조직의 구조와 기능화에 관한 문제에 연구의 강조를 둔다. 이들에 의하면 학교의 주된 기능은 사회질서를 유지하는 데 필요한 지식 및 행동을 전수하는 것이다. 아동들은 타인과의 접촉을 통하여 사회적 존재가 됨을 배우고 적절한 사회적 가치를 발전시키기 때문에 학교는 중요한 훈련장소라는 것이다 (Ballantine, 1983: 13).

기능주의의 기본 입장은 교육과 사회관계를 긍정적으로 파악하고 교육의 순기능을 강조한다. 사회제도의 하나인 교육은 사회구성원으로서 개인의 통합과 응집력의 증진, 적성과 능력에 알맞은 역할과 지위의 분류 및 배분 그리고 사회 각 분야에서 요구하는 지식, 기술, 행동양식을 전승하는 기능을 수행함으로써 개인을 사회에 적응시킴과 동시에 개인을 전체 사회 속에 통합시키고 나아가 사회가 요구하는 인력을 양성하고 공급한다고 본다.

여기서는 교육에 대한 기능주의적 관점을 사회화와 사회적 선발 및 배치 (selection and placement) 기능을 중심으로 살펴보고자 한다.

학교교육의 기능을 사회학적인 시각에서 처음으로 논의한 뒤르켐에 따르면, 학교교육이란 전체 사회의 지배적인 행위유형들을 의도적으로 전달해 줌으로써 한 사회의 존속에 기여하는 수단으로 이해된다. 이러한 사회화를 위한 교육의 기능은 보편적 사회화와 특수 사회화라는 두 가지 면으로 이루어진다. 보편적 사회화는 한 사회의 공통적 감성과 신념, 즉 집합의식을 새로운 세대에 내면화시키는 것을 의미한다. 이는 한 사회가 해체되는 일 없이 존속하는 데 있어서뿐 아니라 한 사회의 독특성을 변화 없이 유지하는 데 있어서도 필수적이다. 특수 사회화는 개인이 속하게 되는 특수한 직업집단이 요구하는 지적 · 도덕적 특성의 함양을 말한다. 교육을 통해서 개인은 자신이 속하여 살아가게 될 직업집단의 규범과 전문지식을 미리 학습하여야 한다.

뒤르켐은 학교교육에서 도덕교육이 중시되어야 한다고 주장하였다. 왜냐하면 도덕교육을 통해서 사회구성원들 간에 협의가 형성되며, 각 개인은 자신이 속한 집단에 충실하게 참여할 수 있기 때문이다. 현대의 분화된 사회에서 한 개인은 여러 종류의 사회집단에 소속되지만 도덕의 점진적 보편화로 그들 간에 갈등은 나타나지 않는다고 보았다. 즉, 개인이 속한 작은 사회 집단의 도덕은 그보다 더 높은 수준의 사회집단, 예컨대 국가의 도덕에 내포된다. 이러한 뒤르켐의 기능론적 관점은 사회 내의 지배집단을 옹호한다는 비판을 받았다. 그는 현실의 사회가 언제나 보편성을 따르는 것이 아님에도 불구하고 사회 또는 국가를 개인 및 하위 집단의 우위에 두었으며, 한 사회 내의 집단 간의 차이를 경시하였다.

사회화 기능에 관한 파슨스의 설명은 뒤르켐과 대동소이하다. 아동들에게 그들이 장차 성인이 되어 담당하게 될 역할을 수행하기 위해 반드시 필요한 정신적 자세와 자질을 기르는 것이 사회화이며, 학교의 기능은 사회화를 통한 사회적 안정, 통합, 합의의 증진에 있다고 하였다(Hurn, 1978: 200).

드리븐(R. Dreeben)은 사회화의 내용을 좀 더 구체적으로 표현하여 사회적 규범이라고 규정하고, 규범은 '상황별로 구체화된 행동의 표준으로서 개인들이 특정 상황에서 어떻게 행동하여야 하는지를 지시하는 원칙, 전체 또는 기대들' 이라고 정의하였다. 요약하면 학교는 규범을 적절한 방법을 동원하여 학생들에게 내면화시킨다. 사회생활에 필요한 규범들은 가정이나 지역사회에서만 배울 수는 없다. 현대 산업사회에 적합한 사회 규범, 기술, 지식 등도 가정이나 지역사회에서만 배울 수는 없다. 그에 따르면 아동들은 학교의 구조 속에서 생활하는 동안 현대 산업사회의 일원으로서 살아가는 데 필요한 독립(independence)의 규범, 성취(achievement)의 규범, 보편주의(universalism)의 규범, 예외(specificity)의 규범이라는 주요 규범들을 배운다고 한다.

학생들이 학교에서 배우는 네 가지의 규범을 구체적으로 논의하면 다음과 같다(Feinberg & Soltis, 1985: 18-19). 독립의 규범은 아동들이 자신의 행동에 대해서 책임감을 느낄 때, 그리고 다른 사람들이 행위자에게 책임을 지울 수 있는 권리를 가진다는 것을 인식할 때 나타나는 학습이다. 학생들은 시험 중 부정 행위나 표절 행위에 대한 처벌과 같은 일을 통해서 독립심의 규범을 배운다. 이러한 제재들은 학생들에게 성인으로서의 생활과 개인적 책임을 요구하게 될 직업에 대하여 준비시켜 준다. 이와 같은 독립의 규범을 획득함으로써 아동들은 자신의 행위에 대하여 개인적으로 책임져야 한다는 것을 배우게 된다. 성취의 규범을 배운다는 것은 사람이란 자기의 노력이나 의향에 의해서보다는 성과에 따라 대우받는다는 것을 배우는 것이다. 학생들은 또한 다른 사람들의 성과와 비교하여 자신의 성과를 판단하는 것을 배운다.

이렇게 하여 학생들은 실패를 극복하는 방법을 배우고 동시에 어떤 분야에서는 다른 사람들이 훨씬 재능이 있다는 것을 인정하는 것을 배워야 한다.

보편주의의 규범과 예외의 규범은 비교의 기초가 되는 어떤 기준에 따라 대우받는 것이다. 예를 들어, 학교에서 한 학생이 과제물을 늦게 제출했을 경우 교사는 그 학생의 개인적인 사정을 고려하지 않고 과제물 제출이 늦은 것에 대해 조치를 한다. 이를 통해 그 학생은 보편주의의 규범을 습득하게 된다. 그러나 그 학생이 학교 대표팀의 일원으로 경기에 출전하였기 때문에 과제물 제출이 늦어졌다면 교사는 그것을 이해하게 된다. 이 경우 학생은 정당한 이유가 있으면 예외적으로 대우받을 수 있다는 규범을 습득한다. 예외의 규범은 보편주의의 규범과 밀접한 관계가 있다(Feinberg & Solits, 1985: 18-19).

또한 교육은 사람을 길러 적재적소에 배치하는 역할을 한다. 인력의 선발, 분류, 배치의 기능은 학교교육이 수행하는 기능 중 가장 현실적이고 구체적인 기능이다. 이 세상에는 수많은 직업이 존재하며 일의 종류에 따라 지위와 역할이 달라지며 지식과 기술 등의 자질이 다르게 요구된다. 특히 산업 및 사회구조가 급격히 변하는 현대사회는 기술 및 전문 인력을 점점 더 요구하게 되며, 교육체제는 직업세계의 분화에 따라 다양한 분야에 적합한 사람을 선발하여 길러 내는 역할을 효과적으로 수행해야 한다. 교육선발에 대한 이와 같은 기능론적 해석은 첫째, 능력과 재능은 사람마다 다르며 높은 능력일수록 소유자가 적다는 것과 둘째, 선발기준이 능력 본위이어야 한다는 것을 기본 전제로 삼고 있다.

교육에 대하여 사회화 기능을 주로 논의한 뒤르켐은 또한 사회분화에 따르는 다양한 내용과 수준의 교육에 대해 언급함으로써 교육이 사회적 선발의 기능을 가지고 있음도 시사하였다. 파슨스는 뒤르켐과 마찬가지로 학교교육의 사회화 기능을 강조하면서 사회적 선발 기능으로서의 인력배치 기능을 강조하였다. 그는 사회화와 선발을 학교교육의 기본적인 두 가지 기능으로 파악한 것이다. 파슨스에 의하면, 현대 산업사회의 성취지향 가치관을 학교가 받아들인 결과가 성적을 선발의 기준으로 삼는다는 것이다. 그렇기 때문에 학력은 성취 수준을 나타내며 학력 수준에 따라 사회적 지위가 달라지는 것은 공정하다고 본다. 파슨스에게 산업사회의 학교는 이러한 기능을 무리 없이 수행하는 기관이다.

기술기능주의

산업사회의 기술 수준이 높아짐에 따라 생산체제의 기술적 변화가 교육변화의 추진력을 제공하게 되었다. 기술기능주의 이론은 복잡한 산업사회에서 점차 기술의 수준이 높아감에 따라 학교는 사회의 구성원이 제 역할을 다할 수 있도록 인지적 능력, 전문적 기술과 지식을 가르쳐야 한다고 주장한다.

나아가 사회의 기술의 정도에 따라 학교가 팽창하게 된다고 한다. 이 이론에 의하면, 산업사회의 직업구조는 특정한 종류의 능력을 필요로 하게 되어 있는데 훈련 또는 학교교육이 이 같은 산업사회의 필요를 충족시켜 주고, 기술변화에 따라 학교의 교육과정도 변해야 한다고 본다(이종각, 2000: 125).

또, 기술기능주의적 접근에서는 학교교육의 팽창을 본질적으로 기술변동과 복잡한 직업의 분화에 의해 발생된 결과로 본다. 그래서 교육에 대한 대중의 요구는 기술변동에 의해 초래된 여러 가지 자격증을 얻기 위한 것, 즉 기술변동과 직업분화에 대한 단순한 반영으로 해석한다. 이것은 급진적인 기술변동이 개인으로 하여금 사회와 경제의 특수하고 복잡한 요구에 부응하도록 만든다는 것이다. 따라서 기술기능주의적 설명은 사회팽창과 기술변동은 밀접하고 상호보완적 관계에 있다고 가정한다. 즉, 학교교육은 기술교육을 통해 경제의 효율성을 증가시키며 이러한 기술적인 효율성의 증가는 숙련된 노동력을 길러 낼 수 있도록 학교교육을 변화시킨다는 것이다.

따라서 기술기능주의의 주된 관점은 단순히 기능주의에 의한 학교교육의 연장이나 장기적 투자가 곧 교육효과, 즉 사회적 지위나 임금의 상승효과라는 낙관적 견해가 점차 약화되므로 이에 대한 대응방안으로 보다 중요한 것은 개인의 인지적 · 전문적 기술 연마가 사회적 상승이동의 통로가 된다는 것이다.

그러나 기술기능이론은 기술 사회를 향한 발전 과정에서의 갈등과 불화에 대한 측면은 외면하고 있다. "학교교육의 팽창은 대중이 교육기회의 확대를 요구했기 때문이기도 하지만, 지배계층의 특권을 유지시킬 수 있는 수단이기도 했다(Hurn, 1978: 71)."는 비판도 있다.

인간자본론

슐츠(T. Schultz)에 의해 체계화된 인간자본론(human capital theory)은 교육을 '증가된 배당금(increased dividends)'의 형태로 미래에 되돌려 받을 인간자본의 투자로 보면서 인간이 교육을 통해 지식과 기술을 갖추게 될 때 인간의 경제적 가치는 증가하게 된다고 본다. 이 같은 관점에서 학력에 따른 수입의 차이는 교육에 의한 지식과 기술의 차이, 즉 생산성의 차이 때문이라고 설명한다(Schultz, 1961).

인간자본론은 다음과 같은 가정에 근거한다. 첫째, 교육받은 노동자가 경쟁해야 하는 노동시장은 완전한 것이어서 보다 좋은 교육을 받은 사람은 보다 좋은 직업을 갖는다고 가정한다. 이는 인간 노동력의 질을 특정 인간 자본의 투자 여하에 따라 자신의 노동에 대한 사회적 보상이 달라진다는 것을 의미한다. 둘째, 상대적으로 높은 미래의 소득을 위해 현재의 소득을 희생한다. 개인은 생애소득의 극대화를 위한 합리적 의사결정으로서 현재의 긴급한 소득을 포기하고 인간 자본에 투자하게 된다. 그 결과 인간자본에 보다 많은 투자를 한 사람은 고도의 지식과 기술을 습득하게 되고, 그 지적 자본은 노동시장에서 고가로 매매되므로 인해 미래의 소득이 보장된다. 따라서 두 번째 가정은 투자와 소득은 비례관계, 인과관계에 있다는 것을 의미한다.

이러한 가정을 전제로 하는 인간자본론은 전체적으로 국가의 경제성장에 교육이 기여한다는 것을 강조함은 물론 개인적인 소득 향상에도 기여한다고 하여 교육을 사회 발전의 동인으로 간주한다. 교육과 사회발전의 인과관계를 낙관한 인간자본론은 근대화이론과 함께 개발의 시대인 1950년대 말에서 1960년대에 이르기까지 널리 받아들여져 교육에 대한 양적팽창을 정당화하였다(송병순, 1992: 128-129).

이 이론은 개인적 측면뿐만 아니라 국가 발전에 있어서도 교육에 대한 투자와 국가의 경제적 발전 사이에 높은 상관관계가 있다는 것을 밝히는 데에도 적용되었다. 실업가에게는 투자로서의 교육이 매력적인 구호가 되었고, 대학 교수나 연구자들에게는 그들의 활동을 확장시킬 수 있도록 정당성을 부여받았다. 교육을 '원하는 자들'에게는 보수 좋은 직업을 얻을 기회가 확대되리라는 기대를 주었다.

그러나 교육의 양적 성장과정에서 고학력 실업자라는 문제의 발생은 교육의 투자수익률에 대한 인간자본론의 기본가정에 의문을 갖게 한다.

4. 갈등이론과 학교교육

갈등이론

기능이론과 갈등이론은 교육 및 교육문제를 설명하는 것이 매우 대조적이다. 기능이론에 의하면, 교육은 현존 사회의 문화가치를 유지, 전달하기 위하여 사회 구성원의 사회화에 공헌하고, 또 구성원의 사회적 역할을 원활하게 수행할 수 있게 개개인을 적재적소에 배치하는 선발의 기능을 한다. 반면 갈등이론의 관점은 교육이 지배집단의 권익을 정당화하고 주입하여 기존 사회의 계층구조를 재생산하는 데 주력하고 있다고 본다.

1970년대에 이르러 교육과 사회 발전에 대한 낙관론적 견해인 기능주의적 관점은 점차 비판과 도전을 받게 되었다. 학교를 지나치게 개인의 성공을 위한 수단으로 이용하려는 경향으로 말미암아 교육이 지향하고자 하던 인간성 개발과 평등기회 지향에 문제점이 파생되기 시작하였다.

갈등론적 이론가들은 교육의 불평등과 불공정성을 파헤치고 사회적 불평등이 현행 학교교육을 통하여 어떻게 강화 · 유지되는가를 밝히려는 데 관심이 있었다. 그들은 학교교육의 기회 확대와 양적 성장에도 불구하고 사회적 불평등은 여전히 존재하고 있다는 점을 들어 기능론에 입각한 자유주의적 이데올로기의 허구성을 지적하였다. 즉, 교육은 사회에 존재하는 모든 계급에 평등하게 주어지기보다는 사회 저변에 널리 깔려 있는 불평등과 불공평성을 강화 · 유지함으로써 평등사회 실현은 하나의 이상에 불과하다고 현행 학교교육을 신랄하게 비판하였다.

이러한 학교교육에 대한 비판은 프레이리(P. Freire)의 **의식화론**, 일리치(I. Illich)의 **탈학교사회론**(deschooling society) 등에서 강력히 제기되었다.

의식화, 인간해방으로 요약될 수 있는 프레이리의 교육사상은 『피억압자의 교육학(Pedagogy of the oppressed)』을 통해 제3세계의 민중을 의식화시키는 데 핵심적인 역할을 하였다. 그는 전통적 교육을 '은행에 저축하듯이 무의미한 지식을 축적하는 행위'라고 비판하였다. 전통적 교육체제에서 교사는 그릇된 정보를 적립하고 학생은 그 정보들을 주워 담는 수동적 위치를 벗어날 수 없다고 설명하고, 은행저축식 교육(banking education)에 대한 대안으로 문제제기식 해방교육을 주장하였다. 문제제기식 교육을 통해 피지배집단으로 하여금 역사적 맥락에서 자신들의 삶을 파악하게 하고 서로 대화하게 하며 불평등 구조를 타파할 수 있는 힘을 기를 수 있다고 보았다. 그는 누구라도 어떤 사람이 탐구하는 것을 막는다면 그 사람에게 폭력을 행사하는 것이며 어떤 사람이 자신의 의사를 결정할 수 없도록 소외시킨다면 그 사람을 대상물로 만드는 것이라고 주장하였다(오욱환, 2003: 140-141).

한편, 일리치는 산업화 이후에 발달한 학교의 제도화는 결국 교육뿐만 아니라 학교 자체를 학교화하는 특징이 있다고 보았다. 이로 말미암아 교육이 학교와 동일시되고 있으며 교육과정과 목적이 혼동되고, 교육을 학교의 산물로 받아들인 결과 표징, 숫자로 상징되는 이수증서에 의존하고 있다고 지적하였다. 또한 그는 기회균등을 위해 추진되어 왔던 의무취학은 결국 학교에 의한 교육 독점 현상을 초래했으며 기회의 배분을 독점하게 되었다고 하면서 모든 사람에게 의무가 되고 있는 의례, 즉 사회적 편견과 차별을 합법적으로 부여하고 있는 학교제도는 폐지되어야 한다고 주장하였다. 따라서 사회는 어떤 형태의 의무교육도 요구해서는 안 되며 고용주들이 학력에 기초하여 사람을 채용하는 것을 금해야 한다고 보았다. 그가 부르짖고 있는 것은 새롭고 더 훌륭한 학교교육이 아니라 탈학교사회다. 다시 말해, 학교교육과 미래의 취업 간에 존재하는 밀접한 연계성을 파괴시킬 수 있는 혁명을 요구한다.

갈등이론에 입각하여 교육사회학의 연구에 시사점을 준 학자는 월러(Waller, 1955), 보울즈와 진티스(Bowles & Gintis, 1976), 다렌도르프(Dahrendorf, 1959) 등이 있다.

월러는 학교를 하나의 사회적 제도로 보고, 그 속에서 학생과 교사 문화가 구분되어 서로 마찰, 갈등을 빚는 현상을 지적하였다. 그에 의하면 학교는 하나의 강제적 기관으로서 상부에는 교사의 권위적 체제가 군림하고 아래에는 아동이나 학생들이 예속되어 있다고 하였다. 따라서 교사는 학생들에게 복종과 학습을 강요하고 있고, 학생들은 교사의 지시나 의도와는 별도로 놀이나 비공식적 활동에 관심을 가지게 되므로, 두 집단 간에는 늘 이견과 충돌이 있게 된다고 보았다. 학교, 학급에서의 교사 · 학생 관계는 일종의 제도화된 지배 · 복종의 관계로서 교사는 평가, 명령, 시험, 처벌, 질책 등의 강압적 메커니즘을 통하여 학생을 억압한다는 것이다.

보울즈와 진티스는 '자본주의 미국 사회에서의 학교교육'이라는 연구를 통하여 미국의 대중교육은 자본주의 경제체제를 유지하고 발전시키는 데 기여하는 유능한 근로자를 양성하고, 불평집단 및 반항집단을 동화하는 데 공헌을 했다고 본다. 따라서 자본주의 가치에 굴종하는 기술자와 헌신적인 노동자를 공급하여 사회에 존재하는 불평등 현상을 정당화 · 합리화시키는 데 공헌하고 있다고 비난하였다.

물론 형식적으로는 학교교육이 모든 사람에게 개방되어 있고, 능력과 학업 의욕에 따라 보상하려는 것처럼 보이고, 누구에게나 능력과 업적에 따라 사회적으로 높고 권위 있는 지위까지 진출할 수 있는 기회가 개방되어 있는 것으로 가르치고 있다. 그러나 학생들에게 고용 기회가 공평하게 부여되고 능력에 의한 사회이동이 가능하다는 것은 하나의 신화에 불과하다고 보울즈는 주장하고 있다.

갈등이론에 입각하여 사회 및 교육문제를 비판하는 사람들은 현존 자본주의 체제의 근본적인 모습을 지적하고, 그 시정이 새로운 교육개혁에 의해서 이루어져야 함을 주장하면서 경우에 따라서는 정치적 급진주의 이데올로기를 내세우기도 한다.

교육사회학에서 갈등이론은 기능주의에 대한 비판적 관점을 제시하여 통합보다는 갈등, 안정보다는 변화, 합의보다는 강압을 앞세워 강조한다. 그리하여 사회

현상을 교육적 문제로 연결지어 교육불평등 문제, 인간소외 문제, 교육계층화 문제 등을 문제시한다. 따라서 갈등이론가들은 현대의 학교교육제도가 사회불평등을 재생산하는 데 공헌하며, 교육의 내용도 특정계층의 지식을 형식적 교육과정에 투입하여 전수하고 있다고 비난한다.

교육제도가 지배층의 문화를 정당화하고 교화하며 기존 계층구조의 재생산을 정당화한다는 관점에서 교육과 사회의 관계를 설명하는 것은 갈등주의 교육이론의 주요 결론이다(김영식, 최희선, 1988: 49).

갈등주의 교육이론은 교육제도와 다른 사회제도와의 관계에 대해 기능주의와는 상반된 설명을 시도한다. 즉, 교육의 역기능적 측면과 교육 내 · 외적 불평등의 문제를 제시하고 나아가 교육의 본질적 기능수행과 관련된 교육개혁의 준거기준을 제공해 준 점은 교육사회학의 이론 체계화에 시사하는 바가 컸던 것으로 볼 수 있다. 때문에 변혁의 시기로 볼 수 있는 1960년 이후에 각광을 받게 된 것으로 사료된다.

한국 사회와 한국 교육의 내부를 들여다본다 하더라도 경제적 측면에서 불평등한 분배구조, 사회에 존재하는 비민주적 정치구조, 중앙집권식 · 획일적 사회통제와 교육제도의 운영 등은 심각한 사회문제와 교육문제를 야기하는 근원이 되고 있다. 따라서 교육정상화의 방향 설정을 위한 갈등론적 시각에서 사회와 교육과의 관계에 대한 심도 있는 분석이 요청된다.

경제적 재생산이론

보울즈(S. Bowles)와 진티스(H. Gintis)는 실제로 사회 현실에서 학교가 인간적 발달과 사회적 평등에 공헌하는가에 의문을 가졌다. 그들은 미국의 학교교육은 민주주의적 기능보다는 자본주의적 사회관계에 잘 순응할 수 있는 노동력을 양산하기 위한 제도로 발전되어 왔으며, 학교에서의 '숨은 교육과정'을 통해 학생들은 부지불식간에 체제 순응적 성격특성을 학습한다고 주장하였다. 또한 교육은 자본주의 체제의 영속화와 재생산에 봉사하며 현존하는 사회적 · 경제적 질서를 유지하거나 강화하기 위한 사회적 제도들 중의 하나라고 지적했다. 따라서 학교교육은 사회적 평등과 정의를 증진시키는 사회변화의 세력으로 작용할 수 없다고 보았다(김기석, 1987: 7).

보울즈와 진티스는 재생산이 이루어지는 과정을 대응원리로 설명하였다. 그들은 대응(correspondence)이란 단어를 마르크스의 『정치경제학 비판의 기고(A contribution to a critique of political economy)』 서문에 나타난 말에서 빌려 왔는데, '생산관계가 법적 · 정치적 상부구조를 형성하여 사회적 의식의 일정한 유형을 대응하는 진정한 기초' 라는 말이다(Blackledge & Hunt, 1985: 139-141).

학교는 자본주의 경제체제를 위하여 순종적인 노동력을 생산하는 곳으로 보고, 이러한 관계를 대응원리로 제시하였다. 즉, 작업장에서의 사회적 관계가 학교에서의 사회적 관계에 그대로 반영되어 있다는 것이다. 자본주의 사회에서 작업장면 내에서 그리고 사회계급 간의 상호관계를 특징짓는 가치, 규범, 기술의 위계화된 구조양태는 학급상황에서 일상적으로 일어나는 사회적 역동 속에 그대로 반영되어 있다. 사회 및 작업 장면에서의 위계적이며 지배-복종적인 사회적 관계를 통하여 학교는 학생들에게 자본주의 경제체제의 사회 및 경제적 명령을 수용하는 데 필수적인 태도와 행동성향을 가르친다. 따라서 교육체제는 학교에서의 사회적 관계를 생산장면에서 운영되고 있는 사회적 관계에 맞게 구조적으로 밀착시킴으로써 학생들을 자본주의 경제체제에 통합시킨다(오욱환, 1984: 37-38).

교육의 사회적 관계와 노동의 사회적 관계 간의 대응은 네 가지 주된 측면을 가지고 있다. 첫째, 학생은 노동자와 마찬가지로 권력을 갖고 있지 않다. 교육과정에 대한 학생의 통제는 극소하며 이것은 노동자 자신의 일에 대한 통제가 극소한 것과 비슷하다. 둘째, 교육은 노동과 마찬가지로 자체가 목적이기보다 목적을 위한 수단이다. 교육과 노동은 근본적으로 만족을 위한 것이 아니라 외적 보상 자격증과 임금을 얻기 위한 것이며, 불행한 결과인 교육의 실패와 실업을 피하기 위한 수단이다. 셋째, 각 개인에게 아주 좁은 범위의 과업을 주고 노동세력들 간의 분열을 발생시키는 노동의 분업은 지식의 전문화와 분화 및 학생들 간의 불필요한 경쟁과 대응한다. 넷째, 교육의 여러 수준은 직업구조의 여러 수준과 대응하며 직업구조에 따라 사람을 준비시킨다.

경제적 재생산이론은 정치 · 경제학적 분석을 통하여 교육현상을 구조적으로 인식할 수 있는 기본 시각을 제시하였으며, 학교교육의 개혁의 가능성과 한계, 즉 교육의 평등화가 사회의 평등화로 이어지지 못한 이유에 대한 설명을 제시한다는 점에서 의의를 갖는다. 그러나 학교를 경제적 기능을 수행하는 기관으로 국한시킴으로써 교육의 다른 측면들은 무시하였고, 행위자를 수동적인 존재로 보았으며, 대응원리의 경우 교수-학습과정을 '검은 상자' 로 취급함으로써 교육이 일어나고 있는 교육적 과정을 무시하고 교육의 결과와 사회적 위치와의 관계만을 주목했다는 점에서 비판받을 수 있다.

문화적 재생산이론

경제적 재생산이론과는 달리 학교교육을 문화에 초점을 두어 학교는 지배집단의 문화를 재창조하고 정당화하는 역할을 수행한다고 보는 이론이다. 지배집단은 겉으로 드러나는 공식적인 지배의 메커니즘을 사용하지 않고도 문화를 보존 · 분배하는 학교와 같은 기관을 통하여 사람들의 의식구조에 작용함으로써 사회통제를 지속시켜 간다.

부르디외(Bourdieu, 1977)는 학교에서 가르치는 것은 지배-피지배 집단 간 권력관계의 정통성을 받아들이도록 구성된 상징체제라고 보고, 계급사회는 '상징적 폭력(symbolic violence)' 을 매개로 하여 재생산된다고 설명하였다. 그의 설명에 의하면, 문화는 보편적인 것도 아니며 중립적인 것도 아니다. 따라서 어떤 특정 계급의 문화가 보편적 문화로 그리고 모든 사회 구성원이 공유해야 하는 상징체제로 등장하는 것은 임의적 조작의 결과이며 일종의 폭력이다. 지배계급이 고유의 문화를 갖듯이 피지배계급도 고유의 문화를 갖고 있다. 그러나 지배계급은 피지배계급의 문화를 가치 있는 문화로 인정하지 않고 자신들의 문화만을 정통성을 가진 가치 있는 문화로 규정하고 피지배계급에게 습득하도록 강요한다. 이 때문에 문화는 직접적으로 드러나지 않은 상징적 권력(symbolic power)이며 상징적 폭력의 도구가 된다.

이러한 논리에 의하면, 학교는 지배계급이 임의적 권력을 바탕으로 하여 지배문화를 정통성 있는 문화로 자연스럽게 전수하는 상징적 폭력이 행사되는 곳이다. 지배계급의 권력이 임의적인 까닭은 이 권력이 보편적 법칙에 의해서 도출된 것이 아니며 논리적으로 필수적임을 밝혀 낼 수 없기 때문이다. 학교는 지배계급의 이데올로기를 담고 있는 문화를 공평하고 중립적인 것으로 받아들여 학생들에게 가르침으로써 사회적 불평등을 조장시킨다. 학교의 불평등 조장 기능은 학교가 중립적 기관으로 인정되고 모든 사회구성원을 위해 보편적 가치를 지향한다고 인식됨으로써 실상이 드러나지 않을 뿐만 아니라 매우 효율적으로 이루어진다. 실제로 학교는 공통교과를 운영하고 평가를 객관화함으로써 경쟁이 공정하게 진행되고 있음을 과시하기도 한다.

학교가 지배계급의 문화를 보편적 가치를 가진 문화로 인정하고 모든 학생에게 가르치기 때문에 지배계급의 자녀들은 학업성취와 학교활동에서 절대적으로 유리하다. 이러한 현상은 피지배계급의 자녀들이 자신에게 불리하게 적용되고 지배계급의 자녀들에게는 유리하게 적용되는 경기규칙에 의해 시합을 하는 상황에 비유될 수 있다. 그러나 불공정한 경기에 의한 결과는 이러한 사실이 밝혀지지 않음으로써 정당화되어 지배계급의 자녀들은 높은 학력과 학업성취를 통해 자연스럽게 높은 사회적 지위를 차지한다(오욱환, 2003: 148-149).

한편 번스타인(B. Bernstein)은 문화적 전달 이론으로서 계급관계의 문화적 재생산에 있어서의 교육의 역할을 설명하였다. 그는 사회생활의 구조적인 면과 상호작용적인 면을 모두 설명하기 위해 거시적인 분석과 미시적인 분석을 통합한 교육연구를 시도하였다. 그의 연구의 하나는 가정 내에서 의식전달의 구조와 그것의 사회적 기호를 형성하는 계급관계의 재생산에 초점을 맞춘 사회언어학에 관련되며, 다른 하나는 학교에서의 정교한 어법을 제도화하는 데 있어서 계급관계의 영향을 설명하려는 문화전달에 관련된 것이다.

사회계급과 어법에 대한 연구에서 그는 계급재생산의 구조와 과정에 대한 통합적 분석을 통해 사회계급의 구성요소들은 유전의 규칙보다는 사회계급 자체가 증식시키는 의사전달규칙에 의해 더 잘 전달될 수 있음을 밝혔다. 그에 의하면 사회구조는 기본적으로 계급불평등의 체제이며, 불평등은 언어적으로 전달되는데 전달되는 중요한 메커니즘은 가족이라고 보았다. 가족의 계급적 지위는 어법의 기본적인 결정요인이 되는데, 노동계급은 제한된 어법을, 중간 계급은 정교한 어법을 가정에서 발전시킨다. 정교한 어법을 활용하고 요구하는 학교에서 제한된 어법에 익숙한 노동계급 학생들은 상대적으로 빈약한 학업성취를 보인다. 번스타인은 소유와 자본의 통제에 의해 자신의 계급을 재생산하는 중간 계급이 의사소통의 지배적인 형태를 통제함으로써 그 지위를 유지하고 있음을 설명하였다(강순원 역, 1983: 106-117).

문화적 재생산이론은 경제결정론에 빠지지 않고 이데올로기를 분석하는 이론적 관점을 제공했으며, 교육사회학 탐구에서 구조적 접근과 상호작용적 접근을 접목시키고, 불평등의 현상을 실증적으로 제시할 뿐 아니라 경험적 증거의 심층구조를 탐구할 수 있는 가능성을 보여 주었다. 그러나 재생산이론은 사회구조적 특징을 지나치게 강조함으로써 문화형성 과정에서의 사회구성원의 주체적이며 자발적인 역할을 약화시켰고, 경제적 재생산이론과 마찬가지로 문화 재생산 논의를 권력과 지식과의 관계를 일반적인 관계로 인식했다는 문제가 있다.

저항이론

학교교육을 사회계급구조의 반영물에 지나지 않고 불평등을 재생산한다고 보는 재생산론의 입장에서 보면 학교는 수동적으로 사회현상을 받아들이는 기구이기 때문에 능동적으로 사회모순을 개혁한다는 것은 불가능해진다. 이 문제에 대해 저항이론은 인간은 사회구조가 요구하는 대로 그 성격이 규정되어지는 수동적 존재가 아니라 사회의 불평등한 구조에 저항하는 능동적 존재라고 본다. 저항이론은 재생산에 대해 재생산이 완전하고 정연하게 이루어지는 것은 결코 아니며 몇몇 집단으로부터 저항을 받는다는 것, 저항 행위 자체가 불평등의 재생산에 기여할 수 있다는 것, 저항집단의 가치관 속에서 해방적인 교육의 씨앗을 찾을 수 있다고 한다.

대표적 저항이론가들로 프레이리(Freire), 애플(Apple), 지루(Giroux) 등이 있는데, 이들은 학교 내부의 일상생활의 역동성에 주목함으로써 사회 구성원의 능동성을 확인하여 학교교육에 의한 사회변화의 가능성을 제시하였다. 이들은 자본주의 사회의 경제구조(토대구조)로부터 자율성을 갖는 개인과 교육기관(상부구조)을 상정하고, 의식을 가진 인간의 주체적 결단과 행위를 인정하며, 피지배계급의 자생적 지식인들이 지배계급의 강요된 이데올로기에 맞설 수 있는 대항 이데올로기를 형성하고 확신하였다. 이들은 자본주의 사회현실에 대한 상세한 설명이나 신랄한 비판보다 평등사회의 실현가능성을 탐색하고 구체적 실천을 중요하게 생각하였다. 이러한 맥락에서 보면, 저항은 헤게모니 투쟁과 협상의 출발점이다.

저항의 개념과 저항이론이 구성되는 과정에서 우려되는 점은 그 어떤 반대행위도 면밀한 검토 없이 모두 저항으로 지칭될 수 있다는 점이다. 따라서 저항이나 '문화적 생산'* 개념이 유용하게 이용되기 위해서는 이 개념들이 더욱 분명하게 정의되고 명료화되어야 한다. 윌리스의 연구에서 자본주의의 논리를 간파하고 수용하기를 거부한 '사나이들' 의 행위는 정신노동을 거부하고 대신 성차별주의와 인종차별주의로 자신들의 존재를 증명하려는 남성 · 백인 우월주의의 또 다른 표현에 지나지 않는 것으로 해석될 수 있다. 이러한 해석을 근거로 하면, 다양하게 분절된 사회에서 한 집단의 해방은 더욱 불리한 위치에 있는 집단에 대한 억압으로 귀결될 수 있다(오욱환, 2003: 152-153).

* 피지배집단에 의해 지배문화에 대항하는 문화가 형성되는 것을 의미한다.

5. 해석학적 이론과 학교교육

사회생활은 상호작용의 맥락 속에서 이루어지므로 상호작용에 임하는 사회 성원 각자의 자신을 둘러싸고 있는 세계에 대한 이해와 자신과 상호작용하는 상대방의 행위에 부여된 의미에 대한 음미나 해석은 매우 중요하다. 사회 성원 각자가 처한 상황에 대한 정의와 반응은 획일적이 아니므로 해석학적 시각에서 다양한 정의와 반응을 해석함은 교육과 사회와의 관계를 미시적 측면에서 의미를 해석하는 한 방향이다.

최근 사회과학 분야에서 해석학적 패러다임의 적용은 질적 연구의 중요한 방법론으로 채택되고 있다. 이 해석학적 접근을 통하여 사회과학자들은 사회적 상황에서 운용되고 있는 인간행동의 규칙, 역할, 규범을 올바르게 해석하고자 한다. 이러한 관점에서 교육학자들은 학교사회를 복잡한 사회체제로 연구하고 있으며 미시적 측면에서 교사, 학생, 교육행정가들의 행동을 이해하려고 시도한다.

앞 장에서 제시한 바와 같이 기능이론과 갈등이론은 주로 규범적 패러다임에 의하여 교육과 사회관계를 접근하고 있으나 교육의 내적 과정분석을 주로 하는 상징적 상호작용론, 현상학, 민속방법론, 신교육사회학 이론들은 보다 해석학적 패러다임에 더 깊게 연관된다.

규범적 패러다임은 교육과 사회관계를 규명함에 거시적 관점에 치우치나, 해석학적 패러다임은 교육체제의 내부현상을 설명하기 위한 미시적 접근에 치중한다. 규범적 패러다임은 19세기부터 지배적으로 강조되어 온 실증주의에 크게 영향을 받았다. 실증주의는 콩트에 의해 체계화되었는데, 그는 지식이란 감각적 관찰에 의하여 발전된다고 하였다. 즉, 개념이나 이론이 경험주의에 근거를 두지 않으면 모두 관념적, 형이상학적이라고 비판하였다. 실증주의 입장에서는 자연과학적 방법론이 유일하게 과학적이라 주장하고 사회현상을 계량적이고 통계적인 자연과학적 방법으로 설명되어야만 과학으로서의 정당성을 보장받는다는 것이다. 따라서 규범적 패러다임은 기본적으로 인간행위가 규칙 지배적이고, 인간의 행위에 대한 사회학적 설명이 자연과학의 연역적(deductive)인 형태를 띠고 있다.

이러한 종래의 실증주의 사회학이 객관적이고 비주체적인 과학론임을 주장하고 그 대안적 관점으로 제시된 것이 해석학적 패러다임이다. 이 새로운 관점은 자연적 세계와 사회적 세계가 본질적으로 다르다는 점을 강조하고 일상생활을 이해하고자 하는 데 일차적인 관심을 두고 있다.

규범적 패러다임과 달리 해석적 패러다임은 인간의 행위나 상호작용이 공유된 일정한 규칙에 지배되지 않는다고 본다. 따라서 해석학적 패러다임은 인간의 상호작용 속에서 이루어지는 해석과 의미 부여에 관심을 두고 있으며, 상호작용을 하나의 해석적 과정으로 파악하고 있기 때문에 그 연구방법 또한 연역적 설명에 의한 것이 아니라, 상호작용이 실제로 일어나고 있는 일상생활 세계를 구체적으로 이해할 수 있는 해석적 기술(interpretive description)을 강조한다. 또한 사회도 구성원들의 상호작용에 의하여 사회적으로 구성되는 것으로 파악하고 있으며 인간과 사회와의 관계는 변증법적으로 이루어지며, 본질적으로 역동적 관계라고 한다(Wilson, 1970: 53-66).

두 패러다임의 기본 관점의 차이는 〈표 2-3〉과 같다(Wilson, 1973).

표 2-3 두 패러다임의 기본 관점의 차이

규범적 패러다임	해석학적 패러다임
• 교육과 사회관계에 대한 거시적 접근 • 연역적 접근과 사고 • 양적 연구에 의한 이론 형성 • 자연과학적 법칙에 의한 교육 및 사회 현상 규명	• 교육의 내적 과정에 대한 미시적 접근 • 귀납적 접근과 사고 • 질적 연구에 의한 해석적 기술에 치중 • 사회적 현상과 관계에 대한 변증법적 규명

미시적 접근방법

구체적으로 교실에서의 교사와 학생의 상호작용에 큰 관심을 가지고 있는 해석학적인 이론은 기본적으로 거시적인 이론과 다음과 같은 측면에서 큰 차이가 난다. 거시적인 이론은 결정론적이며, 구체적인 사회현상에서 일반적인 원리를 추출하여 일반화하려고 시도하고, 경험적인 자료를 가지고 가설을 증명하려고 하며, 당위적인 주장보다는 사회적인 현실에서 실제로 존재하는 사실의 발견에 더 관심이 있고, 사건의 발생은 국가적인 또는 국제적인 구조의 산출물이라고 설명하는 경향을 갖는다. 이에 비하여 미시적인 이론은 인간의 자유의지를 중요시하고, 사회적인 삶의 과정에서 나타나는 구체적이고도 복잡한 현상의 서술에 더 관심이 있다. 또, 모든 자료는 이론에 의해서 해석된다고 보고, 이론의 내적 일관성을 중요시하고, 객관적인 자료보다는 참여자의 해석이나 '주관적인 의미' 에 중점을 두고, 연구의 대상으로는 조그마한 집단이나 개별적인 인간의 특징을 택하려고 한다. 여기서 말하는 '주관적인 의미' 는 '객관적인 의미' 의 반대가 아니라 연구자가 아닌 관찰 또는 연구대상의 마음속에 있는 생각을 보고 그들이 상황을 규정하는 방식을 본다는 의미에서의 '주관성' 을 의미한다(차경수 외, 1995: 50).

해석학적 접근에서는 평범한 일상생활을 중시하여 교육은 교사, 학생, 교장, 장학사 등의 매일의 일상적인 활동에서 이루어진다고 본다. 따라서 교육을 바꾸고 싶으면 이러한 부분의 일상적인 활동을 바꾸는 것이 현명한 방법이라고 주장한다. 이와 함께 이들은 인간의 자유와 의미, 상호작용, 교섭, 주관적인 방법 등에 대해 독특한 관점을 가지고 있다.

우리가 일상생활을 이해하기 위해서는 사람들이 자기 자신의 행동에 대해서 부여하는 의미를 이해하지 않으면 안 된다. 여기서 우리는 '의미' 가 무엇을 의미하는지 명확히 알 필요가 있는데, 해석학적인 연구자들이 중시하는 '의미' 는 행동의 목적이나 의도를 뜻할 때가 많다. 예컨대, 교사가 수업을 하는 목적, 학생이 행동하는 의도 등은 행동자의 의미로 생각될 수 있다. 또 어떤 때는 행동의 중요성과 행동의 이유, 즉 교사나 학생이 수업에서 중요하다고 생각하는 부분, 그들이 행동을 하는 이유 등은 '의미'가 된다.

의미는 행동자에게 있어서 개인적인 것이며, 물론 어느 정도의 제한은 인정하지만 기본적으로 문화나 사회에 의해서 주어진 것은 아니며, 행동자가 문화로부터 만들어 내는 것이다. 이는 인간의 행동을 문화에 의한 결과로 보는 기능주의자들의 입장과는 상반되는 것으로, 인간의 주체성을 인정한다는 점에서 사람들의 많은 호응을 얻기도 한다.

인간은 자기 자신의 행동에 대해 의미를 부여하는 것과 마찬가지로 다른 사람들의 행동에 대해서도 의미를 부여한다. 일상생활을 해 나가려면 자기와 관계를 가지게 되는 사람들의 행동에 의미를 부여하지 않을 수 없는 것이다. 예컨대, 학생이 수업 중에 얼굴을 찌푸렸다고 가정하자. 교사는 어떻게 해석할 것인가? 교사의 수업이 못마땅하다는 표시인가, 학생의 몸이 불편하다는 것인가, 학생의 습관적인 버릇인가? 해석은 여러 가지로 할 수 있고, 학생은 학생대로 교사의 반응적인 행동을 해석한다.

해석학자들은 이처럼 사람들이 행동에 의미를 붙이고 해석하는 것은 상대방의 행동을 해석한 다음 거기에 맞추어서 다음 행동을 선택하려는 것이라고 한다. 앞의 예에서 만약 학생이 얼굴을 찌푸린 것을 몸이 불편해서 그랬다고 교사가 해석했다면 교사는 그 학생을 양호실에 보내려고 할 것이다. 교사에게 도전하는 것이라고 생각했다면 불쾌하게 생각하고 화를 낼 것이다. 이렇게 볼 때 상대방의 행동에 대한 우리의 해석은 매우 중요하다는 것을 알 수 있다. 해석에 따라 다음 행동이 결정되기 때문이다. 한 걸음 더 나아가 미드(Mead, 1934)는 우리가 어떤 행동을 한다는 것은 행동자가 마음대로 하는 것이 아니라 자신의 행동이 다른 사람에게 전달되고, 그 전달을 받은 사람의 반응으로써 행동할 것을 예상하고, 거기에 맞추어서 행동을 한다고 한다. 예컨대, 학생이 수업 중에 얼굴을 찌푸릴 때에는 교사가 자기의 행동에 대해서 어떤 반응을 할 것인가까지를 생각하고 행동한다는 것이다.

그러나 우리는 이러한 과정에서 이미 가지고 있는 선입관으로 해석하기 쉽다. 앞의 예에서 얼굴을 찡그린 학생이 불량학생이었다면 교사에 대한 도전이라고 해석하기 쉬울 것이다. 과거에 대한 경험뿐만 아니라 그 사람에 대한 연령, 성별, 지능, 동기에 대한 지식 등이 이러한 판단을 하게 하는 조건으로 작용한다. 사람들의 행동에 대한 우리의 해석은 고정적인 것은 아니며, 다른 사람들의 해석과 서로 교섭(negotiation)하는 과정에서 수정되고 변화되어 간다.

또한 주관주의적인 접근(subjectivist approach)은 해석학적인 연구의 주요한 특징인데, 행위자의 의미를 어떻게 파악할 수 있느냐와 관련하여 중요한 의미를 갖는다. 행위자가 상황을 정의하고 판단하는 것을 다른 사람의 입장에서 해석하지 말고, 그 행위자 자신의 머리 속으로 들어가서 이해해야 한다는 것이다. 그러나 모든 사람은 자기 자신의 판단기준을 가지고 있으므로 다른 사람의 행동을 그 사람의 입장에서 해석한다고 하면서도 사실은 자기 자신의 판단기준으로 해석하고 있는 경우가 많다. 이러한 선입견을 피하기 위해 우리는 자신이 미리 가지고 있는 가정이나 전형화(typification)를 버리고 전혀 편견이 없는 이방인의 입장에서 관찰해야 한다고 해석학자들은 주장하고 있다. 그렇게 해야 해석자가 가지고 있는 편견에 의해서 행위자의 참된 의미가 오염되는 것을 막을 수 있다(차경수 외, 1995: 50-52).

상징적 상호작용론

상징적 상호작용론은 시카고 대학교에서 철학을 강의한 미드(G. H. Mead, 1863~1931)로부터 시작되었다. 그는 주로 구술로 상징적 상호작용론을 강의하였는데, 그의 제자들에 의해서 강의노트를 기초로 하여 『정신, 자아, 사회』라는 책이 나오게 되었다. 특히 그의 제자인 블루머(H. Blumer)에 의해서 이론이 통합될 수 있었을 뿐만 아니라, 이 이론의 발전에 도움이 되는 몇 편의 논문을 썼다.

한 개인의 행동이 다른 개인의 행동과 어떤 의미에서 유대를 가질 때, 이들 두

행동은 상호 의존적 관계를 가진다. 인간이 태어나서 자라나는 과정에서 다른 사람과의 상호작용을 통하여 일상생활을 조직하게 되는 과정이 바로 상징적 상호작용을 학습하는 과정이다.

상징적 상호작용의 창시자인 미국의 사회학자 미드(G. H. Mead)와 쿨리(C. H. Cooley)는 사회란 다양한 상징을 해석하는 것을 익혀서 알게 된 사람들의 소산이라고 하였다. 이들은 인간에게는 특수한 자력(資力)이 있는데 그것은 마음이라고 하였고, 마음은 주변의 대상에게 상징을 부여함으로써 의미를 찾고 언어라는 의사소통의 상징적 수단을 이용하고, 추상적 상징을 해석할 능력을 지녔다는 것이다.

그런데 이러한 마음의 힘은 인간이 사회집단 속에 태어나서 타인과의 상호작용을 통해 자아(self)를 형성할 때 비로소 활성화된다. 또, 이 자아는 주체적인 '나'와 객체적인 '나'의 변증법적 상호작용을 내포하는 과정적 개념이다.

한편, 블루머(Blumer, 1969)는 사회를 상호작용을 통해서 사회적 상황을 끊임없이 재정의하는 작품이라고 보았다. 블루머에 의하면, 행위자로서 인간은 그가 행위를 지향하는 사물 또는 대상을 스스로에게 지적해 준다. 이때 지적하는 일 그 자체는 행위자 스스로가 자신 속에서 자신과 상호작용하는 내재화(內在化)된 사회과정이라는 것이다.

이와 같이 상징적 상호작용론자들은 인간은 주어진 상황과 자신 및 자신과 상호작용 관계에 있는 사람들의 행위에 어떠한 의미를 부여하고 있는가를 이해하는 것이 선행되어야 한다고 주장한다.

상징적 상호작용에서 보는 사회질서란 상호작용하는 개인들 사이에서 주고받는 말과 행동의 의미를 개인들이 어떻게 해석하며, 해석에 따라 다음 행동을 어떻게 하는가에 달린 것이다. 이것은 인간은 연극배우와 같이 주어진 각본에 따라 그대로 행동하는 것이 아니라, 각 개인은 대상과 상황을 주관적으로 규정하고 의미를 부여함으로써 자기의 세계에 능동적으로 대처하여 행동하는 존재임을 뜻한다.

인간은 주어진 여건이나 환경을 있는 그대로 받아들이는 것이 아니라 자기 기준에 맞춰 재구성하여 받아들인다. 다시 말해서, 타인에게 배운 사회적 의미를 기계적으로 적용하지 않고, 매우 적극적으로 개입하는 존재다. 상징적 상호작용의 특징을 다음과 같이 요약할 수 있다(Manis & Meltzer, 1969).

- 개인의 자아의식 형성은 사회에서의 상호작용의 결과이며, 각 개인은 일상생활의 다양한 상황에서 접하는 타인의 눈을 통해서 자신을 알게 된다.
- 우리는 타인과의 상호작용을 통하여 의미를 이해하고, 사회적으로 주어진 의미를 중심으로 우리의 생활을 조직하게 된다.
- 사회관계는 상호작용 관계에 있는 쌍방이 각각 자신의 행동에 대하여 상대방이 어떻게 대응할 것인가를 예견하고, 상호 용납할 수 있는 방법으로 상황을 정의하며, 쌍방이 수용할 수 있는 행동의 한계를 설정해 준다.
- 사회를 사람들 간의 상호작용 관계로 봄으로써 사회를 정태적인, 불변하는 구조적 측면을 중시하는 기능주의 이론과는 달리, 사회의 과정적 측면을 강조한다.

교육학적 입장에서 볼 때, 사람은 사물이 그 사람에게 주는 의미에 기초하여 사물이나 사람을 향해 행동한다는 기본가정은 교사들이나 다른 학교 구성원이 학생들로부터 받는 각각의 의미에 따라 그들의 행동이 달라진다는 것을 뜻한다. 학생들도 학교의 여러 구성원으로부터 받는 의미나 기대에 따라 행동한다고 볼 수 있다. 여기서 학교교육의 불평등 원인을 교사에게서 찾으려는 교사의 기대효과와 교사와 학생의 상호작용의 결과로 형성되는 학교학습풍토와 학구적 규범 등은 학교사회의 사회심리학적 관점인 상징적 상호작용이론에서 많은 시사점을 찾을 수 있다.

교실에서의 교사-학생 간 상호작용은 교사의 리더십 유형, 학생의 친구유형, 교실 여건, 교사의 기대수준, 학교문화 등에 따라 달라질 수 있다. 특히 교사기대와 관련하여 중시되는 낙인(labeling), 자기충족예언(self-fulfilling prophecy) 같은 이론들이 교육학에 도입되었다. 요컨대, 교사-학생 간의 상호작용은 결국 현실 인식과 자아형성의 과정으로 볼 수 있을 것이다.

하그리브스(D. Hargreaves)는 교사의 역할과 관련하여 교사의 유형을 사자길들이기형(liontamers), 연예가형(entertainers), 낭만주의형(romantics)의 세 가지로 구분하였다. 사자길들이기형은 대표적인 권위주의형으로, 학생들의 훈육을 중시하고 교사가 전달해 주는 지식을 그대로 학생들이 신속하게 받아들이기를 원한다. 이에 비하여 연예가형은 학생들이 원래 학습하기를 원하는 것은 아니지만 학습자료를 재미있게 하고 학습방법을 잘 적용하면 학생들은 흥미 있게 학습할 수 있다고 믿는 교사들이다. 따라서 이들은 발견학습과 같이 학생들이 스스로 학습할 수 있는 방법을 교사들이 강구할 것을 강조한다. 낭만주의형은 학생들은 천성적으로 학습의욕을 가지고 있지만 교사들의 잘못된 학습방법과 자료 때문에 학습의욕을 잃게 되는 것이라고 주장한다. 따라서 교사들은 학생들의 학습의욕을 존중하고 조장해야 하며, 학생들이 원하는 것을 학습할 수 있도록 해야 한다고 주장하는데 이는 아동중심주의의 견해와 같다(차경수 외, 1995: 55).

또한 학생은 교사의 기대에 따라 학습한다고 하는 자기충족예언(self-fulfilling prophecy)을 살펴볼 수 있다. 이는 교사의 학생에 대한 기대가 학생의 학습태도나 학습결과에 영향을 미침을 중시한다. 자기충족이란 용어는 원래 사회학자 머튼(Merton, 1957)이 사용하기 시작하였는데, 한 예언이 형성되면 그 예언이 인간행동에 어떤 구속력을 가하여 바로 예언 자체의 실현을 위한 강력한 수단이 된다는 것이다. 그는 그 예로 1932년 어느 은행의 파산, 의학계의 위약 효과(placebo effect), 국제전쟁 등을 들고 있다(김병성, 1988: 224).

로젠탈(R. Rosenthal)과 제이콥슨(L. Jacobson)은 교실에서 '공부를 잘하는 사람'이라고 표지를 달아 놓은 학생의 지능이 그 교실 내의 다른 학생들보다도 향상된 것을 발견하였다. 그들은 학생의 학업성취에 향상을 보이리라는 교사의 기대가 실제로 향상을 가져오는데, 이 기대효과는 저학년과 하류계층 학생들에게서 더 뚜렷하다고 보고하고 있다.

교사들은 자기충족예언이 전달되는 특정한 기제를 알아둘 필요가 있다. 이것을 알게 됨으로써 낮은 성취를 초래하는 낮은 기대가 전달되는 것을 의식적으로 피할 수 있기 때문이다. 즉, 교사들이 학생들에게 거는 기대가 무엇을 근거로 하고 있으며 그 기대는 어떠한 과정을 거쳐서 학생에게 전달되고, 학생들은 교사의 기대를 어떻게 인식하고 행동하여 어떤 학습결과를 낳는가를 알아야 한다. 자기충족예언에서 잘못된 학생의 평가와 그것이 발생하는 기제가 무의식적으로 이루어지고 있다. 따라서 교사들이 학생들에게 거는 기대를 무의식적으로 할 때 학생들의 평가를 학생의 올바른 능력보다는 외모나 가정배경 등의 기준에 근거하여 잘못할 수도 있고, 사회기술 집단의 지배이념에 근거하여 무의식적으로 학생을 잘못 평가할 수도 있다. 이러한 학생과 교사 간의 의식적, 무의식적인 상호작용을 연구하는 데 상징적 상호작용론은 많은 시사점을 제공한다.

민속방법론

민속방법론이란 말은 최초로 가핑클(H. Garfinkel)에 의해서 사용되었다. 이 방법의 이론적 구조의 형성은 현상학을 인식론적 관점에서 사회학적으로 옮겨 놓은 사회학자인 슈츠의 공로에 크게 힘입었으며, 인류학에서 기어츠(C. Geertz)에 의해서 더욱 정교화되었다.

민속방법론은 해석학적 방법의 대표적 방법으로 현장에서의 참여관찰법에 의존하는 방법이다. 이 참여관찰법은 인류학자들의 중요한 연구법이다. 실제로 최근의 우리 학계에서 보면 민속방법론은 인류학적 방법으로 거의 인식되고 있다. 그래서 사회과학계의 방법론적 논의를 보면 인류학적인 현지 참여관찰이나 민속방법론적인 접근을 기초적 접근방법으로 깔고 있고 그 중요성을 인정하고 있다. 이 방법이 관심을 끌기 시작한 것은 이제 겨우 10~20년 정도이며, 앞으로도 더욱 고조될 전망이다.

인간은 상징을 사용할 줄 알고 구체적인 의사결정을 할 줄 아는데, 이런 모든 행동에는 상징과 주체성이 표현되어 있다. 따라서 인간행동을 이해한다고 할 때 그것은 단순한 대상이 아니라 의미의 구성체로서의 인간행동을 말한다. 사회적 상황에서의 행동은 고립된 사건으로 일어나는 것이 아니라 항상 다른 것과 상호관련하여 일어난다. 따라서 민속방법은 구성원들의 의미구조에 관심이 있고, 이 의미구조와 사회상황의 참여자가 사회적 상황에 부여하는 해석과 의미의 이해에 주된 관심을 둔다는 점에서 사회학의 현상학적 방법이나 철학에서의 해석학적 방법과도 맥을 같이한다.

이해의 방법으로서 민속방법은 통찰을 중시한다. 그러한 통찰은 관찰 대상인 현상의 내부에 서 있을 때 얻어진다. 이러한 통찰과정에서 연구자는 사회적 상황의 사실이나 구성원리 및 행동의 의미를 밝히기 위해 참여관찰, 심층면접, 상호작용분석 등 가능한 모든 방법을 활용한다. 예로 참여관찰, 심층면접, 지도나 차트 만들기, 상호작용분석, 역사적 기록이나 공문서, 그리고 인구학적 자료의 활용 등이다.

민속방법에 의한 연구는 가설을 검증하는 것이 아닌 가설을 도출하는 데 유용하게 활용되는 방법이다. 그러기 위해서 민속방법론에 의한 연구는 참여자의 현실에 기초한 이론을 탐구하는 결과가 된다. 따라서 민속방법에 의한 연구는 현장에 근거한 이론(grounded theory)의 발전과정이기도 하다. 민속방법은 결국 하나의 질적인 민속지(민속기술지 혹은 문화기술지: ethnography)를 만드는 데 그 목적이 있다. 이러한 민속기술지는 체계적인 단계를 거쳐서 작성되는데 그 과정은 바로 문화기술의 과정이며, 주로 참여관찰의 과정을 통해서 이루어진다. 다시 말하면 참여관찰법은 민속방법의 전형적인 한 방법으로서 질적인 접근을 설계하기 위한 기초를 제공해 준다.

민속방법론이 양적인 통계 연구방법과 구분되는 민속방법의 특징을 살펴보면 다음과 같다.

첫째, 장기적 · 집중적 참여관찰방법이다.

둘째, 총체적 접근방법이다. 추적 가능한 모든 변인 간의 관계나 의미를 있는 그대로 전체적으로 사회문화적 맥락에서 파악하려는 관점이다.

셋째, 탐색적 · 개방적 접근법이라고 할 수 있다. 처음부터 문제가 엄격하게 반드시 고정되어 있을 필요가 없다. 문제는 항상 탐색과정을 거쳐서 설정되고 계속 다듬어지고 수정될 수 있다.

넷째, 복합적 탐구방법이나 기술을 활용한다. 그러나 대표적인 연구방법은 참여관찰과 심층면접법(in-depth interview)이다.

다섯째, 비실험적(非實驗的) 접근방법이다.

여섯째, 문화주체자의 의미의 관점에서 사건을 이해하려는 노력이다.

일곱째, 민속기술지라고 하는 기술된 형태로서의 연구결과를 취한다.

이와 같이 전통적 방법론의 대안으로서 등장한 민속방법론 또한 문제가 없는 것은 아니다. 몇 가지 문제점을 지적해 보면, 첫째는 지나치게 편협한 문제에 집착해 왔고, 둘째는 일상적 생활세계에 편재하고 있는 갈등과 대립을 과소평가함과 동시에 합의와 질서만을 기술해 왔으며, 셋째는 사회적 행위를 제약하는 구조적 요인을 외면하고, 넷째는 사회 및 역사 발전의 뚜렷한 궁극 목표를 제시하지 못하고 현상의 기술에만 집중하는 취약성을 들 수 있다.

6. 신교육사회학

성립 배경

제2차 세계대전이 끝나고 난 후의 1950년대와 1960년대는 사회발전이나 교육에 관한 부분에서는 근대화이론의 황금기였다. 전쟁이 끝나고 과학의 발달에 의하여 인간이 가난과 억압과 착취, 질병으로부터 벗어날 수 있을 것이라는 장밋빛 희망이 인류에게 부풀어 올랐다. 후진국가들도 선진국처럼 발전하기 위해서는 공업화, 교육기회의 확대, 국민의 정치참여, 성취지향적 가치관의 형성 등을 통하여 근대화해야 한다는 주장이 강하게 일어났다. 가치, 지식, 기술, 자본, 제도 등은 이른바 '근대화의 품목' 이라고 불리고, 선진국으로부터 후진국으로 수출되는 상품처럼 취급되기도 했다.

그러나 1970년대에 이르러 이러한 균형론적 · 기능주의적 · 과학적 근대화이론의 열기가 점차 식기 시작하였다. 전 세계적으로 발전의 문제가 시들기 시작한데다가 전쟁의 공포, 제2차 세계대전 후 기대했던 빈부격차 해소 및 복지사회 실현에 대한 기대와 달리 실망과 좌절이 컸다. 뿐만 아니라 의회민주주의 및 공업화 등이 개발도상국에서 보여 준 역기능 등으로 사회발전과 인류의 행복, 교육의 문제를 새로운 시각으로 보지 않을 수 없게 되었다(차경수 외, 1995: 57).

영국에서는 1960년대 말부터 1970년대 초에 걸쳐 구조기능주의의 관점에 입각한 종래의 교육사회학을 비판하고 그것에 도전하는 새로운 연구의 움직임이 나타났다. 이 '새로운' 교육사회학은 참신한 문제의식과 신선한 연구주제 그리고 독특한 연구방법을 제시하면서 의욕적인 연구 활동을 전개하였기 때문에 그것이 교육사회학에 미친 영향은 결코 무시할 수 없다.

영국의 사회과학은 19세기 후반부터 사회적 평등의 이념을 기반으로 하는 정책지향적 성격을 강하게 나타내고 있었다. 교육학과 사회학의 연구에도 이러한 경향이 작용하여 시민들의 생활기회의 문제를 사회계급과 관련지어 실증적으로 규명하는 방법을 채택하는 경우가 많았다. 이미 20세기 전반에 교육의 비효율성에 관한 연구가 시도되었으며(Lindsay, 1929), 사회계층과 사회이동에 관한 공동조사연구(Glass, 1954)는 특히 유명한데 그 연구보고서의 전체 14장 가운데 교육에 관한 내용이 다섯 장을 차지하고 있다.

그 후 산업화의 진전에 따라 경제효율의 이데올로기가 중시됨에 따라 노동계층 자녀의 교육가능성 문제가 학교의 선발 · 배분 기능과의 관계를 중심으로 적극적으로 연구되기 시작하였다. 한편, 클라우저 보고서, 뉴섬 보고서, 프로우덴 보고서 등 정부관계기관의 보고 자료와 관련하여 이런 유형의 연구에 대한 교육사회학에의 기대는 점차 높아졌다. 이 연구들은 사회정책과 교육계획의 맥락에서 수행되는 경향이 강했기 때문에 그 방법상 교육의 기능을 사회체제와 관련지어 구조기능주의적으로 파악하는 거시적·객관적 접근에 크게 의존하였다. 그 결과, 불평등한 교육기회의 시정을 겨냥한 중등교육제도의 개혁은 예상과 달리 거의 성공을 거두지 못하였다. 왜냐하면 그와 같은 일련의 연구가 학교조직의 내부에까지 깊이 파급된 불평등의 실질적 자료를 찾아낼 수 없었으며, 따라서 불평등의 범위를 기술할 수는 있었지만 불평등의 원인에 대한 설명을 충실히 할 수 없었기 때문이다(Bernstein, 1973). 신교육사회학은 지금까지 언급한 종래의 교육사회학이 이룬 연구성과를 연구방법론의 차원에서 소급하여 반성하려고 한 것이다.

신교육사회학의 본격적인 대두는 1970년에 개최된 영국사회학회 교육사회학 분과모임에서 발표된 '대안적 관점'에 관한 여러 보고서를 중심으로 영(Young, 1971)이 편집한 『지식과 통제: 교육사회학의 새로운 방향』을 기점으로 하고 있다. 신교육사회학은 영국의 특수한 산물이라고 볼 수 있다. 신교육사회학의 기본입장은 지금까지 교육자들에게 자명한 것으로 인식되던 여러 전제를 사회학적 관점에서 새로이 문제시하는 태도라고 말할 수 있다. 이 입장에서 보면, 지금까지 일반적으로 자명하게 받아들여지던 '우등생'과 '열등생'의 범주, 지능, 창의성, 교과 등의 여러 관념은 '특정한 제도적 맥락에서 창출되고 수여된 것'으로서 지식사회학의 상대적 관점에 의거하여 재정의할 필요에 부닥치게 된 것이다.

여기서 패러다임의 전환이 요청되고, 지금까지의 구조기능주의를 지탱해 온 '규범적 패러다임' 대신 '해석적 패러다임'을 기저로 하는 상징적 상호작용론, 현상학적 사회학, 민속방법론 등의 사람들 간의 상호작용 과정에서 형성된 현실로서의 사회적 세계를 행위자에 의미부여, 동기, 가치 등에 준거하여 해석하고 이해하는 새로운 사회학적 관점과 방법이 중시되었다. 그 결과 지금까지 교육의 기능면에서 '검은 상자'로 취급되어 온 학교교육의 내적 과정을 '문화의 전달과 통제'라는 새로운 관점으로 정의하고, 학교 내부에서 발견되는 교육적 지식의 구성과 전달, 교수법과 평가의 범주 및 학급에서의 교사와 학생 간의 상호작용을 중심으로 하는 교육적 과정의 관찰과 설명이 신교육사회학의 중심적인 관심사가 되었다.

신교육사회학의 대두에 의하여 영국 교육사회학회는 이제 '교육기능의 사회학' 에서 '교육과정의 사회학' 으로 그 초점을 크게 바꾸게 되었다.

신교육사회학의 발전과정에서 하나 특이한 것은 지식사회학(sociology of knowledge)의 영향이다. 신교육사회학자라고 불리고 있는 사람들의 주장을 검토해 보면 바로 지식사회학에서 주장하고 있는 것과 맥락이 같은 것임을 알 수 있다. 지식사회학은 지식의 사회적 의미에 특별한 관심을 표시하는 사회학 연구의 한 분야로서 지식이 어떠한 사회적 상황에서 창조, 분배되는가에 대해 관심이 있다. 지식의 인식론에 대한 그들의 주장에 따르면 모든 지식은 인간의 산물이다. 인간은 진리 그 자체를 볼 수 없으며 다만 진리라고 생각되는 것을 인식할 수 있는 것에 불과하다. 진리는 바뀌지 않지만, 진리라고 생각되는 인간의 관념, 즉 지식은 바뀌고 상대적인 것이다. 예컨대, 중세시대의 인간은 태양이 지구를 돈다는 것을 진리로 믿었던 것처럼 현대인은 지구가 태양의 주위를 회전한다는 것을 진리로 믿고 있는 것이다. 인간이 인식할 수 있는 것은 진리라고 생각되는 것이지 진리 그 자체가 아니다. 이렇게 볼 때 그들은 진리와 지식이 인간의 산물임이 틀림없다고 한다(차경수 외, 1995: 58).

지식을 인간의 산물이라고 할 때 어떠한 상황에서 어떠한 인간의 집단이 지식을 창조하고 분배하며 해석하는가 하는 것이 중요한 문제가 된다. 이는 사회의 구성원들이 현실을 인식할 때 이러한 지식의 창조나 해석에 크게 의존하기 때문이다. 이것은 바로 사회를 이끌고 가는 이념의 문제로 해석할 수 있으며, 이때 그 지식을 창조하고 정당화하는 권력집단들 사이에는 매우 밀접한 관계가 형성된다. 이와 같은 주장은 첫째, 지식과 진리를 인간의 산물로 보고, 둘째는 현실에 대한 인식은 지식과 진리의 해석과 의미에 크게 의존하며, 셋째는 그렇기 때문에 지식을 정당화하는 권력집단은 매우 중요한 의미를 가진다는 것으로 요약될 수 있다(차경수 외, 1995: 58).

기본관점

이상에서 살펴본 바와 같이 지식사회학의 영향을 많이 받은 신교육사회학은 1970년대에 주로 영국의 학자들에 의해 발전하였다. 1972년에 고버트(D. Gorbutt)는 「신교육사회학(The New Sociology of Education)」이란 논문에서 이 용어를 처음 사용한 것으로 알려져 있다. 그러나 신교육사회학의 이론적 발전에 가장 중요한 공헌을 한 것은 마이클 영(M. F. D. Young)이다. 그 이외에 1970년대와 1980년대에 걸쳐 비슷한 시각에 학교교육을 논의한 신교육사회학자로 번스타인(B. Bernstein), 이글스턴(J. Eggleston), 번바움(G. Bernbaum), 머스그레이브(F. Musgrave) 등을 들 수 있다. 이들의 주장은 제각기 조금씩 다르지만, 그들에게 공통적인 것은 지식을 '사회적 구성물'로 보는 것이다. 이러한 전제에서 신교육사회학에서 보는 교육이론의 특징은 다음과 같은 몇 가지로 요약될 수 있다.

첫째, 신교육사회학자들은 교육에 있어서의 이념과 가치를 중요시한다. 이것은 기능주의자들이나 갈등론자들이 환경을 중요시하는 것과 크게 차이가 나는 것이지만, 해석학적 연구를 하는 이들의 입장에서는 당연한 귀결인 것이다. 이들의 입장에서 보면 인간은 인간의 존재 밖에 외부적으로 이미 존재하고 있는 지식을 그대로 받아들이는 것이 아니다. 따라서 이들은 무엇이 왜 그러한 것을 인간사회에서 지식으로 만들었는가에 대한 출발점으로서의 지식의 전제나 가정, 사회의 가치관, 인생과 교육의 목적 그 자체에 대한 분석과 검토 등을 강조한다.

둘째, 지식, 진리, 진리의 타당성을 모두 사회적 구성물로 본다. 지식은 영구불변하는 것이 아니고 특정한 시대의 사회적 · 역사적 상황에서 구성된 것이라고 주장하는 상대주의적 입장을 취하고 있다. 한 걸음 더 나아가서 특정한 사회계급이나 전문가 집단이 이러한 지식을 학교의 교육과정으로 만드는 데 영향력을 행사하고 있다고 보고 있다. 결과적으로 교육과정은 중류계급을 중심으로 구성되고 있으며, 이러한 현상은 노동계급의 학생들이 학교에서 학업에 실패하는 중요한 원인을 이루고 있다.

이들은 또 지식과 진리를 구성하고 그 타당성을 판단하는 기준으로서의 '합리성' 이나 '과학성' 이라는 근거도 모두 사회적 구성물에 불과하다고 한다. 그것은 자본주의적 생산체제를 가지고 있는 사회에서 자본주의에 대한 비판을 억제하고 사회의 현상유지를 위한 기득권층의 준거라고 공격한다. 이러한 기준 자체가 당연히 검토의 대상이 되는 것이며, 이러한 기준 이외에 새로운 대안으로서의 사상체계나 근거가 모색되어야 한다고 주장한다.

셋째, 그들은 교사가 판단하는 학생들이 능력, 지능, 이와 관련하여 평가되는 학교에서의 성공과 실패도 모두 사회적 산물이라고 주장한다. 학업과 유희, 학술적인 것과 비학술적인 것, 우등생과 열등생, 두뇌의 명석함과 둔함, 학부형과 학생의 역할 등은 모두 사회적 구성물이므로 이들에 대한 새로운 분석이 철저하게 시도되어야 한다고 보고 있다. 교사들은 근거 없는 가정으로 학생들의 능력과 지능을 평가하고, 그 결과에 따라서 학생들을 우수하다거나 열등하다고 판단한다.

한 번 그렇게 판단되면 '자기충족예언(self-fulfilling prophecy)의 원리' 에 의해서 학생들은 우수하게도 되고 열등하게도 된다는 것이 이들의 주장이다. 교사들은 멀쩡한 학생들을 열등하다고 '낙인' 을 찍어 그들을 정말 열등생으로 만들고 있다는 것이다. 만약 판단의 기준이 바뀌면 성공과 실패의 평가도 물론 달라질 것이다. 새로운 기준은 '문화적 실조' 보다도 '문화적 다양성' 에 의해서 구성되어야 할 것이다. 왜냐하면 노동자 계급의 학생들은 열등하게 행동하는 것이 아니라 중류계급의 학생들과 다른 모습으로 행동하기 때문이다.

넷째, 교육에서 이념과 가치를 중요시하는 이들은 교육의 조직과 교육과정에 대해서도 관심을 가진다. 이들은 교육의 기회균등, 교육의 효율성, 일탈자에 대한 통제, 사회계층이나 가정환경을 학업성적 결정의 요인으로 보는 것은 구교육사회학(Old Sociology of Education)이라고 하고, 신교육사회학은 학생의 선발, 지식의 조직, 교육이념, 가치의 분석, 교육과정 등에 보다 더 많은 관심을 가져야 한다고 주장한다. 특히 교육과정은 지식사회학에 기초한 신교육사회학자들의 교육이념과 함께 가장 중요시하는 영역이다. 학생에게 어떤 지식을 왜 어떤 방법으로 가르쳐야 할 것이냐의 문제는 그들의 중요한 관심사이며, 그것은 바로 교육과정의 문제다.

학생에게 가르치는 지식은 학생의 주체적인 존재를 떠나서 '외부적' 으로 이미 존재하는 지식이 아니라 그들에게 가장 의미 있고, 적합한 것이어야 한다고 주장하고 있다. 즉, 교육과정의 '적합성' 을 강조하고 있다. 이 점에서 그들은 학교가 교육과정에서 지금까지 조직해 놓은 교육적인 지식은 학생들의 일상생활에 필요한 상식적인 지식보다도 나을 것이 하나도 없다고 하면서, 이들은 교육적인 지식이 상식적인 지식보다도 우수하다는 것을 부인한다. 교육적 지식은 중류계급 중심이며, 그렇기 때문에 노동자 계급의 학생 사이에 높고 낮은 위계관계가 성립된다고 보는 것이다. 즉, 이러한 위계관계가 있어야 할 아무런 이유가 없으며, 일상생활의 상식적인 지식을 가르친다면 그러한 문제가 발생하지 않는다고 주장한다 (차경수 외, 1995: 59-91).

이상과 같이 신교육사회학자들의 주장은 교육의 사회성을 인정하고 교육이념과 가치 등을 강조하면서 교육에서 학습자의 주체적인 참여를 중요시하여 교육의 본질적인 기능을 우리에게 일깨워 주었고, 이것은 미국의 갈등론적 교육이론이나 남미의 급진적인 교육이론과 맥을 같이한다고 볼 수 있다. 또 교육과정의 적합성 문제 역시 '주어진 틀에 인간을 맞추려고 하는 것' 보다 '스스로 인간을 형성해 나가는 과정' 을 중요시한다는 점에서 매우 적절한 지적이라고 생각된다. 그러나 구체적인 연구결과나 실천모형을 제시하지 못하였고, 지식의 보편성을 부인했으며, 사회의 역사적 · 문화적 전통을 소홀했다는 비판을 받고 있다. 또 모든 진리나 기준은 사회적 구성물이요, 상대적인 것이란 관점은 자가당착(self-referential objection)에 빠지게 됨으로써 결국 그들도 특정집단의 이익을 대변한 결과가 되고 말았다.

제3장

사회변동과 정보사회

Teaching is the world's most important goal.

타인을 가르친다는 것은 세상에서 가장 중요한 목적이다.

〈UNESCO〉

1. 사회변동의 의미
2. 사회변동이론
3. 교육과 근대화
4. 정보사회

이 단원에서는 교육과 사회변동과의 관계를 주로 살펴볼 것이다. 사회의 중요한 변화를 논할 때, 거의 예외 없이 교육이 거론된다. 많은 사람들에게 있어서 교육은 세상의 모든 문제를 해결해 주는 만병통치약으로 통해 왔다. 그러나 그러한 가정들은 분명히 사회변동을 달성하는 도구로서의 교육의 가능성을 확대 과장하고 있는 것이다. 실제로 교육은 사회변동의 장애물로 작용하기도 하며, 교육이 변화를 일으킬 때에는 그 영향이 복합적이고 매우 미묘하다.

우선 사회변동의 의미를 파악해 볼 필요가 있다. 사회변동의 개념을 알아보고 이와 관련이 있는 유사한 용어들을 정리해 봄으로써 사회변동에 관한 모든 용어와 개념이 사회의 역동성을 전제로 한다는 사실이 분명해질 것이다. 그리고 사회변동 관련 이론과 사회변동의 원인 및 저해 요인을 살펴본 다음 사회변동의 과정과 양상을 살펴보는 과정에서 사회변동의 전반적이고 대체적인 윤곽이 그려질 것이다.

다음으로 교육과 근대화를 고찰하게 된다. 근대화의 과정과 교육과 사회, 경제적 발달과의 관계로부터 교육이 근대화의 중요한 투입변인으로 작용할 수도 있고 결과변인이 될 수도 있음을 알아본다. 그리고 교육이 다른 근대화의 산물과 마찬가지로 주위로 확산 전파되어 가는 속성을 지니고 있음을 밝혀 냄으로써 교육이 지니는 잠재적 중요성을 확인하게 될 것이다. 역설적이지만 교육체제는 사회의 모든 부면을 유지시키기도 하면서 동시에 변화시키기도 하는 기능을 갖고 있는 것이다.

마지막으로 정보사회의 개념과 더불어 정보사회를 보는 다양한 관점들, 즉 기술공학적 · 경제학적 · 사회학적 · 문화적 측면에서 정보사회를 보는 시각과 사회의 변화 흐름에 발맞추어 학교교육의 과정에서 변화되어야 할 부분들, 학교교육체제와 교육을 보는 시각, 교육환경의 변화, 교사와 학생의 역할 변화에 대해 살펴봄으로써 정보사회에서 적응해 나아갈 수 있는 바람직한 변화의 방향을 인식하는 데 도움이 되고자 한다.

1. 사회변동의 의미

사회변동(social change)의 의미를 구체적으로 살펴보기 전에 사회변동의 본성에 관한 두 가지 중요한 원리를 지적하고자 한다(Brookover & Erickson, 1975: 66).

첫째는 사회변동의 속도는 사회에 따라 다양하게 나타난다는 것이다. 매우 고립된 사회에서는 사회와 문화변동의 속도가 상대적으로 느린데, 그 이유는 다른 문화권으로부터 정보나 자원을 받아들일 기회가 거의 없기 때문이다. 이와는 대조적으로 교역, 여행, 그리고 신속한 정보전달 등에 의해 다른 문화권과 자주 접촉해 온 나라들은 빠르게 변화한다.

두 번째 원리는 사회 내의 구성 부분들의 변화 속도가 다양하다는 것이다. 이러한 변화 속도의 다양성은 급속하게 발전하는 개발도상국에서 자주 나타난다. 대체적으로 도구, 기계, 기술 등과 같은 물질적인 것들은 가족관계, 종교, 정부제도 그리고 사회적 관계를 지니는 다른 측면들보다 쉽게 폐기, 대치된다. 그래서 사회의 일부에서는 변화를 가속화시키고 또 다른 일부에서는 변화를 지연시킴으로써 차이를 확대시켜 가는 경향도 있다.

사회변동의 개념

일반적으로 말해서 변동이라고 할 때 그것은 신체적 · 정신적인 변모일 수도 있고, 물리적 · 화학적 변동일 수도 있으며 혹은 질적 · 양적 변화일 수도 있다. 아무튼 본래의 상태에서 탈락했거나, 개조되었거나 또는 수정되었을 때 보통 변동이라고 말한다. 사회변동은 영어의 'social change'를 번역한 말이다. 일반적으로 사회변동은 사회구조와 사회적 상호작용의 유형이 달라지는 현상을 말한다. 인구구조, 교육수준, 가족구조, 출산율, 노사관계 등의 변동은 이에 해당하는 것이다. 그러나 한 개념의 정의는 보는 관점에 따라 달리 규정되는 것으로 '사회변동'이라는 개념의 정의도 예외는 아니다. 오히려 그것은 매우 포괄적인 의미를 내포하는 것이기 때문에 간단하게 정의하기는 어렵다.

그러나 분명한 것은 오늘의 관습, 도덕, 법률, 정치조직, 경제구조 등은 모두 오랜 사회변동의 과정에서 누적되어 이루어진 것이다. 이렇게 사회는 변동에 의해 발전해 갈 수 있다. 맥클레버(Maclever, 1942: 10)는 변동이라는 뜻 속에는 다음의 세 가지 사실이 포함되어 있다고 하였다. 즉, 첫째는 어떤 변동이냐 하는 것이고, 둘째는 그 변동 과정이 얼마나 지속성이 있느냐 하는 것이고, 셋째는 그 변동이 이루어지기까지 얼마만한 시간이 소요되었는가 하는 사실이다. 즉, 변동의 성격과 지속성과 시간이다. 여기에 따라서 변동은 막연하게 진행되는 것이 아니고 구체적으로 시간과 장소와 내용을 지니고 있다는 사실과 변동이 지속되어 가면 사회나 문화가 존속, 발전될 수 있지만 변동이 없으면 사회는 침체되어 간다는 사실을 알 수 있다.

사회변동의 관련 개념

사회변동의 개념을 보다 정확하게 이해하기 위해 이와 관련되거나 유사한 개념을 지니고 있는 용어들을 비교하여 보는 것도 의미 있는 일이 될 것이다. 사회변동을 사회변천, 사회변화 등으로 부르기도 하는데, 사회학에서는 일반적으로 '사회변동' 으로 부르는 경향이 있다. 그러나 교육의 관점에서 보면 '변화' 라는 개념이 더 정확할 수도 있다. 그래서 교육학 관계의 저술이나 논문에 '사회변동' 과 '사회변화' 가 혼용되는 경우도 있다.

변동, 변천, 변화 등의 용어는 모두 어떠한 사실이나 현상이 어떻게 달라져 가는 과정이나 달라지는 상태를 표현하는 같은 뜻을 갖는 것이라 할 수 있으나, 엄격히 따져 보면 각기 조금씩 다른 뜻을 지칭하는 것임을 알 수 있게 된다. 변동이라는 개념은 어떠한 사실이나 현상이 한 지점에서 다른 자리로 옮겨지는 과정이나 상태를 표현하는 의미를 가지며, 변천이란 한 사실이 시간적인 차원에서 달라져 가는 과정을 표현하는 개념이다. 그리고 변화란 한 사실이나 현상이 자리를 옮기지 않고 그 자체가 변질하는 과정이나 상태를 의미하는 개념이다(박용헌 · 최정숙, 1989: 215).

사회변동과 관련된 의미를 갖는 다른 용어들을 여러 학자들의 견해를 중심으로 정리해 보면 다음과 같다.

사회진화(발전) 가치적 개념으로서 사회는 그 역사의 과정에서 체제 내의 기관과 단위의 전문화를 증대하거나 또는 생활 전체에 이바지한다는 것을 염두에 두고 질적으로 정의된 개념이다. 진화(발전)는 사회변동의 포괄적인 개념에 포용되어지는 것으로서 사회변동이 가치중립적이라면 사회진화(발전)는 함가치적(含價値的) 개념이다(석태종, 1988: 163).

사회진보 이 말은 단순한 과정을 의미하는 것이 아니라 미리 예정되고 평가된 목표를 지향하는 과정을 뜻한다. 진보와 과정이라는 말은 자주 바뀌어 쓰이는 말이지만 적어도 사회변동의 맥락에서 진보는 가치판단을 함축하고 있는 반면에 그 과정은 깊은 판단 없이 단순하게 계속성, 선과 악, 또는 중립을 기술하는 것이다. 진보라는 말은 본질적으로 윤리적인 개념이다(석태종, 1988: 163).

사회개혁 사회변동이 일반적으로 사회의 전반적인 구성 요소들이 전체적인 구성원들이 의식, 무의식적으로 참여해 나가는 가운데 비교적 느리게 일어나는 것이라고 볼 때, 사회개혁은 사회의 일부 엘리트들이 의식적으로 사회 전체의 구성요소 및 구성원들을 주도하여 빠른 사회변동을 해 나가는 과정이라고 생각될 수 있다. 사회변동에 비하여 인위적이고 속도감이 느껴지는 개념이다. 발전도상국의 사회 현상을 설명할 때 자주 사용되는 용어다.

사회이동 사회이동이란 한 개인이나 집단이 어떤 사회적 위치로부터 다른 사회적 위치로 이동하는 것을 뜻한다. 사회이동의 의미를 파악하기 위해서는 이와 밀접히 연관된 사회적 지위와 역할의 개념을 이해할 필요가 있다(김병성, 1990: 94). 일반적으로 사회이동이 빈번히 일어나는 사회는 그렇지 못한 사회에 비해서 사회변동의 속도가 빠를 것이라고 추론되고 있다. 사회변동을 이야기할 때 사회이동은 빠뜨릴 수 없는 필수적 요소가 된다.

문화변동 사회변동이 사회를 형성하고 있는 제반 단위가 되는 사회구조나 기능의 변동을 지칭하는 말인데 반하여 어떤 문화가 하나의 형태로부터 다른 형태로 변하는 것을 문화변동이라 한다. 이것은 문화의 속성의 하나로서 넓게 보면 사회변동의 일부이자 요인이 되기도 한다. 문화변동은 내부적으로 발명, 발견에 의한 혁신에 의하여 그리고 외부적으로 문화접변, 문화전파에 의하여 이루어지는 것이 보통이다. 문화변동을 사회변동의 상위개념으로 보느냐 하위개념으로 보느냐 하는 것은 바로 문화의 성격을 어떻게 규정하느냐에 달려 있다고 볼 수 있다(장진호, 1968: 69; 석태종, 1988: 121).

이상에서 사회변동의 개념 및 이와 유사한 관련성을 지니는 용어들을 살펴보았다. 그러나 이들 여러 개념 및 용어들이 한결같이 명확하게 구분되는 성질의 것은 아니다. 동일한 용어 및 개념이라도 사용하는 사람에 따라서 그 의미가 크게 달라질 수도 있고, 또 엄밀히 말하면 각 용어 사이에 분명한 구분을 해 줄 수 있는 기준이 아직 마련되어 있지도 않고 이를 위한 구체적인 시도도 없는 형편이다.

그러나 분명한 것은 어떤 용어나 개념이든지 그것이 사회변동에 관련된 것이라면, 사회의 역동성을 전제로 한다는 것이다. 즉, 사회는 과거로부터 쉼 없이 변해 왔으며, 그 변화는 일정한 합목적성—인간 개인 및 그 집단의 발전지향적인 변화—을 지니면서 계속 진행되어 가고 있다는 것이다.

어찌 보면 사회변동에 관련된 용어의 정의 및 그 특징들과 차이점을 구별 한다는 것은 보다 본질적으로는 사회변동의 현상을 이론적으로 규명, 진단하기 위한 기초적이고 부수적인 작업에 지나지 않는다고 할 수도 있다. 다음 절에서는 사회변동에 관련된 이론을 중심으로 살펴볼 것이다.

2. 사회변동이론

제 이론의 개관

일반적으로 사회변동과 그 인과관계 및 변동의 예측에 관한 이론적 분석은 다양하게 진술되고 있다. 사회변동을 설명하는 데 있어서는 단일 이론은 있을 수 없고 각각의 시각에 따라 달라지게 마련이다. 도날드와 켈리(Donald & Keller, 1979: 546)는 이를 크게 네 가지로 나누어 설명하고 있다.

진화이론 스펜서(Spencer, 1861)와 뒤르켐(Durkheim, 1956)은 사회진화를 처음으로 주장하면서 한 사회는 단순한 사회로부터 필연적으로 복잡한 사회로 진화한다고 설명하였다. 스멜서(Smelser, 1973: 269)는 근대화 추진 과정을 전통적 기술로부터 과학적 지식으로, 인력으로부터 원자력으로, 농촌 중심으로부터 도시 중심으로의 진전이라는 진화론적 설명을 하고 있다.

순환이론 슈펭글러(Spengler, 1922)는 『서구의 몰락』에서 모든 문화는 두뇌의 알파 리듬이나 교체전류의 순환과 흡사하게 흥과 망, 전진과 후퇴의 규칙적인 과정을 거치게 된다고 주장하였다. 마치 개인의 일생이 그러한 것처럼 기복을 겪으면서 진행된다는 것이다. 토인비(Toynbee, 1946)도 『역사의 연구』에서 사회변동을 도전과 응전이라는 관점으로 설명하였다. 그러나 이들의 이론은 변동을 실제로 잘 설명했다고 볼 수는 없다.

균형이론 이 이론은 생물학의 공생 개념에 그 기초를 두고 있다. 한 부분의 변동은 균형이 이루어질 때까지 다른 부분의 보충적 변동을 가져오게 한다는 주장이다. 파슨스(Parsons, 1971)는 이 개념을 사회에 적용하여 체제이론을 정립하였고, 오그번(Ogburn, 1922)은 기술이나 약 또는 기계 같은 물질문화는 신념이나 가치 또는 교육 같은 비물질 문화보다 빨리 변하는데, 이 양자 간의 시간적 간격을 문화지체(cultural lag)라는 말로 설명하기도 하였다.

갈등이론 이것은 균형이론과 상반되는 이론으로서 사회제도는 원래부터 불안정하고 갈등과 투쟁은 정당화되며 변동은 필연적인 것으로 본다. 마르크스는 투쟁 없이는 진보가 없다고 주장하면서 계급투쟁의 당위성을 역설하였다. 독일의 사회학자인 다렌도르프(Dahrendorf, 1959)도 사회의 권력과 권위의 불평등한 배분으로 말미암아 사회는 갈등을 겪게 되고 또 변동하게 된다고 주장하였다(석태종, 1988: 164-165).

문화론 문화론에서는 사회변동의 원인을 두 갈래로 설명하고 있다. 하나는 문화전파론(cultural diffusion theory)이며, 다른 하나는 문화이식론(acculturation theory)이다. 린턴(Linton, 1945) 등이 주장하는 문화전파론은 사회변동은 '문화의 전파' 에 의해 일어난다고 주장하였다. 자기들만의 고유문화를 가진 사회는 하나도 없으며, 각 사회의 문화들이 서로 전파되어 사회들이 서로 다른 문화를 수용함으로써 사회변동이 일어난다는 것이다.

이에 비해 무어(Moore, 1942) 등 문화이식론을 주장하는 학자들은 어떤 한 사회의 사람들과 다른 사회의 사람들이 직접적인 접촉을 통해 다른 사회의 문화를 '배우게' 됨으로써 사회변동이 일어난다고 주장하였다. 일반적으로 문화이식의 방향은 지배적인 위치에 있는 사회의 문화가 종속적인 위치에 있는 사회로 이식되는데, 이것은 영향을 주는 쪽과 배우는 쪽 모두가 지배-종속의 같은 방향을 향해 문화이식에 참여하기 때문이라고 설명한다.

사회변동의 원인과 저해 요인

■ 사회변동의 원인

기술적 발명 기술적 발명은 사회를 변동시키는 데 있어 매우 강력한 힘을 발휘한다. 오그번(1950)은 발명의 사회적 영향에 대하여 다음과 같이 기술하고 있다.

첫째로 기술적 발명은 다양한 효과를 나타내게 된다. 예를 들어, 텔레비전의 발명은 방송망을 통하여 세계를 단축시키고, 물질적 문화의 융합을 도모할 수 있고, 경제활동, 국가정책의 홍보, 오락·교양·취미·교육 등 거의 모든 방면에서 인간에게 직·간접적으로 영향을 미치고 있는 것이다.

둘째로 발명은 파생적 효과를 나타낸다. 어떤 한 발명이 어느 부분에 변동을 가져오면 거기에 자극을 받아 다음다음으로 파생적인 영향을 미치게 된다. 예를 들면, 비행기의 등장은 전쟁의 방법으로 일신했고 그로 인해서 국가들 간의 세력 판도를 재정리하게 만들었고 국제 정치에 영향을 주게 되었다. 그런데 파생효과가 증대되어 갈수록 본래의 발명의 영향력은 감소되어 간다.

셋째로 발명은 집중효과를 나타낸다. 여러 가지 종류의 발명이 그 효과를 한 곳에 집중하여 공통된 단일 현상을 나타낼 수 있다. 다시 말하면, 몇 가지의 발명이 서로 영향을 미치면서 한 단일 효과를 낳게 한다. 예를 들면, 자동차, 전기, 전화, 텔레비전, 고속도로 등의 발명의 힘을 종합적으로 이용하여 대도시 주변에 여러 위성도시를 건설하게 되었다. 이렇게 발명은 발산적 효과와 아울러 수렴적 효과도 나타내고 있다.

사회적 발명 사회변동에 영향을 미치는 원인으로서 사회적 발명을 생각할 수 있다. 사회적 발명은 기술적인 변천에서 이루어지기도 하지만, 반대로 사회적 발명이 기술적 발명을 자극하기도 한다. 예를 들어, 새로운 직업, 보험제도, 심리요법, 노동조합 등은 전자의 경우에 속한다고 볼 수 있고, 여러 가지 복잡한 통계 방법이 발달되면서 각종 계산 기계가 발달하는 경우는 후자에 속한다고 할 수 있다. 현대사회는 사회 각 분야가 상호관계를 가지고 작용하기 때문에 기술적 · 사회적 발명의 효과가 서로 영향을 미쳐 사회변동의 복합된 요인을 이루고 있다.

자각된 욕구 항상 만족한 상태에서는 긴장이나 절박감이 일어나지 않는다. 그리고 변동에 대한 의욕이 일어나지 않는다. 심리적으로 현 상태에 불만을 느끼거나 혹은 새로운 욕구가 생겼을 때 긴장 상태가 일어나게 된다. 이 긴장으로 인해서 심리적으로는 불균형 상태를 이루어 갈등이 생기게 되지만, 사회변동을 위해서는 긴장 상태가 전제 조건이 되는 것이다. 긴장에 의해서 자각된 욕구가 생기게 되기 때문이다. 집단의 성원들 사이에서 이러한 자각된 욕구가 일어나지 않는 한 사회변동은 일어나지 않는다(Bell, 1961: 499). 이와 같은 자각과 각성을 사람들의 마음속에 불러일으키게 하는 힘은 바로 교육에 의해 길러진다(Brookover & Erickson, 1975).

지도력과 대중 사회변동은 몇 사람의 영웅적 힘에 의해서나 혹은 몇 지도기관에 의해서 이루어지는 것은 아니다. 지도기관과 대중의 호흡이 맞을 때 사회변동 현상은 효율적으로 일어난다. 변동을 가져오려고 시도하는 개인 혹은 조직을 **변동의 주체기관**(change agent system)이라고 할 때 이 변동의 주체기관과 변동의 대상 사이에 문화적 격차가 심하게 되면 사회변동은 용이하게 일어나지 않는다. 다시 말하면, 변동 주체기관의 의욕과 필요와 계획이 대중의 그것과 일치할 수 있을 때에는 사회변동의 효과가 빠르게 일어난다는 말이다. 교육적 방법에 의하여 집단적으로 변동의 필요성을 자각시켜 변동에 대한 의욕을 환기시키는 일이 무엇보다 중요하다. 그리고 변동 주체기관의 문화적 수준이 대중의 그것과 비슷할 때 상호 호감이 되어 변동의 효과를 올릴 수 있다.

정당화 특히 후진 사회에 있어서는 사회적으로 명망과 지위가 있는 사람이나 또는 전문적 지식이 있는 사람의 진취적인 행동에 의해서 변동이 인정될 때 그것을 정당화라고 일컫는다. 후진 사회의 변천 과정에 있어서 이와 같은 사람들의 진보적인 역할은 매우 중요하게 생각된다. 가령 어떤 새로운 발명품이 나왔을 때 그 방면의 전문가가 그 효과를 인정하게 되면 일반 대중은 빨리 그것을 받아들여 새 것으로 바꾸게 된다.

이상에서 사회변동의 몇 가지 주요 요인에 대해 생각해 보았는데 사회변동은 어느 단일 요인에 의해서 일어나는 것이 아니고 많은 복합된 요인에 의해서 일어나게 되는 것이다(장진호, 1968: 76-80).

■ 사회변동을 저해하는 요인

과정적 요인 어떤 사회이든 사회변동의 과정에서 변동을 바라는 세력과 변동을 원치 않는 세력이 대치하게 된다. 그래서 다음과 같은 과정의 요인들을 생각해 볼 수 있다.

첫째로 어떤 새로운 사태를 맞아들이려고 할 때 그 변동 초기에 여러 가지 문제를 수반하게 된다. 즉, 어떤 새로운 발명품이 나왔을 때 처음 단계에서는 아무래도 불완전함으로 많은 불편을 가져오게 되고 이는 변동을 원치 않는 세력에게 힘을 주게 되는 것이다.

둘째로 어느 한 사태가 변동하게 되면 거기에 따라 연관된 많은 다른 분야가 영향을 받게 되어 사회적 혼란이 야기될 우려가 있다. 가령, 기관차를 최신형으로 바꾸려고 하면 그에 따라 철도를 바꾸어야 하고 그렇게 하려면 철도를 부설하는 데 필요한 다른 환경도 바꾸어야 한다. 이와 같은 복잡한 이유로 사람들은 새 것으로 바꾸는 위험을 포기하고 낡은 것으로 만족하게 된다.

셋째로 새 것을 받아들이려면 비용이 엄청나게 많이 든다. 경제적인 원인 때문에 새로운 것을 시도하지 못하는 예는 얼마든지 들 수 있다.

심리적 혹은 습관적 요인 변동을 저해하는 요인으로서 인간의 심리적 혹은 습관적인 면을 고려할 수 있다. 사람은 옛 습관이나 전통이나 또는 조상의 유전을 고수하려는 경향이 많다. 그것이 극단적인 경향을 나타낼 때에는 새로운 것에 대한 일종의 공포감을 느끼게도 된다. 어떤 때에는 기성 질서의 변동이 곧 기존 문화를 파괴하는 결과를 가져오는 것으로 생각되는 수도 있다. 이렇게 현 질서 속에서 안일하게 만족하려는 경향을 **문화적 타성**(cultural inertia)이라고 한다.

문화적 고립과 기득의 이해관계 문화적 고립이라 함은 다른 사람이나 혹은 밖의 세계와의 접촉을 끊고 자신이나 자기가 소속한 집단에 대해서만 충실한 상태를 말한다. 쇄국주의는 구시대적인 유물이었지만 현대에 있어서도 극단적인 민족주의나 사회주의 국가에서 문화적 고립주의의 예를 찾아볼 수 있을 것이다. 이러한 문화적 고립은 개인이나 집단 모두에게 사회변동에 있어서 현저한 장애를 초래하게 된다.

사회변동의 또 다른 요인으로 기득의 이해관계를 들 수 있다. 이 사실로 인해서 매우 복잡한 사회문제를 일으키게 된다. 개인이나 집단으로서 이미 획득하고 있는 경제적 이익, 사회적 지위, 또는 정치적 권력을 현 상태로 유지하기 위하여 변동을 적극적으로 반대하게 된다. 변동이 곧 기득의 권리의 포기를 의미할 수도 있기 때문이다. 사람은 자기 이익에 집착하는 이기적 욕구가 강하다. 따라서 공익과 사회복리를 위하여 필요한 자기희생을 원하지 않는 수가 많다. 그리고 기득의 이해관계를 지키기 위해 기득권 세력이 의도적으로 문화적 고립을 자초하는 경우도 있다(장진호, 1968: 80-82).

사회변동의 과정과 양상

■ 사회변동의 과정

사회는 변증법적인 과정을 통해서 변화해 간다. 즉, 낡은 사회규범, 질서, 문화, 사회체제에 새로운 규범, 질서, 문화, 체제가 접촉하게 되면 낡은 것과 새로운 것과의 사이에 대립과 알력이 생기고, 이것이 진행되어 낡은 것에서 버릴 것은 버리고 취할 것은 취해 새로운 안정상태로 되는 변화의 과정을 밟는다.

사회는 일시에 전체적으로 변화하지 않는다. 부분적인 변화가 사회 전체로 파급되어 전체 사회가 변화하게 되는 것이다. 즉, 사회의 외적 요인이나 내적 요인에 의해서 사회의 일부에 변화가 생기면 그것이 널리 확대 보급되어 점차 그 변화의 영향을 넓혀 가게 되는 것이다(김영우, 석태종, 1988: 210-11).

일반적으로 사회변동은 변동의 속도에 따라서 다음의 네 가지 단계를 거치게 된다(Merrill & Eldredge, 1953: 513-515).

테크놀로지 테크놀로지(technology)는 우리가 살고 있는 물리적 환경을 변경하여 결과적으로 사회변동에 영향을 끼치게 된다. 최근에 우리 주변에서 생활이 향상·개선되어 가고 있는 것은 주로 이 방면의 발명 혹은 발견에 힘입은 바가 크다. 과학기술의 변동이 우리의 일상생활이나 인간의 행동에 많은 영향을 미치게 되고, 더 나아가 사회제도를 변동시키는 데에도 연쇄적으로 작용하게 되는 것이다.

경제기관 테크놀로지를 가장 직접적으로 응용하는 분야는 산업분야다. 따라서 테크놀로지가 발달함에 따라 그 영향을 제일 먼저 받게 되는 것은 경제기관이다. 경제제도의 변동은 산업구조의 변혁을 가져오고, 이에 따라 극심한 인구변동, 도시집중현상, 계층 간 이동 등 역동적인 사회변동 현상을 유발하게 되었다. 결과적으로 경제기관은 과학기술적 변동에 의존하면서 연쇄적으로 사회기관의 변동을 일으키게 한다.

사회기관 사회기관은 경제변동에 의해서 많은 영향을 받게 된다. 이를테면 산업구조가 농업에서 공업으로 변동됨에 따라 사회기관의 인구변동이 생기게 되고, 가족 구조와 그 구성원들의 역할이 변화되며, 여성의 사회진출 기회가 증가하게 된다.

사회적 가치 과학기술적 변동과 거기에 따른 경제적 · 사회적 기관의 구조변동이 비교적 빠르게 일어나는 데 반해서, 사회적 가치의 변동은 사회변화의 마지막 단계로 오는 것인데, 이렇게 사회적 가치의 변동이 늦어지는 이유는 사회를 구성하고 있는 각 사람의 가치관이 서서히 변모하기 때문이다.

■ 사회변동의 양상

사회는 어떤 일정한 법칙과 유형에 따라서 변화되는 것이 아니다. 일반적으로 사회학자들이 사회변동의 형태를 분류하는 경우 그 근거가 되는 이론에는 진화이론, 순환이론, 균형이론, 갈등이론 등이 있으며 구체적인 내용은 앞부분에서 개관해 본 바 있다.

박용헌(1980, 103-104)은 사회변동의 양상을 다음과 같은 네 가지로 나누어 설명하고 있다.

- 공존적 변화: 신 · 구 사회상이 만났을 때 서로 상대방의 영향을 받아서 얼마간의 변화를 보이지만, 각각의 특성은 그대로 유지되는 상태를 말한다.
- 흡수적 변화: 큰 쪽에 작은 것이, 강한 쪽에 약한 것이 흡수되면서 변화하는 것.
- 소멸적 변화: 두 가지가 서로 만나서 변화함에 있어서 결국은 한 쪽이 완전히 소멸되어 버리는 것.
- 혼합적 변화: 신 · 구 두 쪽의 장단점이 잘 조화되어 하나의 새로운 문화형태로까지 변화하는 것을 말한다.

사회변동의 양상을 연속적 변화(진화)와 단속적 변화 두 가지로 보는 이도 있다. 연속적 변화는 자연의 변화와 같이 무의식적으로 점차적으로 일어나는 진화로서의 변화를 말하고, 단속적 변화는 사람의 욕망과 이에 따른 창조활동에 의하여 인위적 · 계획적으로 성취되는 개혁을 의미한다.

3. 교육과 근대화

최근에 아시아, 중동, 아프리카 그리고 라틴 아메리카 사회의 교육적 · 경제적 개방을 둘러싸고, 사회변동을 달성하는 방식에 대한 많은 토론들이 있어 왔다. 이 지역의 국가들이 '전통적' 인 상태에서 '근대화된' 사회로 변화하기 위해 시도한 체계적인 노력들 가운데는 광범한 교육적 프로그램들이 포함되어 있다.

일반적으로 교육이 사회변동을 시작하게 하거나 방해하거나 도와주는 방식을 정확하게 알 수는 없다. 물론 몇몇 특수한 근대화 과정은 예외다. 그러나 교육이 근대화에 기여할 수 있다는 잠정적인 가능성은 분명하며, 이에 대한 새로운 증거들이 계속 추가되고 있다.

근대화의 과정

근대화된 나라들의 경제적 · 기술적 개발을 특징짓기 위해 많은 용어가 사용되고 있다. 그러한 개방을 공통적으로 상징 표현하는 용어가 '근대화' 또는 '현대화' 다. 개발도상에 있거나 이제 막 부상하고 있는 나라로 확인된 국가들은 '근대화되고 있는' 나라들이다. 추측컨대, '근대화' 라는 것이 전형적으로 적용하는 것의 배경에는 그 사회가 전통적인 사회에서 좀 더 가치 있는 '근대화된' 사회로 부상하고 있다는 믿음이 널려 있는 것 같다. 모든 새로운 경제, 정치 그리고 사회적 개발이 진보적이라는 사상은 사회변동을 연구하는 대부분의 학자들에게 쉽게 받아들여지지 않는다. 한쪽에게 진보적인 것이 다른 쪽에는 진보적이지 않을 수도 있다.

근대화를 더 분석해 보면 그 개념이 경제발달에 한정되어 적용되고 있다는 것을 알게 된다. 진보가 특정한 경제발달에 밀착되어 있다는 생각은 타당한 것 같다. 특히 경제발달이 사회가 목표로 했던 경제적인 성취를 이룩한 결과로 인정될 때 그러한 경향은 현저해진다. 이러한 방식으로, 한 사회의 점증하는 욕구와 필요를 충족시키기 위한 상품과 용역의 생산 증가는 진보로 간주될 수 있다. 같은 이유로 생산 증가의 바람직하지 않은 부산물이 될 수도 있는 공해나 건강장해 요인들의 증가는 진보로 간주되지 않는다. 아마도 진보를 생산성과 근대화의 산물에 대한 평가라고 간주하는 것이 가장 적절한 듯하다. 이런 평가는 개인의 관점에 의존하게 되면 타당성을 상실하게 된다.

근대화의 과정은 또한 정치적인 면과 정부 조직의 면에서 변화하게 됨을 뜻한다. 전통 사회들은 공통적으로 식민 지배를 받아 왔거나 아니면 봉건제도 또는 부족적인 성격을 띠는 정부 형태에 의해 통제되어 왔다. 다른 한편으로 근대화는 정치적 과정에서 시민 참여가 더욱 증대된다는 것을 뜻하기도 한다.

근대화의 다른 부산물도 있다. 예를 들면, 사람들이 점점 도시화되어 이동성이 커지고 그들의 커뮤니케이션과 외부 세계에 대한 지식이 증가함에 따라 전통적인 가족 구조에서도 변화가 일어난다. 여성의 경제적 · 정치적인 활동이 증가하고, 여성들도 자주적으로 가정 밖의 수많은 사회적 집단에 참여하게 된다. 도시화가 진행됨에 따라 가족의 경제적 기능 중 일부를 생산 단위들이 맡게 된다.

근대화된 사회에서의 계층구조는 전통적인 사회에서보다 지리적 이동뿐 아니라 지위 이동에 관한 더 많은 기회를 제공하는 것 같다. 변화에 대한 사람들의 태도와 새로운 역할과 상황 속에서 자신들을 발견해 내는 능력이 확장된 상호작용에 의해 새롭게 개발된다. 분명히 교육의 중요한 기능 가운데 하나는 사람이 새로운 역할을 하도록 훈련시키는 것이다.

현대사회의 특징들은 매우 밀접하게 상호 관련되어 있고, 근대화의 과정을 그런 모든 특징이 동시 발생적으로 변화시키고 있는 것 같다. 근대화에서 교육의 기능은 이동성, 산업화, 매스커뮤니케이션, 또는 정치적 변화들과 쉽게 분리되어질 수 없다. 비록 그 과정이 많은 요소를 포함하고 있는 복잡한 것이기는 하지만 교육과 다른 요소들 간에 어느 정도 상관관계를 구해 낼 수 있다. 이에 대해 간단히 검토해 보면 다음과 같다.

근대화의 현상

교육과 경제 발달 분명히 세계의 모든 나라에 있어서 국민들의 교육 수준은 그 나라의 생산성과 밀접한 관련이 있다. 교육과 경제적인 생산성의 수준들이 분명한 상관관계에 있지만, 그 이유는 아직 분명하지 않다. 선행 연구들을 개괄하면서 경제학자 보우만(Bowman, 1966: 111-137)은 경제적 생산성은 교육의 수준을 잘 나타내며 역으로 교육의 수준이 경제적 생산성을 잘 보장하지는 못하는 것 같다고 지적하고 있다. 그러나 그는 "성장에 방향을 맞춘 공공정책에서의 도구적인 변인으로서뿐 아니라, 국가적인 위신의 상징으로서 세계적으로 교육을 강조하다 보니, 교육이 경제개발에 의해 발전되기보다는 불가피하게 교육이 경제발전을 이끌어야만 하는 상황으로 되었다"고 주장하였다. 따라서 개발도상국에서 교육이 강조되면 경제적 생산성이 변화하기 이전에 교육수준이 먼저 높아지는 상황을 만들어 내게 된다. 서너 가지의 매개 변인이 있을 수 있고 또 교육과 생산성의 발달이 개발도상 사회를 특징짓는 공통적인 일련의 변인들로부터 유래될 수 있다.

비록 교육에 대한 투자와 경제적인 성장과의 관계에 대한 많은 연구가 있어 왔지만, 이들 연구들은 모두 지난 20여 년 동안에 수행된 것들이다. 그나마 이들 연구들의 대부분이 고도 산업국가들에서 행해져 왔다. 따라서 상대적으로 덜 발달된 나라들에서의 교육에 대한 투자가 어떤 방식으로 경제 성장이나 변화를 가져오는지를 지적해 내는 것은 현재로서는 불가능하다. 더욱이 이들 연구들의 대부분은 인력 수요를 확인하는 데 중점을 두어 왔고 앞으로 필요로 하는 인력을 공급하기 위한 교육에는 그리 많은 관심을 기울이지 않았었다. 반면에 최근의 어떤 비용-효용 분석(cost-benefit analysis) 연구에서 다양한 형태의 교육이 개인과 사회 모두를 위해 경제적으로 기여하는 것을 확인하기 위한 시도가 있어 왔고 실제로 고무적인 결과들이 도출되고 있다. 그러한 연구들은 질문의 복잡성을 잘 예시해 주고 있으며 교육 체제와 사회 모두에 일반적으로 경제 발달에 대한 교육의 공헌에 영향을 줄 수 있는 여러 가지 요소들이 있다는 것을 나타내고 있다. 예를 들면, 미르달(Myrdal, 1968: 1533-1558)은 교육적인 투자에 관련하여 국민들의 건강과 에너지의 중요성을 강조하고 있다. 보우만(1966: 136)도 교육 제도들 사이의 관계를 분석하면서 '거미줄처럼 고도로 얽힌 복잡한 상호 의존성' 을 강조했다.

교육과 사회발달 교육과 근대화 과정의 다른 측면들과의 관계를 분석할 때 얻어질 수 있는 자료들은 교육과 경제 발달에 관련하여 얻어지는 자료들보다 더욱 결정적으로 제한된다. 대부분의 후진 산업국가들에서는 기초교육과 그것이 사회변동의 과정을 촉진시키는 것을 매우 강조해 왔다.

상호 의존적인 사회적 요소들의 전반적인 복합체가 발달이나 근대화 과정에 포함되어 있다는 것을 언급한 바 있다. 여러 형태의 교육은 분명히 다음의 많은 것과 연관이 되어 있다. 도시화, 지리적인 이동성과 사회 계층의 이동성, 출생률, 여성의 지위, 정치적 참여 그리고 경제적 산출은 물론 다른 사회적 변인들, 그러나 우리는 모든 상황에서 교육의 증가가 자동적으로 사회의 다른 부면에 변화를 가져올 것이라고 단언할 수는 없다. 다른 사회적 변화에 대한 교육의 특수한 공헌은 경제발달과 다른 사회적 조건들의 수준에 따라 달라질 수 있다.

몇몇 국가에서는 분명히 교육 부문에 과잉투자가 진행되어 왔으며, 이러한 과잉 투자가 다른 공공 분야에 돌려졌더라면 오히려 더 효과적이었을지도 모른다는 분석이 나오기도 한다. 아직 있지도 않은 직업 분야를 위한 개인 교육은 일종의 실업문제를 발생시키고 있으며 개발의 특정단계에서 자원을 낭비해 버릴 가능성이 있다. 수많은 사람들이 사회가 소화해 낼 수 없을 정도로 많은 교육받은 인구를 배출해 내는 것은 교육받은 개인이나 사회 모두에게 위험한 일이라는 것을 지적해 왔다. 그러나 어느 정도의 과잉교육은 근대화를 위한 바람직한 동인(動因)이 될 수도 있다. 비록 그러한 가설을 뒷받침하는 어떤 구체적인 증거는 없지만, 경제적으로 충분히 활용할 수 있는 수준을 넘어설 만큼 많은 사람을 교육시키게 되면 이러한 사람들이 자극을 받아 보통 일어날 수 있는 것보다도 더욱 빠른 사회적 변화를 요구하게 된다는 주장은 타당성이 있어 보인다. 이러한 가설은 현재의 상황에 불만을 가진 사람들이 변화를 야기하는 방향으로 행동하도록 동기화된다는 생각으로부터 유도된 것이다. 일찍이 지적한 대로, 현재의 상황을 수용하고 있는 그대로 주어진 조건 내에서 대처해 나가는 사회는 빠르게 변화할 가능성이 적어진다. 최대 활용치를 넘어서는 교육은 그러한 불만족을 파생시킨다는 것만은 확실한 것 같다.

교육 · 사회이동과 근대화 사회와 경제적 발달에 대한 교육의 관계를 분석함에 있어서 복잡한 점 가운데 하나는 교육이 사회이동과 지위결정의 능력을 지닌다는 것이다. 교육은 경제적인 생산성이나 사회의 다른 변화들과 관련이 있을 수도 있고 없을 수도 있는 여러 이유 때문에 대부분의 사회에서 매우 가치 있는 것으로 여겨져 왔다. 교육은 본래부터 개인이나 사회 전체 모두에게 좋고 값어치 있는 것으로 지각되고 있다. 이와 아울러, 교육은 일반적으로 사회구조 내에서 대체로 교육받은 수준에 상응하는 특권을 부여한다. 그러나 이러한 교육의 상징적 가치는 직업적 지위 또는 경제적 생산성과 직접적으로 연관되지 않을 수도 있다. 수많은 나라들에서 초등 또는 더 높은 수준의 교육을 이수하게 되면 일종의 상징적 지위를 부여받는데, 이 상징적 지위는 교육을 많이 받은 사람이 품위가 떨어지는 것으로 여겨지거나 낮은 지위에 해당하는 직업을 갖는다는 것은 적절치 못한 일이라고 간주되게 하는 속성을 지니고 있다.

비록 수직적 이동이 공식적인 교육과 밀접히 관련되어 있고 또 이에 의존한다는 일반적인 생각이 있으나, 그러한 결론은 매우 신중하게 내려져야 한다. 앤더슨(Anderson, 1961)은 개인의 상승 이동 또는 하강 이동의 기회에 학교가 강한 영향력을 행사하고 있기는 하지만, 실제로 모든 이동의 적은 부분만이 교육과 연결되어 있다고 지적한 바 있다. 그러나 많은 사회에서 사람들은 지위 이동을 위해 교육을 받게 되는 경우가 아주 흔하다. 따라서 교육적 욕구의 수준은 어느 정도는 최대의 생산성을 갖는 적절한 수준의 교육을 이수한 사람들을 수용할 수 있는 사회의 능력을 앞서 나가는 것 같다. 사회의 특수한 직업적 요구를 주시하고 있는 많은 인력 전문가들은 발달의 다양한 수준과 단계에서 교육받은 인구가 과잉되는 이러한 경향 때문에 혼란을 받아왔다. 교육이 지위 체계에서 상징적 가치를 지니기 때문에 최대의 경제적인 생산성을 초과하는 과잉 교육상태를 만들어 내는 방식으로 사회적 이동을 위한 수단으로 활용되는 것 같다. 비록 이러한 잉여의 효과가 아직 체계적으로 분석되지 않고 있지만, 경제발달에 대한 불만 때문에 변화 과정을 가속화시키는 경향이 있을 수도 있다.

교육의 유형과 경제발전 농업과 산업 기술자들은 부족하고 반면에 사회과학이나 법률 분야에서 학위를 지닌 고등교육을 받은 사람들이 과잉되고 있다는 사실은 인력 전문가들로 하여금 전통적인 사회들에서 강조되던 유형의 교육에 대해 매우 비판적인 시각을 갖도록 했다. 그들의 가정은 적절한 수의 사람들이 각기 수준에 맞는 타당하고 적절한 교육을 이수하면 고용과 생산성이 최고 수준을 유지하게 된다는 것이다. 이것은 일반적으로 더 많은 직업 기술을 옹호하게 되고 비기술적인 분야에서 고등교육을 기피하는 경향을 파생시켰다. 또한 특수한 직업 기술 분야에서 교육된 사람들은 해당 분야에 취업이 될 것이라고 믿어져 왔다. 포스터(Foster, 1966)의 가나의 교육에 관한 연구는 이러한 가정에 폭넓은 의문을 제기했다. 그는 전문적인 직업 교육을 받은 사람들이 그들이 교육받은 분야에 취업하지 않고 있으며 사회적으로 더 수요가 많고 높은 보수가 주어지는 사무직이나 상업적인 직종에 고용되어 있다는 것을 발견했다. 학문 중심적인 교육을 받은 사람들도 다소간 더 유리한 조건으로 비슷한 직종에 고용되어 있는 경우가 많았다. 이런 사실 때문에 그러한 학문 중심적인 교육에 대한 수요가 증가했다. 인력수급계획 방법들과 마찬가지로 비용-효용 분석기법을 사용한 다른 연구들은 포스터가 발견한 사실을 더욱 공고히 해 온 것 같다(Bowman, 1966). 아르헨티나와 나이지리아 두 국가 모두에서는 직업기술교육이 개발에 기여하는 정도가 그 교육에 들어가는 비용에 상응하지 못하는 것으로 나타났다. 아마도 초등과 중등 수준에서의 일반적이고 비기술적인 교육이 인력수급계획론자들이 주창해 왔던 전문기술 분야에 대한 교육만큼이나 경제 발전에 기여할지도 모른다(Anderson & Bowman, 1967).

초점을 어디에 두든지 일정 수준을 넘어서는 경제 생산성을 위한 충분조건이 되지는 못하지만, 사회의 많은 구성원들이 초등교육을 받을 필요는 있는 것 같다. 그러나 생산성의 극대화를 위한 중등교육과 고등교육의 적절한 균형이 어떤 것인지는 아직 분명하지 않다.

어떤 유형의 교육은 사회변동을 촉진시키기보다는 현 상태의 유지 및 보존에 기여한다는 사실은 매우 타당성이 있어 보인다. 전통적인 형태로 소수의 제한적인 엘리트 집단에 대해 행해지는 여러 교육은 현 상태를 유지시키는 데 기여할 수 있다. 물론 이러한 교육의 결과 속에는 교육과정의 성격과 교사들의 특성도 포함된다.

지역사회에서 변화의 담당자로서 기능하도록 교육받았고 변화에 순응하는 행동과 태도를 보여 주는 교사들로 구성된 학교는 사회의 유지 보존에 익숙하도록 경향 지워진 교사들로 구성된 학교보다 더 많은 변화를 창출해 낼 수 있다고 추론하는 것은 상당히 그럴듯한 일이다. 어떤 사람들은 사전 교육의 양과 교사교육의 질이 학교가 사회변동에 기여하는 정도에 관련이 있을 것이라는 이론을 세우기도 했다. 그러나 아직 교사양성의 수준이나 유형이 사회변동과 관련되어 있다는 것을 알려 주는 아무런 결정적 증거도 없다.

교육과 근대화의 가치

근대 국가의 발달에서 교육의 역할은 사회의 경제적 · 사회적 제도뿐 아니라 개인의 행동, 태도, 가치를 포함한다. 앞부분에서 지적한 바와 같이 근대화 과정에 관심을 가진 여러 학자들은 개인의 태도와 가치의 중요성을 인식하고 있다. 근대화된 사람을 특징짓는 개인적 자질의 정확한 본성은 아직 충분히 확인되지 않았다. 그러나 잉클레스(Inkles, 1969: 210)는 근대화된 사람의 이론적 개념에 들어맞는 일련의 개인적 자질들과 그러한 특성을 지니고 있는 전형적인 사람들을 여러 나라에서 확인했다.

이들의 주요 특성으로는

- 새로운 행동 방식과 새로운 경험에 대한 개방성
- 전통적인 권위를 갖는 인물로부터 독립성을 가지고 지도자들에 대한 존경심에서 이탈할 가능성
- 과학과 의학의 효용성에 대한 신념, 수동성과 운명주의를 떨쳐 버리는 일반적 경향
- 자신과 자녀들에 대한 높은 포부
- 정확한 시간 관념, 신중한 계획성
- 공공 정책에 관한 강한 관심과 능동적 참여
- 국가적이고 국제적인 소식을 선호함 등이다.

현대인의 개인적 특징은 현대사회의 특징들과 관련되어 있음이 분명하다. 비록 여러 사회과학자들이 사회의 다양한 측면을 강조해 왔지만 그것들은 분명히 사회 내의 사람들이 지니는 태도, 가치 그리고 행동과 상호 관련이 있다.

교육이 근대화에 필수적인 개인적 태도와 가치를 어느 정도까지 산출해 내는가 하는 점에 관심을 기울일 필요가 있다. 일반적으로 교육은 경험에 대한 개방

성, 변화, 진보, 전통적인 가족과 부락의 연결 고리로부터 독립할 가능성에 대한 신념 등과 같은 근대적인 태도들을 파생시키는 효과를 지니고 있다고 자주 추측되어 왔다. 그러한 태도들에 관계된 실질적인 교육의 효과에 관하여 제한적인 증거들이 있다. 이러한 관계들에 관련하여 교육계획에서 활용되는 한 가지 가설은 서로 다른 형태의 교육은 그러한 태도와 가치들에 대해 서로 다른 영향을 미친다는 것이다. 전통적인 신념과 태도를 영속화하기 위해 고안된 교육 프로그램들은 근대적인 사회를 창출해 낼 수 없다. 이와 대조적으로 많은 사람들은 근대 서구사회의 특성을 지닌 교육이 근대적인 사회를 창출해 낼 것이라는 가정을 해 왔다. 또한 어떤 종교적 가치, 태도 혹은 행동양식은 다른 것들보다 더 변화에 순응적일 것이라고 가정하기도 했다.

지금까지 얻어진 유용한 연구결과들을 보면 개발도상국에서 적어도 몇몇 형태의 교육은 가치, 태도 그리고 개인의 신념과 관련이 있다. 한 사회가 근대적 형태의 사회로 발달하기 위해서는 사회적인 제도와 조직은 물론이고 학생들의 개인적 태도, 가치 그리고 행동까지 변화하는 것이 필수적인 것처럼 보인다. 비록 한정적이기는 하지만 우리가 얻을 수 있는 자료들을 개괄해 보면 교육은 특정 조건하에서는 그러한 유형의 변화, 즉 근대적 형태의 사회로 변화하는 것에 공헌한다는 것을 암시한다. 그러한 변화를 위해 필요한 특정형태의 교육은 사회와 시대에 따라 달라질 수 있다. 그러나 교육은 현 상태를 지속시키기 위해 설계될 수도 있으며 사람들로 하여금 근대 사회를 지향하도록 하는 것과 마찬가지로 전통적 사회를 지향하도록 만들 수도 있는 것이다.

근대화에 관한 개념이 서로 다른 경제적 · 사회적 조건을 갖고 있는 다양한 사회들로부터 유도된 것이라는 사실을 간과해서는 안 된다. 만약 아시아와 아프리카의 국가들이 지금까지도 유럽과 미대륙의 국가들과 완전히 고립되어 있는 상태라면, 근대화에 관한 모든 주제는 부적절한 것이 되어 버릴 것이다. 사회변동의 과정에서 지식의 전파가 중요한 역할을 한다는 것은 잘 알려져 있다. 분명히 교육은 이러한 전파의 과정에서 중요한 역할을 한다. 문자 해독 능력은 모든 문화권 내에서 지식을 전파시키는 기초를 제공한다는 가장 중요한 의미를 갖는다. 인쇄매체 이외의 매체도 물론 점점 더 중요성을 더해 가고 있다. 그러나 한 사회에서의 교육의 수준은 외부의 문화가 그 사회로 전파되는 정도와 밀접한 관계를 갖는다.

서로 다른 문화권 사이에서의 전파를 고려할 때 가장 중요하게 생각해야 될 것은 외국에 관한 교육과 교육받은 사람들의 상호 교환이다. 많은 사회들에서 다른 나라로 고등교육을 시키기 위해 많은 사람들을 파견하였다. 이것은 전문직업 분야와 다른 분야들에 고등교육을 받은 사람들을 수급시켜 주는 데 공헌하고 또 의심할 바 없이 근대화 과정에 기여하였다. 외국의 대학에서 교육받은 사람들은 기술이나 과학 또는 농업에 관한 특별한 능력 이상의 것을 습득한다. 그러한 사람들은 또한 다른 문화에 대한 지식을 습득하고 그들 본국의 변화 과정에 공헌할 수 있는 많은 새로운 신념과 태도를 지니고 귀국한다.

근대화되기를 원하는 나라들은 또한 근대적인 경제 · 사회 체제를 개발하기 위해서 더 산업화된 사회들로부터 교육자들을 자주 불러들여 왔다. 신속한 수송과 커뮤니케이션 체제와도 관련이 있는 이러한 사람들의 교환 현상은 세계 전역에 걸친 지식과 문화의 전파를 현저하게 촉진시켰다.

4. 정보사회*

20세기를 마감하면서 21세기에 대한 기대가 엄청난 사회적 파장을 몰고 왔다. 정보통신기술의 발달과 인터넷의 태동으로 인한 지식의 급속한 팽창과 그에 따른 사회의 급격한 변화가 이루어지고 있기 때문이다. 그러나 과거에도 사회는 끊임없이 변화되어 왔지만 그 속에서 살아가는 개인들이 그 변화의 기운과 흐름을 느끼지 못할 뿐이었다. 그럼에도 오늘날 사회의 변화에 개인들의 체감이 강하게

* 김종두(2003)의 『정보사회와 교육』

느껴지는 것은 속도가 빠른 반면에 적응은 힘들어지는 반대의 논리가 작용하기 때문이다. 과거에서는 하나를 배우면 배운 그 하나를 어디에 어떻게 적용할지에 대한 고민과 성찰이 필요했으나 오늘날은 하나를 배우면 또 다른 하나를 배워야 할 내용이 생긴다. 그 하나를 배우면 다른 또 하나를 배워야 할 내용이 기다리고 있다. 그만큼 지식의 팽창과 정보의 전달 속도가 빠르다는 것을 의미한다.

산업사회에서 정보사회로의 기대는 인류에게 엄청난 기대와 희망을 안겨 주었지만 그 속에서 생활해 가고 있는 개인들은 변화에 적응을 잘하는 사람이 있는가 하면 반대로 변화에 적응을 잘하지 못하는 사람도 있다. 이러한 현상으로 인해 사회는 항상 혼란하며, 갈등을 겪으면서 나아가게 된다. 그동안 인류에게서 있었던 세 차례에 걸친 커다란 격동기는 원시사회에서 농경사회로, 농경사회에서 산업사회로, 산업사회에서 정보사회로 가는 변화의 시기라고 말할 수 있다. 이러한 격동기에는 언제나 사회에 적응하는 사람과 적응을 잘하지 못하는 사람 간의 갈등과 혼란이 강하게 발생하였다. 현재 진행되고 있는 산업사회에서 정보사회로의 변화는 현재를 살아가는 우리에게 매우 중요한 시사점과 삶의 방향을 제시해 준다고 할 수 있으며, 그 변화에 대한 흐름과 의미를 살펴보는 것은 매우 의의 있는 일이 될 것이다.

정보사회의 개념과 관점

정보사회의 개념을 최초로 논한 학자는 1962년 미국의 경제학자인 맥럽(F. Machlup)으로, 지식산업이 주가 되는 '지식사회'를 예견한 이래 1976년 칸(H. Kahn)은 미래 사회를 고도산업사회가 발전하여 대량소비사회가 될 것이라고 예측하였다(신윤식 외, 1993: 29-30).

이러한 정보사회를 보는 시각은 크게 두 갈래 형태로 나타나고 있다. 하나는 이전의 산업사회와는 전혀 다른 새로운 유형의 사회로 보려는 시각과 다른 하나는 자본주의적 산업사회의 연장선 위에서 파악하려는 시각이 그것이다.

먼저 정보사회의 역사적 위상에 대한 간단한 표현은 디자드(Dizard, 1982)의 농경사회-산업사회-정보사회의 분류 틀에서 발견할 수 있다. 그리고 이러한 착상은 다시 토플러(A. Toffler)의 『제3의 물결』에서 보다 자세한 진술의 형태로 확인된다. 토플러의 논지를 간략히 정리해 보면 다음과 같다(Toffler, 1980; 김원동, 1997). 토플러에 의하면 인류는 지금까지 두 차례의 대변혁 물결을 경험한 바 있고, 지금 또 하나의 새로운 물결을 맞고 있다. 약 1만 년 전 '농업혁명'과 더불어 나타나 수천 년 동안 '농업문명'을 일구어 온 제1의 물결, 18세기경에 시작된 '산업혁명'과 함께 출현하여 '산업문명'을 연 300여 년의 역사를 지닌 제2의 물결, 그리고 정보나 지식 등에 기초하여 범세계적으로 역사성의 일대 약진을 이룰 단계에 와 있는 정보통신기술의 비약적 발전을 통한 새로운 '제3의 물결 문명'이 그것이다. 이들 세 물결 중 제1의 물결은 17세기 말까지도 그 명맥을 유지했으나 지금은 그 힘이 대체로 소진된 상태이고, 제2의 물결의 힘은 산업화의 활기가 아직 남아 있기 때문에 완전히 소멸되지는 않은 실정이다. 이런 가운데 제3의 물결이 지구 위에 몰려와 모든 것을 변혁시키는 과정이 시작되고 있다는 것이다.

제1의 물결의 농업혁명을 옹호하는 세력과 피비린내 나는 장기적인 전쟁을 치르면서 마침내 20세기 중반에 패권을 차지한 제2의 물결의 산업문명은 생산과 소비의 분열에 기초하여 표준화, 전문화, 동시화, 집중화, 극대화, 중앙집권화의 여섯 가지 원리를 구현해 왔다. 그에 따라 화석 연료, 공장에서의 대량생산, 대량유통, 대량판매, 핵가족, 공장형 학교제도(대중교육), 대기업(주식회사), 대중매체, 시간과 공간 개념의 직선화, 대의정치 제도, 민족국가 등에 의존하는 산업문명이 자리를 잡았었다. 그런데 지금은 또다른 새로운 물결이 무섭게 밀려오고 있다는 것이다. 매체의 탈대중화, 탈대량생산, 의사결정의 탈중앙집권화, 가족의 탈대중화(핵가족을 대신하는 다양한 새로운 가족제도의 등장), 다목적기업화, 시간의 탈대중화, 노동의 탈동시화, 정치와 문화의 탈표준화, 생산소비자의 출현, 초국가적 조직망의 확산과 민족국가의 위축 등으로 나타나고 있는 제3의 물결이다.

제3의 물결 문명에서 가장 기본적인 원료는 상상력을 포함한 정보임을 강조하는 토플러는 제3의 물결이 그런 정보의 흐름을 가속화하는 데 그치지 않고 우리의 일상행동을 좌우하는 정보의 구조 자체를 변혁시킨다는 점을 환기시킨다. 제2의 물결 시대에 '표준화된 이미지'를 계속 공급하여 '대중정신'을 만들어 냈던 대중매체가 퇴각하고 제3의 물결과 함께 탈대중화 매체가 밀려오고 있다는 것이다. 말하자면, 소량 부수 발행의 주간지, 테니스·스키·바둑·낚시와 같은 전문적인 미니 잡지, 유선 TV, 비디오 게임 등의 등장에 따라 이른바 '탈대중화 매체의 시대'가 열리기 시작한다는 것인데, 이는 자연히 인간정신과 문명의 정보사회에서 개인과 조직체들이 탈대중화 매체를 통해 보다 더 많은 정보를 공급받을 뿐만 아니라 '컴퓨터'라는 전혀 새로운 커뮤니케이션 등(정보영역)을 첨가하고 있다는 점에도 주목한다. 제2의 물결 문명의 사회적 기억장치인 책이나 신문, 사진, 영화 필름 등에 비해 컴퓨터는 우리 사회의 기억을 크게 확장시키기 때문에 제3의 물결 문명의 정보사회는 자신에 관해 많은 정보와 정밀하게 조직된 정보를 갖게 되리라는 것이다.

토플러는 제3의 물결 문명의 '정보사회적' 측면을 컴퓨터와 원격통신을 매개로 한 '재택근무체제(electronic cottage)'의 촉진 경향과 '통신공동체(telecommunity)'의 조성 필요성에서도 이를 발견해 냈다. 이를 테면, 통근 비용의 급상승에 반해 원격통신 비용의 저렴화가 진척될 경우 직접적인 대인접촉을 별로 필요하지 않는 직업들은 재택근무로 전환될 수 있으리라는 것이다.

뿐만 아니라 정보사회가 가져올 변화가 어떤 측면에서 어떻게 이루어질 것인지에 대해서 토플러(1990)는 신용카드, 비디오게임, 은행의 컴퓨터화, 전자주택, 생산과 소비가 결합된 프로슈머(prosumer) 등의 등장과 기존 질서의 붕괴가 바로 그것이라는 것이다. 여기서 말하는 기존질서란 산업사회로 구분되는 '제2의 물결'을 움직이는 여섯 가지 원칙 또는 원동력인 규격화·전문화·동시화·집중화·극대화·중앙집권화를 일컫는다. 토플러는 '제2의 물결'이 매스(mass)로 총칭되는 대량화라면, '제3의 물결'을 특징짓는 것은 탈대량화라고 말했다. 이에 따라 '제2의 물결'을 움직인 여섯 개의 원칙이 탈규격화·탈전문화·탈동시화·탈집중화·탈극대화·탈중앙집권화 등으로 대체된다는 것이다.

이에 반해 후기산업사회론의 틀에 근거하여 정보사회론을 전개하는 벨(D. Bell)의 정보사회론을 살펴보면 다음과 같다(정보사회학회, 2001: 70-74).

벨은 『후기산업사회의 도래(The Coming of Post-Industrial Society)』에서 '분석적 목적'으로 사회를 '전(前) 산업사회' '산업사회' 및 '후기산업사회'의 세 가지 이념형의 개념으로 유형화하였고, 그 중 후기산업사회의 주요 특징을 다음과 같이 정리하고 있다. 첫째, 산업사회에서 자본과 동력이 전략적 자원으로 변모해 왔던 것처럼, 후기산업사회는 지식과 정보가 전략적으로 중시되고 사회적 자원으로 변화되어 가는 사회다. 다시 말해서, 종래의 '기계 기술'보다는 정보에 기초한 새로운 '지적 기술'과 '이론적 지식'이 더 중시되는 사회가 후기산업사회인 것이다. 둘째, 과학과 기술의 변화로 인한 이론적 지식과 정보에 토대를 두고 있다는 점에서 후기산업사회는 이를 생산하는 대학이나 학회, 연구소 등과 같은 각종 연구기관들이 핵심적인 사회제도로 떠오르고 있는 사회다. 셋째, 산업사회가 '재화 중심의 사회'인데 반해 후기산업사회는 '기술혁신'으로 인한 '서비스 생산 중심의 사회'이며, 따라서 '인간 상호 간의 게임'이 주가 되는 사회라고 할 수 있다. 넷째, 이전 사회의 서비스와는 근본적으로 다른 서비스를 생산하는 사회가 후기산업사회다. 말하자면, 가내 서비스나 상품생산을 보조하는 산업사회에서의 서비스와는 달리, 후기산업사회에서 새롭게 부각되고 중시되는 서비스는 일정 수준의 교육과정을 이수한 사람들에 의해 의료계, 교육계, 산업사회계 등에서 제공되는 시비스와 고도의 기술을 보유하고 스스로 업무기획을 담당하는 디자이너, 기사, 건축가, 시스템 분석가, 연구 개발가 등에 의한 서비스라는 특징을 지닌다고 하였다(Kumer, 1995; 1997).

한 사회가 정보화 사회*로 나아간다는 것은 그 사회를 구성하는 정치, 경제, 문

* 정보화 사회(informatization society)란 컴퓨터 및 각종 커뮤니케이션 미디어, 정보기술의 발달과 확산에 의하여 정보 유통량이 팽창하고, 이를 효율적으로 처리 분배할 수 있는 기술이 고도화됨으로써 경제적으로나 사회적으로 정보의 가치가 높아지는 사회를 뜻한다. 즉, 일상생활의 과정에서 사회 구성원들이 정보의 가치 및 중요성에 대한 인식이 점차 증가되는 사회를 일컫는다. 다시 말하면, 정보사회로 향한 진행과정에 있는 사회를 지칭한다.

화 등 모든 분야에서 정보가 기여하는 역할이 크게 증대되고, 물질이나 에너지 중심에서 정보 중심 사회로 전환되어 간다는 것을 의미한다. 이와 같이 사회의 모든 분야에서 그리고 구성원들의 인식에서 정보가 중심이 되어 가는 과도기적 상태를 정보화 사회라고 하며, 이러한 정보의 가치 및 중요성에 대한 인식과 같은 정보화 사회의 특징들이 일상생활이며 사회 구성원들 사이에 일반화된 사회를 정보사회라고 할 수 있다. 다시 말하면, 정보사회*는 정보화 사회의 종착점이 되는 사회를 지칭한다. 현대사회는 정보기술의 발달로 인해 인간 생활의 모든 부분을 사회의 역동성(dynamics)에 적용할 수 있는 이론과 방법론에 대한 연구가 중요하게 부각되고 있다. 이것은 모두 인간 생활에서 정보의 활용과 응용이 중시되어 가는 과정이라고 볼 수 있다.

이러한 사회 전반적인 변화에서 볼 때, 미국 MIT대학의 듀로우(L. Thurow)교수가 21세기의 유일하면서도 지속적인 경쟁우위는 "교육받은 인력(educated workforce)이다"라고 지적한 바와 같이 새로운 경제의 주된 요소는 '지적 자본', 즉 기술, 지식, 정보(허운나, 김영옥, 1998: 63)라고 해도 과언은 아닐 것이다. 또한 이러한 정보화 사회로의 진행은 거역할 수 없는 시대적 흐름으로 인식되고 있다. 정보화 사회에 대해 학자들의 다양한 견해를 살펴보면, 벨은 『후기산업사회의 도래』에서 그 특징을 다섯 가지로 요약하고 있다.

- 경제영역: 상품생산경제에서 서비스경제로 전환
- 직업구조: 전문직 · 기술직의 급속한 증가
- 기본원리: 사회혁신과 정책결정의 원천으로서 이론적 지식 중시
- 미래지향: 기술의 창조, 관리, 계획 등 일련의 기술통제 강화

* 정보사회(information society)란 정보화 사회의 진행이 일반화된 사회, 즉 정보 유통량이 팽창함에 따라 이를 효율적으로 처리 분배할 수 있는 기술이 고도화되고, 경제적으로나 사회적으로 정보의 가치가 커지게 되어 산업사회의 패러다임과는 전혀 다른 새로운 패러다임이 형성된 사회를 지칭한다. 즉, 일상생활의 과정에서 사회를 구성하는 구성원들에게 있어 정보의 가치 및 중요성에 대한 인식이 일반화된 사회를 말한다. 다시 말하면, 정보화 사회의 종착점이 되는 사회를 말한다.

- 의사결정: 정보이론, 인공두뇌학, 게임이론 등 고도의 연산, 확률, 논리, 수리, 통계에 기반을 둔 새로운 지적 기술의 창조(Bell, 1973; 배규한, 1998: 136).

이러한 후기산업사회의 변화에 대한 전망이 제시된 이래 후기산업사회 또는 정보화 사회에 대한 논의들이 엄청나게 쏟아져 나왔으며 이들 논의들마다 그 시각과 기준에 따라서 다양한 개념들이 제시되었다. 다양한 시각에서 나타난 정보사회의 네 가지 관점을 제시하면 다음과 같다.

■ 기술공학적 관점

기술공학적 관점에서 정보사회를 설명하는 데에는 기술혁신이 강조되는 경향이 강하다. 이는 기술혁신이 정보사회의 기반이 되기 때문이라고 볼 수 있다. 정보통신기술을 기반으로 정보유통의 양과 속도의 증가로 얻어지는 '시공축약(time-space compression)' 은 산업사회에서는 불가능했던 많은 일들을 가능하게 할 뿐만 아니라 화상회의나 전자메일 등이 실시간에 이루어지고 있다. 이러한 현실을 바탕으로 기술공학적 발전을 강조하는 학자들은 정보화 사회의 미래에 대해 낙관적인 시각을 가지고 있다. 이에 대해 많은 학자들은 정보사회를 디지털 네트워크(digital network)의 확산을 기반으로 사회의 모든 부분이 거미줄처럼 연결될 것이라고 전망한다. 이러한 디지털 네트워크 기술 발달은 생산성 향상, 근로시간의 감소, 여가시간의 증대 등 삶의 총체적인 부분에서 혁신적인 변화를 가져다 줄 것으로 본다. 컴퓨터에 의한 정보 처리, 디지털 압축기술에 의한 획기적인 저장과 전송기술의 발전은 불과 몇 년 전에 전망했던 발전의 속도를 넘어 비약적으로 성장하고 있으며, 미래에는 사회의 거의 모든 부분에서 정보기술이 활용되고, 모든 사회는 상호 연결(network) 된다는 것이다. 종합정보통신망(Integrated Services Digital Network: ISDN)이 확산되면 산업사회에서 철도나 도로가 했던 역할과 같이 이것이 정보사회의 하부구조(infrastructure)를 제공한다는 것이다. 이에 대해 네이스빗(J. Naisbitt)은 '산업혁명에 대한 기계화의 역할과 정보시대에 대한 컴퓨터 기술의 역할은 같다' (Naisbitt, 1984: 28; 김희진 외, 1999: 38-39)고 보는 입장을 취하면서 기술공학적 입장을 옹호하였다. 그리고 웹스터(Webster, 1995: 28-53)는 기술적 정의에서 정보처리, 정보저장, 정보전송 등의 정보기술이 사회의 새로운 질서를 유도하는 사회를 정보화 사회라고 정의하였다.

그러나 기술공학적 측면을 강조하는 입장은 한 사회가 정보사회로 변화하기 위해서는 어느 정도의 기술축적이 필요하며, 실제로 어느 정도의 기술이 축적되어 존재하는지, 이 기술들이 정보화 사회에서 정보사회로 변화되는 데 얼마나 기여하는지에 대해 실질적으로 검증할 수 있는 척도는 제시하지 못하고 있다.

■ 경제학적 관점

정보사회에 대한 경제학적 정의에서 웹스터(Webster, 1995)는 정보관련 산업이 국민총생산에서 50%의 비중을 차지하는 사회를 말한다고 하였다. 이는 결국 정보를 재화 또는 상품으로 간주하는 사회의 도래를 의미한다.

경제구조적 측면에서는 산업사회에서 정보사회로의 이행은 한 사회의 경제적 성격에 의해서 결정된다는 가정에 기초하고 있다. 특히 정보를 여타의 서비스 부문과 구분되는 독자적인 경제영역으로 간주하고, 정보나 지식의 생산과 분배 정도에 따라 정보사회의 진전 정도를 평가한다.

정보사회의 존재 혹은 성숙의 정도를 정보관련 산업의 성장과 규모로 파악하려는 경제학적 접근법의 창시자 맥럽(F. Machlup)은 정보관련 산업을 50개 하위영역으로 분화되는 5개의 大산업군(교육, 통신매체, 정보기기, 정보서비스, 기타 정보활동)으로 나누고, 그 영역의 경제적 가치가 GNP에서 차지하는 정도를 산출하였다. 이러한 접근을 시도하는 또다른 대표적인 인물로는 드러커(P. Drucker), 포렛(M. Porat) 등을 들 수 있는데, 특히 포렛은 맥럽의 접근법이 다른 산업의 내부에 포함되어 잘 드러나지 않는 지식산업 부분을 계산하기 위하여 1차 정보 부문, 2차 정보 부문, 비정보 부문의 세 부문으로 나누었다. 그리하여 맥럽의 연구에서는 미국 GNP 중 지식산업의 비중이 29%(Machlup, 1958)로 나타났으며, 20년 후의 포렛의 연구에서는 46%(Porat, 1977)로 나타나 이 연구들이 정보의 경제적 중요성을 확인시켜 주는 역할을 했다고 할 수 있다(김희진 외, 1999: 39-40).

오브리엔(O'Brien, 1986)은 정보사회를 '경제활동의 영역이 상품 제조에서 정보와 지식을 제조하는 영역으로 이동하고, 전문화된 정보와 새로운 테크놀로지의 효율적 이용에 관한 분야가 각광을 받는 사회' 로 정의하고 있다. 한편, 포렛(Porat, 1977), 존셔(Jonscher, 1983), 오히라(Ohira, 1987) 등은 국민 계정에서 차지하는 정보산업의 비중이나 전체 노동 인구 중 정보상품의 생산 · 처리 · 분배 · 전달에 종사하는 노동력의 비중 등을 통하여 정보사회로의 변화를 보여 주려 하였다.

그러나 이들은 정보사회를 향한 총체적 변화 현상을 주목하기보다는 경제적 측면에만 초점을 맞추는 경향이 강하며, 미래의 빠른 성장 속도를 예측하지 못하고 있다. 뿐만 아니라 사회의 변화를 사회적 패러다임의 변화로 보지 못하고 경제 성장의 단계로 이해하여 너무 단편적인 시각으로 본다는 문제점을 가지고 있다.

또한 소비에 강조를 두는 정보소비적 측면은 정보재화(information goods)와 서비스의 유통에 초점을 둔다. 이 관점에서 전석호(1997: 29)는 정보사회를 '특정사회 내에서 정보 유통량이 팽창함에 따라 그 정보를 효율적으로 처리 · 전달할 수 있는 정보기술의 고도화가 불가피해지며, 이에 따라 정보의 사회 · 경제적 가치가 높게 부여되는 사회' 로 정의하고 있다. 마수다(Masuda, 1981) 역시 '물질가치가 아닌 정보가치의 생산이 사회의 형성과 발전의 원동력이 되는 사회' 를 정보사회로 정의하고 있다. 윌호잇(Wilhoit, 1981)은 '저장과 유통에 있어서 풍부한 정보의 균형, 그리고 사회의 모든 구성원에게 용이한 정보의 접근이 특징이 되는 사회' 로 정의하고 있다.

그러나 이들 정의는 정보기술의 성장 속도가 빨라짐으로 인해 생활 속에서 정보가 대량으로 유통되면서 다방면에 커다란 영향을 미친다고 보고 있지만, 이러한 정보와 정보기술의 생산 · 유통의 확대가 어떠한 사회적 귀결을 가져오는지에 대한 사회 변화의 안목을 담아내지 못한다는 단점이 있다. 특히, 이러한 현상이 왜 일어나며, 어떤 원리에 따라 정보 흐름이 규정되는가 하는 점도 알기 어렵다는 문제가 제기된다.

■ 사회학적 관점

정보사회에 대한 사회학적 관점은 정보사회의 토대가 컴퓨터 기술이나 첨단 정보통신기술의 영향력을 인정하면서도, 그러한 기술적 특성이 야기할 사회적 변화의 흐름에 주목한다. 그러나 정보가 사회에 주는 영향에 대해서는 비관론과 낙관론의 입장에서 제기되고 있다.

• 비관적 관점

정보사회에 대한 비관론적 관점은 정보 테크놀로지의 도입으로 인한 사회적 혜택이 누구에게 돌아가는가에 논의의 초점을 맞추고 있다. 이 관점은 기술 그 자체를 특정 사회의 정치 · 문화적 산물이자 권력의 이익에 봉사한다는 것으로 파악하고 있다. 따라서 이들의 주된 관심은 기술발전 그 자체에 있다기보다는 그러한 기술발전이 정치적 권력과 자본의 힘을 집중시키는 데 기여함으로써 정치 · 사회 · 경제적 지배력을 강화하는 데 이용된다는 입장을 취한다.

뿐만 아니라 기술은 항상 나쁜 의도를 가진 사람들에 의해 악용될 수 있으며, 이 경우 미래의 기술의존적 사회는 소수의 몇몇 사람으로 인해 엄청난 재앙에 직면할 가능성이 있다는 것이다. 또한 정보사회의 성격으로 '테크놀로지에 대한 비용을 지불할 수 있는 거대 기업' 이 막강한 힘을 지니게 될 것을 지적한다. 즉, 정보사회에서는 대규모의 실업, 탈숙련화로 인한 노동자 계급의 세력 약화, 정부와 다국적 기업의 지배가 제도화될 것이라는 것이다. 한 예로 미국에서 불평등이 제도화되는 역사적 맥락을 고찰한 스미스(Smith, 1972)는 정보사회라는 용어 자체가 정보 하드웨어와 소프트웨어를 판매하기 위해 고안된 수사에 불과하며, 정보의 부익부 빈익빈 현상은 더욱 커질 것이라고 주장한 바 있다. 이외에도 기술의 통제권은 권력이나 부를 소유한 사람들의 손에 쥐어지게 되고, 그들은 권력과 부를 확대 재생산하는 방향으로 사용하게 될 것이므로 사회정의를 실현할 수 있는 분배

체제의 평등화 실현에는 도움이 되지 않는다는 것이다. 또 개인 프라이버시의 침해, 정보통제와 컴퓨터 범죄 등 정보화 사회에서 발생하는 특수한 사회문제 등을 보더라도 정보사회에서는 오히려 산업사회보다 더 심한 불안과 소외감에 빠질 가능성이 있다고 주장하였다.

비관론적 견해에서는 기본적으로 정보사회를 너무 미래 사회에 대한 디스토피아로 그리고 있다고 주장한다. 정보사회는 통신기술의 발달로 인하여 정보가 집중됨으로써 개인의 관리와 통제가 용이해진다는 것이다. 따라서 인간의 삶이 오히려 질적으로 프라이버시를 침해받는 전자감시사회를 촉진하게 된다는 것이다. 또한 개인 간의 정보 격차를 유발하게 됨으로써 새로운 불평등을 확대 재생산하며, 실업문제, 인간성의 획일화, 인간소외 등을 낳을 수 있다는 것이다(이옥화 · 천세영, 1996).

비관적 관점의 가장 큰 기여는 새로운 정보기술의 확산에 따른 사회적 역기능에 대해 신랄하게 문제제기를 했다는 점이다. 따라서 비관적 관점의 정보사회에 대한 비판은 그 자체가 정보사회의 부정적 측면에 대한 비판일 수도 있지만, 다른 한편으로는 정보사회에서 예상되는 부정적 사회문제를 사전에 감지하여 그 대응책을 모색함으로써 미래 정보사회의 보다 긍정적인 미래상을 적극적으로 만들어 나갈 수 있는 여지를 제공한다는 점에서 의의가 있다.

• **낙관적 관점**

낙관적 관점은 정보사회를 기술적 발전이나 사회경제적 구조변화의 특정한 측면만을 고려하지 않고 다차원적인 관점에서 고려하는 경향이 있다. 그리하여 많은 사람들이 정보사회가 가져다줄 장밋빛 미래를 그려 내고 있다. 재택근무, 홈쇼핑, 원격교육, 원격진료, 화상전화 등 일상생활에서부터 산업 및 행정 · 정책에 이르기까지 정보통신기술 덕분에 산업사회의 불안하고 힘든 상황에서 벗어나 안락한 삶을 영위할 수 있을 것으로 기대한다. 정보교류의 활성화와 지구촌 사회의 형성으로 독재체제나 이데올로기의 사상적 통제도 불가능해지며, 민주화와 자유화를 통한 인간생활의 평화가 촉진될 것으로 인식하는 것이다.

그동안 산업사회의 원리가 표준화, 분업화, 중앙집권화라고 한다면, 정보사회의 원리는 표준화 대신에 다양화의 원리가, 분업화 대신에 통합화의 원리가 그리고 중앙집권화 대신에 분권화의 원리가 지배할 것이라는 전망이다. 정보기기의 발전에 힘입은 정보사회는 누구나 쉽게 정보에 접근할 수 있으며, 정보를 공유할 수 있다는 점에서 정보 공유의 불평등을 해소시키고 과거 수직적 사회체계를 수평적인 사회체계로 변화시켰다고 볼 수 있으며, 사회적으로는 전자민주주의(Teledemocracy)를 가능하게 할 것이며, 모든 면에서 분산화가 촉진되어 개인의 창의성과 개성이 발휘되며 정신적 여유를 통한 여가생활의 확대를 통한 삶의 질적 향상이 이루어진다는 것이다.

스토니어(Stonier, 1983: 202)는 "후기산업사회에서 인간의 삶은 보다 풍요로워지고, 자원도 풍부해지고, 무력에 호소할 가능성이 적어질 뿐만 아니라 더욱 민주화될 가능성이 많아진다" 고 주장하였다.

벨(Bell, 1973)은 현대사회를 정보사회라는 용어보다는 '후기산업사회(post-industrial society)' 라는 개념으로 해석하면서, 후기산업사회를 사회 변화의 연속적인 단계의 하나로 보고 있다. 후기산업사회에서 중심 자원은 정보와 지식이며, 이것이 산업사회에서 후기산업사회로 이전되는 데 크게 기여하였다는 것이다. 그중에서도 핵심적인 역할을 한 것은 과학적 지식과 공학기술의 결합을 기반으로 하는 정보통신기술이라고 규정함으로써 후기산업사회의 실체가 정보사회라는데 공감하며, 이러한 정보사회로의 변화는 인간의 의지에 달린 것으로 미래의 사회 변화 방향을 보고 있다.

마수다(Masuda, 1981)는 산업사회의 테크놀로지, 사회경제적 구조, 가치관 등을 새로운 사회와 비교함으로써 정보사회에 대한 다차원적 접근을 시도하였다. 그는 정보사회의 미래에 대해 매우 낙관적인 견해를 피력하고 있으며, 그 근거를 다음과 같이 들고 있다. 첫째, 정보사회에서는 경쟁과 축적으로 대표되는 산업사회의 논리와는 달리 '공동 상승작용과 사회적 이익의 원칙' 에 의거하여 사회의 공공선(public good)이 극대화될 것이라는 점, 둘째 정치적 수용으로 인해 과거 시민운동으로 성립된 의회민주주의와 물질만능주의를 넘어서는 참여민주주의가 실현될 것이라는 점을 들고 있다.

뿐만 아니라 토플러의 『제3의 물결(The Third Wave)』을 비롯하여 네이스빗(J. Naisbitt)의 『거대한 조류(Megatrend)』, 보드리야르(J. Baudrillard)나 포스터(M. Poster)의 포스트-모더니즘(post-modernism), 피오레(M. Piore)와 세이블(C. Sabel)의 유연전문화론(flexible specialization), 카스텔(M. Castells)의 정보적 발전양식론(informational mode for development) (김희진 외, 1999: 45; 정보사회학회, 2001: 66-67) 등은 사회의 기본적 원리가 바뀐다는 점을 강조하고 있다. 이들이 사용하는 용어는 정보사회의 특징들을 포괄적으로 함의하고 있으며, 정보사회로의 이행을 낙관적으로 보고 있다. 이러한 낙관론의 근거로 첫째, 정보재화의 특성상 환경과 에너지라는 산업사회의 근본문제를 해결해 준다는 점, 둘째 다른 재화보다 더 높은 부가가치를 생산해 낼 수 있다는 점, 셋째 기술의 발달로 인해 지속적인 비용의 감소를 가져온다는 점 등을 들 수 있다(한국전산원, 1995: 81).

그러나 정보화 사회로의 변화가 어떠한 동인(動因)에 의해 일어나며, 특히 사회적 가치의 배분 과정이 어떻게 변화되는 것인지에 대해서는 별로 말해 주는 것이 없다는 문제점을 가지고 있다.

■ 문화적 관점

정보사회에 대한 문화적 관점은 커뮤니케이션 미디어의 폭발적인 증가로 인해 증폭된 정보의 양과 관련이 있다. 미디어를 통해서 전달되는 정보와 더불어 우리가 자신의 이미지에 대응하는 방식, 예를 들면 머리 모양, 의상, 화장 등에도 정보를 담고 있다는 것이다. 이 관점은 최근 들어 미디어를 통해 전달되는 다양한 생활양식에 대한 이미지의 제공으로 개인의 신체나 가구, 집과 같은 사적 영역도 상징적인 의미로 채우도록 강요당하고 있다고 본다. 유행에 따른 복장뿐만 아니라 가구나 침실에도 TV드라마, 광고, 책 등을 통해 받아들인 상징적 표현양식으로 의미화시키게 되었다. 정보사회로의 진입은 이러한 의미화의 폭발적인 증가로 인식되며, 시간과 장소를 불문하고 너무나 다양한 기호와 부딪히게 되기 때문에 더 이상의 기호들이 의미를 가지지 않는다고 보드리야르(J. Baudrillard)와 같은 포스트모더니즘(Post-Modernism) 학자들은 주장한다. 이전 사회에서 기호에 대응되어 공통으로 통용되던 의미는 사라지고 기호 자체만 존재한다는 것이다. 이들의 주장은 정보사회에 더 많은 양의 커뮤니케이션이 진행되고 있다는 것만을 주장하는 것이 아니라 포스트모던 문화는 그 이전과 결정적인 단절성을 가지고 있다(김희진 외, 1999: 43)고 주장한다.

또한 배규한(1998: 113-116)은 정보사회의 본질적 모습은 기술적 · 경제적 모습뿐만 아니라 새로운 사회 · 문화적 패러다임이 형성되었을 때 나타나게 된다고 주장하면서 정보축적, 정보유통, 정보이용의 물량이 사회적 수준에서 현저히 증가하여 정보의 사회화가 이루어지고, 정보문화가 형성되어 가치, 규범, 생활방식, 사회구조, 가족생활, 사회적 관계, 교육, 제도, 여가활동 등 사회의 모든 측면에서 변화가 이루어질 때 비로소 정보사회의 온전한 모습이 드러나게 될 것이라고 하면서 농경사회나 산업사회와 비교되는 개념으로 보고 있으며, 웹스터(Webster, 1995: 28-53)는 사회에 편재된 정보가 사람들의 삶의 방식을 일정한 방식으로 규정하고 있다고 주장하였다.

그러나 이 관점은 포스트모더니즘에서 주장하는 의미화나 상징적 상호작용에 대한 증대를 감각적으로는 인식할 수 있지만, 이들을 측정할 기준이 없는 상황에서 정보사회의 문화양식을 이해한다는 것은 불가능하다는 문제점을 명확하게 해결하지 못하고 있다.

이렇듯 정보사회의 개념은 학자에 따라 각기 다른 시각에서 다양하게 정의되고 있기 때문에 정보사회가 과연 무엇을 의미하는 것인지에 대한 통일된 입장은 없다고 하는 것이 정확할 것이다. 따라서 정보사회의 개념은 사회의 한 측면을 지칭하는 것이라기보다는 전체 사회의 특징을 드러내는 것으로 보는 것이 타당하다고 하겠다. 그 이유는 정보사회 개념 속에 내포된 범위가 너무 광범위하기 때문이다. 그러나 이러한 개념의 불명확성과 혼란스러운 상황 속에서도 현실 사회가 정보화 사회를 지나 정보사회로 들어서 이미 많은 변화를 가져오고 있다는 점은 부인할 수 없다.

따라서 다양한 관점의 개념을 종합하면, 정보사회란 정보통신기술의 혁신을 기반으로 사회 전 분야(정치, 경제, 사회, 문화 등)의 중심이 물질이나 에너지에서 정보로 전이(轉移)되어 사회 구성원들이 정보의 수집, 처리, 전달 및 활용에 있어서 정보통신기술의 사용이 자연스러워진 상태이며, 사회 구성원들이 생활 속에서 정보에 관련된 사항에서는 세대 간, 직업 간, 지역 간 갈등이 해소되어 모든 분야에서 정보가 널리 활용되는 것이 일반화된 사회로 정의할 수 있다.

정보사회의 특성

산업사회의 토대로 둘러싸인 울타리 속에서 변화되고 있는 정보사회의 특성을 미래학자인 네이스빗(Naisbitt, 1984)은 가까운 미래를 결정짓는 10가지 大동향(Megatrends)이라 하여 다음과 같이 전망하고 있다.

첫째, 산업사회에서 정보사회(Industrial Society → Information Society)

둘째, 기계적 기술사회에서 고도의 기술집약적 하이테크 사회(Forced Technology → High Tech/High Touch)

셋째, 국가적 경제사회에서 세계적 경제사회(National Economy → World Economy)

넷째, 단기계획 사회에서 장기계획 사회(Short Term → Long Term)

다섯째, 중앙집권적 관료주의 조직사회에서 지방분권적 자율사회(Centralization → Decentralization)

여섯째, 제도적 도움의 사회에서 자조독립의 정신에 기초한 사회(Institutional Help → Self Help)

일곱째, 대의민주주의 사회에서 참여민주주의 사회(Representative Democracy → Participatory Democracy)

여덟째, 계층사회에서 네트워크사회(Hierarchies → Networking)

아홉째, 경제에너지의 지역적 대이동(North → South)

열 번째, 양자택일 사회에서 다종선택 사회(Either/Or → Multiple Option)로의 변화가 이루어진다는 것 등이다(서문호 역, 1993; 이종각, 2000: 381에서 재인용).

벨도 사회의 유형을 전기산업사회, 산업사회, 후기산업사회로 나누고 산업사회가 물질적 생산, 에너지, 경험주의, 인간과 자연 사이의 게임 등을 특징으로 하고 있는 데 비하여 후기산업사회는 교통, 금융, 교육, 연구 등의 지식산업, 정보, 추상적 이론, 인간과 인간 사이의 게임 등을 특징으로 하고 있다고 말했다(신윤식 외, 1993: 41-42). 그 가운데 가장 중점을 두는 것은 상품생산경제에서 서비스 경제로의 변화 및 이에 수반해서 발생하는 기존 계급관계의 쇠퇴와 전문기술 집단의 대두다. 뿐만 아니라 미래 인류사회는 정보혁명을 통해 정보사회로 변화해 나갈 것으로 전망하면서 후기산업사회의 특징을 다음과 같이 제시한다.

첫째, 전자매체의 발달에 의한 정보혁명은 지역 간의 거리를 좁혀 지구촌의 시대를 열 것이며, 따라서 정보산업에 대한 관심이 높아질 것이다. 둘째, 이론적 지식은 후기산업사회를 특징짓는 가장 중요한 일이 될 것이다. 따라서 연구집약적인 지식산업, 서비스업, 교육기관, 매스커뮤니케이션에 산업인구의 집중화 경향이 나타날 것이다. 셋째, 전체 사회의 최적화를 구현하여 관리사회를 형성할 것이다. 즉, 효과성과 능률성을 중시한 산업사회의 관료주의의 조직이 무너지고, 관리사회 조직이 새로이 형성될 것이다. 사회 각 조직은 그룹화 · 네트워크화를 형성하게 될 것이며, 조직경영은 시스템 경영의 차원에서 이루어질 것이다. 넷째, 정보나 연구가 급속하게 진전됨에 따라 그 만큼 지식의 정보가 빨라져 새롭고 창조적인 활동을 가능하게 하는 정보에 대한 요구가 증대될 것이다(松石勝彦, 1994:

29-30).

이러한 학자들의 주장을 토대로 미래 정보사회의 특징을 폭넓게 요약하면 다음과 같다.

첫째, 정보의 엄청난 양적 확대가 이루어지고 있다는 것이다. 따라서 대부분의 국가에서 정보산업이 국가의 흥망성쇠를 좌우할 기반산업이 될 가능성이 크다. 정보의 생산처리기술이 엄청난 속도로 발달하고 있으며, 이에 따라 사회 구성원들의 정보서비스 활용이 급격하게 확대될 것이며, 이미 변화의 적응과정에 돌입하고 있음을 부인하기 어렵다. 이러한 정보화는 정보의 유통과 소비에 있어서도 근본적인 변화를 가져오고 있다. 은행에 가지 않으면 입출금이 어려웠던 과거에 비해 지금은 폰뱅킹(phone banking)이나 인터넷 뱅킹을 통하여 언제 어디서든 모든 은행과의 입출금이 자유롭게 되고 있다는 것이 그 예다.

둘째, 생산현장의 생산활동에서도 '일(work)' 의 의미와 성격에 대한 혁신을 가져올 것이다. 즉, 일의 성격이 변화됨으로써 근로자의 노동과정에서 창의력을 향상시키고 자율적 통제를 가능하게 해 주며, 일에 대한 의욕을 높여 준다는 것이다. 과거 산업사회에서는 생산의 도구인 기계에 대한 인간의 통제가 한정되어 있었으며, 생산과정에서 동료 간의 감정대립이 나타나는 등 인간 소외의 동기를 제공했던 것과는 달리 자발성이 중시되는 일의 의미로 변화된다는 것이다.

셋째, 조직기반에 대한 패러다임의 변화가 도래한다는 것이다. 산업사회의 조직기반이 정보사회의 조직기반으로 변화된다는 것이다. 사회는 성장을 목표로 움직이는 유기체와 같다. 따라서 사회의 지배적 조직원리는 사회 구성원들의 요구를 수용할 수밖에 없다는 것이다.

넷째, 인간 삶의 가치지향적 관점에서 볼 때, 편리성을 추구하는 인간의 욕구를 충족시켜 주는 방향으로 변화될 것이다. 인간의 삶은 정보를 중심으로 하는 일상적인 생활양식의 변화를 초래하게 되고, 따라서 산업사회에서 중시되어 왔던 가족공동체나 지역공동체 등에서 급격한 변화를 가져오게 될 것이다. 이는 인간의 삶을 더욱더 풍요롭게 만드는 원동력이 될 것이다.

다섯째, 삶의 질을 높이기 위한 여가시간에 대한 커다란 인식의 변화가 일어날 것이다. 산업사회에서는 여가시간을 축소하고 그 시간 동안 일을 하여 개인의 능력을 향상시키거나 좀 더 많은 경제적 부를 축적하기 위하여 노력해 왔다. 그러나 정보사회에서는 이러한 경향보다 여가시간을 즐기고, 그 시간 동안 새로운 아이디어를 발견해 내는 방향으로 인식의 전환을 가져올 것이며, 산업사회에서와 같은 경제적 부의 획득만이 삶의 최고의 가치라는 인식은 점차 줄어들게 될 것이다.

정보사회로의 변화가 필연적이라는 것에 대해서는 이미 많은 학자들이 수긍하고 있다. 따라서 사회제도 각 부문에 주의를 기울여야 한다. 이에 대한 몇 가지를 살펴보면, 첫째 급격한 기술의 변동으로 인한 문화지체 현상, 둘째 제도상의 변화에 대한 지체 현상, 셋째 사회 제도 및 조직구조의 불평등에 의한 또다른 불평등 양산이 초래하는 충격에 적응할 수 있도록 해야 한다.

지금까지 정보사회의 특징에 대하여 많은 학자들의 논의를 살펴본 결과 중복되는 부분이 많고, 특히 정보사회로의 속도가 가장 빠른 미국 사회를 중심으로 한 것이 대부분이다. 그러나 대부분의 국가들이 정보사회로의 시대적 흐름에 합류하기 위하여 다양한 노력을 기울이고 있다는 것을 인식할 때, 이 같은 논의는 국가 성장과 사회 발전을 위해 충분히 타산지석이 될 수 있을 것이다.

제4장

사회계층과 사회이동

I can not teach anybody anything, I can only make them think.

모든 사람에게 모든 것을 배워 주기보다는 그들을 생각하게 할 뿐이다.

〈Socrates〉

1. 사회계층의 개념
2. 사회계층의 본질
3. 사회계층의 결정요인과 문화특성
4. 사회이동

우리 사회에서는 사람을 여러 기준에 따라 구별하는 경우가 많다. 이것은 사람들의 연령, 성별, 능력, 직업 등 이른바 **사회적 차이**(social differentiation)에 따라 구분짓기도 하고, 또 한편으로는 사람들의 수입, 재산, 직업, 학력 등에서 고 · 하, 우 · 열의 순위로 종적인 구별을 하기도 한다. 어느 사회에서나 그 사회의 구성원들이 사회공간 속에서 갖게 되는 위치가 어떤 기준에 따라 하나의 서열을 이루고 있음을 볼 수 있는데, 우리는 이를 가리켜 **사회계층**(social stratification)이라 한다. 사회계층은 사회적 구분과는 달리 사람의 서열의 뜻을 내포하고 있으며, 어떻게 사람의 순위와 서열을 결정짓느냐 하는 문제는 한 사회가 갖는 가치 여하에 달려 있다.

인간 사회는 어떤 기준에 의해서든 여러 개의 층(strata)이 있게 마련이다. 일찍이 플라톤(Plato)은 인간은 태어날 때 **보호계층**(guardians), **보조계층**(auxiliaries), **노동자계층**(workers)의 어느 한 계층에 속한다고 보았으며, 이들 각 계층에 따라 그 나름의 분명히 구분되는 기능과 역할이 주어진다고 말했다.

근래에 와서 교육사회학에서도 사회계층과 사회이동의 문제를 주로 관심의 대상으로 하여 연구에 박차를 가하고 있다. 선진 산업국가는 물론 우리나라에서도 1970년대 후반부터 교육과 사회계층, 교육과 사회이동의 관계를 사회정의나 사회평등 이념의 차원에서 그 연구에 많은 관심을 제시하고 있다.*

이 장에서는 첫째, 사회계층의 개념과 분류를 고찰하고, 둘째 사회계층의 결정요인, 셋째 사회이동의 의미와 가능성, 마지막으로 학교교육과 사회이동의 관계를 밝혀 보고자 한다.

---

* 우리나라에서 사회계층과 교육의 관계를 부분적인 주제로 다룬 연구는 상당수가 있으나 이러한 문제를 실증적 · 체계적 모형에 의하여 연구한 것은 김병성 등의 연구[**학교교육과 사회적 성취**(한국교육개발원, 1982)]가 있다.

1. 사회계층의 개념

일반적으로 사회학자들은 사회계층이라는 말 대신 사회계급(social class)이라는 말을 즐겨 사용한다. 엄밀한 의미에서는 사회계층과 사회계급은 그 개념적 의미가 다르지만 학자에 따라서는 별 차이가 없이 사용되기도 한다. 여기서는 우선 여러 학자들의 사회계층에 관한 개념적 의미를 밝혀 보고, 다음으로 사회계층과 사회계급의 차이점에 관하여 알아보기로 한다.

사회계층

우리 사회의 구성원들은 직업, 재산, 교육, 사회적 지위 등에서 각각 다양한 부류로 나누어진다. 직업의 경우에 고도의 전문직에 종사하는 사람이 있는가 하면, 아무런 지식 · 기술이 필요치 않은 단순근로직에 종사하는 사람도 있다. 재산이나 교육의 경우도 최상의 수준이나 부류에 속하는 사람과 최하위 수준이나 계층에 속하는 사람으로 구분할 수 있다. 사회적 지위에서도 회사의 경우 가장 높은 위치의 사장을 비롯하여 이사, 부장, 과장, 계장, 평사원 등으로 서열이 매겨지게 마련이다.

사람은 일정한 사회적 지위를 갖게 되며 생활에 필요한 수입을 얻기 위하여 직업을 갖게 되고 또 각자의 지위에 따른 능력 발휘나 기술의 수준도 모두 다르기 마련이다. 따라서 각자의 지위나 능력 그리고 기술에 따른 보수, 사회적 평가, 역할 수행이 달라지게 된다. 이와 같이 위계적인 사회체제 속에서 직업, 배경, 개인의 능력, 기술 등에 의하여 사회적 특권, 위신, 이익 등이 사회적으로 불평등하게 분배되어 있는데, 이런 가운데서 서로 비슷한 위치에 있는 인구의 집단을 사회계층이라고 부른다.

이러한 현상은 마치 우리가 땅속을 파 들어가 보면 비슷한 종류의 흙이 모여서 하나의 층을 이루게 되며, 전체적으로는 비슷한 지질로 형성된 여러 개의 지층을 발견하게 되는데, 사회계층은 바로 이와 유사한 인간사회의 층으로 볼 수 있다.

사회계층이란 사회 구성원들을 그들의 지위, 재산, 교육, 수입 등에 의하여 분류할 때, 비슷한 지위를 차지하고 있는 일군(一群)의 층을 의미한다. 인도 사회에서의 카스트 제도, 중세시대의 종교적 위계 서열, 군대에서의 계급구조, 현대사회의 사회계급 등도 사회계층의 예가 된다. 사회계급도 사회의 계층 질서 중의 하나로서 넓은 의미의 사회계층에 속하는 하나의 계층변수로 볼 수 있다.

현대사회의 모든 조직은 생산을 위한 분업, 능률을 추구하기 위한 관료제도로 말미암아 계층조직의 형태를 취하는 것이 일반적이다.

이와 같이 연속선상에 있는 각자의 지위의 서열화(序列化)를 계층이라고 부르며, 사회 전체를 분석할 때에는 비슷한 위치에 있는 계층들을 유형화하여 사회계층이라고 지칭하게 된다.

사회계층의 개념을 상대적으로 분명히 하기 위하여 이와 관련된 계층 개념의 발전배경을 살펴보면 다음과 같다.

첫째는 **세습적 신분(caste)**을 들 수 있다. 세습적 신분은 인도의 카스트 제도에서 비롯되며, 출생과 함께 주어지는 폐쇄적이고 세습적인 계층이다. 가장 엄격하고 경직된 형태로서, 지위 간의 이동이 극히 어렵고 업적보다는 귀속적 요인을 중요시한다.

둘째는 **이스테이트(estate)제도**다. 이는 토지 소유와 관련되는 것으로서 중세 영국의 봉건제도가 좋은 예가 된다. 봉건영주들은 토지를 많이 소유하여 높은 지위를 차지하였고 토지를 소유하지 못한 사람들은 그 지위가 낮았던 것이다.

셋째로 **사회계급(social class)**이다. 사회계급은 근대 산업사회에 있어서 전형적인 계층 형태를 말해 준다. 그리고 사회계급의 여러 특성 중에서 하나는 마르크스가 주장하듯이 사회계층의 결정은 경제적인 것, 즉 부와 수입이라는 형태에 의하고 있다고 하였다. 대체로 카스트는 고대사회, 이스테이트는 중세사회, 그리고 사회계급은 현대사회에서 각각 지배적인 사회계층이라고 할 수 있다. 사회계급은 하층에서 상층으로 또는 상층에서 하층으로, 상승 또는 하강할 수 있는 개방적인 것이다. 따라서 사회계급은 사회계층의 한 형태로 볼 수 있다.

사회계급

사회계층은 사회계급보다 넓은 의미로 쓰이는 것으로 볼 수 있다. 그러나 이 두 개념은 중복되는 부분이 많아서 현실적으로는 혼용되는 경우가 많다. 그리하여 영국과 미국에서는 사회계층이나 사회계급을 모두 social class로 나타내는 경우가 허다하다. 사회계급은 특히 재산, 직업, 사회적 지위 등이 비슷하고, 비슷한 배경, 생활습관, 태도, 행동, 가치관을 가지고 있는 집단을 말한다(차경수, 1985: 144).

사회계층은 사회계급에 비하여 포괄적인 개념으로서 위신 있는 지위의 상·하라는 객관적 서열 구조에 의하여 결정되는 것이며, 이에 비하여 사회계급은 집단적 응집력이 전제된 개념이므로 생산수단의 소유 그리고 지배수단 및 권력에 어느 정도 접근해 있느냐에 따라 결정되는 것이다(석태종, 1985: 154).

계급의 개념을 규정하는 데에는 여러 가지 기준이 사용되고 있지만 대체로 다음의 세 가지로 모아지고 있다. 첫째는 경제적 속성에 따른 구분이고, 둘째는 단절적 의미를 갖는 집단으로 이해하는 것이며, 셋째는 의식적·심리적 귀속감의 수반 여부에 따른 구분이다.

여기서 경제적 속성에 따른 구분이란 경제적 변수(變數)에 따라 층화를 시킨다는 것이다. 고전적 마르크스 계급론자들은 경제적 생산수단의 소유 여부에 따라 계급을 나누었고, 오늘날의 일부 계급론자들도 경제적 부와 소득을 계급 구분의 중요한 기준으로 설정하고 있다.

다음으로 단절적 집단이라는 의미는 계급이란 연속선상에서 임의의 분리점을 사용하여 층화를 시킨 집단이 아니라, 각 계급의 범주 간에는 자연스러운 분리가 이루어지고 있다는 것이다. 이렇게 나누어진 범주는 각기 독립된 존재 의미를 갖게 된다. 대표적인 것으로 생산수단의 소유 여부를 기준으로 하여 나누어지는 부르주아(bourgeois)와 프롤레타리아(proletariat) 계급을 생각할 수 있다. 이들 두 계급은 임의의 구획에 의한 것이라기보다는 각 계급이 역사적인 존재 의미를 가지고 있다고 규정되고 있다.

세 번째의 기준은 계급의식이 있어야 진정한 의미에서 계급이 존재한다는 것으로서 이는 마르크스 이래 많은 사회학자들에 의해 공감되어 왔다. 예컨대, 센터스(Centers, 1949)와 같은 학자는 계급을 그 성격상 주관적인 특성을 갖는 사회심리적 집단으로 간주하고, 계급의식도 바로 집단의 성원의식(成員意識)이라고 보았다. 그 사회에서 자신의 위치를 주관적으로 어떻게 파악하고 있느냐 하는 것은 매우 중요한 문제이며, 계급의 형성과정에서 계급인식(class awareness), 즉 계급의 위계적 서열이 존재하고 있다는 사실을 알고 있는 상태는 구체적인 계급행동까지를 포함하는 단계인 계급의식의 단계로 발전하게 된다.

사회계층과 사회계급의 개념을 보다 포괄적으로 구분한 것은 진원중(1980)의 견해에서 찾아볼 수 있다.

> "계급이라고 하면 자본계급 · 중간계급 · 농민계급 · 근로계급이라고 하는 때에 있어서와 같이 경우나 관심이 다르고, 그 이해 · 이상에서 대립하고 있는 이질적이고 비연속적 집합체를 말하는 데 대하여, 사회계층이라고 하면 각 개인이 갖는 사회적 지위나 세력의 정도에 따라 제삼자와 구별되는 다소간에 인위적인 분류로 비교적 가벼운 뜻에서의 상하의 소구분을 말하는 것이며, 하나의 연속적 전체 속에 설정된 단계적 구분을 말한다. 계급의 지표는 경제력이라는 단일성인데, 계층은 경제력 밖의 가문 · 교육 · 문화와 같이 그 지표가 복수다. 계급은 역사철학적인 개념이지만 계층은 기능적 개념이다. 계급은 객관적 · 절대적 구분인 데 대하여 계층은 교제집단 속에서 정하는 상대적인 구분이다. 계급은 이원적이지만 계층은 다원적이다."

이상의 견해를 요약해 보면, 사회계층이란 연속선상에 있는 지위의 서열로서 다원적 지표에 의하여 분류되는 불평등 구조를 의미하며, 사회계급은 사회 내에 존재하는 실제적 · 객관적 지위가 경제력이라는 단일지표에 의하여 분류된 사회 불평등 구조다.

우리나라의 경우 지금까지 사회계급의 연구가 다른 나라에 비하여 활발하지 못한 이유는 반공주의를 지향하는 국가로 학자들이 사회계급 내지 계급투쟁이라는 용어의 사용을 꺼리는 경향이 짙었고, 특히 교육연구에서도 사회계급이라는 용어에 대한 거부감이 작용했던 것 같다. 따라서 사회계급이라는 용어 대신 사회계층이라는 용어가 좀더 평이하고 중립적인 어감을 주어 보다 선호해 온 것으로 간주된다.

2. 사회계층의 본질

사회계층의 본질을 보는 입장은 대립적인 두 가지 시각으로 비교될 수 있다. 그 하나가 기능론적 관점이고, 다른 하나는 갈등론에 의한 사회 불평등론적 입장이다.

기능론적 입장은 사회계층을 조화롭고 자연스런 기능의 분화로 이해하려고 한다. 사회 구성원은 사회적으로 수행해야 할 기능과 역할이 분화되며, 각자의 능력과 과업에 따라 역할 수행은 물론 분업을 기초로 전체적 목적을 위하여 협동적으로 과업을 수행하게 된다. 따라서 각자의 지위, 역할, 능력에 따른 보수, 사회적 대우, 평가를 받으며, 이러한 차등적 대가는 불평등하다기보다는 정당한 것이라고 믿게 된다. 상사와 부하의 보수와 위신의 차이는 근본적으로 그들이 수행하는 사회적 기능에 의하여 결정된다고 보는 것이다.

따라서 사회 구성원들은 각자의 직업적 · 사회적 지위의 고하에 따라 경제적 소득이나 사회적 위광이 불평등하게 배분되는 것을 정당한 것으로 받아들여야 한다고 믿고 있다.

기능론에 의한 사회계층의 본질은 다음과 같이 요약될 수 있다.

- 계층은 보편적이며 필요하고 필연적이다.
- 사회체계가 계층체계를 만든다.
- 계층은 통합, 조정, 응집을 위한 사회적 요구에서 생긴다.
- 계층은 사회와 개인이 적절한 기능을 하도록 촉진한다.
- 계층은 사회적 공동가치의 표현이다.
- 권력은 늘 정당하게 배분된다.
- 일자리와 보상은 평등하게 배분된다.
- 경제적인 부분을 타 부분의 밑에 둔다.
- 계층체계는 항상 진보적 과정을 통하여 변화한다.

이와는 대조적으로 사회계층을 인위적인 불평등으로 보는 사람들은 그 근본원인을 자연적인 것보다는 사회적 제도에서 연유된 것으로 간주한다. 마르크스는 사회계층은 인간이 제도적으로 구안해 낸 불평등이라고 보았다. 그는 인류의 불평등은 생산양식(生産樣式)에 의해 결정된다고 주장하고, 농경이 주된 사회에서는 지주와 소작인, 산업사회에서는 자본가와 노동자 간의 계급이 인위적으로 형성되어 이 같은 불평등을 종식시키기 위하여 계급투쟁이 야기되는 것은 필연적인 것이라는 주장을 이론화하고 있다.

마르크스에 의하면 부르주아는 근대 자본가나 생산수단의 소유자 및 임금 노동 고용자 계급을 의미하며, 프롤레타리아는 자신의 생산수단이 없기 때문에 노동력을 팔 수밖에 없는 근대 임금노동자 계급이라고 말하고 있다.

또, 20세기의 사회경제학자인 막스 베버(Max Weber)는 마르크스가 주장하는 계급에 권력(power)과 권위(prestige)라는 두 가지 개념을 더 첨가시켜 사회 불평등론을 제시하였다. 즉, 그는 재산의 차이는 계급의 불평등을, 권력의 격차는 정치적 당파의 격차와 갈등을, 권위의 격차는 사회적 지위의 불평등을 초래하였다는 것이다.

베버가 말하는 계급이란 수입을 얻기 위한 재화와 용역을 처분할 수 있는 능력을 뜻하고, 지위란 명성에 의하여 얻는 경의의 분포체계에서 차지하는 자리이며, 권력이란 저항에도 불구하고 자기의 의사를 관철할 수 있는 힘을 뜻한다. 경제학적 입장에서 계급은 그 구성원인 개인들이 합리적으로 가질 수 있는 경제적 기회 및 기대와 관련된 생의 기회(life chance)를 뜻한다. 베버는 계급투쟁을 마르크스와 같은 입장으로 보지는 않았고, 그것을 늘 가능성은 있지만 필연적인 것은 아니라고 보았다.

사회 불평등론이나 갈등론자들은 사회계층이란 사회 구성원들의 폭 넓은 합의에 의한 것이라기보다는 특정 계층의 이익을 위하여 약자에 대한 강자의 강압 또는 지배적 관계에 기초한 것이라고 보고 있다.

갈등론적 시각에 대한 사회계층의 본질을 요약하면 다음과 같다(Donald & Keller, 1979: 283).

- 계층은 보편적일지 모르지만 필연적인 것은 아니다.
- 계층체계가 사회조직(체제)을 만든다.
- 계층은 집단정복, 경쟁, 갈등에서 생긴다.
- 계층은 사회와 개인의 적절한 기능을 제약한다.
- 계층은 권력집단들의 가치의 표현이다.
- 권력은 늘 부당하게 배분된다.
- 일자리와 보상은 불평등하게 배분된다.
- 경제적인 부분을 사회의 맨 위에 둔다.
- 계층체계는 항상 혁명적 과정을 통하여 변화된다.

최근 우리 사회의 산업화와 빈부의 격차문제가 사회문제로 제기되고 있다. 또,

경제적으로 매우 부유한 사람들이 지도자적 집단을 형성해 가고 있다는 여론도 있다. 이제 한국의 상류사회에 속한다고 생각되는 지도자들이 해야 할 가장 중요한 일은 그들의 위치는 그들의 능력을 기초로 정당하게 얻었다는 것을 일반 대중에게 보이는 일일 것이다. 그럴 경우 한국의 사회계층(제도)은 한국 사회의 발전을 위하여 적극적으로 공헌할 수 있을 것이다.

3. 사회계층의 결정요인과 문화특성

사회계층의 결정요인

사회계층은 비슷한 생활양식이나 가치관을 가지고 있는 사람들의 집단이라고 할 수 있다. 각 사회계층은 그 나름대로의 계층문화 혹은 부분문화(subculture)를 갖는 것이 일반적인 예다. 다시 말해서, 동일 계층에 속한 사람들이 공통적으로 갖고 있는 예의, 언어, 습관, 도덕적 신념, 지식 수준, 가치관 등에서 비슷한 특성을 나타낸다.

사회계층의 구분을 플라톤과 같이 보호계급, 보조계급, 노동자 계급 등 세 가지 형태로 나누거나 마르크스와 같이 부르주아와 프롤레타리아 2개의 계급으로 분류하든 각 계급은 그 나름의 비슷하거나 공통된 행동양식, 지식, 가치관, 규범, 태도 등을 표출하는 것이 일반적인 예다.

그러면 과연 어떤 요인이 사람들로 하여금 특정한 사회계층에 속하게 하며 그들의 부분문화를 형성하는 데 중요한가? 사회계층을 결정해 주는 요인은 여러 가지가 있지만 오늘날 흔히 사용되는 사회계층의 지표(指標)는 대개 재산과 수입, 직업, 교육수준 그리고 개인의 주관적 평가 등이 근거가 된다.

개인의 사회적 지위의 결정요인을 중심으로 볼 때, 그 표준을 첫째로는 가정배경 또는 가문(家門), 둘째는 재산의 정도와 종류, 셋째는 개인의 자질로 성(性), 연령, 미모, 지성, 넷째는 교육의 정도와 직업의 종류, 다섯째로는 그 사람의 권위와 위력 등을 들기도 한다. 한편 막스 베버(Max Weber)는 재산(property), 권력(power) 그리고 권위(prestige)의 세 가지로 설명하려고 하였다. 베버는 재산의 차이가 계급을 정하고, 권위가 신분의 차이를, 그리고 권력이 당파를 정한다고 하였다.

이 분야에 대표적인 학자의 한 사람인 워너(W. L. Warner)는 사회계층을 분류하는 객관적 기준으로 **평정참여법**(評定參與法, evaluated participation: EP)과 **지위특성지표**(地位特性指標, Index of Status Characteristics: ISC)를 제시하였다. 그의 평정참여도의 기준은 지역사회에 대한 주민의 친숙도, 사회집단이나 교회 등의 활동범위의 참여 정도를 중심으로 서열을 정하였다. 또 지위특성지표로는 다음의 여섯 가지 요인을 들고 있다.

- 직업(occupation)
- 가옥의 형태(type of house)
- 거주지역(area of community)
- 수입(amounts of income)
- 소득원(source of income)
- 교육수준(amounts of education)

최근에 들어와서는 계층체제의 다원적 특징을 고려하여야 한다는 주장이 대두되고 있다.

홍두승 등(1982: 19)에 의하면, 계층의 구성요인은 다음의 세 차원이 고려되고 있다. 첫째는 계층이 형성되기 위한 객관적 조건, 예를 들어 직업 위계 서열상의 지위, 소득, 교육수준, 생산수단의 소유 여부, 둘째는 객관적 위치에 따른 주관적(主觀的) 인식과 인지적(認知的) 평가, 셋째는 이것들을 바탕으로 해서 나타나게 되는 구체적인 계급행동 또는 계층행동이다. 이 중에서 가장 바탕이 되는 것은 역시 첫 번째 객관적 기준에 의한 사회공간상의 개인의 위치인 것이다.

퍼셀(Persell, 1977: 157)은 보다 다원적 차원에서 계층구성의 요인으로 축척된 부(wealth), 노동시장에서의 지위, 즉 수입 · 작업조건 · 일의 유형 · 자율성 여부 · 사회적 관계유형 등, 그리고 인종으로 인한 신분제도를 들고 있다.

사회계층의 측정방법

사회계층의 측정은 흔히 객관적 측정, 주관적 측정, 평정(rating)의 세 가지 방법 중 한 가지에 의존한다. 사회계층의 객관적 측정은 한 사회에서 구성원들이 상호간에 층을 판단하는 근거를 조사하여 그것을 척도화한 후에 그 척도로 사람들의 계층을 측정하는 방법이다. 이 방법으로 가장 고전적인 것은 워너(1941)가 개발한 「지위특성지표」다. 이것은 미국의 어떤 소도시를 대상으로 주민의 직업, 교육수준, 소득액, 거주지역, 주택의 형태 등 6요인을 조사하여 주민들의 서로의 사회적 지위를 판단한 것이다. 워너의 측정은 각 계층 결정요인을 7단계로 나누어 1점부터 7점까지 주어, 각 개인의 지위특성 지수가 최저 6점부터 최고 42점까지 산출한 것이다. 그 점수에 따라 다음과 같이 5등급으로 계층을 구분하였다. 여기서 점수는 거꾸로 해석되어 적은 점수가 더 높은 계층을 의미한다. 예컨대, 6점부터 10점까지는 상류계층이고, 35점부터 42점까지는 하류계층이다.

여기서 주의해야 할 사항은 이러한 계층 결정요인은 사회마다 다를 수 있다는 점이다. 워너는 소득원을 중요시했지만, 다른 사회에서는 소득원이 계층 결정에 별로 의미가 없을 수도 있으며, 오히려 가문이나 친척의 사회적 지위가 더 중요할 수도 있다. 또 사회계층의 결정요인의 비중이 동일한 점수로 구성되지 않을 수도 있다. 각 사회마다 계층형성에 영향이 크고 적은 정도에 따라 부가점수가 다른 비중으로 계산될 수도 있을 것이다. 예컨대, 교육수준과 소득을 2:1로 비중을 다르게 나타내게 할 수도 있는 것이다. 계층구조에 있어서도 이와 같이 5단계로 한정된 것은 아니다. 경우에 따라서는 3단계로 축소하거나 7단계로 확대할 수도 있다.

사회계층의 주관적 측정은 사회인들이 자기가 어느 계층에 속한다고 지각하

표 4-1 워너(Warner)의 사회계층 구분

지위특성지표(ISC)점수	사회계층
6~10	상류계층
11~18	중상류계층
19~26	중하류계층
27~34	하상류계층
35~42	하하류계층

고 있는가를 알아보는 방법이다. 상 · 중 · 하류 계층 중에서 자신이 속해 있다고 믿는 층을 조사해 내는 것이다. 객관적 측정은 대상자들의 계층의식을 고려하지 못하는 결점이 있으므로 주관적 측정은 이런 결점을 보완해 준다.

필자의 연구(1982)에서는 주관적 측정을 위하여 계층소속 의식, 삶에 대한 주관적 평가, 삶에 대한 만족도 등도 함께 포함하여 개인의 사회적 성취와의 관계를 규명하였다.

마지막으로, 평정방법은 조사대상자를 잘 알거나 그들에게 익숙해 있는 사람들을 평정자로 선정하여 이들이 각 대상자들의 계층지위를 평가하게 하는 방법이다. 이 방법은 소규모 집단에 주로 활용되므로 매우 제한적으로 사용된다. 그러므로 대규모 연구에서는 주로 객관적 방법을 사용하는 것이 일반적인 경향이다. 이러한 경우에도 연구목적이나 연구자에 따라 계층요인의 종류, 결정요인의 상대적 비중, 계층구조 등이 다른 기준에서 적용될 수 있다.

우리나라의 경우 김영모(1981)는 재산 · 학력 · 직업 · 수입 · 가문의 5요인을 중심으로 측정하였으나 홍두승 등(1982)은 직업을 중심으로 계층구조를 밝히고 있다. 김병성(1982: 41)은 직업적 지위를 중심으로 분류하고 있다.

사회계층의 문화특징

이상에서와 같이 사회계층 혹은 계급은 일정 수의 사람들의 집단에 공통적인 행동방식과 가치체계 그리고 생활태도를 갖게 된다.

상류계층 상류의 상하계층을 포함하여 상류계층의 행동특성은 가문과 전통을 존중하는 보수적인 경향이 짙다. 이들은 대개 상속받은 유산으로 살아가고 사회적으로 저명한 가정적 배경을 가지고 있다. 때로는 매우 배타적인 가치관을 나타낸다. 이 계층에 속한 사람들은 대체로 교육을 중요시하기는 하나 사회적 상승이동을 위한 것보다는 이들의 현재 지위 또는 품위를 유지하기 위한 교양교육에 더 관심을 갖게 된다.

미국의 경우 박물관 이사, 심포니와 오페라 관계자, 상공회의소 회원 등이 이 계층에 많으며, 종교적으로는 영국의 성공회 및 장로교 신도가 많다.

중류상층 주로 전문직 종사자인 변호사 · 의사 · 저명한 목사 · 교수 등이 이에 속하며, 회사 사장 · 상공회의소 회원 등도 이 계층에 많다. 이들은 미래 지향적인 가치관을 가지고 사회활동에 넓게 참여하는 행동특성을 가진다. 사회적으로 저명한 가문의 전통은 없으나 자신의 노력으로 현재의 위치를 이룩한 경우가 많다. 사회적 상승이동에 대한 관심이 매우 높고 만족을 억제하는 행동유형을 가지는 경우가 많다. 이들은 재산축적에 대한 애착심이 높고 교육을 사회적 상승이동의 수단으로 생각하는 경향이 짙다. 성공은 노력의 결과라고 믿고 일을 열심히 하는 태도를 가지며 행동의 폭이 넓고 사교적이며 독립심이 강하다. 학교교육을 중시하기 때문에 자녀의 교육에 대단한 열의를 보여 주고 있다.

중류하층 이른바 일반시민 계층으로서 인구의 많은 수가 이 계층에 속한다. 이들은 미래 지향적이고 교육에 많은 비중을 두고 있다. 회사의 하부관리인 · 판매직 · 공장노동자 감독 · 숙련 기술자 · 철도 기술자 등 하층의 관리직과 기술자들이다.

이들의 행동특성은 검소하고 경제적 독립성을 중요시한다. 학교와 교회를 존중하며 안정적인 생활을 영위하는 대중적인 소시민들이다. 어떤 면에서는 중류 상층과 같이 이상적인 교육환경을 이룬다.

하류상층 주로 근로계층으로서 중류와 하류계층의 행동특성을 함께 지니고 있다. 미국에서는 이민 온 타인종 집단들이 대부분 이 계층에 속한다고 보고 있으며, 우리나라의 경우 영세상인, 자급자족을 겨우 하는 영세농가가 여기에 속한다고 보겠다. 부인들도 대개 일을 하는 것이 일반적이며, 이들은 텔레비전, 저속한 대중잡지, 그리고 주간지 등을 보기를 좋아한다. 교육에 대한 관심은 있지만 경제적 여건이 허락하지 않아 자녀들은 중등교육을 마치는 데에도 힘겨워 하며 고등교육은 매우 드물게 보내게 된다.

하류하층 몇 세대를 사회 최하층에서 생활하는 사람들로서 막일로 생계를 유지하는 사람들이다. 이들은 대체로 미래에 대한 기대가 거의 없으며, 현재지향적 숙명적인 가치관을 가지고 있다. 자녀들은 학교에서 일탈(逸脫)행위나 비행을 저지르는 문제아나 지진아가 많다.

미국의 경우 오늘날에는 푸에르토리코 · 멕시코 · 아시아 계통의 이민족과 많은 흑인 빈민가 사람들이 이 계층에 속한다. 우리의 경우 일정한 직업과 거주지가 없는 떠돌이 생활자가 이에 속할 것이다.

4. 사회이동

현대 산업사회는 봉건시대의 신분이나 가문에 의해 통제되었던 계층이동의 통로가 열려 있는 개방사회(open society)다. 그것은 개인의 능력이나 노력 여하에 따라 계층상승의 기회가 누구에게나 주어져 있는 사회라고 할 수 있다. 이러한 사회에서 특히 교육부분에서는 공교육의 확대에 따라 대부분의 사람들이 취학 기회를 얻을 수 있게 되고, 취학기간의 연장 등에 의해 교육을 통한 지식 · 기술 · 가치형성과 같은 성취적(成就的) 요인이 재산 · 가문 등의 귀속적(歸屬的) 요인 못지않게 개인의 사회적 지위상승을 촉진시켜 줄 수 있다는 신념이 확산되어 있다. 그러면 과연 이러한 신념이 현실적으로는 어느 정도 실현되고 있는가 하는데 대한 연구와 토의가 교육학 분야뿐 아니라 사회과학 전반에서 진행되어 왔다. 그 중에서도 교육사회학 영역에서는 학교교육과 사회계층이동에 대한 연구가 핵심적 연구과제로 부각되어 왔다.

그러나 이러한 학교교육과 사회이동에 관한 학자들의 견해가 일치하는 것은 아니며 서로 다른 관점에서 많은 연구가 진행되어 왔다.

여기서는 사회계층의 이동과 관련하여 교육의 역할을 검토해 보기 위하여 먼저 사회이동의 의미를 그 개념과 유형을 중심으로 살펴보고 사회이동과 교육의 관계를 보는 두 가지 관점, 즉 기능론적 관점과 갈등론적 관점을 구분하여 제시하고자 한다. 마지막으로, 우리나라에서의 사회적 계층이동과 학교교육과의 관계의 실제를 밝혀 보고자 한다.

사회이동의 의미

■ 사회이동의 개념*

한 개인이 사회에서 차지하고 있는 위치(position)를 흔히 사회적 지위(社會的 地位, social status)라고 한다. 사회계층은 직업 · 교육 · 수입 등에 따라 서로 비슷한 사회적 지위에 있는 사람들이 비슷한 태도 · 가치 · 행동을 가질 때 나타나는 집단적 의미를 뜻한다. 이렇게 서로 다른 사회적 지위 · 계층 등의 이질적 요소들은 전체 사회 속에서 제각기 다른 요소들과 관련을 맺으면서 질서 있는 체제를 이루고 있다.

* 사회이동은 사회계층이동을 의미하는 일반적인 개념으로 통용되고 있으며 계층이동과 같은 의미로 사용한다. 따라서 이 책에서는 사회계층이동 · 사회이동 그리고 계층이동은 같은 의미로 사용한다.

사회이동(social mobility)이란 사회적 위계체제 속에서 한 개인이나 집단이 어떤 사회적 지위로부터 다른 사회적 지위로 이동하는 것을 뜻한다. 육체노동자나 사무직종에 종사하는 부모를 가진 자가 의사, 변호사 또는 다른 전문 직종이나 회사 중역이 되는 경우가 그 좋은 예다.

사회이동의 기준은 주로 부모가 소속했던 계층이 된다.

사회이동은 흔히 직업적 지위 또는 서열로 잘 나타나지만 직업 외에도 수입, 가옥의 크기나 형태, 사교대상과 범위, 이웃동네 특성으로도 나타나게 된다. 그러나 사회이동은 단순히 직업, 수입 등에 따른 이동이 아니라 그 지위에 맞는 행동특성을 습득해야 한다. 행동양식, 즉 언어, 생활태도, 사고방식의 변화가 없이는 계층 이동의 증표가 되지 못한다. 어떤 사람의 사회이동 특히 상승이동은 새로운 지위에 알맞은 부분 문화를 배워 몸에 익혀야 비로소 사회이동의 증표가 되는 것이다. 그러므로 사회이동의 연구에 있어서도 직업지위나 수입 같은 객관적 변인뿐 아니라 직무만족이나 직업포부 같은 사회심리적 변인도 파악해야 할 것이다.

사회이동의 관련 요소로는 크게 세 가지로, 개인의 특성, 직업과 수입, 가정배경 등을 들 수 있다.

개인적 특성으로 지능지수, 학업성취, 사교성, 특기 등은 사회적인 상승이동을 촉진하게 할 수도 있다. 조사연구에 의하면, 상승이동을 한 사람들은 그렇지 못한 사람에 비하여 지능, 학업성적, 사교성이 높았다. 따라서 고등학교 시절의 학생의 지능, 학업성적 그리고 사교성 측정으로 장래의 사회이동 가능성을 예측하는 경우가 허다하다.

직업은 그 유형과 전문성의 수준에 따라 사회적 권위와 가치가 다르다. 그러므로 직업은 상승이동의 훌륭한 지표가 되고 또 통로가 될 수 있다. 직업적 지위와 그에 따른 수입은 교육수준과도 관계가 깊다. 재산이나 수입은 그 자체만으로 상승이동되는 것이 아니라 그것을 바탕으로 교육적 기회를 더 얻게 되는 것 등으로 간접적인 영향이 큰 것이다. 가정배경으로는 부모의 사회경제적 지위, 형제자매의 수, 가정의 지배형태, 결혼시기 등이 자녀의 사회이동에 영향을 주고 있다.

■ 사회이동의 유형

사회이동은 이동방향과 시간주기에 따라 그 유형을 분류할 수 있다. 먼저 이동방향에 따라서는 **수직적 이동**(vertical mobility)과 **수평적 이동**(horizontal mobility)으로 나눌 수 있다.

수직적 이동은 개인 및 사회계층조직 내에서 어떤 사람의 지위가 상하로 변하는 것을 말하는데, 수입이 많아지거나 직업적 서열이 높아지거나 또는 좋은 가문의 자녀와 결혼하여 사회적 신분이 보다 위로 올라가는 이동을 **상승이동**(upward mobility)이라고 하고, 반대로 부모 때보다 낮은 사회적 계층으로 떨어지는 현상을 **하강이동**(downward mobility)이라고 한다.

수평적 이동은 사회적 위치가 동일한 수준에서 횡적으로 이동하는 것으로, 예를 들면 한 회사의 과장이 비슷한 다른 회사의 과장으로 전보 또는 이동하는 경우나 도시학교의 교사가 지방학교의 교사로 지리적 이동하는 경우 등이다.

시간주기에 의한 사회이동의 구분은 **세대 간 이동**(intergenerational mobility)과 **세대 내 이동**(intragenerational mobility)이 있다.

세대 간 이동은 아버지와 아들 간의 사회이동을 비교할 때 사용되는 것이며, 세대 내 이동은 한 개인의 생애에 걸친 직업적 · 사회적 지위 변화를 지칭하는 것으로 일명 생애이동(career mobility)이라고도 한다. 예컨대, 사회체제 내에서 자식이 아버지보다 더 높은 지위로 상승하거나, 또는 더 낮은 지위로 떨어졌다고 할 때 이를 가리켜 세대 간 이동이라고 하고, 공장 노동자가 그 일자리를 버리고 스스로 사업을 벌여 독립적인 사업가로 성공했다 할 때 이를 세대 내 이동이라고 한다. 또 사회이동은 **구조적 이동**(structual mobility)과 **순환이동**(circulation mobility)으로 나누어지기도 한다(Broom & Selznick, 1973: 193).

구조적 이동은 산업구조의 변화로 파생되는 사회이동이다. 예를 들면, 사회가 공업화되면서 농업에 대한 요구가 감소되고, 관리직이 늘어남에 따라 농부가 점차 관리직으로 직종이동(職種移動)을 하는 경우다. 우리나라와 같이 급격히 산업화가 진행되는 사회에서 부모와 다른 직업을 자녀들이 갖게 되는 것은 흔한 예가 된다.

순환이동은 구조적인 변화 없이도 일어나는 사회이동으로 한 사회에 있어서 기회의 등급을 나타내는 지수(指數)가 된다.

■ 사회이동과 교육체제

산업사회에서 학교교육이 사회이동에 매우 중요한 역할을 담당하고 있으며, 사회이동의 관건이 되고 있음을 논의하기 위해서 우선 학교교육체제의 구조와 그 속에 작용하고 있는 이데올로기에 대한 연구가 필요하다. 이에 대해 터너(Turner, 1964)와 호퍼(Hopper, 1977)의 교육체제에 대한 연구는 선발제도의 구조와 그 이데올로기에 대해 분석함으로써 학교교육과 사회이동의 관계를 좀 더 구조적으로 이해하는 데 도움을 주고 있다.

터너의 계층이동 터너는 학교교육은 선발제도를 통하여 사회이동을 가능하게 함을 간파하고 교육이 사회적 상승이동의 중요한 양식이라는 전제하에 사회이동을 **경쟁적 이동**(競爭的 移動, contest mobility)과 **후원적 이동**(後援的 移動, sponsored mobility)으로 구분하였다.

경쟁적 이동이란 공정한 경기에서처럼 경쟁의 참가자는 다양한 전술을 자유로이 사용하며 기존의 엘리트가 가진 기득권을 배제하고 순전히 개인의 자질과 노력에 의해 결정되는 이동을 말한다. 개인이 독자적으로 할 수 있는 모든 수단을 동원해서라도, 이를테면 입학시험에 있어서 경쟁적으로 일류학교 합격의 영예를 지니는 것과 같이 엘리트의 지위를 쟁취하여 상승이동을 하는 것을 의미한다. 이에 반해 후원적 이동은 경쟁방식을 피하고 통제된 선발과정이 이를 대신한다. 이 과정에는 업적을 평가할 자격을 구비한 엘리트나 기관이 있어서 그들이 필요한 능력의 소유자를 조기(早期)에 선발하여 장차의 엘리트로서의 준비교육을 시킴으로써 후원적으로 엘리트지위로 상승시킨다. 즉, 기득권을 가진 엘리트의 기준에 맞는지의 여부에 따라 사회적 이동이 결정되는 것이다.

터너는 미국과 영국의 교육체제를 비교하여 미국은 경쟁적 이동에 가깝고 영국은 후원적 이동체제에 가깝다고 설명하고 있다. 그래서 미국과 같은 경쟁적 이동사회에서는 사회이동을 공평하게 하기 위해 학생선발의 시기를 될 수 있는 한 연기한다. 즉, 사회이동을 위한 경쟁의 조건으로 청소년들이 교육을 최대한으로 이용하도록 기회를 주는 것이다. 우등생과 열등생의 엄격한 분리를 피하고 과정 간의 이동의 통로를 넓게 열어 주는 데 중점을 두고 있다.

후원적 이동이 지배적인 사회에서는 교육의 목표가 엘리트를 충원하는 데 있으므로 필요한 사람은 비교적 이른 시기에 선발하고 우등생은 분리해서 특별한 교육을 시키는 체제가 형성되어 있다.

호퍼의 유형론 호퍼(Hopper, 1977)는 터너의 경쟁적 이동과 후원적 이동의 개념을 확장하여 각국의 학교교육의 선발과정의 구조를 분석함으로써 학교교육과 사회이동의 관계를 좀 더 정교하게 나타내고 있다.

그는 교육의 선발(選拔)과정을 **선발방법**(how), **선발시기**(when), **선발대상**(who), 선발기준(why)으로 구분하였다.

첫째, 선발방법(選拔方法)은 두 가지로 나눈다. 그 하나는 선발 과정이 중앙집권적이고 표준화되어 있으며 후원적 이데올로기가 지배적이어서 인재선발이 개인적 동기보다는 기득권자들의 후원을 통해 이루어지는 체제가 있고, 다른 하나는 반대로 지방분권적이고 비표준화된 제도를 가지고 경쟁적 이데올로기가 지배적이어서 시장경제의 원리처럼 개인적 동기가 중시되는 선발방법을 가진 체제가 있다. 이 선발방법을 나라별로 분류한 것이 〈표 4-2〉다.

둘째, 선발시기(選拔時期)에 있어서는 엘리트 이데올로기(elitist ideology)에 근거해서 엘리트의 조기선발에 역점을 두고 가능한 한 어린 나이에 엘리트를 선발해서 특별한 기관을 통하여 교육시키는 체제가 있고, 반대로 평등 이데올로기(equalitarian ideology)에 근거해서 가능한 한 모든 사람이 최대한의 교육을 평등

표 4-2 국가별 교육선발방법

체제의 영역	정도	분류
선발과정의 집중화와 표준화	고	프랑스, 스웨덴
	중	독일, 호주, 영국
	저	미국, 캐나다

하게 받을 수 있도록 선발시기를 늦추고 제도의 분화를 하지 않는 체제로 구분하였다.

엘리트 이데올로기란 지능이나 학습능력은 유전적 요인에 의해 정해지므로 엘리트의 능력을 가진 사람들은 다른 사람들로부터 조기에 분리해서 교육시켜야 한다는 것이다. 그래서 선발은 조기에 이루어져야 하고 교육경로는 차별화되어야 한다. 단, 선발과정이 엄격하므로 적합한 인재가 탈락될 가능성이 크다.

반면에 평등 이데올로기는 가능한 한 장기간의 교육을 받는 것은 모든 사람의 권리이며 지능은 환경요인에 의해 정해지므로 장기간 교육을 받고 대중과 접촉해야 한다는 것이다. 그래서 선발의 시기는 늦을수록 좋고 교육경로는 분화될수록 좋다. 그러나 선발과정이 엄격하지 않으므로 부적합한 사람이 선발될 가능성이 있다.

이 두 가지 이데올로기에 대한 분류는 〈표 4-3〉과 같다.

셋째, 선발대상과 선발기준은 누가, 어떤 기준으로 선발되어서 교육의 기회를 획득할 수 있느냐 하는 문제다.

표 4-3 국가별 교육선발시기

체제의 영역	정도	분류
교육경로의 조기 제도적 차별화와 전문화	고	프랑스, 독일, 영국
	중	호주
	저	미국, 캐나다, 스웨덴

먼저 누가 선발되어야 하는가의 문제는 보편주의(universalism)와 특수주의(particularism)로 구분하는데, 보편주의는 선발에 있어서 전문적인 능력을 중시하여 개인의 노력과 야심에 의해 선발되는 것을 말하며, 특수주의는 일반적 능력을 중시하며 생득적 속성에 의해 선발되는 것을 의미한다. 즉, 사람들의 지위체제는 태어나면서 이미 정해지며 일반적 능력을 습득하는 기회를 얻는 것은 특정한 집단뿐으로, 그 집단에는 특정한 생득적 속성을 지닌 사람만이 들어갈 수 있다. 다음으로 선발기준과 관련해서는 전체주의와 개인주의가 있다. 이러한 4개의 이데올로기에 다시 4가지의 이념형(귀족주의, 부권주의, 업적주의, 집단주의)을 결합하여 하나의 그림으로 나타냈다([그림 4-1] 참조). 선발대상과 선발기준에 대해 각 나라를 비교한 것이기도 하다. 각 구역에서 최대한 면적을 차지하는 패러다임이 그 사회의 지배적인 이데올로기를 나타낸다고 보면 된다.

이상 4가지의 논의를 중심으로 하여 호퍼는 교육제도를 가지고 그 사회의 계층

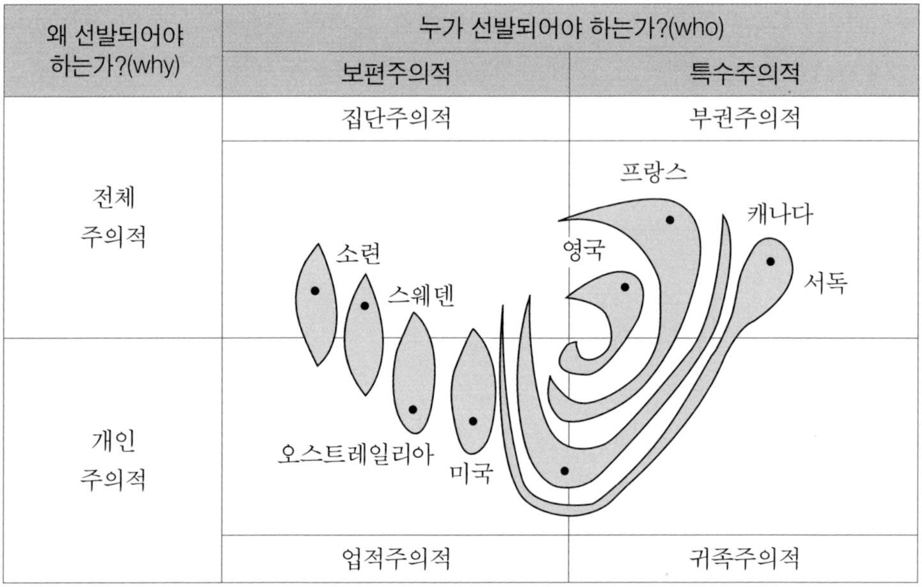

왜 선발되어야 하는가?(why)	누가 선발되어야 하는가?(who)	
	보편주의적	특수주의적
	집단주의적	부권주의적
전체 주의적		
개인 주의적		
	업적주의적	귀족주의적

자료: Hopper(1971). p. 101.

[그림 4-1] **호퍼의 교육선발 유형**

이동의 정도와 가능성을 비교하였다.

예컨대, 미국 사회의 경우 ① 선발방법이 지방분권적이고 비표준화되어 있으므로 개인적 자질이 중시되는 경쟁적 이동이 많다. ② 또한 선발시기가 늦고 교육제도가 덜 분화되어 있어서 누구나 교육을 받을 권리가 평등하게 보장되어 있다고 할 수 있겠다. ③ 선발대상과 선발기준으로는 전문적 능력을 습득할 수 있는 길이 누구에게나 열려 있는 보편주의가 지배적이어서 보상이 높은 직업에 취업하고자 하는 동기(motivation)가 사회이동의 중요한 요소가 된다.

그에 의하면, 신분이동 정도가 활발하지 못한 사회일수록 학생선발이 조기에 이루어지는 제도가 확립되어 있으므로 미리 교육의 기회를 가진 상층의 아동들에게는 유리하나 하층의 아동들은 불리한 입장에 서게 된다. 반면에 선발시기가 늦을수록 하층의 아동들도 선발될 수 있는 시간적 여유가 생기므로 계급 간의 이동 가능성이 커지는 데 비해 상층의 아동들에게는 그 이점이 감소된다. 그러므로 계층이동의 과정에서 불리해지지 않도록 상하계층의 아동을 막론하고 아동들에게 동기부여에 전념해야 한다고 강조했다.

이상의 논의에서 결국 호퍼는 교육체제의 구조 특히 그 중에서도 교육선발(教育選拔)의 구조가 계층이동의 관건을 가지고 있음을 보여 주고자 했다.

사회이동에 관한 두 관점

사회이동에 관한 학교교육의 효과와의 관계에 대한 지금까지의 연구와 논의는 크게 두 가지로 대별할 수 있다.

하나는 균형(equilibrium)을 패러다임으로 하는 기능주의(機能主義)이론에서 보는 학교교육에 대한 낙관주의적 관점이며, 다른 하나는 갈등(葛藤)을 패러다임으로 하는 갈등론자들이 보는 학교교육에 대한 비관론적 관점이다.

■ 기능론적 관점

최근 몇십 년 동안 많은 나라에서 가장 두드러진 현상은 취학률의 급속한 신장에 관한 것이다. 정치가뿐 아니라 사회학자들도 교육발전이 사회적 평등을 달성하기 위한 가장 중요한 정책도구라고 믿어 왔다. 교육경제학자들은 교육발전이 소득 불평등을 당연히 감소시켜 줄 것이라는 생각을 가지고 있으며, 많은 사회학자들은 취학률의 신장은 사회이동을 증가시킬 수 있는 한 방법임을 제시하고 있다. 그러므로 1960~1970년대의 교육기회의 확대를 위한 교육개혁의 열기는 이러한 교육에 대한 낙관적인 관점에서 비롯되었다고 할 수 있다.

교육에 대한 낙관론적(樂觀論的) 입장이란 학교교육이 모든 사람에게 균등하게 배분됨으로써 경제적인 양극화 현상을 막을 수 있고 빈곤을 퇴치시킬 수 있다고 보는 입장이다(Hurn, 1978).

그러므로 교육은 직접적으로 국가의 생산성을 높일뿐더러 사회계층이동을 도모하고 있다고 보았던 것이다.

현대사회는 능력주의(meritocracy) 사회인 동시에 전문가가 지배하는 사회(expert society)이므로 개인의 계층상승 능력에 기초한 자유경쟁에 의해 결정된다고 볼 수 있다(Hurn, 1978: 32-33). 이 자유경쟁의 대표적인 기관이 학교라고 할 수 있다. 그러므로 학교교육은 직업선발의 보편적 준거가 되었다. 학교의 졸업장이 장래의 직업적 지위는 물론 사회적 지위를 결정하는 가장 중요한 조건으로 간주되고 있는 것이다.

그러면 사회에서는 왜 학교의 졸업장을 요구하고 있는가? 학교교육의 낙관론자들은 각각의 직업은 그것에 맞는 직업적 역할을 수행하기 위하여 기본적인 능력이나 기술을 가진 사람을 요구하고 있으며, 요구되는 인력은 학교교육을 통하여 훈련되고 육성된다고 보는 것이다. 이러한 생각의 배경은 산업사회의 구조 변화에 있다. 즉, 낮은 수준의 기술을 요구하는 직업이 줄어드는 반면, 높은 수준의 기술이 요구하는 직업이 점차 늘고 있으며, 같은 직업 내에서도 고도의 기술을 요구하고 있기 때문에 이에 대한 일반적인 능력과 특별한 기술을 연마시키는 역할을 학교교육이 담당하게 된 것이다. 이러한 맥락에서 많은 사람들이 사회에서 유리한 직업적 지위를 획득하기 위하여 학교교육을 요구하게 되었으며, 교육을 많이 받으면 받을수록 잘 살 수 있다는 생각이 지배하게 되었다.

그렇다면 학교교육은 공정한 자유경쟁 체제로서 개인의 귀속(歸屬)적인 지위(ascribed status)와 관계없이 능력이라는 성취(成就)요인에 의하여 지배되고, 결과적으로 개인의 사회적 지위의 상승이동을 돕고 있는가?

학교교육의 낙관론자들은 이러한 문제에 대하여 가정배경, 학교교육, 사회적 성취의 관계를 다음과 같이 주장하고 있다. 즉, ① 가정배경은 어느 정도 학교교육에 영향을 줄 수 있다. ② 그러나 사회적 성취에 가정배경이 큰 영향을 주지는 못한다. ③ 따라서 학교교육은 사회적 출세에 결정적인 역할을 하고 있다고 본다

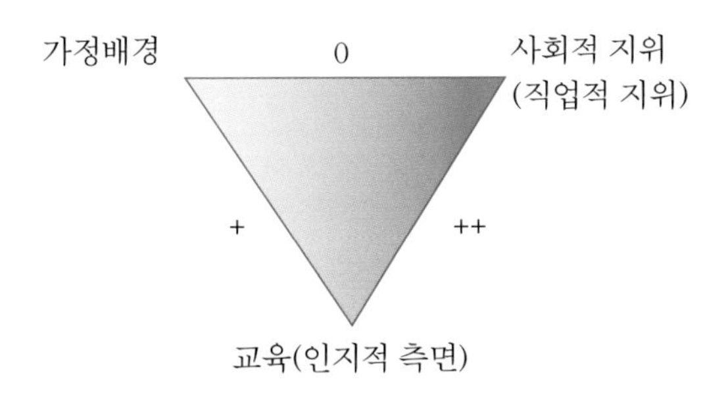

[그림 4-2] **블라우와 던컨의 학교교육효과 모형**

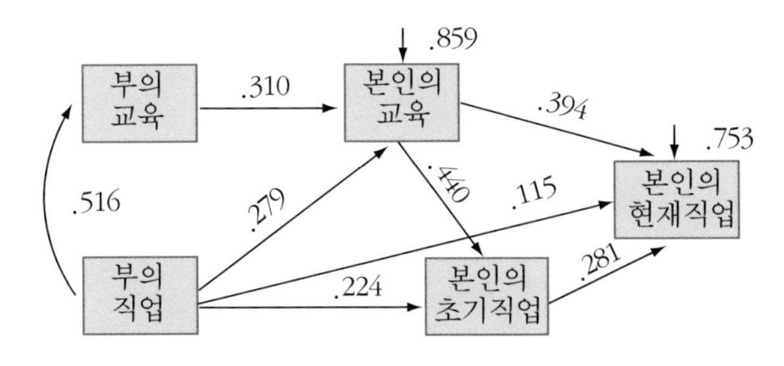

[그림 4-3] **직업지위 결정의 행로모형**

(한준상, 1981: 16; Persell, 1977: 154).

학교교육과 사회이동에 대한 이러한 생각에 선구자적인 역할을 한 사람은 소로킨(Sorokin, 1959)이다. 그에 의하면 학교는 개인의 능력을 검사, 선별하여 사회적 지위를 결정하는 사회적 기관이므로 수직적 순환이동의 통로라고 할 수 있다. 소로킨에 이어 좀 더 체계적인 연구는 글래스 등(Glass, 1954)에서 시작되었다. 그는 영국 사회의 불평등의 정도를 알아보기 위하여 세대 간 이동을 추적하는 최초의 조사연구를 실시하였다.

립셋과 벤딕스(Lipset & Bendix, 1963)는 미국, 영국, 일본 등 9개 국가를 대상으로 사회이동을 비교한 결과 공통적으로 교육은 수직적 상향이동의 중요한 통로가 되고 지위의 세습적 경향보다 자신의 능력에 의존하는 이동경향을 밝혀 냈다.

이상과 같은 논의를 바탕으로 블라우와 던컨(Blau & Duncan, 1967)은 사회이동 과정을 인과관계로 체계화하여 처음으로 직업적 지위에 대한 사회이동을 실증적으로 분석하였다.

『미국의 직업구조(The American Occupational Structure)』(1967)라는 책으로 발표된 이들의 보고서는 이른바 '**지위획득모형**(地位獲得模型, status attainment model)'으로 보편화된 연구설계와 함께 대표적 연구의 하나로 꼽히고 있다. 이들은 직업지위획득을 결정하는 요인들을 추적 분석함으로써 사회이동의 과정을 밝히려 하였다. 지위획득의 결정변수를 4가지로 보았는데, 그것은 아버지의 교육, 아버지의 직업, 본인의 교육, 본인의 첫 번째 직업으로, 앞의 둘은 사회적 배경요인을, 뒤의 둘은 자신의 훈련과 경험을 대표하는 것으로 간주하였다. 이들 4개의 변수를 개인의 직업지위에 대하여 중다회귀분석을 실시하고, 그것을 근거로 **행로분석**(path analysis)을 하였다.

연구결과 블라우와 던컨은 아버지의 교육이나 직업 같은 가정배경 요인과 사회적 지위와는 직접적으로는 별 상관이 없고 단지 간접적으로 가정배경이 학교교육에 영향을 주고 있을 뿐이며 본인의 교육수준에 의해 사회적 지위 또는 직업적 지위의 상당 부분이 결정됨을 보여 주었다([그림 4-2] [그림 4-3] 참조). 이러한 블라우와 던컨의 연구는 각 개인이 성공하는 데 자신의 학교교육이 중요하다는 점을 인과과정에 의해 경험적으로 증명했다는 것이 큰 업적으로 평가된다.

한편, 시웰과 하우저(Sewell & Hauser, 1975)는 블라우와 던컨이 주로 객관적인 변인(가정배경, 학력, 직업)만을 사용했기 때문에 학업성취, 중요한 타자의 영향(influence of significant others), 학교교육 및 직업포부를 포함하는 사회심리학적 변인을 매개시켰다. 연구결과는 아버지의 지위가 아들의 지위나 학교교육에 미치는 직접적인 영향은 나타나지 않았으며, 중요한 타자의 영향을 매개로 하여 직업 및 학교교육 포부 수준에 간접적인 영향을 미치는 것으로 나타났다. 직업적 지위는 본인의 학교교육 수준에 의해 70% 정도가 결정됨을 밝힌 점에서 블라우와 던컨의 연구결과와 일치한다.

이상과 같은 연구결과들은 학교교육이 직업적 지위를 획득하는 데 도구적 역할을 하며, 사회적 지위이동은 기술의 변화로 인한 사회구조적인 변동에 의한다기보다는 개인의 능력에 의해서만 가능하다는, 즉 교육에 대한 강한 신뢰를 나타내고 있다.

■ 갈등론적 관점

이와 같은 학교교육의 낙관론은 낙관론자들이 믿고 있던 확신과 실제와의 간격으로 인하여 많은 도전을 받게 되었다.

즉, 교육에 대한 낙관론자들의 주장과 같이 학교교육의 기회를 확대함으로써 사회의 실제적 불평등의 간격이 좁혀졌는가? 또한 학교교육은 가정배경과는 무관하여 완전히 개인의 능력과 노력에 의해서 이루어지고 있는가? 등에 대한 의문이 교육효과에 대한 회의론자들에 의해 대두되었다.

흔히 교육의 낙관론자들은 교육기회의 불평등이 감소되면 사회적 불평등 역시 감소되리라고 믿고 있으나, 실제적으로는 교육과 사회적 지위이동과의 상관이 낮으므로 교육기회의 불평등의 감소가 사회적 불평등의 감소를 이루지 못한다는 것이다.

학교교육에 대한 갈등(葛藤)론적 패러다임은 교육기회를 확대함으로써 사회적 불평등의 간격이 좁혀졌는가에 대해서는 회의론이 지배적이다. 이에 대한 문제를 최초로 제기한 앤더슨(Anderson, 1961)은 미국, 영국, 스웨덴 등 3개국에서의 교육과 사회적 지위이동과의 관계를 분석한 결과 이들의 사회적 지위와 교육과의 상관은 아버지의 사회적 지위와의 상관보다 낮으며, 상대적으로 교육수준을 높임으로 해서 더 나은 사회적 지위에 도달할 수 있는 기회를 증진시키지 못한다는 결론에 도달하였다.

이는 학교교육에 대한 낙관론과 능력주의 사회의 주요한 전제를 부정하는 결론이었다.

더 나아가 1966년 콜맨 보고서 역시 학교교육에 대한 무력함을 보여 주어 종래의 인식을 크게 변화시켰으며 부동(Boudon, 1973)도 앤더슨과 센터스(Anderson & Centers, 1949)의 연구를 재분석하여 사회적 지위이동 및 사회적 평등 실현에 있어서 교육의 회의적인 역할에 대한 실증적인 결과를 제시하고 있다.

한편, 듀로우(Thurow, 1972)는 취학률의 증가와 사회적 이동에 관한 연구에서 취학기간의 연장이 교육 불평등은 감소시켜 주지만 경제적 불평등은 증가시킨다는 것이다. 그 이유는 경제적 소득분배(고용, 雇傭)나 구조는 교육계층 구조의 변화에 부응하지 못하고 보다 더 느리게 변화되기 때문이라는 점이다. 또한 교육수준과 소득구조의 관련성은 첫째, 초 · 중 · 대학 졸업자들 간에 있어서 각 집단 내의 소득편차는 감소하는 경향이 있지만, 세 수준(초 · 중 · 대학) 간의 평균소득 차는 더욱 커지는 경향이 두드러지게 나타난다는 것도 보여 주고 있다.

사회적 지위이동에 있어서 학교교육 효과의 회의론적 관점은 젠크스(Jencks et al., 1972) 등의 연구결과에서도 제시되고 있다.

젠크스는 학교교육 연한이나 인지적(認知的)인 요인과 개인의 수입 간에는 별 상관이 없으며, 또한 아버지의 직업이나 교육도 아들의 수입과 거의 관련이 없다는 결과를 제시하고 있다([그림 4-4] 참조).

또, 교육효과에 대한 비관론자들은 경제성장 수준이 비슷한 국가에서 낙관론

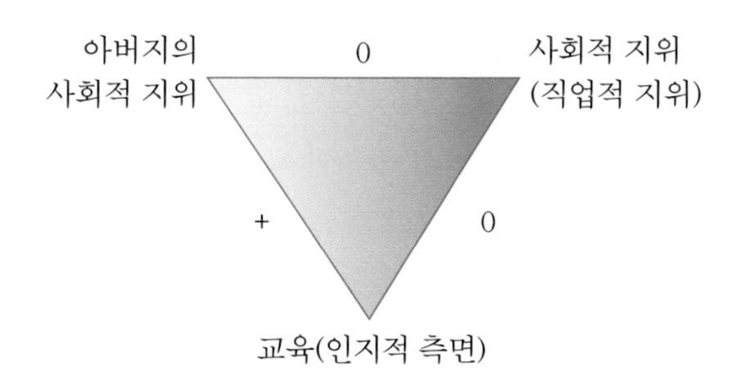

[그림 4-4] **젠크스의 학교교육효과 모형**

자들이 생각하듯이 교육기회의 확대 정도가 같지 않고 다르다는 점(David, 1963, 1964), 교육과 경제발전 간의 시간차로 인하여 경제발전 이전에 교육기회가 확대된다는 사실(Collins, 1971) 등에 비추어 볼 때 사회에서 높은 수준의 교육을 요구하는 이유가 생산성이 높아지기 때문이라고 보는 낙관론자의 주장은 모순이라고 비판하고 있다.

학교교육 효과에 관한 갈등론적 입장을 경험적으로 가장 잘 대변해 주는 것은 보울즈와 진티스(Bowles & Gintis, 1976)의 연구결과다. 교육효과의 비관론적 관점을 도식화하면 [그림 4-5]와 같다.

콜린즈, 보울즈 그리고 진티스에 의하면 개인의 지위는 학교교육보다 가정배경(家庭背景)에 의해 결정되고 있다. 사회적 지위에 대한 가정배경의 영향은 다른 한

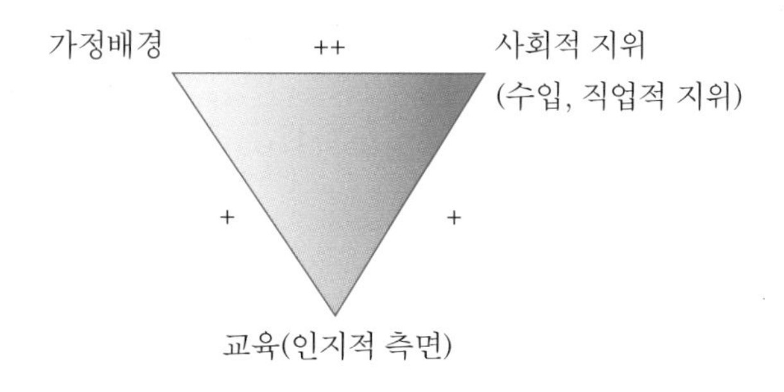

[그림 4-5] **보울즈와 진티스의 학교교육효과 모형**

편으로는 학교교육에 영향을 주어 그것이 간접적으로 작용하고 있다.

특히 보울즈와 진티스는 지난 25년간 조사결과에 비추어 볼 때 교육기회가 균등화된다고 하여도 장래 성인사회에서의 경제적 불평등 현상은 계속된다고 주장하고 있다. 이들은 학교교육이란 사회적 불평등이 반영되어 이를 재생산하는 조직체로 보고 있다. 즉, 학교교육은 자본주의 사회체제를 주도하는 사회가치를 학생들의 성격특성, 예컨대 인내심, 의타심, 명령엄수, 애교심, 일관성 등으로 육성시킴으로써 사회와 정치적 안정을 도모하는 사회통제 장치의 역할을 담당하고 있다고 보는 것이다(Bowles & Gintis, 1976: 26-36; Sarup, 1978: 165-171).

따라서 학교교육은 현존하는 사회 지배계층의 이익을 유지하기 위한 하나의 사회적 조정 장치에 불과하며 계층 재생산의 매개변수에 불과하다는 것이다. 이는 학교가 지배계층의 이익에 공헌하고 현존하는 사회적 · 경제적 불평등을 강화해 줌으로써 그러한 불평등 현상은 불가피하게 유지되고 있다는 것이다.

그러므로 교육이 제도적으로 성취를 나타내는 지표로 간주되고 있으나 실제로는 사회의 귀속적(歸屬的) 요인(ascribed factor)이 성취적(成就的)인 요인(ascribed factor)으로 위장된 결과라고 볼 수 있는 것이다(Karabel & Halsey, 1977: 844).

학교교육에서의 능력주의에 대한 강한 회의론은 교육의 기회균등의 개념의 변화를 요구하게 된 것이다. 즉, 기회만의 균등으로는 교육효과에 대한 낙관론자들이 표방하듯이 학교교육을 통한 사회적 불평등의 실현은 요원하다는 것이며, 따라서 기회의 균등에서 한 걸음 더 나아가 결과의 균등을 도모해야만 학교교육이 사회평등을 위한 이상을 실현할 수 있다고 보는 것이다.

한국의 사회이동의 실제

1960년대에 세계적으로 교육기회 확대를 위한 교육개혁의 주요 세력은 바로 학교교육의 낙관론의 입장에 선 자유주의자들이었다. 그러나 1970년대 후반부터 대두된 학교교육에 대한 비관론적 관점은 교육기회 확대가 사회적 불평등을 감소시키고 있는가에 대한 회의를 제기하였다. 이와 같이 교육기회 확대에 따른 교육효과의 낙관론이 엇갈리는 시점에서 현재 우리의 학교교육은 어떤 입장에서 설명되고 수용될 수 있는가? 사회발전을 위한 전환기에서 사회평등실현을 위한 학교교육의 역할과 기능에 대한 재평가가 요구된다.

이러한 문제에 대한 해답을 얻기 위하여 필자는 1982년 「학교교육과 사회적 성취」라는 실증적 연구를 수행한 바가 있다. 다음에 제시하는 내용은 필자의 연구결과를 중심으로 우리나라 성인의 사회적 이동에 관련된 부분을 발췌한 것이다. 이 연구에서는 사회적 지위 획득 및 세대 간 사회적 지위이동에 대한 교육의 역할을 검토함을 주목적으로 하였다. 이러한 목적에 따라 개인의 사회적 성취에 작용하는 요인을 가정 · 학교 · 개인 특성으로 구분하고 그 상대적 영향력 정도를 심층적으로 분석하였다. 여기서 사회적 성취는 개인의 직업적 지위, 경제적 지위, 사회계층 귀속의식, 삶의 만족도, 사회적 성취에 대한 주관적 평가 등을 집합적으로 표현한 개념이다.

이 연구의 조사대상자는 서울과 대도시에 거주하는 25세 이상 65세 미만의 성인 남자 중 비(非)농업직에 종사하는 사람을 그들의 직업적 지위를 단순 노무직부터 최고 전문직까지 고르게 구분하여 1,500명을 표집하였다. 홍두승 등(1982)의 직업적 지위분류 기준에 따라 상 · 중 · 하에 속하는 직업을 가진 대상자를 각각 500명씩 무선표집 혹은 대표표집(representative sampling)하였다.

여기서는 먼저 최근 우리나라에서의 사회적 이동에 관련된 제 요인을 전체적으로 살펴보고, 다음에는 구체적으로 직업적 지위의 결정요인과 사회이동의 가능성을 분석해 보고자 한다.

■ 사회이동의 인과요인

개인의 사회적 성취에 대하여 학교교육 낙관론자들은 학교가 가장 중요한 역할을 한다고 하였으며, 반면에 비관론자들은 학교보다는 가정의 영향이 더 크게 작용한다고 보고 있다. 또한 젠크스(Jencks, 1972)와 같은 학교교육 회의론자는 학교나 가정요인 이외에 운(運)과 같은 제3 요인이 크게 작용하고 있다고 한다. 이와 같이 엇갈리는 주장에 대한 논의를 위하여 개인의 사회적 성취에 대한 학교·가정·개인 특성 요인의 영향을 살펴보면 다음과 같다. 여기서 사회적 성취는 사회계층의 배치 및 이동의 복합적 의미를 나타낸다. 따라서 사회적 성취는 사회계층 결정지표가 되는 직업 및 경제적 지위, 계층귀속 의식, 생활만족도, 계층소속에 대한 주관적 평가 등으로 구성되었다.

먼저 개인의 사회적 성취에 대한 학교·가정·개인요인의 영향 및 상대적 비중을 알아보기 위하여 중다회귀분석(multiple regression analysis)을 하여 그것을 근거로 한 행로계수(行路系數, path coefficient)와 설명량은 [그림 4-6]과 같다.

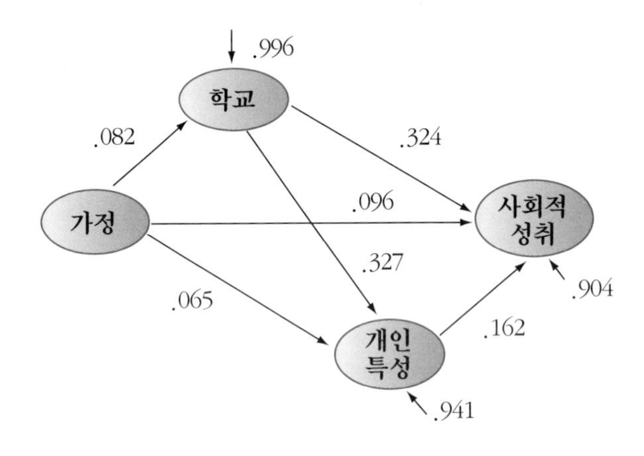

[그림 4-6] 사회적 성취 관련 요인의 행로분석 결과

이 회귀분석에 의한 모형은 사회적 성취에 대한 인과관계를 나타낸다. 전체적으로 볼 때 사회적 성취에 대한 학교교육의 회로계수는 .324, 개인요인은 .162, 가정요인은 .096으로서 학교교육이 사회적 성취에 대한 설명량이 가장 크고 직접적으로 주는 영향이 가장 크다고 할 수 있다. 그다음이 개인 특성(여기서는 지적 능력과 노력 등)이고, 가정요인의 영향력은 상대적으로 작게 나타났다.

가정요인은 사회적 성취에 직접적으로 미치는 영향 이외에 학교교육과 개인 특성을 거쳐 간접적으로 미치는 영향이 있을 수 있으며, 학교교육도 사회적 성취에 직접적으로 미치는 영향 이외에 개인 특성 요인을 거쳐 간접적으로 미치는 영향도 있을 수 있다. 또한 지능, 성격, 노력, 인간관계 등으로 구성된 개인요인은 가장 직접적으로 사회적 성취에 영향을 미치는 것으로 볼 수 있다.

따라서 사회적 성취에 대한 학교교육의 영향은 가정요인과 학교교육의 복합적인 영향으로 설명된다. 학교교육을 거치지 않고 가정배경 단독으로는 매우 적은 영향을 주고 있다.

사회적 성취에 대한 각 요인의 관계를 원인적인 관계와 비(非)원인적인 관계로 나누고, 또 원인적 관계를 직접적인 관계와 간접적인 관계로 나누어 분석한 결과 학교교육은 개인의 사회적 성취에 원인적 관계가 깊게 나타났다. 학교교육의 사회적 성취의 설명량은 .386 중에서 원인적 관계가 .377이며, 이중 직접적인 영향력이 .324이고 간접적 영향력은 .053에 불과하였다. 여기서 사회적 성취에 대한 비원인적 관계로 나타난 0.09는 사회적 성취와 학교교육이 공통으로 영향을 받는 제3의 요인에 의한 것이다. 즉, 사회적 성취와 학교교육의 유사상관(類似相關)으로서 이 두 요인 간의 공변량(共變量)을 의미한다.

한편, 가정요인의 영향은 모두가 원인적 관계로 설명되며, 직접적인 영향력이 간접적인 것보다 다소 크게 나타났다. 반면에 개인적 요인은 모두 직접적인 관계를 나타내고 있다.

결과적으로 사회적 성취에 대한 학교교육의 영향은 가정요인의 영향이 내포된

표 4-4 사회적 성취에 대한 학교 · 가정 · 개인요인 관계분할표

	전체 공변량 (A)	원인적 관계			비원인적
		직접(B)	간접(C)	전체(D)	관계(A-D)
가정요인	.137	.096	.041	.137	-
학교요인	.386	.324	.053	.377	.009
개인요인	.278	.162	-	.162	.116

복합적인 영향으로 볼 수 있다. 이러한 결과는 블라우와 던컨의 연구(1967)에서 직업적 지위 획득에 대한 가정배경의 영향이 교육과는 독립적으로 설명될 수 없다는 결론과 일치한다. 개인의 직업적 지위를 비롯한 사회적 이동에 대하여 가정배경은 직접적으로 작용하기보다는 학교교육을 중개로 하여 작용하고 있다고 볼 수 있다.

전체적으로 볼 때 학교교육은 우리나라 성인의 사회적 이동에 가장 중요한 결정요인이 되고 있다. 가정배경이나 개인적 특성은 부수적 혹은 간접적으로 영향을 주고 있다. 학교요인 중에서 개인의 학력(교육수준)이 가장 중요하며, 그다음으로 학교의 질(質), 그리고 학교에 대한 사회적 평가 등이 중요한 요인이다.

■ 직업적 지위 결정요인

우리 사회에서 개인의 직업적 지위는 어떻게 획득되고 있는가를 밝히기 위하여 직업적 지위에 대한 학교, 가정, 그리고 개인적 특성 요인의 영향 정도를 살펴보기로 한다.

우선 학교, 개인, 가정요인의 하위요인 중에서 직업적 지위에 영향을 주는 것은 다음과 같다. 학교요인 하위영역(교육수준, 사회적 평가, 교육의 질, 물리적 환경, 학업성취도 등)에서 개인의 직업적 성취에 가장 영향을 많이 주는 것은 교육수준과 학교에 대한 사회적 평가다. 한편, 가정요인 하위영역(부모의 사회경제적 지위, 배우자 부모의 사회경제적 지위, 사회적 상승 강조도, 거주지의 크기, 친척의 지위, 형제 수 등)에서는 부모의 사회경제적 지위(SES)와 배우자 부모의 사회경제적 지위가 중요한 것으로 나타났다. 또, 개인 특성의 하위영역(지능, 노력, 자아개념, 성격, 인간관계) 중에서는 개인의 지적능력과 노력이 중요한 요인으로 작용하고 있다. 이러한 하위영역 중 직업적 지위에 중요한 영향을 주는 요인으로 밝혀진 것을 선정하여 행로분석한 결과는 다음과 같다([그림 4-7] 참조).

그 결과 [그림 4-7]에서와 같이 직업적 지위를 결정함에 있어서 교육수준의 행로계수(path coefficient)가 .589로서 가장 중요한 결정요인이며, 다음으로는 지적

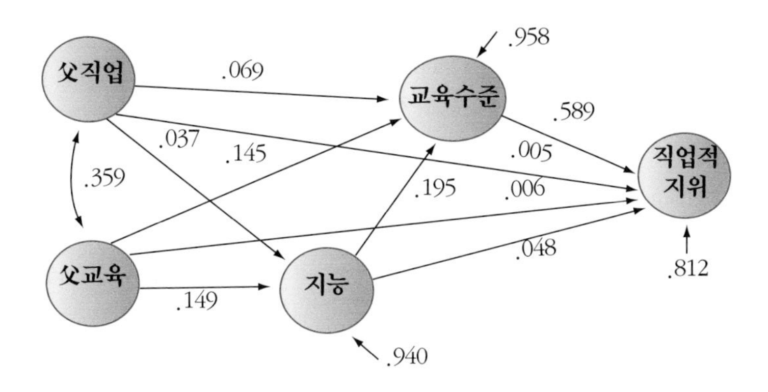

[그림 4-7] **직업적 지위에 대한 주요 관련 요인의 행로분석 결과**

능력이었다. 부의 직업이나 교육이 직업적 지위에 직접적으로 미치는 영향은 매우 적으며 간접적인 영향을 미치고 있다.

■ 사회계층이동의 가능성

사회계층이동의 실제를 살펴보기 위하여 세대 간 이동(intergenerational mobility)에서는 사회계층 결정에 가장 큰 비중을 차지하는 직업적 지위와 경제적 지위의 이동을 분석하였으며, 세대 내 이동(intragenerational mobility)에서는 단일 세대 내에서의 직업적 지위이동을 분석하였다. 여기서 세대 간 이동이란 부자(父子)의 두 세대 간의 사회적 지위이동을 의미하며, 세대 내 이동이란 단일세대 내에서의 이동을 말한다.

세대 간 직업적 지위이동 아버지와 아들의 직업적 지위를 서로 교차시켜 부자 간의 지위이동 분포를 살펴본 결과는 〈표 4-5〉와 같다.

전체적으로 볼 때 직업적 지위가 세대 간에 상승한 경우는 아버지의 직업이 비숙련직, 숙련직, 자영업에서 많았다. 세대 간 이동이 가장 없는 경우는 아버지의 직업이 사무직인 경우(61.8%)이며, 전문직의 경우 28.4%로 다른 직업에 비해 세대 간 직업적 지위이동이 적은 편이다. 반면에 아버지의 직업이 전문직, 행정관리

표 4-5 세대 간 직업적 지위이동 유형별 분포(%)

父직업 \ 아들 직업	비숙련직	숙련직	자영업	사무직	전문직	행정 · 관리직
무직	0.0	0.3	0.4	22.0	1.2	0.0
비숙련직	0.0	0.3	0.0	1.5	0.4	0.0
숙련직	1.3	1.3	0.4	3.1	1.9	0.0
자영업	2.0	3.9	0.8	20.5	9.4	0.1
사무직	0.5	1.6	0.8	16.8	6.9	0.5
전문직	0.5	1.3	0.4	11.2	5.6	0.7
행정 · 관리직	0.0	0.3	0.0	1.5	0.7	0.1

* ①: 정체유형(184명) ②: 하강이동(小)(189명) ③: 하강이동(大)(6명)
④: 상승이동(小)(345명) ⑤: 상승이동(大)(27명)

직의 경우에는 대부분이 다소의 하강이동을 하고 있다.

직업적 지위이동 및 그 정도를 보다 구체적으로 살펴보기 위하여 아버지의 직업과 아들의 직업을 〈표 4-5〉와 같이 교차시킨 후, 이동 정도에 따라 세대 간의 직업적 지위 정체유형, 상승이동(大), 상승이동(小), 하강이동(大), 하강이동(小)의 5가지 유형으로 나누어 분석하였다. 전체적으로 세대 간의 직업적 지위 정체유형은 24.3%이며, 상승이동은 49.7%, 하강이동은 33.2%다. 따라서 비교적 세대 간 직업적 지위이동이 활발하다고 하겠다.

세대 간 사회경제적 지위이동 경제적 지위는 아버지와 아들 세대 모두 직업, 교육수준, 수입에 의해 측정되었으며, 이를 7단계로 나누어 사회경제적 지위체계로 보았다. 전체적으로 볼 때 아버지의 경제적 지위가 중(中)의 하(下) 이하인 경우에 대부분이 중(中) 이상으로 상승이동을 하고 있으며, 그 이동의 정도에 있어서도 아버지의 경제적 지위로부터 3~4단계까지 이동을 함으로써 이동의 폭이 매우 크게 나타났다.

또, 아버지의 경제적 지위가 중(中)의 상(上), 상(上)인 경우에 아들의 지위가 하

표 4-6 세대 간 사회경제적 지위이동의 유형별 분포(%)

父SES \ 子SES	하	하의 상	중의 하	중	중의 상	상
하의하	0.0	0.2	0.0	0.0	0.2	0.0
하	0.0	1.0	1.4	1.7	1.9	0.2
하의상	0.1	2.7	2.7	6.2	7.5	1.6
중의하	0.4	2.5	4.7	13.4	13.0	1.7
중	0.0	0.4	2.0	9.3	0.9	0.9
중의상	0.0	0.2	1.0	3.3	5.1	1.6
상	0.0	0.0	0.0	0.9	1.0	0.2

* ①: 정체유형(178명) ②: 하강이동小(95명) ③: 하강이동大(0명)
④: 상승이동小(392명) ⑤: 상승이동大(32명)

강이동하더라도 1~2단계로서 중(中) 이하로는 내려가지 않고 있음을 알 수 있다. 이 결과는 상승이동을 한 사람들이 하강이동을 한 사람의 지위를 채우는 순환이동(exchange mobility)의 결과라고 보기보다는 사회의 구조적인 변동으로 인하여 사회 구성원이 집단적으로 상승이동을 한 결과라고 해석된다.

세대 간의 사회경제적 지위이동의 정도 및 그 유형을 알아보기 위하여 그 이동 정도에 따라 지위이동 정체형, 하강이동(小), 하강이동(大), 상승이동(小), 상승이동(大)의 5가지로 유형화하여 그 분포를 보면 〈표 4-6〉과 같다.

그 결과 세대 간 정체유형이 22%, 전체 대상자의 반수 이상(66.1%)이 상승이동을 한 결과로 나타났다. 반면에 하강이동은 10.8%로서 그것도 3단계 이상 하강한 경우는 한 명도 없으며, 대개 1, 2단계 정도의 하강이동에 불과하였다.

이상에서 세대 간 직업적 지위와 경제적 지위이동의 결과에는 다소 차이가 있다. 세대 간의 사회경제적 지위이동의 경우 세대 간의 상승이동 경향이 높다고 보겠다. 앞의 〈표 4-5〉와 〈표 4-6〉을 비교해 보면 직업적 지위이동에서보다 사회경제적 지위이동에서 이동 비율이 더 높다. 이는 직업적 지위 이외에 교육과 수입을 포함시켰을 때 더욱 사회적 지위이동이 큰 결과로서 이는 세대 간보다 아들의 세대에서의 괄목할 만한 교육수준 향상의 영향이 작용하였기 때문으로 보인다.

세대 내(世代 內) 직업적 지위 이동 부수적으로 세대 내 직업적 지위이동에 있어서는 대부분의 경우 초기 직업과 후기 직업 간에 별 변동이 없었다. 초기직업과 현재 직업과의 가장 변동이 없는 경우는 비숙련직이며, 다음이 숙련직(83.6%), 그 외에도 사무직(67%), 전문직(57.7%)이 많으며 사무직에서도 전문직으로서 상승이동(29.4%)이 있음을 볼 수 있다.

이상의 결과로 볼 때 세대 내에서 초기의 직업적 지위로부터 지위이동이 어려우며, 직업적 지위이동이 있다고 해도 초기의 직업적 지위로부터 3단계 이상의 이동이 어려움을 알 수 있으며, 육체노동직과 정신노동직으로 양분하여 국한된 범위 내에서만 가능하다. 그러므로 사회적 지위 획득 및 계층이동에 대한 학교교육의 공헌 여부 및 그 정도의 문제는 학교교육의 효과를 판가름하는 교육 내적인 문제로서의 의미 이외에도 사회적 평등실현을 위한 국가 정책의 방향을 결정하는 데 필요한 준거로서의 의미를 가지게 되었다.

이상의 결과를 요약하면 다음과 같다.

- 전체적으로 볼 때 우리의 학교교육은 우리나라 성인의 직업적 · 경제적 지위 획득에 가장 중요한 결정요인으로 작용하고 있다. 학교요인 중에서도 개인의 교육수준(학력)이 가장 중요하며, 그 다음으로 학교의 질, 그리고 학교에 대한 사회적 평가가 중요한 역할을 하고 있다. 학교교육 다음으로 직업적 지위에 영향을 주는 개인 특성으로는 지적 능력과 개인의 노력이, 그리고 가정요인 중에서는 부모의 사회경제적 지위와 배우자 부모의 사회경제적 지위가 다른 요인에 비하여 큰 영향을 주고 있다.
- 가정배경은 개인의 직업, 경제적 성취에 직접적으로 영향을 주는 이외에도 학교교육과 개인 특성을 통하여 간접적으로 작용하는 비중이 더 크다. 그러한 영향의 경로는 가정의 사회경제적 지위 중에서도 아버지의 교육정도, 본인의 교육수준, 사회경제적 지위의 인과적인 관계를 나타낸다.
- 연령집단으로 볼 때 50대 이상의 성인의 경우, 가정배경에 관련된 귀속요인

(歸屬要因)이 학교교육 기회와 사회적 성취에 준 영향은 다른 연령집단에 비하여 컸다고 볼 수 있다. 반면에 30~40대 연령층에서는 가정배경의 간접적인 영향이 상대적으로 적게 나타나고 있다.

이러한 결과는 50대 후반의 성인의 경우 가정경제 수준이 고등학교 진학 혜택에 직접 영향을 주었던 시기라고 할 수 있으나, 그 이후 30~40대 초의 성인의 시기는 교육의 양적 확대 및 보편적 추세로 인하여 교육수준을 결정하는 데 가정배경의 영향이 그 이전 세대에 비하여 감소되었기 때문이라고 볼 수 있다.

- 학교교육의 효과란 학교의 설립유형, 소재지역, 진학계열, 학교 분위기 등에서의 차이를 의미하며, 구체적으로는 교직원의 자질, 학교시설, 교육과정, 교수방법, 학교풍토 등과 같은 학교 특정요인의 독립적인 영향도 크다.
- 현재 우리 사회는 세대 간의 사회적 지위이동이 활발한 개방사회(開放社會)로 평가될 수 있다. 세대 간의 지위이동은 물론 직업적 지위이동이 활발한 가운데 사회경제적 이동의 폭이 크다.
- 한편, 세대 내의 직업적 지위이동은 세대 간 지위이동에 비하여 덜 발달하며, 대다수가 초기 직업과 후기 직업 간에 별 변동은 없었다. 세대 내 직업적 지위이동은 사무직에서 전문직으로 상승한 경우와 전문직에서 사무직으로 하강이동한 사례가 어느 정도 있으나 대부분은 직업적 지위이동이 없는 정체형(停滯型)으로 나타났다.

지금까지 우리의 교육발전은 사회성인의 직업적 · 경제적 지위의 지표로서 인식되었고, 그 실증적 결과도 이를 뒷받침하고 있다. 이는 1960년대부터의 사회개발 정책에 따라 우리 사회의 구조적 이동이 수반되었기 때문에 세대 간의 지위이동에 대한 교육의 역할이 크게 작용하였다. 점차 우리 사회가 안정된 산업사회로 접어들면서 사회의 구조적 변동이 적어질 경우, 세대 간의 지위이동은 물론 이에 대한 학교교육의 공헌도 선진 산업사회의 경우와 같이 점차 제한될 것으로 예상된다. 따라서 이런 현상은 사회적 · 경제적 성취에 대한 학교교육의 공헌도를 논함에 있어서 사회의 발전단계 및 산업화 정도가 고려되어야 할 것이다.

교육불평등과 교육격차

이삭줍기

1857년에 그려진 장 프랑수아 밀레의 대표작 중 하나다. 전경을 차지하고 있는 여인들은 열심히 일을 하고 있다. 이들의 등을 밝히는 햇빛은 마치 카라바조의 그림에서 그렇듯이, 신의 가호를 의미한다. 자연은 이처럼 신의 의지를 내포하는 현상으로 밀레의 그림에서 암시된다. 노동하는 여인들의 모습은 대지의 색조에 가까운데, 이를 통해 밀레는 상류층보다 이들에게 신의 축복이 내리고 있다는 사실을 넌지시 보여주고 있다. 원경에 보이는 저택과 말을 탄 사나이는 상류층을 상징한다고 할 수 있다.

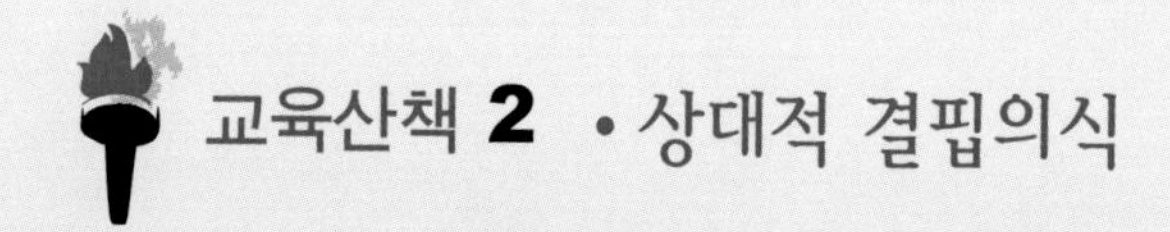

교육산책 2 • 상대적 결핍의식

다방면의 변화에 부응하여 우리 교육도 많은 성장 · 발전을 이룩한 바, 무엇보다 경제발전에 힘입어 과거에 비하여 남녀차, 지역차, 빈부차 등에 의한 교육의 접근기회에서 불평등, 격차가 크게 완화되었다. 특히 평준화시책이 시행된 이래 학교의 시설, 교원의 질, 학생의 무선적 배정, 동일한 교육과정의 제공 등으로 기회균등을 위한 최선의 통제가 되고 있다.

이러한 일련의 교육발전을 위한 시책과 노력에도 불구하고 오늘날 사회 일반에서는 학생들의 진학이나 성적문제와 관련지어 도 · 농학교, 동일 도시 내의 특정지역 또는 학교를 선호하는 경향이 깊게 나타나고 있다.

그간의 평준화시책을 비롯하여 교육개혁 구상과 실천에 따라 시설환경, 교육내용과 방법 개선, 교사의 질 개선 등에 관한 대책 수립과 계속적인 추진시책이 수행됨에도 지역간 · 학교간 · 계열간 우 · 열이 구분되고 결과적으로 교육격차가 실제적 또는 의식적으로 파생되는 이유는 무엇인가?

그 이유 중 하나가 우리 사회인의 의식 속에 잠재해 있는 상대적 결핍의식의 문제다. 이러한 결핍의식은 80년대 우리 사회의 경제수준 향상과 그에 따른 상대적 결핍과 빈곤의식 등 심리적 · 지각적인 격차현상에서 파생되는 것이다. 즉 상대적으로 자기 자녀가 다니는 학교가 타학교보다 학군이 타학군보다 못하거나, 빈곤지역에 산다는 의식 때문에 상대적으로 교사의 질까지 낮추어 평가 또는 지각하거나 시설 · 환경 여건에서의 빈약성을 예견함으로써 결과적으로 학생의 성적이 타지역, 타학교에 비하여 뒤진다는 의식이 야기되고 있다.

물론 학부모가 우려하고 있는 교육시설, 내용, 실천과정이 타학교에 비하여 뒤지거나 부족하다면 교육성과에서의 격차가 파생하는 것은 불가피할 것이다. 그러나 보다 중요한 문제는 학부모나 사회 일반이 특정학교나 지역에 대한 선호나 상대적 결핍의식이 교육성과에 반영된다는 것은 사회심리학적 이론이나 연구결과에 비추어 충분히 이해될 수 있다.

학교 수준이나 교육효과에 대한 학부모의 기대, 지각, 평가는 학생을 통해 직접 · 간접으로 전달되어지며 학부모 · 학생 · 교사의 상호 인과적 메커니즘을 통해 교사의 수업지도 · 실천과정과 학생이 교사에 거는 기대에 차이를 유발하게 되고 결국은 학생의 학업성취에 자기충족적 예언으로 정확히 연결된다는 것이다. 즉 학부모의 학교, 교사에 대한 지각 · 평가는 교사의 지도의욕과 열의에, 나아가 학생능력에 대한 지각평가로 연결되어 결과적으로 학부모, 교사, 학생의 학업성취에 대한 기대지각이 연쇄반응으로 나타나게 되는 것이다.

제5장

교육불평등 문제와 접근

And what, Socrates, is the food of the soul? Surely,
I said, knowledge is the food of the soul.
내가 감히 소크라테스에게 무엇이 영혼의 양식이 되느냐고 물으면
그는 분명히 지식이 영혼의 양식이라고 할 것이다.
〈Plato, Protagoras〉

1. 교육불평등의 문제
2. 교육기회균등의 의미
3. 교육평등관의 유형
4. 학교교육과 불평등
5. 교육불평등의 접근모형
6. 교육평등화의 과제

금세기 중반부터 줄기차게 교육사회학에서 관심을 불러일으킨 교육의 기회균등 문제는 연구자의 학문적 배경과 관점에 따라 교육격차, 불균등, 불평등 등과 같은 의미로 그 개념과 접근에 있어서 다양한 형태로 지칭되어 왔다.

교육기회균등은 자유와 평등을 표방하는 민주국가의 기본 명제다. 이는 성별, 인종, 신앙, 정치성, 계층, 경제적 조건 등에서 차별받지 않고 교육의 혜택을 받을 수 있는 권리를 균등하게 누리도록 보장하는 일이다.

우리나라 헌법 제29조 제1항에 "모든 국민은 능력에 따라 균등하게 교육을 받을 권리를 가진다."라고 규정되어 있으며, 「교육기본법」 제4조(교육의 기회균등)에는 "모든 국민은 성별, 종교, 신념, 사회적 신분, 경제적 지위 또는 신체적 조건 등을 이유로 교육에 있어서 차별을 받지 아니한다."라고 명시되어 있다. 또한 1948년의 세계인권선언에는 "사람은 누구나 교육을 받을 수 있는 권리를 가진다. 교육은 적어도 초등 및 기초단계에 있어서는 무상이어야 한다. 초등교육은 의무로 받을 수 있도록 하여야 한다. 기술 및 직업교육은 일반적으로 받을 수 있도록 하여야 하며, 고등교육은 능력에 따라 누구든지 평등하게 받을 수 있도록 개방되어야 한다."라고 밝히고 있다.

앞의 법조문 및 세계인권선언에 제시된 의미는 여러 조건에 의하지 않고 오직 '능력'에 따라 균등한 교육의 혜택을 받을 수 있음을 말해 주고 있으므로 우리의 교육이 어떤 방향으로 나아가야 할지를 음미해 보아야 한다.

따라서 이 장에서는 교육불평등 또는 교육격차의 문제와 이와 대칭적으로 교육기회균등의 의미와 시대적 변화 과정 그리고 교육평등관의 유형을 개관하고, 다음으로는 교육격차를 보는 시각과 그 인과론을 살펴보고, 마지막으로 학교교육 불평등 문제를 밝혀 봄과 동시에 교육평등화의 과제를 제시하고자 한다.

1. 교육불평등의 문제

교육불평등 혹은 교육격차의 문제는 교육체제, 교육행정, 재정, 교육 및 사회정책 등과 같은 교육의 외면적 측면뿐만 아니라 학교의 교육과정과 운영, 학급조직, 교수-학습과정에서의 제반 여건에서 비롯된다.

여기서 교육의 균등(equality), 형평(equity), 공평(fairness)이라는 개념과 대립적인 의미로 교육불평등 또는 교육격차라는 개념을 도입하고자 한다.

불평등(inequality)에 관하여는 오래 전부터 정치 · 경제 · 사회 등의 제 영역에서 논의되어 왔고, 차후에도 역사가 있는 한 계속 논의될 사상적 · 이념적 · 제도적 · 정책적 과제로 남는 문제일 것이다. 그러나 비슷한 개념이기는 하지만 격차(difference, disparity)는 현상적 · 실제적 · 가시적(可視的) 관점에서 불평등의 개념보다는 구체적이고 비교적 접근이 용이한 개념으로 받아들이고자 한다. 논자에 따라서는 이 두 개념의 차이는 논의 밖에 두고 있으나 교육현상과 실제문제의 접근과 해결을 위해서는 교육불평등보다는 교육격차의 개념이 보다 직접적이고 접근 가능성이 용이한 것으로 간주된다.

종래에는 교육격차의 주된 원인이 주로 학생의 타고난 능력이나 지능, 성취동기 등의 개인적 차원에 있다고 보았으나, 점차 이러한 문제는 개인적 차원보다는 사회적 불평등이 반영된 구조적 차원에서 교육격차의 원인을 찾고 있다. 플라톤(Plato)의 『공화국(The Republic)』이나 아리스토텔레스(Aristotle)의 『정치론(Politics)』에서는 인간은 태어날 때부터 어느 한 단계에 속한다고 보고, 이들 각 계급에 따라 그 나름의 기능과 역할이 주어져야 하는 것으로 사회계급의 불평등을 하나의 선험적 명제로 받아들이는 이른바 '인간 불평등의 자연성'을 주장하고 있다. 그러나 로크(J. Locke), 루소(J. J. Rousseau)를 거치는 동안 인간의 불평등, 격차의 문제는 그것이 자연법칙에 의한 필연적인 결과가 아니라 인간이 인공적으로 만들어 낸 결과라는 사고가 지배하기 시작하였고, 특히 마르크스(K. Marx)에 이르러 인류의 불평등은 생산양식에 의해 결정된다고 주장하였고, 20세기의 사회경제학자인 막스 베버(Max Weber)는 마르크스가 지적하는 생산양식과 소유양식에 의해 결정되는 계급에 권력(權力, power), 권위(權威, prestige)의 개념을 더 첨가시켜 재산의 격차는 계급의 격차를, 권력의 격차는 정치적 당의 격차와 갈등을, 권위의 격차는 지위의 격차를 잉태하게 되어 사회에서의 불평등, 불균등 격차는 극대화되기 마련이라는 논리를 주장하고 있다. 따라서 플라톤이나 아리스토텔레스의 인간 불평등론보다는 루소 이후의 인간 평등론이 강조되는 오늘날, 개인의 본래적인 능력의 차에서 교육 차가 파생되기보다는 가정의 사회계층의 차로 인한 사회구조적 요인의 격차에서 교육격차가 생긴다고 보는 것이 더욱 설득력이 있게 되었다.

특히, 학교교육이란 사회 지배계층*의 이해관계를 유지하기 위한 하나의 사회적 조정장치나 계층 재생산의 매개변인에 불과하다고 보는 갈등론자들(Reimer, 1971; Illich, 1971; Bowles & Gintis, 1976)은 교육기회는 물론 학교교육 격차가 사회구조적 불평등에서 기인한다는 이론을 강력히 제시하고 있다. 그러나 이러한 이론들은 사회의 구조적 불평등 체제와 학교교육 격차의 관련을 경험적으로 인식하였을 뿐, 어떠한 과정을 거쳐 어떻게 사회의 불평등 체제가 학교사회 체제나 이념에 반영되었는가에 관한 실증적인 분석은 시도하지 못하였다.

한편, 최근에 수행된 몇 편의 연구에 의하면 앞에서 제시한 견해와는 대조적인 결과를 나타내고 있다. 즉, 이들 연구에 의하면 학교 자체가 학업성취에 격차를 조장한다는 것이다. 이 입장은 학교사회와 사회심리적 요소인 구성원의 상호기대, 지각, 평가 그리고 학교사회의 체제와 밀접히 관련된 학습풍토 등이 교육격차를 유발한다는 점이다(Brookover & Schneider, 1978).** 그러나 최근 이러한 견해는

* Persell(1977)은 이것을 사회적 지배구조(the structure of dominance)라는 개념으로 사용했으며, 이것은 재산, 계급, 직업 등에 의하여 형성되며, 한 사회의 교육체제나 교육이념 속으로 깊숙이 파급된다고 하였다.

** Brookover 등(1977)은 학습풍토는 학교의 사회심리적 학습환경을 의미하며, 그 구성요인은 학교의 사회적 체제를 특징짓는 어떤 신념, 규범, 기대, 평가, 분위기, 전통과 학교의 조직체제에 관련된 학습집단 편성, 교육과정구성, 교사협동체제, 우열반 구성 등과 실제 수업행동에서 파생되는 학급 내 상호작용, 보상방법, 의사소통형식 등이 복합적으로 된 것이라고 하였다.

사회의 지배적 구조나 이념이 학교사회의 체제나 이념에 파급되고, 이것이 학교 교육 과정에 영향을 주어 교육격차가 유발된다는 것으로 집약된다(Persell, 1977). 따라서 교육격차의 원인을 학생의 가정·경제적 배경이나 학교의 체제적 특성 등에 관련하여 규명, 해석하려는 입장에는 아직도 많은 논의가 제기되고 있다.

어쨌든, 교육격차의 문제는 불평등에 관한 역사적 변천 과정이 보여 주듯이 간단히 다룰 문제는 아니다. 이에 접근하는 한 방법으로 시각을 완전히 반대로 두고 생각해 보는 방법이 있을 것이다. 즉, 우선 교육기회균등의 의미를 철저히 파악하고 규명해 보는 것이다.

2. 교육기회균등의 의미

교육기회균등의 개념

교육불평등의 의미를 파악하기 위해서는 교육기회균등의 개념부터 파악해야 한다. 무엇을 교육의 균등이라고 보느냐에 따라 교육불평등 상태를 말할 수 있고, 교육기회균등의 개념이 곧 교육불평등을 이해하는 틀이 되기 때문이다.

일반적으로 사람들은 태어날 때부터 평등하지 않고 후에도 평등하지 않다는 부정적인 논리가 긍정적인 논리보다 더욱 강하게 전개되고 있음을 본다. 다시 말하면, 인간은 평등하다는 것보다는 평등하지 않다는 논리가 강하게 부각되고 있다. 인간의 용모·신체·피부색·성(性)·능력·성격·감수성 등을 열거해 나간다고 하면 인간은 평등하지 않다는 것을 알 수 있다. '인간은 날 때부터 평등하다' 는 말은 사실적인 진술이라기보다는 가치적인 진술로 받아들여야 할 것이다(차갑부, 1992: 197).

그렇다면 교육기회균등의 개념을 어떻게 정립해야 할 것인가? 가장 이상적인 의미로 인간은 모든 면에서 동등하지 않더라도 똑같이 대우하고 똑같이 대접받아야 하는 것이 교육기회균등의 개념일까?

이 질문에 답하기 위해서는 신중한 검토가 필요하다. 왜냐하면 인류는 어쩌면 이를 성취하기 위해서 부단히 노력하고 논쟁을 거듭해 왔다고 볼 수 있고, 또한 지금도 이를 위해서 학자들 간에 논의가 계속 이루어지고 있기 때문이다.

교육기회균등이란 능력주의 사회의 신념을 반영하는 개념으로, 모든 사람이 성별 · 인종 · 계급 및 거주지역에 관계없이 사회에서 바라는 더 높은 지위를 획득할 동등한 기회를 갖는 것을 말한다(정우현, 1990: 64).

대중사회의 출현으로 인해 교육적 필요(Coleman, 1966: 21-22)와 교육가능성의 문제가 보편화됨에 따라 기회균등의 개념은 교육적 기회균등 문제로 대두되었다고 볼 수 있다.

콜먼(Coleman)에 의하면 완전한 기회균등은 다양한 환경의 영향이 제거될 경우에만 가능한 것이기 때문에 결코 도달될 수는 없지만 단지 그 근접성에 개념의 위치가 주어진다고 했다.

콜먼 등(1966)은 교육의 기회균등에 관한 이른바 '콜먼 보고서' 라고 불리는 연구를 통해 교육기회의 균등에 대한 새로운 해석을 내리고 있다. 그들은 교육불평등은 학교의 시설이나 교사의 질과 같은 것에서 연유되는 것이 아니라 학생의 사회경제적 배경에 의해 주로 좌우된다고 보았다. 그리하여 학생의 사회경제적 배경에 따라 나타나는 투입변인의 차이를 극복할 수 있는 평등하고도 효율적인 학교에 관심을 두고 학교에서의 균등한 성적이 사회균등으로 해석되어야 한다고 주장했다.

이에 대해서 보울즈(Bowles, 1976)는 '콜먼 보고서' 가 제시하고 있는 교육기회균등 개념을 달성하기 위해서는 백인 아동 대 흑인 아동, 부자와 가난한 자의 아동이 교육받은 양의 차이를 해소하고 교육체제만이 교육기회균등에 책임이 있고 또 그렇게 할 수 있다는 신념을 거부하며, 사회 내의 정치적 권력의 재분배 등과 같은 변화가 반드시 따라야 한다고 언급하였다.

교육기회의 균등 혹은 평등의 개념을 규정할 때 형식적 평등과 실질적 평등으로 구분하기도 하고, 객관적 평등과 주관적 평등으로 나누기도 한다. 형식적 평등은 사람들을 똑같이 대우하는 획일적 평등을 의미하는 한편, 실질적 평등은 개인의 장점에 따른 평등을 의미한다. 능력이나 동기 등 개인의 장점이 다르기 때문에 그가 가진 장점을 인정하고 그에 상응한 대우를 하자는 것이 곧 실질적 의미의 평등인 것이다. 객관적 평등은 부, 지위, 권력을 획득할 수 있는 기회를 다른 사람과 똑같이 보장해 주어야 한다는 차원의 평등을 의미하는 반면, 주관적 평등은 개인의 천부적 능력에 따른 평등을 나타낸다. 형식적 평등과 객관적 평등은 개인의 능력을 무시한 획일적인 평등이라는 공통점이 있고, 실질적 평등과 주관적 평등은 능력에 따라 다르게 대우한다는 점에서 공통점이 있다.

따라서 기회균등은 일률적인 균등화가 아니고 개인의 능력에 따른 기회의 균등, 즉 실질적 평등 내지는 주관적 평등을 바탕으로 한 기회균등은 선택의 권리를 고를 수 있는 자유를 뜻하며, 혜택에 대한 권리는 부당한 차별을 받음이 없이 국가와 사회가 마련해 주는 혜택을 고루 누릴 수 있는 권리를 말한다. 다시 말해서, 기회균등은 개인이 지닌 성별, 인종, 계층 등과 같은 귀속적 특성이 그들의 상승이동 기회에 영향을 주지 말아야 하고, 대신 개인의 재능과 노력의 결과로 나타나는 불평등은 공명정대(公明正大)한 것으로 간주되어야 한다는 신념이다(Hurn, 1978: 16).

이를 교육의 문제와 관련지을 때 교육이 기회균등에 기여하는 여부와 정도를 판가름하는 것을 나타낸다. 교육의 기회균등은 개인의 능력과 개성에 따른 선택의 보장과 동시에 부당하게 차별을 받지 않도록 국가, 사회가 마련하는 혜택의 보장을 의미하게 된다.

한편, 차경수(1973)의 모형에 의하면, 교육기회균등의 문제는

- 지역 간, 계층 간, 남녀 간에 차별 없이 교육접근의 균등
- 학교의 시설, 학습자료, 교사의 자질, 학교풍토 등에서 차이가 없는 학교의 봉사기능에서 균등

- 취학 기회나 학교의 시설, 교원의 자질이 동일하더라도 학생의 성적이나 행동변화의 동질화를 함께 고려하는 것 등이다.

이는 교육기회의 균등에서는 적어도 **접근기회**(access), **봉사기능**(service), **성적**(achievement) **결과**의 세 가지가 고려되어야 함을 뜻한다.

이러한 교육기회균등의 개념을 종합하여 볼 때 다음 세 가지로 요약할 수 있다.

첫째, 지역 · 성 · 계층 · 인종 간에 불평등하게 분배되어 있던 교육의 기회를 동등하게 해야 한다는 접근기회의 균등

둘째, 학교 간의 시설 · 교육비 · 교육과정 · 교사의 질 등의 투입요인을 균등히 하여 학교 간의 격차를 최대한 줄여야 한다는 교육의 과정에의 균등

셋째, 출발점의 불평등을 적극적으로 보상하여 결과적으로 학업성취나 사회적 지위 획득을 균등하게 해야 한다는 결과의 균등을 의미한다(정영애, 1987: 7).*

교육기회균등관의 변천

교육기회균등이란 개념은 어떻게 태동하였으며, 어떤 과정을 거쳐 오늘에 이르렀는가? 그리고 현재에 올수록 교육기회균등에 관한 관점은 어떤 것이 지배적이며 무엇과 관련을 맺고 있는가?

산업화 이전의 아동의 생활영역은 가정에 제한되고, 교육은 주로 가정이나 지역사회의 일상생활을 통한 일반적인 사회화 과정에 의존했기 때문에 오늘날과 같은 학교교육의 기회균등문제는 관심이 없었다. 그러나 산업화 · 도시화의 진전으로 경제적 조직이 가정 밖에서 발달되고, 가정이 경제적 생산 활동을 잃게 됨에

* 정영애의 '2000년대의 교육발전을 위한 교육불평등 해소방안' (문교부 학술연구 조성비에 의한 연구, 1987) 연구에 의하면, 교육기회균등의 개념을 '동등의 원칙' 과 '적합의 원칙' 에 의하여 그 이론적 근거를 정리, 제시해 주고 있다.

따라 점차로 아동의 교육 기능이 가정으로부터 학교로 이행하게 되었다. 학교제도가 발달하다 보니 자연적으로 누가 학교교육을 받는가 하는 문제가 제기되었다. 따라서 교육기회균등은 아동의 위치가 한 가정의 보호를 받는 자녀라는 위치에서 사회적인 보호를 받는 아동으로 변화하는 역사적 사실에서 요구된 개념이다(한정신, 1980: 36).

이러한 초기 산업화 시기에서는 교육기회균등이란 국가·사회적인 차원에서 자녀들을 교육하고 보호하기 위해서 학교의 문을 누구에게나 열어 놓는 것이었다. 동시에 초등교육을 의무화하여 누구나 취학을 하도록 하였으나 대다수는 초등교육으로 끝나고 중등교육과 대학교육을 받는 것은 상층계급뿐이었다.

다음으로, 미국에서는 좀더 일찍, 그리고 유럽에서는 제2차 세계대전 이후에 등장한 평등관으로, 모든 사람에게 교육기회를 제공해야 한다는 주장이다(김신일, 1985: 148). 미국의 경우, 사회경제적 제약 때문에 교육을 받지 못하는 일이 없도록 무상교육을 실시하고 각종 교육지원제도를 마련함으로써 교육을 받을 만한 지적 능력을 소유한 사람이면 누구나 적절한 수준의 교육을 받아야 한다는 것이 기회균등에 관한 관점이었다. 이리하여 미국의 경우 1920년대와 1930년대에 서서히 팽창하기 시작한 대학등록자는 제2차 세계대전 이후에 폭발적으로 증가하여 1940년대에 18~21세 연령층의 약 15%가 대학에 등록했으며, 1950년대에는 25%로 증가하였고, 1970년대에는 이 연령집단의 약 45%가 전일제 코스에 등록하였다(Trow, 1977: 105-118).

한편, 유럽 제국은 20세기 중반까지 정예주의 교육정책을 채택했기 때문에 복선형 학교제도에 의한 소수 엘리트 교육에만 전념해 왔다. 이리하여 능력이 다른 학생을 위해 오랫동안 분리된 중등학교 체제를 유지하였다. 그러나 제2차 세계대전 이후 유럽에 있어서 변화의 방향은 본질적으로 미국과 일치했다. 즉, 미국과 마찬가지로 학교교육 연한의 점진적 상승과 과거 소수 엘리트에게만 제공되었던 학교교육이 대중층에게도 개방되게 되었다(차갑부, 1992: 200).

콜먼(1965)은 교육기회균등 개념에 관한 변천 과정을 4단계로 구분하고 있다.

첫째 단계는 모든 학생이 동일한 학교에서 동일한 교육과정에 노출됨으로써 교육의 불균등을 막고자 했던 초기의 의무교육 현상을 반영하는 개념이었고, 둘째 단계는 학생들은 각기 다른 직업적 계획을 가지고 있으므로 서로 다른 유형의 학생들에게 그들의 능력에 따라 다양한 교육과정을 제공해야 한다는 개념이다. 그리고 그 다음으로는 'seperate but equal' 라는 개념 하에 흑백을 분리시켜 교육한다고 하더라도 동등한 시설 및 교사의 자질을 보장해야 한다는 것이고, 마지막 단계로는 1954년 이후 인종을 통합하고 인류가 이상으로 하는 정의의 실현을 위해서는 교육이 그 결과면에서 동등해야 한다는 결과의 균등을 의미하기에 이르렀다.

또한 후센(Húsen, 1975: 49-57)은 교육평등의 개념이 시대적 · 지역적으로 다르게 규정되어 왔다고 보고, 사회철학적인 관점에서 3단계의 개념 변천 과정을 설명하고 있다. 그 첫째 단계는 전통적 개념인 **보수주의적**(conservative) **평등관**, 둘째 단계는 **자유주의적**(liberal) **평등관**, 셋째 단계는 **보상적**(redemptive) **평등관**이다.

보수주의적 평등관이란 신이 인간에게 내린 다양한 재능과 능력을 개인의 책임하에 최대한으로 활용해야 한다는 것으로, 귀속적인 신분사회의 계급이념에 근거를 둔 것이다. 자유주의적 평등관이란 능력주의 사회의 이념을 반영하는 것으로, 모든 사람이 자신의 귀속적 지위에 관계없이 자신의 능력과 노력에 따라 균등하게 기회를 가질 수 있는 권리를 보장하는 개념이다. 세 번째의 보상적 평등관이란 자유주의적인 평등의 개념이 결과적으로 가정의 사회경제적 지위에 영향을 받고, 학교교육이 기존의 불평등을 정당화하고 강화한다는 데에서부터 출발하였다. 후센의 이러한 설명은 콜먼의 4단계 가운데 첫 번째를 뺀 나머지 3단계와 대체로 일치한다(김신일, 1988: 148).

앞에서 본 바와 같이 오늘날에 있어서 교육기회균등의 개념은 출발의 평등이 아닌 결과의 균등까지를 의미하는 것으로 받아들여지고 있으며, 한편으로는 양적인 균등에서 질적인 균등의 개념으로 발전하여 왔음을 알 수 있다.

교육기회균등에 대한 이러한 시대적 변화를 가장 촉진시킨 것은 무엇보다도 콜먼 등(1966)의 연구가 가장 대표적이다. 이 연구는 교육불평등의 원인은 학교시설이나 재정 등에 있는 것이 아니라 학생의 가정환경과 동료 집단에 있고, 그 중에서도 가정환경의 영향이 동료집단의 영향보다 더 크다는 결론을 내렸다. 이러한 연구결과는 젠크스 등(1972)에 의해 다시 한 번 입증됨으로써 교육평등에 대한 관심은 가정환경의 결손을 보상하는 방향으로 쏠리게 되었다. 그 결과 등장한 것이 **보상교육**(compensatory education) 정책이다.

이 보상교육은 주로 빈곤으로 인해 야기되는 문화적 박탈과 그에 따른 빈곤의 악순환을 해소하기 위해 실시되는 교육프로그램을 말한다. 보상교육의 주요목표는 사회문화적으로 불우한 가정 출신 아동들의 학력(學力) 증진을 통해서 그들의 사회경제적 지위향상의 기회를 넓히는 데 있다. 이의 대표적인 것으로 미국에 있어서 헤드 스타트 프로그램(Head Start Program)이다. 이 프로그램은 취학 전 좋지 못한 가정환경의 영향으로 발달이 늦은 유아에게 그들이 일반아동과 동일한 출발점에서 학교교육을 시작하도록 원조하기 위해 취학 전 교육시설을 설치 · 운영한 것이다. 영국에서는 교육우선지역(Education Priority Area)을 선정하여 불우층의 취학 전 어린이들을 대상으로 보상교육을 실시하고 있다.

3. 교육평등관의 유형

교육기회균등 혹은 교육평등을 어떤 관점에서 볼 것이냐 하는 문제는 앞에서 본 바와 같이 많은 논쟁을 불러일으켰고, 그것은 시대적 상황에 따라서 다양한 모습으로 전개되었다. 초기에는 산업자본주의 도래로 인한 일반 국민의 욕구를 충족한다는 차원에서 모든 사람에게 교육받을 수 있는 길을 열어 주고 국가는 이를 위해 의무교육을 실시하였다. 이때는 근대사회가 정착되면서 일반 국민에게 똑같이 교육받을 수 있는 길을 터 주는 것만도 인류 사상(史上) 최고의 교육평등의 실현이라고 인식되었다. 그러나 점차로 현대사회로 오면서 이러한 평등교육관은 수정되었다. 즉, 국민 모두에게 교육받을 수 있는 기회를 제공하는 것만으로는 인류가 궁극적으로 추구하는 교육적 정의 또는 이상을 실현하기란 어렵다는 주장이 여기저기서 일었다.

이제는 교육의 기회를 동등하게 부여하는 것뿐만 아니라, 학생들을 변화시키는 교육의 과정(過程)에서도 똑같이 대우해야 하고, 더 나아가서 학생들이 얻게 되는 학업성취(성적)까지도 동등한 수준으로 나타나야 한다는 것이다.

이와 같은 내용으로 볼 때 교육기회균등 혹은 교육평등은 세 가지로 유형화해 볼 수 있다. 그것은 접근기회의 평등, 과정의 평등, 결과의 평등이다.

접근기회의 평등

교육평등은 학교에 접근할 수 있는 기회가 성별 · 거주지 · 사회경제적 지위 등에 관계없이 누구나 동등하게 학교에 접근할 수 있는 기회가 주어지는 것을 의미한다. 이것을 일컬어 학자에 따라서는 투입의 균등, 출발점의 균등이라 말하기도 한다.

여기서 말하는 평등은 동서양을 막론하고 전통적 신분질서가 무너지면서 생겨난 개념이다. 즉, 계급의식이 뚜렷했던 전통사회에서는 특권계층이 교육의 혜택을 받는 것은 당연한 것이었고, 평민이나 노비 같은 하류계층은 교육을 받을 수 있는 길이 아예 차단되었거나 접근하기가 매우 어려웠다. 그러나 신분체제가 무너지고 근대 시민사회가 형성되면서 이러한 차별은 서서히 철폐되기 시작했다. 사람들은 이제부터 모든 인간은 신 앞에 평등하고 법 앞에 평등하다고 믿었던 것이다.

교육평등을 학교에 접근할 수 있는 기회의 동등성에 초점을 두는 이 '접근기회의 평등'은 두 가지로 구분하여 설명할 수 있다. 즉, 허용적 평등과 보장적 평등이 그것이다.

우선, 허용적 평등관은 모든 사람에게 동등한 기회가 주어져야 한다는 관점이다. 주어진 기회를 누릴 수 있느냐 하는 여부는 개인의 역량과 형편에 달린 것이고, 법이나 제도상으로 특정집단에게만 기회가 주어지고 다른 집단에게는 금지되는 일은 철폐되어야 한다는 것이다. 교육받을 기회가 모든 사람에게 고르게 허용되어야 한다는 신념이 내포되어 있다. 그렇다고 해서 모든 사람이 같은 수준의 교육을 받아야 한다고 믿지 않았다. 사람은 각기 다른 수준의 능력과 다른 종류의 재능을 타고 난다고 믿었기 때문이다. 다만 이제까지 신분, 성, 종교, 지역, 인종 등을 이유로 차별해 오던 것을 철폐함으로써 누구나 원하고 또 능력이 미치는 데까지 교육을 받을 수 있도록 허용하자는 것이다.

이러한 허용적 평등관은 인간의 선천적 능력은 각기 다르기 때문에 교육의 양은 능력에 비례해야 한다는 능력주의 사상에 바탕을 두고 있다고 할 수 있다. 이러한 생각을 잘 반영한 것이 영국에서 연구된 '인재군(人材群: pool of ability)' 또는 '재능예비군(才能豫備群: reserve of talent)' 개념이다(Húsen, 1975: 34). 이는 사회마다 얼마만큼의 인재가 있는데 이 인재들을 발굴하여 알맞은 교육을 시킨 뒤에 충분히 활용하자는 것이다. 인재군에 관한 정확한 정보를 가지고 있으면 불필요하게 많은 교육을 하지 않아도 되고, 지나치게 교육기회를 제한하여 인재의 활용을 놓치는 일도 미리 막을 수 있다는 것이다.

한편, 허용적 평등관은 일체의 제도적 차별을 철폐함으로써 모든 사람에게 능력에 따라 학교교육을 받을 수 있는 길을 열어 놓았으나 그것만으로는 완전한 교육평등이 실현될 수 없음이 밝혀지게 되었다. 능력 있는 모든 사람이 학교에 다닐 수 있도록 학교교육기회를 개방해 놓고 보니 경제력이 없는 하류층 자녀들이 교육기회에서 소외되는 문제가 또 다른 고민거리로 등장하고 말았다. 예를 들어, 오지나 낙도 어린이들은 교육을 받고 싶어도 그곳에 학교가 없어서 교육받는 것을 포기할 수밖에 없었다. 이리하여 교육평등을 실현하기 위해서는 취학을 가로막는 경제적 · 지리적 · 사회적 제반 장애요소를 제거하여 가난한 집의 우수한 자녀도 학교에 다닐 수 있도록 해야 한다는 주장이 강하게 일었다. 이것이 바로 '보장적 평등관' 이다.

이 보장적 평등관은 학교에 접근할 수 있는 문만 열어 놓는 데에서 그치는 것이 아니라 모든 사람이 그 문에 들어올 수 있도록 독려하고 그래도 되지 않을 경우 국가 · 사회에서는 소수자 집단에게 상대적으로 교육재정을 더 투입해서라도 그들을 학교에 다닐 수 있도록 만반의 조치를 취해야 한다는 주장이다.

그러나 제2차 세계대전 이후 유럽 제국에서 이 보장적 평등정책을 추구했으나 거의 실패하고 말았다. 가장 대표적인 것이 영국의 '1944년 교육법(the 1944 Education Act)' 에 의한 교육개혁 조치다. 이는 중등교육을 보편화하는 한편, 무상화(無償化)하고 불우층의 자녀들에게는 의복, 점심, 학용품 등을 지급하였다. 그리고 이제까지의 복선형 학제(學制)를 단선형으로 개편하여 불평등한 요소를 제거하였다. 그런데 새로운 문제가 발생했다. 교육전문가들은 교육기회를 보장하면 계층 간의 교육불평등이 해소될 것으로 믿었으나 그렇게 되지 않았다. 예를 들면, 소위 일류 중등학교인 그래머학교(Grammer School)의 노동자 자녀 비율은 '1944년 교육법' 을 실시한 후 10년이 지난 뒤까지 높아지기는 커녕 오히려 낮아졌다. 즉, 이것이 보여 주는 것은 교육기회분배에 있어서의 사회적 편파성(偏頗性)은 교육인구의 증대에도 불구하고 변하지 않는다는 것을 말해 주었다(김신일, 1988: 151).

한편, 미국은 유럽과 유사한 기회균등 조치로 1986년의 '분리되었지만 평등하다(seperate but equal)' 고 하는 흑백인 분리교육이 위헌이 아니라는 미대법원의 판결이 1945년에는 위헌이라는 판결이 나옴으로써 과거 남부에 있는 백인학교에 다니지 못했던 흑인 학생들은 이러한 학교에 다니게 되었다. 당시 연방 정부는 지방학교에 막대한 재정적 지원을 했는데, 그 목적은 교육기회를 균등하게 하여 부유한 도시 주변 학교와 가난한 학생들이 다니는 학교 사이의 차이를 감소시키기 위해서였다.

그러나 미국 역시 1960년대 이래, 고등교육의 기회를 대폭 확대하고 노동계층의 학생들을 위하여 많은 장학금 혜택과 재정적 지원을 아끼지 않았으나 소기의 성과를 거두는 데에는 거의 실패하였다. 결국, 보장적 평등정책은 교육기회의 확대는 가져왔지만 계층 간의 사회경제적 분배구조를 변화시키는 데에까지는 미치지 못한 것이다.

과정의 평등

콜먼(Coleman, 1965)은 "교육기회의 평등은 단지 취학의 평등이 아니라 평등하게 효과적인 학교를 의미하는 것이다."라고 말하였다. 이는 과정의 평등을 의미하는 것으로서 교육기회균등은 사람들에게 학교에 접근할 수 있는 기회를 동등하게 제공하는 것만으로는 불충분하고, 교육시설이나 교사의 질, 교육과정과 같은 교육조건 등에 있어서 학교 간에 차이가 없어야 한다는 것을 지적한 것이다. 왜냐하면 학교 간에 이러한 차이가 있을 경우 그 자체의 교육형평성에도 문제가 있을 뿐만 아니라 상급학교 진학에 큰 차이를 가져올 가능성이 있고, 결국 교육결과에까지 영향을 끼칠 것이 당연하기 때문이다. 따라서 학교 간에 교육과정(過程)의 평등이 이루어지지 않으면 교육평등은 실현되기 어려운 과제라 할 수 있다.

초등 및 중등교육이 보편화함으로써 학교 간 격차가 문제가 되었다. 학교에 따라 교사의 수준이나 시설, 그리고 주변의 교육적 환경이 다르다는 것을 문제 삼기 시작한 것이다. 실제로 학부모들은 시설이 좋지 못하거나 제반 교육여건이 좋지 못한 학교에 자녀를 보내기를 꺼린다. 학교의 교육조건이 학업성적 격차를 유발하고, 그것은 장래의 진로에 막강한 힘을 발휘한다고 믿기 때문이다(차갑부, 1992: 204).

교육기회균등에 관한 연구로 유명한 콜먼 보고서(Coleman Report)는 나중에 의도하지 않은 엉뚱한 결과가 나왔지만 사실은 학교 간의 격차에 초점을 두어 학업성적을 결정하는 제반 교육조건, 예를 들어 도서관, 교과서, 교육과정, 교수방법, 교사의 능력 등이 학교에 따라 어떻게 다르며, 이들 조건의 차이가 학생들의 실제 학업성적과 어떤 관련이 있는지를 분석하려 한 것이었다. 그래서 만일 교육격차가 이러한 교육의 과정에서 연유한다면 교육기회균등 정책은 이런 방향으로 수정되어야 한다는 것을 제시하려고 했던 것이었다. 그러나 이 연구결과는 상식을 뒤엎는 엉뚱한 결과가 나왔다. 학교의 교육조건의 차이는 학생들의 성적 차와 이렇다 할 관련이 없다는 결론이었다. 학교의 교육조건들은 성적 차이에 별다른 영향을 주지 못하며, 오히려 학생들의 가정배경과 친구집단이 훨씬 강한 영향을 준다는 것이다(Coleman, 1966).

콜먼 보고서는 몇 년 뒤에 젠크스(Jencks, 1972)에 의해서 다시 면밀히 분석되었으나 결과는 마찬가지였다. 즉, 가정배경이 서로 다른 학생들의 성적 차를 없애는 데 있어서 학교는 이렇다 할 영향을 미치지 못한다는 것이었다. 학교에 이미 들어올 때 이미 각자의 가정환경에 의하여 기본적인 능력과 적성이 길러졌고, 학교교육의 과정에도 계속하여 가정환경의 차이가 영향을 주기 때문에 학교는 속수무책이라는 결론이었다.

이것은 학교교육에 대한 비관론적 주장을 불러일으키기에 충분한 사건이었다. 그러나 연구결과가 그렇다 할지라도 학교 간의 교육조건의 격차로 인해서 또는 교육과정의 차이로 인해서 받아야 할 교육을 받지 못하고, 받는다 하더라도 불평등하게 받는다면 교육기회균등 내지는 교육평등을 외치는 것은 공염불(空念佛)에 지나지 않을 것이다.

학생이 가지고 태어난 가정배경은 교육정책이나 교육적인 노력으로는 개선하기가 어렵다. 우리가 지향하여야 할 것은 어디까지나 학생들을 학교에 끌어들여 다양한 교육적 프로그램을 적용하여 벌어질 수 있는 격차를 최소화하는 데 있다.

결과의 평등

콜먼 보고서와 그 후속 연구에 의하여 나타난 연구결과는 교육기회균등에 대한 논의의 방향을 바꾸어 놓았다. 즉, 콜먼 보고서가 나오기 전에는 교육의 기회균등 내지는 교육평등하면 학교에 접근할 수 있는 기회를 동등하게 한다든지 교육조건을 동등하게 한다든지 하는 투입이나 과정의 평등을 일컬어 왔는데, 콜먼 보고서가 나온 이후부터는 적극적인 개념으로서 결과의 균등(평등)이 교육기회균등의 측정기준이 되어야 한다는 주장이 우세하게 되었다. 왜냐하면 콜먼 보고서에 의하면 학생들의 학업성취의 불평등은 학교 간의 격차에 원인이 있는 것이 아니라 그들이 처한 가정배경이나 동료집단에 원인이 있다고 밝혔고, 이것은 과정으로서의 교육조건을 개선한다 해도 교육평등을 실현하기가 어렵다는 것을 시사하는 것이었기 때문이다.

교육을 받는 것은 단순히 학교에 다니는 데 목적이 있지 않고, 배워야 할 것을 배우는 데 목적이 있으므로 교육결과가 같지 않으면 결코 평등이 아니라는 생각이 형성된 것이다. 이것은 학생의 학습능력에 반비례하여 교육자원을 배정함으로써 학습능력 면에서 뒤떨어진 학생들을 능력이 앞서 있는 학생의 수준까지 끌어올림으로써 학업을 이수하여 교문을 나갈 때에는 능력의 격차를 감소시켜 누구나가 최저능력 면에서 격차를 내지 않도록 하는 일종의 학력(學力)의 평준화방식이라고 할 수 있다. 이러한 접근은 사회적 · 경제적 · 지역적인 격차를 축소시켜 보자는 데 주요 의도가 있으며, 자원배정에 있어서 보다 많은 자원이 벽지 · 저소득층 · 문화적 혜택을 받기 어려운 곳에 중점적으로 투입되도록 하여 학생 간, 계층 간, 지역 간의 교육적 불평등을 축소시키려는 접근이다. 즉, 환경적인 제약으로 말미암아 학력증진에 불리하게 작용하는 점을 보완하여 격차를 줄여 보자는 데 목적이 있다.

그러나 이러한 교육결과의 평등을 지향하는 접근방식은 많은 논쟁을 불러일으키고 있다. 하나는 이를 적극적으로 지지하는 철학적 입장인 '보상적(補償的) 평등주의'가 그것이고, 또 하나는 이를 정면으로 비판하는 '능력주의'가 그것이다.

우선, 보상적 평등주의에 의하면 사람들은 각기 다른 잠재능력을 가지고 각기 다른 환경의 가정에서 태어난다. 어떤 사람은 명석한 두뇌를 가지고 태어나고, 다른 사람은 다소 모자라는 머리를 가지고 태어난다. 마찬가지로 어떤 사람은 여러 가지 환경이 훌륭한 가정에서 태어나지만 다른 사람은 불우한 가정에서 태어난다. 누가 어떤 잠재능력을 가지고 어떤 가정에서 태어나느냐는 순전히 우연의 결과로 마치 '자연의 복권추첨(natural lottery)' 과 같은 것이다. 그러므로 잠재능력을 잘 타고 났거나 좋은 가정에서 태어난 사람은 복권을 잘못 뽑아 불리해진 사람에게 어느 정도의 적선(積善)을 하는 것이 도리에 맞는다는 것이다(Rawls, 1971).

그러나 능력주의에 의하면 이 보상적 평등주의는 잘못되었다고 비판한다. 즉, 사람은 타고난 능력에 따라 활동하고 그 업적에 상응하는 분배를 받는 것이 옳다는 것이다. 예를 들어, 벨(Bell)은 탈산업사회(post-industrial society)에서는 합리주의와 과학기술의 능력이 가장 중요하므로 능력에 따르는 교육이 사회유지의 근간이라고 주장한 바 있다(Bell, 1973: 410-411).

이렇듯 논쟁이 있음에도 불구하고 교육결과의 균등은 인류가 추구해야 할 이상적 명제다. 이의 실현을 위해 앞에서도 언급했듯이 보상교육 차원에서 미국은 헤드 스타트 프로그램을 개발 활용했고, 영국은 교육우선지역 운동을 벌였다.

4. 학교교육과 불평등

교육의 기회균등은 분명하게 설명하기 어려운 개념이다. 앞에서 보았듯이 문제의 접근, 개념을 보는 시각의 차이에 따라 교육의 기회균등의 존재 여부에 대한 당위성, 양적 · 질적 수준에 대한 해석도 달라지기 마련이다.

민주주의 사회를 표방하는 사회의 특징이란 인간의 평등원리에 입각하여 생명의 존중, 자유, 행복을 추구할 권리가 보장되어 있는 사회를 말한다. 개인의 타고난 잠재능력을 최대한 신장시키며, 이렇게 개방된 능력을 최대한 발휘할 수 있도록 사회적 기회가 부여되어 있는 것을 이상적 조건으로 한다. 사실적 · 객관적 개념에서 보면 인간은 생물학적 유전에서나 사회적인 특성을 포함하는 모든 속성에서 평등할 수 없다. 그러나 가치적 · 규범적 개념에서 볼 때 인간의 분자적인 존엄성의 차원에서 모든 인간은 평등해야 하며 동시에 동등한 대우를 받아야 된다는 당위적 명제에 이른다. 그러나 이 당위성도 부 · 지위 · 권력을 획득할 수 있는 동등한 기회를 다른 사람과 똑같이 확보해야 한다는 객관적 평등(objective equality)의 개념으로 해석할 수도 있는 반면, 평등은 객관적으로 결정할 수 없고 개인의 천부적인 능력에 따라야 한다는 주관적 평등(subjective equality)의 개념으로 해석하기도 한다.

균등(equality)이란 개념도 지극히 모호한 개념이지만 기회(opportunity)란 개념도 또한 불확실한 개념이어서 그것이 합성되어 나타난 기회균등(equal opportunity)은 그 불확실성이 부가된다. 즉, 기회균등의 개념은 평등의 개념보다 더 많은 제한점을 갖고 있다.

교육의 기회균등은 개인의 능력과 개성에 따른 선택의 보장과 동시에 부당하게 다른 조건 때문에 차별을 받지 않는 국가 · 사회가 마련하는 혜택의 보장을 의미한다. 아리스토텔레스가 주장한 바와 같이, 정의란 각자가 동등하게 분배받을 수 있거나 혹은 합리적인 근거 아래 비율적으로 응분의 배당을 받을 수 있을 것을 주장한다(Lucas, 1975).

교육의 기회균등의 구체적인 내용은 국가마다 각기 그들의 문화적 특수성에 적합한 형태를 취하고는 있으나 그 근본원리에서는 통로의 개방(open to access)을 의미하며, 그에 따라 무엇을 위한 통로인가가 문제시된다. 통로의 개방은 대체로 교육제도로 결정되는 입학제도에서부터 교육현장에 이르는 기회의 개방을 의미하며, 무엇을 위한 통로인가의 주된 내용이 교육과정에 내포되어 있다. 그러나 시발점에서 제도적인 기회균등은 교육결과가 좋거나 나쁘거나 간에 그 책임을 개인에게 귀착시킬 수 있는 도피처를 마련해 주고 있다. 가능성의 전제가 없는 시발점에서 교육기회의 균등을 보장해 준 결과 교육의 격차는 심화되고 있다는 지적과 함께 그것의 귀속요인(歸屬要因)이 유전에 있다는 젠센(Jensen, 1973)의 주장, 운에 달렸다는 젠크스의 주장 등은 실제 학교교육이 교육과 기회균등의 결과를 보장하기보다 거기에 아무런 기여를 못함을 지적하고 있다.

우리의 경우 교육격차를 파생시키는 가장 중요한 변수로는 도시 · 농촌의 지역별 차이와 사회경제적 지위에 의한 영향, 그리고 성별에 따른 차이가 특징적인 것으로 지적될 수 있다. 한정신의 연구(1980)에 의하면, 지능이나 학교성적 등은 모두 도시·농촌 사이에 현저한 차이를 보인다고 한다. 지능의 경우 초·중·고등학교 모두 지역별 격차가 크게 나타나고 있으며, 농촌-도시의 IQ 차이가 9세에서는 11점, 10세에서는 20점, 11~12세에서는 27점으로 연령이 상승할수록 격차가 누적되는 현상을 보이고 있다. 중학교의 경우는 도시-농촌 간의 지능격차가 더욱 심해 33~34점의 차이를 보인다. 이 같은 현상은 학교성적에도 그대로 반영되어 나타나고 있다. 즉, 1959~1979년까지에 이르는 20년간의 학업성적을 검토·분석한 결과 학생들의 지역별 성적 격차는 도시가 농촌보다 계속 10점을 상회하고 있고, 이러한 격차는 보다 고등정신기능을 요구하는 내용에서 더 격차가 심화되어 나타나고 있다.

지역별 차이 자체는 우리나라의 경우 바로 사회경제적 지위를 대변하고 있는 것으로 볼 수 있으며, 이 점에서 앞에서 지적한 격차는 역시 사회계층 사이에서도 뚜렷이 나타나고 있다. 즉, 있는 자와 없는 자, 가진 자와 갖지 아니한 자 사이의 교육격차는 현격하며, 이러한 현상은 마치 소득분배의 불균형을 이루고 있다. 즉, 가진 자라는 사회경제적 지위가 높은 가정의 자녀가 거의 대부분의 고등교육 기회를 점유하고 있고, 성적의 상위집단을 형성하고 있으며, 지능의 상위집단을 형성하고 있다. 이러한 현상은 우리의 경제소득이 극히 몇 %에 불과한 상위인구에 의해 거의 70~80%가 점유당하고 있는 현상과 다를 바 없다.

이 같은 현상, 즉 지역별·계층별 교육격차는 그 원천에 복잡한 변수가 얽혀 있을 가능성을 시사한다. 유전적 형질, 선택적 교배의 법칙, 그리고 지역이나 계층 뒤에 놓여 있는 가정환경 변수 등이 중요한 변수로 작용할 가능성을 배제할 수 없다. 도시인구가 유전적으로 우수할 가능성, 도시인구 사이에 배우자 선택은 자연히 생존경쟁의 원칙에 의해 우수한 자는 우수한 자를 택할 가능성, 그리고 도시이기 때문에, 사회계층이 높기 때문에, 이에 따라 가정환경이 우수할 가능성 등이 이 같은 교육격차를 낳을 가능성은 충분하다. 만약 이 같은 관점에서 해석의 종지부를 찍는다면 모든 것을 유전에 귀착시킨 콜먼, 운에 돌린 젠크스의 사고와 궤를 같이할 것이다.

그러나 우리는 이 같은 교육격차를 파생시키는 보다 중요한 변수가 교육의 내적 조건 속에 놓여 있다는 사실에 주목해야 할 것이다. 첫째, 교육의 자원 변인으로서 학교의 구조 및 시설, 교사 및 행정가의 특성, 각종 교육여건을 들 수 있다. 둘째, 교육과정에 관련된 변인을 들 수 있다. 이 속에서는 표면적 교육과정의 영향뿐만 아니라 잠재적 교육과정이 미치는 영향 또한 중요하게 다루어야 할 것이다. 셋째, 교수변인이 있을 수 있다. 넷째, 학교의 사회심리적 환경을 들 수 있다.

앞서 제시한 변인들이 교육격차를 파생시키는 교육의 모든 것을 대표하는 것은 아니다. 그러나 학교 간, 지역 간, 교사 간에 이 같은 변인에서 격차가 발생하고, 그것이 심화될 때 교육격차가 더욱 커지게 될 것은 자명하다. 더욱이 우리가 이 같은 교육 내의 격차를 중요시하는 것은 이러한 변수의 수정 및 변화에 의해 교육격차를 극소화시킬 수 있는 가능성의 길이 열려 있기 때문이다.

유전적 소질, 도시·농촌의 지역 차, 빈부격차가 주가 된 사회계층은 우리의 노력에도 어쩔 수 없는 교육 외적 조건이지만, 교육격차를 파생시키는 이 같은 교육 내의 조건은 변화가능한 변인들이라는 점에서 교육격차를 해결할 수 있는 열쇠가 되는 셈이다.

교육격차의 접근에서 우리가 이제부터 지향해야 할 방향은 교육격차의 존재 유무와 그 수준을 밝히는 것과 동시에 그것이 교육 내적 조건의 변화가능성(alterable variables)에 의해 격차를 축소 내지 극소화시킬 수 있는가의 탐색에 있다고 할 것이다. 그것이 교사의 교수방법의 차이 때문이라면 우리는 교수방법의 균등화를 통해 격차를 줄일 수 있다. 그것이 교육과정의 투입에 문제가 있어서 발생하는 것이라면 교육과정의 개선을 통해 격차를 축소시킬 가능성이 있다는 것이다. 요컨대, 이제부터 교육격차의 연구에서는 교육격차를 변화시킬 수 있는 교육 내적 조건 가변변수가 무엇인지에 관한 탐색에 주목해야 할 것이다.

5. 교육불평등의 접근모형

지금까지 제시된 교육불평등 혹은 교육격차의 접근모형은 크게 두 가지로 구분될 수 있다. 그 하나는 퍼셀(Persell, 1977)에 의한 거시적 관점(macro level)에 의한 것이며, 다른 하나는 브루코버(Brookover, 1977)에 의한 미시적 관점(miro level)에 의한 것이다. 먼저 거시적 접근모형은 사회구조-교육제도-학습과정을 포괄한 교육불평등 접근의 종합적 모형이며, 미시적 접근은 주로 학교의 사회적 체제요인, 즉 학교배경-학교의 사회적 구조-학습과정을 중심으로 교육격차에 접근하는 모형이다.

이 두 가지 교육불균등 접근모형은 서로 상충되는 견해라기보다는 접근의 시각에서 강조점이 약간 다를 뿐이다. 전자는 사회의 지배구조라는 개념을 중심으로 하였고, 후자는 학교학습 규범에 주안점을 두었다는 점이다.

사회적 지배구조 모형

퍼셀(Persell, 1977)은 교육불평등 분석모형을 거시적으로 사회·문화배경에 관련된 사회구조적 차원과 교육제도와 이념에 관련된 학교체제적 차원, 그리고 학급 내 상호작용, 기대, 평가에 관련된 대인지각적 차원으로 대별하여 그 인과적 상호연관성을 체계적으로 분석함을 전제로 하였다. 그는 마르크스나 베버의 사회지배 구조 개념을 도입하여 교육도 필연적으로 경제나 정치와 같이 사회의 다른 제도와 관련되거나 의존적인 것으로 보았다. 그리하여 사회의 지배 구조를 정당화해 주는 이념이 교육체제나 이념 속에 파급되어, 그것이 결과적으로 학교교육 결과의 격차를 유발한다는 인과적인 논리를 경험적으로 제시하였다. 그의 포괄적 견해는 교육 사회적 상황이 어떻게 교육 형태와 실천에 연관되며, 그 결과가 어떻게 학생들에게 영향을 주는가를 체계적으로 접근·분석하는 거시적 모형이다. 전체 사회의 차원에서 마르크스와 베버는 교육에 대한 계층(stratification)의 중요성을 제시하였다. 미국의 사회학은 교육기회의 불평등과 관련하여 계층을 연구하여 왔고, 교육과 사회이동 간의 상관관계를 중요시해 왔다.

그들의 논점은 주로 사회이동보다는 계층체계 자체가 어떻게 재생산되고 정당화되는지를 파악하는 것에 매우 관심을 모았다. 재생산에 초점을 두는 것은 서로 다른 집단의 불균등한 권력과 재력에 관심을 기울이는 것이고, 어떻게 그들이 자신들의 지위를 유지하여 나가는지 알아보는 데 있다. 통제의 한 수단은 신념체계의 공유에 있고, 통제의 유지는 권력이 이러한 수단에 의하여 정당화될 때 훨씬 더 강하다는 것이다. 사회에서 정당화된 이념들을 찾아내는 일, 그리고 어떻게 이 이념들이 지배권을 행사하는지 분석하는 일은 우리의 교육체제를 이해하는 데 있어 매우 중요하다. 어떤 사회 내에서 계층의 구조적 기반과 그 사회에서 통용되는 합법적인 이념들은 그 사회가 사회적 불균등을 정당화하기 위한 기제(mechanism)로서 교육체제에 어느 정도 의존하고 있는가를 나타낸다. 여기서 주로 연구의 초점이 되고 있는 것은 사회의 지배구조를 정당화하고 재창조하기 위해 교육체계에 크게 의존한다는 것이 일반적인 견해다. 다음에서는 이런 관계가 야기되는 구조적 상관성이 있는가를 알아보고자 한다.

문제의 시각(perspective)은 사회 내의 지배구조는 교육이념과 구조에 관련된다는 것이다. 베버(Weber, 1946: 426)는 그의 교육체계의 비교 분석에서 '지배구조(the structure of domination)' 라는 용어를 처음으로 사용했다. 더 큰 권력이나 특권을 가진 사람들은 이러한 지위를 우연히 유지하는 것이 아니고, 자신들을 보호하기 위하여 그들의 우세한 재원을 활용한다는 점을 나타내기 위해 그러한 용어를 사용하였다. 특권자들은 그들의 우월적인 지위를 유지하기 위하여 그들에게 종속되는 자들을 지배해야 한다는 점을 강조하고 있다.

이러한 지배의 형식은 군사적 · 정치적 · 이념적 혹은 상징적인 형태 등으로 다양하게 나타나지만 지배라는 사실 자체에 있어서는 동일하다. '지배구조' 라는 개념은 관련 개념인 '계층' 보다 내재적 갈등의 의미를 훨씬 더 분명하게 전달하기 때문에 사용된다. 더욱이 '지배구조'라는 용어는 각기 다른 지배구조를 가진 사회들에 대한 비교를 가능케 한다.

이러한 시각에서 볼 때 우리의 교육체계 내의 조직형태는 지배구조의 영향을 받은 것으로 가정할 수 있으며, 주요 교육이념들은 사회 내의 지배집단의 이익과 합치된다고 추측할 수 있다. 교육의 구조나 이념들의 중요성을 가정하는 것 자체는 그것들이 어떻게 교육의 결과에 영향을 주는지 설명하지 않는다.

따라서 어떻게 의식이 사회화되는지에 관한 이론을 포함하는 과정에 관한 이론(theory of process)이 제시되어야 한다. 이러한 입장은 사회화 이론, 즉 교육의 구조나 이념이 어떻게 학교 내에서 일어나는 상호작용을 형성하며 이러한 과정들이 어떻게 의식의 형성에 영향을 미치는가를 연결짓는 이론적 근거가 제시되어야 한다.

이러한 관계구조에 대한 경험적 분석은 마르크스, 베버 그리고 그들의 최근 후계자들의 노력에서는 나오지 못하였다. 이러한 차원은 '상징적 상호작용(symbolic interactionism)'으로 일컬어지는 사회학적 연구에서 더 잘 설명될 수 있다. 이 상징적 상호작용은 어떻게 구조나 이념이 개인들의 태도와 행동에 영향을 미칠 수 있는지를 제시해 준다.

앞에서 서술하였듯이, 교육과 불평등 간의 관계에 관한 적절한 이론은 전체 사회적·제도적·대인적·개인 내적인 분석의 네 차원에 대한 통합을 요청한다. 더구나 그것은 모든 차원에서 관찰 가능한 현상을 통합된 방식으로 제시할 필요가 있다. 사회에서의 지배구조는 그 지배를 정당화하는 데 사용하는 이념들과 밀접하게 관련된다는 전제를 했다. 사회계층 체제의 네 가지 특성은 사회에서 합법화되고 있는 이념들과 관련되는 것으로 다음과 같다.

① 지배의 구조적 기반(부, 직업, 지위, 신분)
② 사회에서의 계층의 분화(다양한 집단들에 의해 통제되는 주요 재원과 양과 범위를 포함함)

③ 지위의 귀속성 여부

④ 사회계층을 바탕으로 한 역사적 변화 등이다

이 책의 중심적 전제는 사회 내의 지배구조는 교육의 산출과 관련된다는 점이다. 그러나 이러한 전제가 그럴듯하기 위해서는 사회적 불평등이 어떻게 그리고 왜 교육의 성과에 영향을 미치는지 이해하는 것이 필요하다. 그러므로 여기서 주어지는 해석의 궁극적 가치는 분석의 네 가지 수준 모두에서 이용되고 있는 증거를 통합하여 설명할 수 있는 노력과 관계된다. 분석을 위하여 교육의 구조와 이념들과 더불어 사회적 차원의 불평등과 지배적인 이념들을 이해하여야 한다. 그러고 나서 지배구조와 교육의 이념, 구조, 상호작용, 그리고 결과 사이의 가상된 인과적 연결을 모색할 수 있다([그림 5-1] 참조).

이 모형에서의 기본가정은 한 사회에서 상징적으로 표출되는 '지배적 구조' 가 그 사회의 교육체제나 이념 속으로 깊숙이 파급되어 이것이 학교 안의 교육적 상호작용에까지 영향을 주어, 결과적으로 교육의 격차를 불가피하게 해 준다는 것

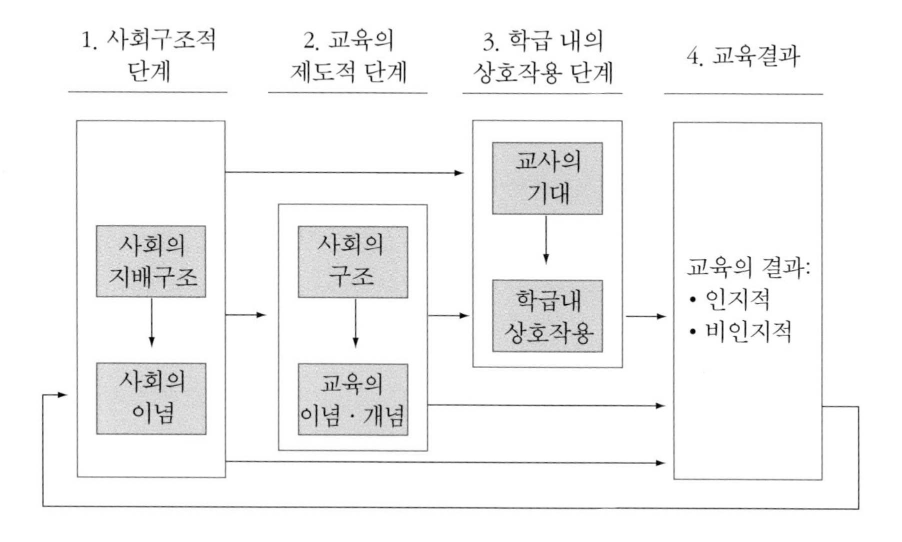

[그림 5-1] 교육결과에 작용하는 변인들의 상호작용

이다(Persell, 1977: 17).

여기서 교육불평등의 접근은 학교 외적인 사회구조와 배경요인 그리고 학교 내적인 측면에서는 학교사회의 체제나 교육실천의 과정요인의 상호 인과적인 맥락 속에서 점검하고 설명한다.

사회적 체제접근 모형

한편, 브루코버와 그의 동료는 교육격차의 문제를 학교의 사회적 체제(school social system)를 중심으로 접근하였다. 이 접근방식의 기본적 상정은 학교에서 아동들의 행동 중 특히 교과목에 관련된 학습행동은 학교사회 체제에서 파생되는 사회적 · 문화적 특성과 함수관계가 있다는 점이다. 학교의 사회적 체제의 여건 속에서 학생들은 학교 구성원인 교사, 교장 그리고 동료 학생들이 갖는 기대나 학구적 규범, 그리고 역할 정의에 따라 지각하고 행동하게 되기 때문이다. 일반적으로 우리는 각 학교마다 학생에게 갖는 역할기대, 규범, 평가가 다르다고 볼 수 있다. 이렇게 학교 특성에 따라 학생에게 갖는 기대, 역할, 규범 등이 다른 것과 마찬가지로 학생의 학업성취의 차이를 가져오는 학교의 사회적 체제나 환경에 두었다. 다시 말해서, 그들 연구의 기본가정은 학교사회의 구성원들은 학교의 사회적 특성 차이에 따라 학교마다 각각 상이하되 학생의 학습행동을 사회화시킬 수 있다는 점이다. 그러한 행동유형은 학교사회 체제 내의 구성원과 상호작용을 통하여 얻게 되고 상호 학습하게 되는 것이다. 이러한 견해를 뒷받침할 만한 경험적 연구는 아직껏 매우 제한되어 있다. 특히 그 이론적 모형을 제시하는 일은 쉽지 않을 것이다. 브루코버(1979)는 그의 연구를 위하여 학교의 사회적 체제를 분석하기 위한 준거로 투입-과정-산출 모형을 도입하였다. 즉, 교육결과에 영향을 줄 것으로 기대되는 투입변인을 잠정적으로 다음과 같이 두 가지로 설정하였다.

그 하나는 학생구성 특성(student body composition)이고, 다른 하나는 학교 내의 성인의 인적(교사, 교장, 직원) 배경 요인이다. 이 두 가지 투입요인은 학교의 사회

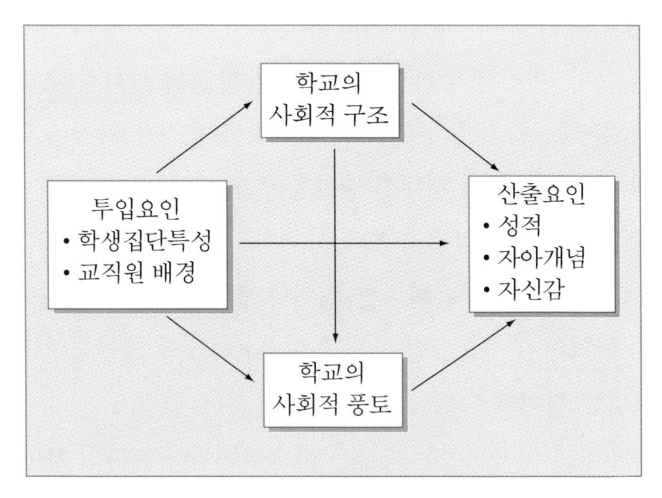

[그림 5-2] **브루코버의 연구모형**

적 구조와 학습풍토에 영향을 주고, 더 나아가 학생의 학업성취, 즉 지적 · 정의적 성취에 영향을 주게 된다는 것이다. 이러한 변인 간의 관계구조는 [그림 5-2]와 같이 제시할 수 있다.

이 모형에서 학교의 투입요인은 학생 구성 특성과 학교 구성원의 인적 배경으로 구성되었다. 학교의 사회적 구조는 학교에 대한 교사의 만족도, 학부모 참여도, 학습 프로그램의 다양성, 학교장의 수업지도 관심도, 학급의 개방 폐쇄성 등이다. 학교의 사회적 풍토는 학생, 교사, 교장의 학교에 대한 기대지각, 평가 등에 관한 것이며, 학습효과는 성적, 자아개념, 자신감 등이다.

이 모형의 기본가정은 학교 학생과 교직원의 구성 특성은 학교의 사회적 구조 및 학습풍토와 밀접한 관계를 가지며, 아울러 학생의 학업성취, 자아개념, 자신감에 영향을 준다는 것이다.

모형에서 제시된 바와 같이, 학교 내에서 야기되는 구성원의 상호작용은 학교의 사회심리적 풍토, 즉 구성원 상호 간의 적절한 역할지각, 기대, 평가, 감정 등으로 나타낸다. 이러한 상호작용은 학생, 교사, 교장, 기타 학교 구성원의 직접, 혹은 간접적인 의사소통을 통하여 적절한 역할행동을 도출한다. 따라서 학생은 학교사회 체제 속에서 교사, 교장, 기타 구성원이 갖는 학구적 규범이나 기대에 따라 행동하게 된다. 이러한 방식으로 학생들은 학교의 사회적 체제에 가장 적합하고 수행 가능한 행동양식을 구축한다. 이러한 상호작용 과정은 학업성취나 학구적 자아개념 또는 자아감에 지대한 영향을 주게 된다.

중요한 문제는 학교의 사회적 구조나 사회심리학적 풍토가 학교 간 성적 격차를 설명하는 데 매우 크게 작용한다는 것이다. 또 이러한 학교의 사회적 구조나 학습풍토 역시 학교의 투입요소인 학생구성이나 학교의 성인구성 특성에서 많은 차이를 가져온다는 점이다.

따라서 브루코버의 연구모형은 학생의 학습행동이나 결과의 차이는 학교의 사회적 체제에서 연유되며, 이러한 학교의 사회적 체제는 학교의 학생구성과 인적 배경의 특성이 주는 영향이 크다고 보고 있다. 또한 이 투입요인은 학교의 사회적 체제나 학습풍토, 즉 구성원의 사회심리적 규범, 상호기대, 평가 및 지각의 특성에서 수정된다는 것에 강조점이 있다.

교육 균형발전 모형

앞에서 교육불균등 혹은 교육격차의 문제를 ① 사회구조-교육체제-대인관계 구조에 대한 거시적 접근(Persell, 1977)과 ② 학교의 사회적 체제를 중심으로 하여 학교 투입(인적배경)-사회적 구조-학습풍토의 관계구조에 대한 미시적 접근(Brookover, 1979) 의 두 가지 방식을 고찰하였다.

교육불평등 혹은 교육격차에 대한 이 두 가지 접근방법은 서로 독립된 시각이라기보다는 상호 의존적이며 보완적인 입장이라고 볼 수 있다. 즉, 퍼셀의 주안점은 사회의 지배구조가 교육제도나 이념을 통하여 결국은 학급 내 교사-학생 대인지각에까지 영향을 준다는 견해와 브루코버의 학교의 인적 배경 특성이 학교의 사회적 관계구조나 학구적 풍토에 영향을 주어 지적 · 정의적 격차를 유발한다는 견해는 결국 학생의 사회적 · 경제적 배경(이것은 퍼셀에 있어서는 지배구조와 동일 개념)이 학교의 조직운영 체제, 그리고 학급 내 대인지각에게까지 영향을 준다는 점에서는 교육격차의 인과관계를 고려할 때 서로 맥을 같이한다고 보겠다. 다만, 전자는 사회구조의 원인 작용에 더 관심을 가지며, 후자는 학교의 교육체제에 더 관심을 둘 뿐이다.

따라서 교육의 균형발전의 과제는 교육결과에 있어서의 격차를 초래하는 교육투입 요인의 격차, 교육체제에서 파생될 수 있는 교육과정과 운영에서의 격차를 함께 고찰해야 할 것이다. 다시 말해서, 교육 균형발전의 접근은 학교사회를 중심으로 그 내외적 관련요소의 격차, 즉 학교 외적 배경특성의 격차(학부모의 부의 정도, 사회계층, 권력, 지위 등)와 학교자체의 특성(인적 구성, 교육내용, 실천과정, 학습풍토 등), 그리고 교육효과에서 격차(지적 · 비지적 요소: 동기, 자아개념, 자신감 등)로 상호 관련지어 그 접근모형을 제시하면 [그림 5-3]과 같다.

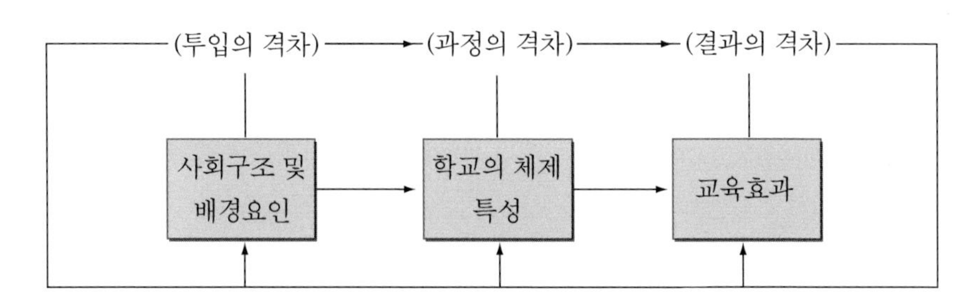

[그림 5-3] **교육 균형발전의 개념 모형**

이 모형의 기본가정은 교육격차에 관련된 학교 외적 요인도 학교 내적인 교육체제나 과정에 깊숙이 반영되어 복합적인 과정으로 나타난다는 것이다.

퍼셀(1977: 5-20)은 학교의 사회적 배경요인이 직접 · 간접으로 교육의 결과 혹은 학업성취에 영향을 주는 동시에 학교의 사회적 체제나 학급 내 상호작용을 통해서도 학업성취에 영향을 주는 것으로 보고 있다. 다시 말해서, 이것은 한 사회에서 상징적으로 표출되는 사회 · 경제적 지배구조(the structure of dominance)가 그 사회의 이념 형성에 깊숙이 파급되며, 이것이 학교사회의 교육실천 과정에까지 영향을 주어 결과적으로 교육격차를 불가피하게 한다는 것이다.

이와 같은 연구의 기본 상정에 따라 이 연구에서는 교육결과에 작용하는 학교 내외적 관련요인을 학교의 체제적 요인, 즉 다음 세 가지 측면을 고찰함으로써 이론적 기초를 마련하고자 한다.

① 교육의 투입요인에 관련된 사회의 구조 · 배경적 측면
② 교육과정의 조직과 운영에 관련된 학교의 제도 · 이념적 측면
③ 학교 내의 대인지각적 측면 등을 중심으로 상호 관련

■ 사회구조 및 배경요인

한 사회체제의 중핵은 베버가 제시한 사회적 지배구조(the structure of dominance)에 의하여 성립되는데, 그 구성요소는 사회계층, 재산, 직업적 권위, 권력, 그리고 지위와 밀착되어 있다. 이것은 지배구조가 넓은 의미의 사회화 과정을 통하여 학교교육 구조나 이념 속으로 파급되며, 교육의 계층화를 구축하여 결과적으로 교육기회나 그 효과의 불평등을 야기한다는 것이다.

최초의 사회구조적 차원의 불평등 문제는 마르크스나 베버가 제시하듯, 교육의 계층화와 중요성에서 야기되었다. 즉, 교육의 계층화는 교육기회의 불평등과 밀접히 관련되어 있으며, 이것은 교육계층과 사회이동의 상관관계로 점검되었다. 사회의 계층화의 기본구조와 이런 이념을 정당화해 주는 지배구조가 교육체제 내에 파급되어 이른바 계층의 재생산이 이루어지고 결국은 사회적 불평등이 연속된다는 것이다. 이에 관한 실증적인 연구는 보울즈와 진티스(1976)가 수행한 바, 학교는 현대사회에서 자본주의의 질서와 이익에 봉사하고 있으며, 따라서 학교교육은 자본주의 사회에 필요한 가치와 인성특성을 재생산하는 데 공헌하고 있다고 결론지었다. 그 구체적인 예로는 학교의 교육과정 운영에서 진학군(進學群)과 비진학군에 따른 교과내용의 구성, 수준, 수업조직의 차이에서 나타난다고 하였으며, 또 사회적으로 엘리트를 길러 내는 학교(인문계 학교)와 기능공을 길러

내는 학교(실업계 학교)의 지도방침, 규범, 운영방식의 차이 등을 지적하였다(Bowles & Gintis, 1976).

이러한 연구의 결과는 사회계층의 지배적 구조와 권위에 부합되어 교육구조나 이념도 그 체제를 지탱하고 유지하는 방향으로 이끌어지게 됨을 뜻한다. 사회적 계층구조나 배경이 다른 요인보다도 교육격차를 설명하는 데 가장 중요한 요인으로 제시되었다(Coleman, 1966; Plowden, 1967; Boudon, 1973; Húsen, 1975). 이러한 연구결과는 학생의 사회 · 경제적 계층배경에 따라 교육에의 접근 기회의 제약성은 물론이고, 이것이 학교교육의 과정적 측면에까지 영향을 주고, 결과적으로 개인의 생의 기회(life chance)에서 격차를 유발함을 뜻한다.

한편 덜 공업화된 국가(예: 우간다, 칠레)에서는 사회적 배경이 학업성취에 별로 상관성이 없다는 결론이 제기되었고(Heyneman, 1976; Farrell, 1973; IEA, 1974), 학업성취의 격차는 가정배경보다는 교사의 자기충족적 예언에서 비롯된다고 밝히고 있다(Clark, 1965; Rosenthal & Jacobson, 1969).

사회 · 경제적 지배구조가 교육결과에 미치는 찬 · 반의 연구결과에 비추어 볼 때, 지난 50년간 미국을 비롯한 선진 유럽국가의 교육기회의 확대와 의무교육의 연장은 어떤 의미를 가지는가? 그러나 그러한 선진국가의 교육기회의 확대가 결과의 (경제적) 균등을 가져오지 못했다는 것을 보울즈와 진티스(1976: 34) 그리고 부동(Boudon, 1973) 등이 지적하였다.

모든 사람에게 교육기회를 균등하게 제공하는 것이 교육격차를 해소하는 최소한의 명제다. 그러나 기회의 균등이 결과의 균등을 보장하지 못한다는 것이다. 따라서 이러한 문제는 사회구조와 배경요인이 학교교육 체제나 과정에 어떻게 작용하는가를 검토해야 한다.

■ 학교사회의 체제적 요인

사회의 지배구조는 학교의 교육체제에 영향을 주게 된다. 즉, 사회 · 경제적 우위에서 파생된 사회 지배구조의 세력은 학교사회의 교육이념과 실천적 수준까지 영향력을 파급시켜 결과적으로 교육격차를 유발하게 된다는 것이다(Persell, 1977: 1-4). 이 격차는 학교의 재정적 지원의 근원과 정도, 부모가 학교교육과정 구성과 결정에 주는 영향력의 정도, 생태학적으로 학교 내에서 학생의 계층배경에 따른 집단구성, 그리고 교사의 학업성취 기대수준 등으로 표출된다. 이러한 현상은 사회적 이념과 지배구조의 영향이 학교교육 체제와 이념 그리고 교육실천 과정에까지 깊숙이 관련되어 결과적으로 교육효과의 불균등을 초래함을 뜻한다. 지배구조에서 연유된 교육이념이나 교육체제에서 불균등 현상의 교육실천 과정에서 분리수용, 능력집단 편성, 차별수업의 형태로 나타난다(Rosenbaum, 1975). 이것은 학교가 학생에게 베푸는 봉사기능의 불균등을 의미한다. 이와 관련된 학교의 체제적 요인은 학교의 시설, 교사의 자질, 학습집단 편성, 학교의 학습풍토 등이다. 이는 계층적 배경이 좋은 학생이 진학군이나 능력집단에 속할 가능성이 많으며, 이에 따라 교육과정의 내용, 수업지도, 교사와의 접촉빈도에서 더욱 유리한 기회나 혜택을 받게 된다는 것이다. 스웨덴에서의 후센 연구(Goldberg et al., 1966: 166에서 인용), 영국에서는 엘더(Elder, 1865: 173-202)의 조사연구 등이 학생의 배경특성과 능력집단 편성, 교육기회와의 깊은 관련을 제시하였다.

우리나라의 경우, 농촌학교가 도시학교에 비하여 시설과 교사의 질, 가정의 문화적 배경에서 상대적으로 부족함을 부정할 수 없다. 이러한 구조적 차이는 학교의 기능적 요인과도 연관을 갖게 되는 바, 학교의 사회심리적 학습 환경이나 풍토요소, 즉 교사·학생의 지각, 기대, 평가 등이나 행동적 실천과정, 즉 수업계획, 자료구성, 의사소통, 보상방법 등에서도 차이를 나타내게 된다.

■ 학급 내 대인지각적 요인

앞에서 밝힌 학생의 배경특성이나 학교교육 체제의 불평등 요인은 학급 내의 교사-학생 상호작용에서의 대인지각, 기대, 평가 등에서 보다 구체적으로 나타난다. 즉, 교사가 지각하는 학생의 특성(사회계층, 능력 등)은 학생의 학업성취에 대한 기대 및 평가에 영향을 주게 된다.

이것은 교사의 밖으로 드러나는 행동보다는 교사가 마음속에 가지고 있는 학생 개인에 대한 지각이 학습 내 대인지각의 차이를 가져오는 중요한 요인이 되고, 더 나아가 그러한 지각의 수준에 따라 학생 개개인에 대한 교사의 수업 행위가 달라지게 된다는 것이다. 이러한 현상은 학업성취에 대한 교사의 자기충족예언(self-fulfilling prophecy)의 연구가 실증적으로 밝혀 주고 있다(Rosenthal & Jacobson, 1969). 또, 교사가 지각하는 학생배경이나 능력에 대한 기대 차는 교사의 수업행동에서 차이를 가져오고, 시간이 경과함에 따라 이러한 교사의 차별적인 태도는 학생에게 전달되어 학생들도 교사의 기대수준에 맞추어 행동하게 됨으로써 결과적으로 교사의 최초의 기대가 실현되어 학생의 학업성취의 격차현상은 계속적으로 유지 · 강화된다는 것이다(Brophy & Good, 1974). 교사의 기대가 학생에게 전달되는 사회심리적인 메커니즘은 다음의 네 가지 형태로 구분된다고 한다(Rosenthal, 1974).

첫째, 교사는 학생에 대한 기대에 따라 온정을 베푸는 정도가 다르다.

둘째, 교사의 기대 정도는 비언어적 형태인 눈 마주침의 빈도, 고개 끄덕임, 머리 쓰다듬어 주기, 눈 표정 등으로 전달된다(Cooper, 1971).

셋째, 교사의 수업내용 구성이나 자료제공에서의 차이를 들 수 있다(Rist, 1970). 즉, 학생에 대한 기대 수준에 따라 학습내용의 난이도, 수업 투여시간, 사용하는 어휘 수 등이 다르다고 한다.

넷째, 교사는 높은 기대를 하는 학생에게 더 적극적 칭찬과 격려를 해 주며, 질문에 대한 반응시간을 길게 주거나, 질문을 재구성해 주며 또 질문의 빈도를 높이고 보다 지적인 반응(Robinson, 1973)을 유도한다는 것이다.

이에 관련된 많은 연구는 학급 내의 상호작용에서 대인지각이나 기대 차는 학생의 배경요인과 밀접한 관련이 있고, 이러한 대인지각의 격차는 교사의 수업행동, 자료 제공 및 학습기회 제공의 변용을 초래하고, 결국은 학습효과의 격차를 초래한다고 지적하고 있다.

이상의 모형에서와 같이 교육불균등 문제는 학교 외적 요인인 학생의 배경적 특성이 교육 내적 요인인 학교의 체제적 특성에 깊이 연관되어 있으므로 이에 관한 상호 관련적인 검토가 필요하다. 그러나 최근의 연구동향은 점차 학교의 내적인 특성과의 상관성에 강조점을 두고 있다. 그 이유는 교육격차에 관련된 변수의 수정과 변화의 가능성 때문이다. 이것은 계층의 차, 지역의 격차, 성별의 차와 같은 교육 외적 조건보다는 교육격차에 관련된 교육 내적 조건은 그 변화가능성이 비교적 용이한 요인들이라는 점이다.

따라서 우리 교육의 균형발전의 과제는 다음과 같다.

첫째, 지역 간, 공사립별, 남녀별에 따른 교육격차가 발생하지 않도록 교육시설, 교사의 질을 균형 있게 발전시켜야 한다. 교육시설은 물리적 환경으로서의 균등한 교육환경 조건의 형성을 말하며, 교사의 질은 교사와 행정가의 특성, 즉 그들의 학력, 경력, 자격증, 근무성적 등에 관한 정책적 배려와 균등한 조건형성의 과제다.

둘째, 교육과정의 교수변인에 관한 개선점이다. 이것은 교육과정 분화의 적합성과 교수방법의 균등화를 위한 과제다. 여기에는 표면적 교육과정의 영향과 아울러 잠재적 교육과정의 영향도 취급해야 할 것이다.

셋째, 학교의 사회심리적 환경개선에 관한 것이다. 앞의 두 가지 과제는 결국 학교의 학습풍토 개선과 직결된다. 그러나 보다 중요한 풍토요인은 수업실천 과정에서 파생되는 학습에서의 대인지각, 기대, 평가, 학구적 규범 등에 있다. 따라서 현재의 학교풍토를 분석하여 그 적절성 여부를 타진해야 하며, 이에 따라 관련된 학교 자체의 교사 전문성 혹은 연수프로그램 개발에 노력해야 한다.

6. 교육평등화의 과제

교육의 기회균등이란 단순히 교육의 접근기회의 평등문제에만 급급한다면 별 문제가 없을 것이다. 그러나 교육의 질적 제고 과제와 연계하여 볼 때 교육의 기회균등 문제는 아직도 풀어야 할 과제가 많다. 즉, 이러한 과제는 교육평등화와 관련지어 생각할 수 있다. 교육평등화는 비단 교육기회의 균등뿐만 아니라 교육의 과정(process)과 교육의 결과와 관련되어 해결되어야 할 과제이기 때문이다.

이러한 문제점에 비추어 교육의 질적 제고를 위한 교육평등화의 과제를 다음의 몇 가지로 그 방향을 찾아보고자 한다.

우선 교육평등화의 통념에 관한 사고의 전환에 관한 방향이다. 이것은 단순한 산술적 계산에 의한 동일 분배의 의미를 지양하는 데 그 관점이 있다.

앞에서 교육불평등을 보는 시각에서 제시한 바와 같이 교육불평등의 적극적 · 소극적 의미를 어느 편에서 수용하느냐에 따라 그 해석이 달라진다. 개인이 타고난 각자의 소질에 따라 능력을 충분히 발휘하도록 교육이 이끌어 간다면 사람마다 타고난 소질, 능력 차에 따라 교육의 불평등, 격차도 커진다는 것은 자연적이다. 이는 교육이 개인의 능력주의에 의하여 그 과정과 결과를 이끄는 것에 불과하다. 그러나 만약 교육의 사회적 평형자(equalizer)로서 성격이 강조되고 교육성과의 균등화를 중요기능으로 한다면 '수재(秀才)'와 '범재(凡才)' 또 '가진 자'와 '가지지 못한 자' 사이의 심한 격차는 지양되어야 할 것이다. 따라서 교육의 역할을 통해서 인간의 평등을 강조하고 가진 자, 능력자의 특권을 가능한 한 줄이고 가지지 못한 자의 능력을 키워 주려는 의도적인 노력이 투입되어야 하는 것이 필요하다. 즉, 교육평등화를 위하여 약한 자를 불공평하게 더 도와주는 교육적 전략이나 경제적 뒷받침이 요청되는 것이다.

두 번째는 앞에 제시된 교육평등관에 따라 적극적 차등원칙(positive discrimination)을 적용하여 교육효과 혹은 교육결과의 평등화를 이룩하는 방향이다.

모든 사람에게 교육기회를 균등하게 제공하는 것이 우선적 명제임과 동시에 그 효과가 결과의 균등까지 연결되어야 하기 때문이다. 고등학교 평준화 정책이 시행된 이후 아무리 시설, 교원의 순환근무, 동일한 교육과정의 제공 등으로 외향적으로, 제도적으로 교육기회균등을 위한 최선의 통제를 한다고 해도 교육성과의 불평등은 여전히 지속되고 있다.

이는 출발점의 불평등을 보상해 줌으로써 주어진 기회를 누구나가 균등하게 활용하여 결과의 균등까지 연결하도록 함을 뜻한다. 불리한 대상자를 보상적인 차원에서 더 많은 지원을 차등적으로 투입해 줌으로써 결과적으로 종착점에서의 균등을 지향하게 하는 과제다.

세 번째는 학부모나 사회일반이 학교교육에 거는 기대 수준의 상대적(相對的) 결손의식(缺損意識)이 교육평등화를 저해하고 있으므로 이에 대한 사고의 전환이 필요하다.

현안의 교육불평등 문제는 학부모나 사회일반의 학교교육에 대한 인식, 평가의 격파에서 파생되는 것도 심각한 문제로 제기된다. 도시, 농촌 간, 학교 소재지, 학교 간에 대한 사회인의 기대, 평가의 문제다. 서울의 경우 강남과 강북지역의 차, 중심 지역과 주변 지역, 중산층 부모와 서민계층 등 학교 위치, 생활수준 등에 따른 상대적 평가나 빈곤의식이 교육평등화에 영향을 주게 된다.

그간의 중학 무시험 진학, 고교평준화 시책을 비롯하여 교육개혁 구상과 실천에 따라 시설환경, 교육내용과 방법 개선, 교사의 질 개선 등에 관한 대책 수립과 계속적인 추진시책에도 불구하고 지역 간, 학교 간, 계열 간 우열이 구분되고 결과적으로 교육격차가 실제적 또는 의식적으로 파생되고 있다.

그 이유 중 하나가 우리 사회인의 의식 속에 잠재해 있는 상대적 결핍의식의 문제다. 즉, 상대적으로 자기 자녀가 다니는 학교가 타 학교보다, 학군이 타 학군보다 못하거나, 빈곤지역에 있다는 의식 때문에 상대적으로 교사의 질까지 낮추어 평가하거나 지각하는 경우나 시설, 환경여건의 빈약성을 예견함으로써 결과적으로 학생의 성적이 타 지역, 타 학교에 비하여 뒤진다는 의식이 만연되고 있다.

학교수준이나 교육효과에 대한 학부모의 기대, 지각, 평가는 학생을 통하여 직접, 간접으로 교사에게 전달되며, 이는 교사의 수업지도 및 실천과정은 물론 학생이 교사에 거는 기대에 차이를 유발하게 되고, 이러한 학부모-학생-교사의 상호인과적인 연결은 결국 학생의 학업성취에 자기충족적 예언으로 이어진다는 것은 사회심리적 이론이나 연구결과에서 잘 밝혀지고 있다(김병성, 1991).

따라서 교육평등화를 위하여 학부모의 교직에 대한 인식의 전환과 교사의 전문성, 더 나아가 교육권(教育權)을 신뢰하는 노력이 필요할 것이다.

네 번째로는 교육행정 당국의 교육현실에 대한 인식과 제도적 개선책, 보완책에 대한 적극적 실천에 관한 과제다.

1969년 중학 무시험 진학을 비롯하여 중등학교 평준화 정책은 교육기회균등의 제도적 · 형식적 수준에서 공헌한 바가 크다. 평준화 정책은 교육관리상의 이점도 있고, 행정적으로 많은 사회적 부조리를 제거한 공이 있고, 학생의 신체적 · 정신적 부담을 덜어 준 것도 사실이지만 자연적인 학생 격차를 인위적으로 형식상의 획일화를 꾀함으로 많은 교육상의 부작용을 낳고 있다. 학력의 저하, 애교심의 결여, 사회적 의무감의 약화, 개인적 포부와 야망의 상실 등 여러 가지 폐단을 헤아릴 수 있다. 평준화가 실시된 지 20년이 다가오는 지금까지 이에 대한 논의는 계속되어 왔고 부분적 보완책도 시행되었지만, 전체적으로 볼 때 하향평준화라는 평가는 물론이고 학생의 성적 격차는 지역 간, 학교 간에 더 심화되었음이 일반적으로 지적되고 있다. 또 학교, 학급상황에서도 교사의 학습지도의 곤란성, 우열학생의 위화감, 학급편성의 문제 등 수많은 문제가 뒤따르고 있는 실정이다. 따라서 외견상 학교 간 격차는 줄어들었다고 하지만 반대로 학교 내 우열학생 집단의 성적 격차는 더 심화되고 있는 실정이다.

교육에 있어서 기회균등 혹은 평등화의 문제란 개인의 능력에 따라 평등하게 교육받을 권리를 우선해야 한다. 이는 능력에 따라 평등하게 교육받아야 하느냐 아니면 평등을 위한 획일주의냐 하는 대립적 교육관의 문제다. 그러나 그간의 교육 정책적 시행착오를 통해서 어느 정도 단안을 내릴 단계에 이른 것이다. 최근

평준화 지역 학교가 학생을 선발하는 추세가 늘고, 학교 내 우열반 편성이 성해지는 추세가 이를 잘 뒷받침해 준다. 과연 한국교육의 평등화는 어떻게 이해되고 개선되어야 할 것인가는 우리 모두가 재고해야 할 단계다.

제6장

교육격차와 학력격차*

When inspiration does not come to me, I go halfway to meet it.

기회가 나에게 찾아오지 않으면 내가 스스로 찾아 나서야 한다.

〈Sigmund Freud(1856-1939)〉

1. 교육격차의 문제
2. 교육격차의 인과론
3. 학력격차의 접근모형
4. 학력격차의 결정요인

* 여기에 제시한 내용은 저자가 『교육사회학연구』 6권 2호에 발표한 내용임.

1. 교육격차의 문제

흔히 우리는 교육격차의 문제를 교육불평등이나 학력격차의 문제와 동일한 맥락에서 접근하려는 경향이 일반적이다. 우선 교육불평등은 교육격차와 같은 문제의식에서 출발하지만, 그 주안점은 교육에 대한 이념적 · 사상적 그리고 더 나아가 상징적 관점을 강조하고 있다. 이와 대조적으로 교육격차는 현상적 · 실제적 · 가시적 측면에서 교육의 불평등 문제를 보다 구체적이고 접근 가능한 개념으로 받아들이고자 한다. 교육격차는 사회 및 학교의 사회구조적 측면과 아울러 그 기능적 측면에서 교육의 과정과 결과적 측면을 함께 고려한 관점이다. 투입요건으로서의 기회균등의 격차, 교육실천활동에서 야기하는 교육과정에서의 격차 그리고 교육의 결과를 얻는 교육효과의 격차를 포괄하는 거시적 개념이다.

이와 유사한 개념으로 학력은 '학업성취를 의미하는 것이며, 학업성취는 수업자와 학습자의 상호작용에 의해 얻어지는 결과' 다. 이 결과의 격차는 교육격차의 미시적 관점으로, 수업자와 학습자의 상호작용으로 아동의 양적 · 질적 변화에 있어 제기되는 격차를 말한다.

이러한 교육격차를 줄이기 위하여 1950년대부터 미국을 비롯한 선진 제국에서는 학업성취에 관련된 학생의 개인적 특성, 교사의 인성적 특성, 교수-학습과정 및 자료 구성 등에 관한 많은 연구를 진행해 오고 있으나, 아직도 학업성취에서의 개인차를 줄일 수 있는 성공적인 방법이나 전략을 제시하는 데에는 많은 제한점이 있다. 학생의 개인적 특성으로는 지능, 자아개념, 학습 태도 등 인지적 · 정의적 특성과 학업성취와의 관계에 대하여 교육심리학 분야에서 이미 많은 연구가 이루어졌고, 또 교사의 어떤 특성이 학업성취에 긍정적인 영향을 미치는가를 밝히기 위한 노력도 계속적으로 이루어져 왔지만, 뚜렷하고 일관성 있는 결론에는 이르지 못하고 있다(김병성, 1996: 205).

종래에는 교육격차의 주된 원인이 주로 학생의 타고난 능력이나 지능, 성취동기 등의 개인적 차원에 있다고 보았으나, 점차 이러한 문제는 개인적 차원보다는 사회적 불평등이 반영된 구조적 차원에서 교육격차의 원인을 찾을 수 있다. 플라톤(Palton)의 『공화국(The Republic)』이나 아리스토텔레스(Aristotles)의 『정치론(Politics)』에서는 인간은 태어날 때부터 어느 한 단계에 속한다고 보고 이들 각 계급에 따라 그 나름의 기능과 역할이 주어져야 하는 것으로 사회계급의 불평등을 하나의 선험적 명제로 받아들이는 이른바 '인간 불평등의 자연성' 을 주장하고 있다. 그러나 로크(J. Locke), 루소(J. J. Rousseau)를 거치는 동안 인간의 불평등, 격차의 문제는 그것이 자연법칙에 의한 필연적인 결과가 아니라 인공적으로 만들어 낸 결과라는 사고가 지배하기 시작하였고, 특히 마르크스(K. Marx)에 이르러 인류의 불평등은 생산양식에 의해 결정된다고 주장하였고, 20세기의 사회경제학자인 막스 베버(Max Weber)는 마르크스가 지적하는 생산양식과 소유양식에 의해 결정되는 계급에 권력(power), 권위(prestige)의 개념을 더 첨가시켜 재산의 격차는 계급의 격차를, 권력의 격차는 정치적 당의 격차와 갈등을, 권위의 격차는 지위의 격차를 잉태하게 되어 사회에서의 불평등, 불균등 격차는 극대화되기 마련이라는 논리를 주장하고 있다.

따라서 플라톤이나 아리스토텔레스의 인간 불평등론보다는 루소 이후 인간평등론이 강조되는 오늘날, 개인의 본래적인 능력의 차에서 교육격차가 파생되기보다는 가정의 사회계층의 차로 인한 사회구조적 요인의 격차에서 교육격차가 생긴다고 보는 것이 더욱 설득력이 있게 되었다.

특히, 학교교육이란 사회 지배계층의 이해관계를 유지하기 위한 하나의 사회적 조정장치나 계층 재생산의 매개변인에 불과하다고 보는 갈등론자들(Reimer, 1971; Illich, 1977; Bowles & Gintis, 1976)은 교육기회는 물론 학교교육 격차가 사회구조적 불평등에서 기인된다는 이론을 강력히 제시하고 있다. 그러나 이러한 이론들은 사회의 구조적 불평등 체제와 학교교육 격차의 관련성을 경험적으로 인식하였을 뿐, 어떠한 과정을 거쳐 사회의 불평등 체제가 어떻게 학교사회 체제나 이념에 반영되었는가에 관한 실증적인 분석을 시도하지는 못하였다.

한편 최근에 수행된 관련 연구에 의하면 앞에서 제시한 견해와는 대조적인 결과를 나타내고 있다. 즉, 이들 연구에 의하면 학교 자체가 학업성취에 격차를 조장한다는 것이다. 교육격차를 학교사회 심리학적 맥락에서 접근한 브루코버(Brookover, 1979)는 학교사회의 사회심리적 요소인 구성원의 상호 기대, 지각, 평가 그리고 학교사회의 체제와 밀접히 관련된 학교풍토가 교육격차를 유발한다고 하였다. 또, 퍼셀(Persell, 1997)은 사회 · 경제적 지배구조(the structure of dominance)가 그것을 지탱해 주는 이념과 밀착되어 교육체제나 교육내용 그리고 교사-학생의 교실 내 상호작용까지 깊숙이 영향력을 주어 결과적으로 교육효과의 격차를 필연적으로 유발하게 된다고 하였다. 따라서 교육격차의 원인을 학교의 가정 · 경제적 배경이나 또는 학교의 체제적 특성 등에 관련하여 규명 · 해석하려는 입장에는 아직도 많은 논의가 제기되고 있다.

2. 교육격차의 인과론

지금까지의 연구들에 의하면 교육격차를 설명하는 요인은 종래의 학생 개인의 타고난 지능, 성취동기 등 개인적 차원은 물론 사회적 불평등이 반영된 학교의 사회적 체제나 구조와 밀접히 연관된다.

그러면 왜 어떤 학생은 학교교육을 받는 동안 남보다 좋은 성적을 받거나 더 유리한 대우를 받는가 하면, 반대로 다른 부류의 학생들은 남보다 더 뒤지거나 불리한 위치에 처해 있는가? 물론, 이에 대한 대답은 간단하지는 않을 것이다. 수많은 요인이 얽혀 있기 때문이다. 지금까지의 연구결과를 종합해 보면 이러한 차이가 나타나게 되는 것은 크게 세 가지 측면에서 그 원인을 찾아볼 수 있다.

무엇보다 우선, 학생 자신의 능력과 관련된다는 것이다. 즉, '너 자신이 남보다 똑똑하지 못해서……' 라는 **능력결핍론**이 그 하나요, 다음으로는 '가정의 생활환경이 좋지 않아서……' 라는 이른바 가정의 문화 **환경결핍론**이 그 두 번째요, 마지막으로 '교사를 잘못 만나서……' 라는 교사결핍론이 그 세 번째 원인으로 대두되고 있다. 과거로부터 학업성취의 격차 요인으로 흔히 능력(지능)이나 부모의 사회경제적 배경특성이 매우 중요한 요인으로 거론되어 왔다. 지능 우위론자들은 '지능=성적' 이라는 입장에서 성적 격차를 논의하였고, 사회경제학자들은 가정의 문화환경이나 경제적 지위를 자녀의 학업성취를 좌우하는 중요한 요인으로 보아왔다. 이에 대한 실증적 연구결과로 미국에서는 콜먼(1966), 영국 사회에서는 프로우덴(1967), 프랑스에서는 부동(1973)의 연구가 이를 뒷받침해 주고 있다.

그러나 최근에 이르러 '학교가 차이를 만든다(school can make a difference)' 또는 '교사가 차이를 만든다(teacher can make a difference)' 라는 명제가 부각되기 시작한 것이다. 물론, 학생의 학업성취는 개인의 능력, 가정배경, 학교 혹은 교사 특성 중 어느 단일 요인에 좌우되지는 않는다. 어떤 의미에서는 이 세 가지 요인이 연쇄적으로 상승작용하거나 그 반대로 악순환 현상을 초래하여 학생의 학업성취의 격차를 심화시킨다는 것이다.

지능결핍론

지금까지 교육격차에 관한 연구나 논의는 주로 학생의 타고난 능력(이것은 지능이나 적성을 지칭함)이나 가정의 사회문화적 배경에서의 결핍요건에 관한 것이 주류를 이루어 왔다. 과거부터 학업성취의 차이는 흔히 지능결핍이나 부모의 사회적 지위 등이 매우 중요한 요인으로 강조되어 왔다. 지능 우위론자들은 '지능이 곧 성적' 이라는 명제를 내세워 왔고, 사회학자나 경제우위론자들은 가정의 문화적 환경과 부모의 사회경제적 지위가 자녀의 학업성취에 절대적인 영향을 준다는 것이었다.

그러나 최근에 이르러 학교의 교육환경, 즉 학교 자체의 사회적 체제나 인적·물리적·심리적 특성이 학생의 타고난 능력이나 가정배경과는 별도로 학생 간·학교 간 성적 차이를 설명하는 데 중요한 요인으로 거론되고 있다. 따라서 학교교육의 효과, 좁게는 학생의 성적 차이를 앞의 세 가지 측면에서 논의하면 다음과 같다.

학생의 능력 차이에서 파생되는 성적 격차는 지능결핍론(IQ-deficit theory)으로 지칭되는데, 이것은 지능의 유전적 결핍이나 저소득 계층에 속한 아동들이 학교생활이나 교사 관계에서 다른 아동에 비하여 빈약함으로써 결과적으로 학업성취에서 실패하거나 저조하게 된다는 것이다.

물론, 지능 격차에 관하여는 아직도 유전우위론과 환경우위론이 계속적으로 논의되고 있는 가운데 그 결정요인으로는 유전, 환경, 그리고 유전과 환경의 상호작용의 세 가지로 간주되고 있다. 인간의 생태적 소질에 관한 논문에서 젠센(Jensen, 1969)은 유전요인이 약 80%이고 나머지 20%가 사회적 · 문화적 · 신체적 제 환경의 영향으로 제시하고 있다. 아이젱크(Eysenck, 1971) 역시 개인의 지능적 유전은 80% 정도이고 환경에 의한 것은 약 20% 정도라고 하여 유전이 인간 형성에 큰 힘을 가지고 있다고 하였다.

그러나 지능에 관한 유전우위론에 대하여 라이트와 스미스(Light & Smith, 1969)는 젠센의 측정방법의 오류를 지적하고, 유전에 의한 영향에 45%, 환경은 31%, 유전과 환경의 상호작용이 20%, 그리고 오차 4%로 측정하고 있어 유전에 의한 영향이 훨씬 축소되고 있다. 이런 연구가 시사하는 것은 유전적 격차는 지능 격차의 극소 부분만을 설명하여 주고 있다는 것이다. 교육적으로 조작 가능한 변인이 환경 및 상호작용에 있다면 이 변인의 조작에 의해 지능 격차를 줄이려는 실제적 노력이 뒤따라야 할 것이다.

환경결핍론

교육격차를 유발하는 다음 요인으로 부모의 사회경제적 배경이 강력하게 지지되고 있는바, 이것은 다른 말로 표현하면 문화적 결핍론(cultural-deficit theory)으로 학생 가정의 문화적 환경, 언어적 그리고 지각 · 태도적 배경에서의 차이나 상대적 결핍 때문에 학교에서 다른 학생에게 뒤지게 되고, 결과적으로 학업성취에서의 차이를 가져오게 된다는 것이다.

이에 대한 실증적 연구는 콜먼에 의하여 제시되었고, 이 연구를 재분석한 젠크스(Jencks, 1972)에 의해서도 강력히 뒷받침되었다.

콜먼 보고서는 1950년대의 'Project Talent' 다음 가는 미국 사회과학 역사상 두 번째의 거대한 규모의 연구였다. 이 보고서는 지금까지 맹목적으로 받아들여지고 있었던 교육에 관한 신화(神話)와 신념에 대한 강력한 경험적 비판이며, 미국 교육사회학의 가장 중요한 자료요, 또 가장 거대한 자료를 사용한 복잡한 분석이라고 평가받는다. 이 연구는 미국 내 6개의 주요 인종 및 소수민족 집단(minority group) 간의 학교 간, 지역 간에 존재하는 교육기회와 효과의 불균등 현상 및 원인을 밝히는 데 목적이 있었다. 그 연구대상은 미국 전 지역의 초등학교 및 중등학교 학생 중 1, 3, 6, 9, 12학년에 속하는 645,000명과 교사 60,000여 명을 표집하였다. 103개의 연구 변인을 학생의 가정배경 변인 15개(성장지, 부모교육, 부모생존, 가구, 책의 수, 문화 여건 등), 학생집단 변인 31개(전입학생 수, 출석률, 숙제시간, 흑백 인종비 등), 그리고 종속변인(언어능력, 비언어능력, 수학성적, 독서능력, 일반정보, 인문과목 선정 등)으로 구성하여 상관관계나 회귀분석(regression analysis) 방법을 사용하여 검증하였다. 이 연구결과는 ① 학생의 가정배경은 학생의 학업성취에 미치는 가장 중요한 요인이며, 이것은 학생이 학교에 다니는 동안 계속하여 영향을 미친다. ② 학교의 물리적 시설, 교육과정, 교사의 질 등은 성적에 매우 미소한 영향을 주는데, 이 중에서 교사의 질은 학교의 다른 특성 요인에 비하여 상대적으로 성적에 미치는 영향이 크다. ③ 학생집단의 사회적 구조는 가정 환경과는 별도로 학교의 다른 어떤 요인보다도 학교의 성적에 미치는 영향이 크다는 것이다.

즉, 콜먼의 연구는 학교가 학생들의 학업성취에 별로 공헌을 못하고 있으며, 사회적 평등을 위한 기능을 제대로 수행하지 못하고 있다고 결론지었다. 콜먼의 연구보다 정선된 변인과 발전된 통계방법을 적용해 재분석한 연구(Jencks, 1972;

Smith, 1972; Mosteller & Moynihan, 1972)도 콜먼 보고서에서의 분석상의 미비점을 지적할 뿐 그 근본적인 연구결과는 별 차이가 없었다. 특히 젠크스는 인지능력(認知能力)의 불평등을 설명해 주는 정도를 가정 배경요인(60%), 유전요인(35~50%), 그리고 학교의 질(4%)의 순이라고 지적했고, 학업성취에 영향을 주는 원인의 순으로는 가정배경, 인지능력, 인종 차, 학교의 질(2% 정도)의 순이라고 하였다. 그는 결과적으로 학교는 학업성취의 향상에 거의 영향을 주지 못한다 결론지었다.

교사결핍론

지금까지 크게 부각되지 않았던 교육격차의 인과론의 세 번째 입장은 콜먼 연구의 비판자들에 의하여 제기되기 시작하였다. 이것이 바로 학교 자체의 사회적 특성이나 교사-학생의 대인지각 형태가 가정배경이나 개인의 지적 능력 못지 않게 성적 격차를 초래한다는 점이다. 콜먼 연구결과를 재분석한 마이에스케 등(Mayeske et al., 1969)은 학교를 최종 분석 단위로 하였을 때 학교 자체의 집단 특성이 성적에 독립적으로 주는 효과가 큰 것을 알아냈으며, 사회경제적 수준이 낮고 가정의 문화환경이 빈약한 경우에는 학교의 영향이 크게 부각된다고 보고하고 있다. 이러한 일련의 비관적 견해는 학교 특성, 즉 강한 지도성, 교사의 높은 기대, 좋은 학교풍토, 수업계획, 진행의 주도면밀한 점검 등이 학교 간의 교육격차를 나타낸다는 것이다. 학업성취의 격차에 관련된 학교 자체의 특성으로 학교의 학구적 규범을 들 수 있는데, 맥딜과 릭스비(McDill & Rigsby, 1973)는 이러한 학구적 규범(學究的 規範)은 학교 구성원인 교사와 학생의 학구적 우수성, 지적인 풍토지각, 응집력과 평등주의의 지향, 과학적 방법, 인간적 탁월성 그리고 학구적 지향성의 6가지 특성으로 요약하였다.

한편 브루코버와 그의 동료들(Brookover et al., 1977)은 학교의 사회심리적 풍토 요인, 즉 교사의 학생 학업성취에 대한 기대, 평가, 신념체계 등이 학교 간의 성적 차를 설명하는 중요한 요인임을 장기적인 연구를 통하여 밝혔다.

이상에서와 같이 학생의 개인적 능력이나 가정배경의 차이에서 연유되는 교육격차의 문제에 관한 논의가 당초에는 많은 관심을 끌어왔으나 최근에 이르러 학교의 사회심리적 환경이라고 할 수 있는 교직원의 교육효과에 대한 신념 · 가치체계, 학급 내에서 교사-학생 상호작용, 학교 구성원인 학생, 교사, 타 직원 모두에게 파급되어 있는 학구적 규범 등에서 파생되는 교육격차의 문제가 크게 부각되기 시작한 것이다.

학교의 사회심리적 특성은 학교 구성원의 학습에 대한 일반적인 기대, 신념, 평가 그리고 정서적 분위기 등으로 나타나게 된다. 흔히 학급 내에서의 수업 사례에 관한 연구의 대부분은 교사의 행동, 즉 수업방법 혹은 수업의 질이 학습효과에 어떤 영향을 미치는가, 더 나아가서는 어떤 특성을 가진 학생에게는 어떤 수업방법이 더 효과적인가 라는 것이었다. 그러나 최근에 수행된 몇 편의 연구에서는 교사의 밖으로 드러나는 차이를 가져오는 보다 중요한 요인이며, 더 나아가 그러한 기대 차이에 따라 학생 개개인에 대한 교사의 행동이 달라지게 된다는 주장이 강조되고 있다.

교사의 학업성취에 대한 기대의 높고 낮음이 결과적으로 학생의 성적에 강력한 예언력을 갖는다는 것으로 블룸(B. S. Bloom)의 완전학습이나 로젠탈과 제이콥슨의 자기충족예언(self-fulfilling prophecy)에서 잘 예시해 주고 있다.

이러한 선행연구결과는 교사의 자연상태에서의 기대 수준이나 의도적인 실험상황에서 유도된 교사의 기대를 막론하고 교사의 기대효과는 학생의 학업성취에 매우 중요한 의미를 갖게 된다는 것이다. 구체적으로 교사의 기대는 교사의 수업행동, 즉 수업계획, 자료 준비나 자료 제시방법, 수업에 임하는 시간(time-on-task) 그리고 학생과의 상호작용과정 등에서 다르게 표출되며, 또 그것이 특정 학생에게 전달된다는 것이다.

3. 학력격차의 접근모형

학력격차의 접근모형은 크게 3가지로 구분하여 보면, 퍼셀(1977)에 의한 거시적 관점과 브루코버(1978)에 의한 미시적 관점, 그리고 김병성(1988)의 교육 균형 발전 모형이 있다(세 모형의 구체적 내용은 5장을 참고하기 바람).

거시적 접근모형

이는 사회적 지배 구조모형으로 퍼셀은 마르크스나 베버의 사회 지배구조 개념을 도입하여 교육도 필연적으로 경제나 정치와 같이 사회의 다른 제도와 관련, 의존적인 것으로 보았다.

그리고 퍼셀은 교육 불평등이 생기는 과정을 사회구조적 단계-학교의 제도적 단계-학급 내의 상호작용 단계-교육결과의 4단계 모형으로 제시하였다.

사회구조적 단계에는 사회의 지배구조와 사회의 이념, 학교의 제도적 단계에는 사회의 구조와 교육의 이념, 그리고 학급 내의 상호작용 단계에는 교사의 기대와 학급 내 상호작용, 마지막으로 교육결과는 인지적 · 비인지적 영역으로 구분하였다.

이 모형에서 사회의 지배적 구조가 학교까지 깊숙이 파고 들어 교육격차를 불가피하게 해 준다는 것이다(김병성, 1985: 19-35).

김유경(1980)은 「교육의 기회균등과 사회계층 이동에 관한 연구」에서 가정환경차와 학업성취의 불균등, 사회계층에 따른 교육기회의 불균등, 그리고 학교교육과 사회계층 이동에 관한 문헌 연구를 수행했다. 또 가정의 사회경제적 지위와 사회화 유형에 따른 학생의 언어모형의 격차에 관한 연구(정영애, 1978)에서는 가정문화와 학습효과의 상관성을 경험적으로 연구하였다.

부모의 사회경제적 수준과 학생의 학업성취와의 깊은 상관성은 오래 전부터 믿어져 왔고, 특히 콜먼 등(1966)과 젠크스 등(1972), 모스텔러와 모니한(Mosteller & Moynihan, 1972), 하우어, 세웰, 그리고 알빈(Hauser, Sewell, & Alwin, 1971) 등의 연구결과를 통해 많은 실증적 자료가 제시되었다. 특히 콜먼의 보고서에서 학교가 학생들의 학업성취에 별로 공헌을 못하고 있으며, 사회적 평등을 위한 기능을 제대로 수행하지 못하고 있다고 결론지었다. 그리고 학생의 가정환경이 학업성취에 가장 중요한 요인이며, 이것은 학생들이 학교에 다니는 동안 계속 영향을 미친다고 하였다.

영국의 프로우덴(1967) 연구에서도 콜먼의 연구결과를 입증했다. 영국의 초등학교 학생을 표집으로 한 연구에서 부모의 태도, 가정환경, 학교특성변인 등 104개의 변인을 투입한 결과, 사회계층이 높을수록 부모의 자녀교육에 대한 포부 수준과 그 실현도, 관심도가 높았고, 또 좋은 학교에의 진학을 원했으며, 학업성취의 격차를 설명해 주는데 있어서는 부모의 태도(흥미, 포부), 가정환경, 그리고 학교의 특성요인 순으로 격차에 기인하는 것으로 밝혔다(김병성, 1985: 14-15). 그러나 콜먼 등의 연구결과와는 달리 학교 자체가 학생의 학업성취의 차이를 유발한다는 연구결과가 Mayeske, Beaton, Cohen, Okada, Wisler(1969) 등에 의해서 밝혀졌다.

김부태(1995: 203)는 가정의 사회경제적 배경 요인으로 부모의 자녀에 대한 학력 획득 기대 수준이나 지원 정도, 학생들의 진학 계획 등과도 밀접하게 연관되어 있는 것으로 보았다. 학력 상승이 지속되어 오는 가운데 가구주의 교육 정도와 자녀에 대한 기대 교육 수준은 일정하게 비례하는 것으로 나타났으며, 고소득층일수록 일류대학을 강하게 선호하고, 부의 직업적 위계가 높을수록 학생들의 대학 진학 계획률이 높은 것으로 나타났다. 또한 대학 진학 계획률과 희망 교육 수준도 높은 비율을 차지하는 것으로 밝혀졌다. 그리고 한 관련 연구에서는 결과적으로 성별, 지역, 종교, 연령 등의 다른 요인들보다는 부의 교육 수준이 자녀의 학력 획득 수준에 가장 큰 영향을 미치는 변인이 되고 있는 것으로 분석하고 있다.

미시적 접근모형

브루코버와 그의 동료들에 의한 접근모형으로, 기본적인 상정은 학교에서 아동들의 학습행동은 학교사회 체제에서 파생되는 사회적 · 문화적 특성과 함수관계가 있다는 점이다. 그들의 연구에서는 학교의 사회적 체제를 분석하기 위한 준거로 투입-과정-산출 모형을 도입하였다.

투입요인으로는 학생집단의 특성과 교직원 배경, 과정 요인으로는 학교의 사회적 구조와 학교의 사회적 풍토, 그리고 산출 변인으로는 성적, 자아개념, 자신감으로 구분하였다.

이 연구모형은 학생의 학습행동이나 결과의 차이는 학교의 사회적 체제에서 연유되며, 이러한 학교의 사회적 체제는 학교의 학생구성과 인적 배경의 특성이 주는 영향이 크다고 보고 있다. 또한 이 투입요인은 학교의 사회적 체제나 학습풍토, 즉 구성원의 학구적 규범, 상호 기대, 평가 및 지각의 특징에서 규정된다는 것에 강조점을 두고 있다.

학교의 사회 · 심리적 특성 등 학교 환경을 중심으로 한 연구로 강상조, 이준옥, 이상주(1976)는 「한국의 학교문화: 학교의 사회심리적 특성에 관한 연구」에서 학력을 포함한 산출변인의 학교 차 형성에 작용하는 사회 · 심리적 환경변인과 그 선행결정 요인을 규명하였다.

교육 균형발전 모형

앞서 제시된 두 가지 접근방법은 서로 독립된 시각이라기보다는 상호 의존적이며 보완적인 입장이라고 볼 수 있다. 거시적 접근은 사회구조의 원인작용에 더 관심을 가지며, 미시적 접근은 학교의 교육체제에 더 강조점을 둘 뿐이다.

따라서 교육의 균형발전의 과제는 교육결과에서의 격차를 초래하는 교육 투입요인의 격차, 교육체제에서 파생될 수 있는 교육과정과 운영에서의 격차를 함께 고찰해야 할 것이다. 다시 말해서, 교육 균형발전의 접근은 학교사회를 중심으로 그 내외적 관련 요인의 격차, 즉 학교 외적 배경 특성의 격차와 학교 자체의 특성, 그리고 교육효과에서의 격차로 상호 관련지어 그 접근모형을 제시하고 있다.

이와 같은 연구의 기본 상정에 따라, 이 연구에서는 교육결과에 작용하는 학교 내·외적 관련 요인을 학교의 체제적 요인, 즉 교육의 투입요인에 관련된 사회구조 및 배경적 측면, 교육과정의 조직과 운영에 관련된 학교의 제도 및 이념적 측면, 학급 내의 대인지각적 측면 등을 중심으로 상호 관련을 지어 고찰함으로써 이론적 기초를 마련하고 있다(김병성, 1985: 37-43).

4. 학력격차의 결정요인

학력격차의 관련 요인을 분석하는 데 있어서 여기서는 교육 균형 발전 모형([그림 5-3])을 중심으로 관련 요인을 찾아보고자 한다. 사회구조 및 배경요인으로는 학습자 요인과 가정요인을 중심으로 알아보고, 학교의 사회 체제적 요인으로는 학교의 인적 배경, 학교의 사회적 체제요인, 학교-지역사회와의 관계를 중심으로 하고자 한다. 마지막으로 학급 내 대인지각적 요인은 교사-학생의 상호작용 요인과 사회문화적 풍토요인을 중심으로 한다.

사회구조 및 배경요인

■ 학습자 요인

학습자 요인으로는 학습행동, 학구적 자아개념, 그리고 지능을 연구요인으로 한다.

이종승(1980)은 학습행동을 학교학습을 위하여 아동이 나타내는 직·간접적 행동을 뜻한다고 하였다. 그리고 이를 측정하기 위한 자료로 수업에 대한 적극적 자세, 예습과 복습량, 교양서적 또는 문학작품을 읽는 독서량을 사용했다.

김병성(1985)은 학생의 학구적 자아개념은 장래 학업성취에 대한 자신감과 자신에 대한 평가로 구성하였다. 그리고 관련 요인으로 가정학습환경, 교사의 반응 양식에 대한 지각, 학습활동에 대한 자기 평가가 있고, 이 중 교사의 반응 양식에 대한 지각요인이 학구적 자아개념과 가장 높은 상관을 보인다고 하였다. 이종승(1981)은 아동이 자신의 학습능력을 어떻게 생각하고 지각하고 있느냐 하는 학습능력에 대한 태도로 정의하였다. 그리고 '아동 자신이 본 나' '부모에게 비친 나' '교사에게 비친 나' 와 같이 세 가지 측면에서 이를 측정했다.

브루코버(1979)는 학구적 자아개념을 학생으로서 자신에 대한 학생의 지각에 초점을 맞추고 학업성취와의 관계를 연구했다. 연구결과 세 가지 종속변인(학업성취, 자아개념, 자기 신뢰감)은 내적 상관도에서 학업성취와 학구적 자아개념의 상관관계가 부적으로 높았다(-.549). 또, 그는 투입요인, 사회구조, 풍토 변인이 학구적 자아개념에 기여하는 정도도 연구했다.

캠벨(Campbell, 1965)은 중학교 학생들을 대상으로 자기보고목록에 의해 나타난 자아개념과 학업성취 간에는 높은 상관이 있음을 발견했고, 성별로 보면 여자보다 남자에 있어서 그 관계가 더욱 강함을 보고했다.

학습자의 인지적 특성으로서 학업성취와 밀접한 관련을 맺고 있는 요인 중에는 일반지능이라고 부르는 지능과 학업 적성이 있다. 일반적으로 지능검사나 학업 적성검사의 점수와 학업성적 간에는 대개 .50~.70 정도의 상관관계가 있음이 밝혀졌다.

지능과 학업성취와의 관계에 대한 예로 웰먼(B. L. Wellman)의 연구결과를 보면 〈표 6-1〉과 같다(이종승, 1980 재인용).

〈표 6-1〉에서 보듯, 지능과 각 교과 간의 상관관계는 .57~.69이고, 종합성적과의 상관계수는 .70로 비교적 높은 상관관계다. 즉, 지능이 학교성취의 변량 중 50%를 설명함을 알 수 있다.

표 6-1 교과성적과 서스턴(L. L. Thurstone)의 기초지능검사의 각 요인과의 상관

구분	언어사용	공간지각	추리력	수리	어휘력	종합지능
국어	.61	.23	.47	.52	.35	.69
과학	.66	.24	.52	.53	.36	.68
수학	.41	.50	.47	.41	.17	.57
종합성적	.60	.29	.51	.51	.31	.70

■ 가정요인

가정요인으로는 학생의 가정 학습환경으로 하고, 하위요인으로는 집 주변의 분위기, 방과후 학습시간, 부모의 학습지도 정도, 부모와의 대화 정도, 부모의 학교 공부 중요도로 구성하였다. 연구결과는 지역적으로 서울이 학업성취와 관련이 높고, 학교급에서는 고등학교가 가장 높게 나타났다(김병성, 1985).

가정요인으로 부모의 교육수준, 가정의 경제적 수준, 심리적 환경, 물리적 환경으로 나누어 제시되고 있다. 심리적 환경은 학습을 위한 심리적 조력 조건, 동기유발을 위한 자극과 조건, 지적 학습과 성취를 강조하는 조건으로 분류했고, 물리적 환경은 학습에 필요한 문화시설과 도구(공부방, 어린이 신문 · 잡지, 교과서 외 도서량)로 조사했다(이종승, 1980).

정원식(1993)은 가정환경을 크게 지위환경, 구조환경, 과정환경으로 분류했다.

- 지위환경: 양친의 상태, 주거지의 생태적 환경, SES, 가족구성, 가옥상황
- 구조환경: 문화적 상태, 영양 및 위생상태, 언어모형, 생활공간, 강화체제, 가치지향성, 학습체제, 집단특성
- 과정환경: 수용-거부, 자율-통제, 보수-방임, 성취-안일, 개방-폐쇄

학교의 사회 체제적 요인

■ 학교의 인적 배경요인

학교의 인적 배경요인으로 교사, 학생, 교장을 요인으로 구분하여 제시하고자 한다.

• **교사요인**

김병성(1985)은 교직만족도의 관련 요인과 그 예언변량 및 상대적 공헌도의 분석을 중다회귀 분석방법을 적용했다. 이 하위 요인으로는 의사결정 과정, 잡무처리 투여시간, 학생들에 대한 학구적 기대, 교장 평가에 대한 지각, 학생들의 학업성적 관심도에 대한 지각, 구성원 간의 친밀성을 중심으로 분석했다. 그 결과 만족도의 69%는 구성원 간의 친밀성과 교장 평가에 대한 지각이 설명해 주고 있으며(47%, 21%), 학구적 기대를 포함한 다른 독립변인은 상대적으로 그 설명력이 약하게 나타났다.

브루코버(1979)은 풍토변인 중 교사 풍토변인으로 대학진학을 위한 교육의 질, 능력, 평가에 대한 기대, 고등학교 졸업에 대한 현재의 평가와 기대, 교사와 학생의 개선을 위한 실천, 교장의 기대에 대한 지각, 교사의 학구적 무력감을 설정하여 연구하였다. 그 결과 주(州) 표집에서 고등학교 졸업에 대한 현재의 평가 · 기대와 학업성취 간의 상관관계가 .664로 가장 높고, 대학진학을 위한 교육의 질, 능력, 평가에 대한 기대는 .228, 교장의 기대에 대한 지각은 .198, 교사의 학구적 무력감(-.128), 그리고 교사와 학생의 개선을 위한 실천(-.105) 순으로 나타났다.

부로피(Brophy, 1983)는 「자기충족예언과 교사 기대에 관한 연구」에서 교사 기대가 학생의 학업성취에 대한 예언량은 약 5%~10%라고 밝히고 있다.

김병성(1985)의 연구에서 교사에 대한 역할 기대는 교장의 교사에 대한 기대와 그에 대한 교사지각 및 학생의 교사 역할에 대한 교사 지각으로 구분하였다. 연구결과 교장의 교사에 대한 역할 기대는 '학습지도' '생활지도 및 상담' 순으로 기대가 높았다.

이성진(1993)은 학업성취에 미치는 교사요인을 성향적 접근, 유형적 접근, 기능적 접근으로 분류하여 연구하였다.

- 성향적 접근이란 교사의 심리학적 성향을 초점으로 하여 교사가 가지고 있는 항구적 · 보편적 성격과 성향이 교사의 능률성을 좌우한다는 입장
- 유형적 접근은 교사가 수업상황에서 표현하는 학습분위기 조성 방법 중 비교적 항구적인 유형이 있는데, 이러한 유형이 교사의 능률성을 좌우한다는 입장
- 기능적 접근은 수업장면의 구조적 · 과정적 특징과 교사-학생-교과목 간의 상호작용이 교사의 행동을 결정하며, 그 행동은 학업성취와 기능적 관계를 맺고 있다는 입장

• 학생요인

선행연구에서 학생에 대한 역할 기대와 학업성취의 상관이 높다고 제시하였다. 역할 요인으로 공부를 잘하는 사람, 생활태도가 바른 사람, 뛰어난 기능을 갖춘 사람, 다른 학생과 사이가 좋은 사람, 기타로 구분하였다. 교장의 학생에 대한 기대는 '생활태도가 바른 사람' '공부를 잘하는 사람' 순으로 기대하고 교사들의 학생에 대한 기대도 같다(김병성, 1985).

브루코버(1979)는 풍토변인 중 학생 풍토변인으로 학생의 학구적 무력감, 미래에 대한 평가와 기대, 지각된 현재의 평가와 기대, 교사의 처벌과 규범에 대한 지각, 학생의 학구적 규범으로 나누어 연구했다. 그 결과 주 표집에서 학생의 학구적 무력감이 학업성취와 .77의 상관관계가 있음이 밝혀졌다.

• 교장요인

김병성(1985)의 연구에서 교장 역할 기대 요인으로 학교 행정관리, 수업활동 지

원 및 지도, 교직원 인화단결, 교육당국 및 지역사회와의 관계, 기타로 구분하였다.

교사의 교장에 대한 역할 기대는 교직원의 인화단결과 수업활동 지원 및 지도에 대한 기대와 학생의 학업성취 간의 상관이 높게 나타났다.

브루코버(1979)는 풍토요인에 교장 풍토로는 질적인 교육을 위한 학부모의 관심과 기대, 개선을 위한 노력, 현재 학교의 질에 대한 평가, 학생에 대한 교장의 현재 평가와 기대로 구분하였다. 이 중 주 표집에서 현재 학교의 질에 대한 평가가 학업성취와 상관관계(.365)가 있었다.

■ 학교의 사회적 체제요인

교육격차와 관련이 있는 학교의 사회적 체제요인으로 학교특성, 인적 구성요인, 학교의 행정적 체제, 교육과정 구성 및 운영, 학급 내 상호작용, 학습풍토, 학교-지역 사회관계를 설정하였다. 이 중 교육격차와 가장 밀접한 관계가 있는 것은 학습풍토로 나타났다($r=.73$). 그리고 각각의 하위요인들이 학업성취를 설명하는 전체 예언량은 66.6%이며, 그 중 61.1%를 교사풍토가 설명하고 있다(김병성, 1985).

브루코버(1979)는 학교의 사회적 체제요인을 학교의 사회적 투입요인, 학교의 사회적 구조, 학교 풍토변인, 학생의 산출결과로 구분하였다.

① 학교의 사회적 투입요인으로는 학생집단의 사회적 구성(SES, 백인학생 비율), 교사와 다른 인적 투입요소(학생집단 규모, 평균 출석률, 학생 1,000명당 교사 수, 교사의 총경력, 현임교 재직연수, 석사학위 소지자 비율, 교사봉급)로 구분하였다.

② 학교의 사회적 구조로는 학부모의 학교 참여도, 학생학습 프로그램 분화정도, 학급의 개방 · 폐쇄 정도, 시간 배당, 학교구조에 대한 교사 만족도로 구분하였다.

③ 학교 풍토변인은 교사풍토, 학생풍토, 교장풍토로 구분하였다.

④ 학생의 산출결과는 학업성취, 자아개념, 자기 신뢰감으로 나누어 연구했다.

■ 학교-지역사회와의 관계요인

학교-지역사회 관계로는 학부모 관여 정도, 지역사회의 지원 정도, 교사-학부모 협력 정도 등의 요인이 있다.

학부모 관여 정도는 학부모의 학교에 대한 건의 빈도, 지역사회의 지원 정도는 지역사회 장학금의 종류, 지역사회 인적 자원 활용 정도, 지역사회 물적 자원 활용 정도, 교사-학부모 협력 정도는 교사-학부모 협의 정도와 교사-학부모 협의 제안자로 구성하였다(김병성, 1985).

브루코버(1979)의 연구에서 학교-지역사회 관계는 학교의 사회적 구조의 변인에서 하위 변인으로 학부모의 참여도가 있다. 이 변인의 측정을 위해 그는 학생의 학업과 관련하여 피드백을 원하는 학부모의 비율, 교사들이 알고 있는 학부모의 비율, 교사와 교장이 접촉한 학부모의 비율, 교사들이 접촉한 학부모의 총량으로 구성하였다.

■ 학급 내 대인지각적 요인

김병성(1985)의 연구에서 학업성취와 관련이 있는 7가지 요인(학교의 사회적 체제 참조) 중 학급 내 상호작용(-.188)이 학교학습풍토(.648) 다음으로 영향을 준다는 것을 밝히고 있다. 그리고 학생에 대한 학구적 기대와 학업성적 관심도에 관한 연구에서 학생의 학업성취에 기대를 가장 높게 하는 집단은 초등학교 교사이고, 도시학교가 비교적 높게 나타났으며, 고등학교의 경우에서 특히 두드러졌다. 그리고 성적 上·下 학교 간 차이에 있어서는 上인 학교의 기대가 높게 나타났다.

김석수(1991)는 교사-학생 기대 형성요인을 분석하였다. 학생에 대한 교사기대 근거요인의 대영역으로는 학생외모, 인성, 학부모의 지원도와 경제적 능력, 학생에 대한 과거 정보, 교실 내에서의 학생 행동이고, 교사에 대한 학생기대 근거요인의 대영역으로는 교사외모, 성격, 학생에 대한 관심과 열의, 교사의 실력, 생활지도에 관한 사항으로 구분하여 연구하였다. 연구결과는 각 영역별로 의의 있는 차이를 보이고 있다.

브로피와 굿(Brophy & Good, 1974)은 교사들의 학생에 대한 정의적 반응이 교사기대의 또 다른 원천이라고 제안하였다. 여기서의 요점은 학생들의 반응이 교사의 유능감이나 성취감에 대하여 보상적인가 부정적인가 하는 점이다. 성취지향적이고 의존적이며, 고분고분한 학생의 행동은 교사에게 보상적이다. 이러한 행동은 학급의 통제에 대한 교사의 욕구를 충족시키고, 대부분 교사의 이상적 학생상과 일치한다. 한편, 독립적이고 창의적이며 다루기 힘든 학생은 대부분 교사의 욕구를 충족시키지 못한다. 교사들은 때때로 전자형의 학생에게는 높은 기대를 갖고, 후자형에게는 낮은 기대를 지닌다. 이러한 기대는 학생들의 실제적 학습능력과는 무관하게 발달한다. 많은 연구자들(예를 들면, Bowles & Gintis, 1977; Crano & Mellon, 1978)은 학구적 기대의 주요한 원천이 학생의 사회적 특성이라고 제안하고 있다(김병성, 1991: 229).

■ 사회문화적 풍토요인

사회문화적 풍토요인으로는 사회의 제도적 측면과 대인지각적 측면의 사회적 평가 · 인식 등을 들 수 있다. 사회의 제도적 측면에서 학력격차의 사회문화적 풍토요인을 탐구하려면 사회계층의 배경 구조나 지배적 구조를 파악해야 한다. 왜냐하면 사회계층의 지배구조와 권위에 부합되어 교육구조나 이념도 그 체제를 지탱하고 유지하는 방향으로 이끌어지게 되기 때문이다. 이러한 예로 우리나라의 산업화와 근대화의 영향인 도시지향적인 정책에 따른 이농현상을 생각해 볼 수 있다. 서울 중심적이고 대도시 편향적인 국토개발 정책과 산업 중심의 경제성장 정책으로 인하여 도시로의 농촌인구의 이동은 농촌을 과소화하여 농촌학교의 피폐화를 초래하였다. 따라서 농촌학교의 학생들은 도시학생들에 비해 상대적 박탈감 내지는 문화적 결핍의식을 가지고 있어 이에 수반한 사회심리적 갈등을 지각하고 있다. 이러한 갈등이 학력격차의 결정요인이 되고 있다.

대인지각적 측면에서 본 사회문화적 풍토요인은 학교에서 아동들의 행동 중 특히 교과목에서의 학습행동은 사회문화적 풍토에서 파생되는 사회문화적 특수성과 함수관계가 있다는 것을 전제로 하고 있다. 여기에는 학교에 대한 사회적 평가나 인식, 심지어는 학교에 대한 편견을 들 수 있다.

이러한 예로 서울의 강남에 있는 학교는 강북에 있는 학교보다 질적으로 높다는 사회적 평가 인식에 따른 사회문화적 풍토가 학력격차의 요인이 된다는 것이다. 일반고와 특수목적고(과학고, 외국어고)의 경우도 마찬가지 예가 될 수 있다. 사회문화적 풍토요인 중 대인지각적 측면은 지역별, 성별, 계열별(인문과 실업), 설립별(공립과 사립) 등에서 찾을 수 있다.

연구방향

지금까지 학력격차 문제에 대해 살펴본 바와 같이 교육격차의 원천은 매우 다양한 변수가 복잡하게 얽혀 있을 가능성을 시사받을 수 있다. 그러나 우리는 학력격차를 파생시키는 중요한 변수가 교육의 내적 조건 속에 놓여 있다는 사실에 주목해야 할 것이다. 첫째, 교육의 자원변인으로서 학교의 구조와 시설, 교사 및 행정가의 특성, 각종 교육여건을 들 수 있다. 둘째, 교육과정에 관련된 변인을 들 수 있다. 이 속에서는 표면적 교육과정의 영향 뿐만 아니라 잠재적 교육과정이 미치는 영향 또한 중요하게 다루어야 할 것이다. 셋째, 교수변인이 있을 수 있다. 넷째, 학교의 사회심리적 환경을 들 수 있다.

앞에 제시한 변인들이 학력격차를 파생시키는 교육의 모든 것을 대표하는 것은 아니다. 하지만 학교 간, 지역 간, 교사 간에 이 같은 변인에서 격차가 발생하고, 그것이 심화될 때 결과로서의 교육격차가 더욱 커질 것은 자명하다. 더욱이 우리가 이 같은 교육 내의 격차를 중요시하는 것은 이러한 변수의 수정 및 변화에 의해 교육격차를 극소화시킬 수 있는 가능성의 길이 열려 있기 때문이다.

유전적 소질, 도시 · 농촌의 지역 차, 빈부격차가 주가 된 사회계층은 우리의 노력에 의해 어쩔 수 없는 교육 외적 조건이지만, 학력격차를 파생시키는 이 같은 학교와 교육 내의 조건은 변화가능한 변인들이라는 점에서 학력격차를 해결할 수 있는 열쇠가 되는 셈이다.

학력격차의 접근에서 우리가 이제부터 지향해야 할 방향은 학력격차의 존재 유무와 그 수준을 밝히는 것과 동시에 그것이 교육 내적 조건의 변화가능성(alterable variables)에 의해 격차를 축소 내지 극소화시킬 수 있는가의 탐색에 있다고 할 것이다. 그것이 교사의 교수방법의 차이 때문이라면 우리는 교수방법의 균등화를 통해 격차를 줄일 수 있다. 그것이 교육과정 투입에 문제가 있어서 발생하는 것이라면 교육과정의 개선을 통해 격차를 축소시킬 가능성이 있다는 것이다. 요컨대 이제부터 학력격차의 연구에서는 학력격차를 변화시킬 수 있는 교육내적 조건 가변변수가 무엇인지에 관한 탐색에 주목해야 할 것이다.

사회문제와 청소년

천지창조

〈아담의 창조〉는 미켈란젤로가 구현한 신의 권능을 최고로 잘 드러낸 것으로 평가 받는다. 시스티나 예배당의 프레스코 천장화의 배경이 되는 구약성서에 근거해 신이 자신의 형상을 본떠서 인간을 만들었다고 한다면, 미켈란젤로는 인간의 형상을 신적 수준의 창조로서 표현하려고 했다고 할 수 있다. 즉 로마 가톨릭 심장부에서 그는 예술과 과학적 지식 간의 영적 교감에 영원한 생명력을 불어넣은 것이다.

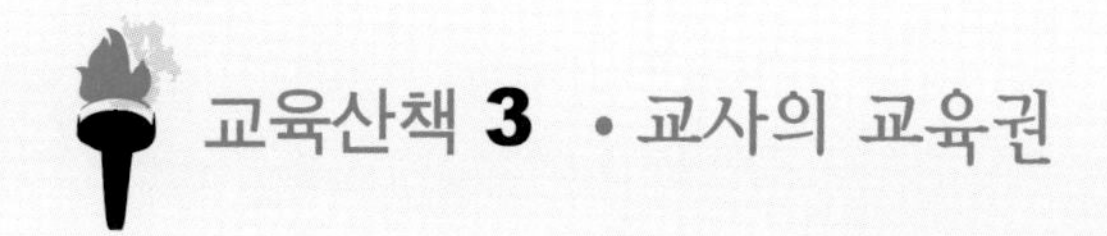

교육산책 3 • 교사의 교육권

우리 사회는 교육위기의 문제가 심각히 거론되고 있는 바, 이것은 무엇보다도 학부모의 과잉교육열, 자녀를 대리성취자로 보는 오도된 교육관, 학생들의 과잉경쟁, 학교의 입시 위주의 파행적 교육과정 운영 등이 주된 원인으로 문제시되고 있다.

지금까지는 교사외적 요인이 교육위기를 조장하는 데 더 크게 작용하여 왔으나 교사의 무력감이 치유되지 않고 남아있는 한 교사문제가 교육위기를 부추기는 또 하나의 매개변수로 작용되고, 이렇게 되면 결국은 교사위기가 교육위기의 대명사가 될 우려도 있는 것이다. 이러한 교육위기를 슬기롭게 극복하기 위하여는 교사 자신이 문제해결의 주체자가 되어야 하는데, 이를 위하여 학교행정가, 학부모, 그리고 교사의 역할정립을 위한 몇 가지 제언을 하고자 한다.

우선 학교 구성원간의 역할분담과 정의를 새롭게 하는 일이다. 흔히 학교장의 지시나 감독에 의하여 운영 · 지속되어 왔던 학교업무의 관계구조를 지원과 협조의 체제로 바꾸는 노력이다.

이러한 관계구조의 형성은 교사의 일원으로서의 학교장의 역할 수행을 새롭게 규정함으로써 가능하다. 즉 행정 위주의 운영체제를 선진 제국에서와 같이 수업의 총책임자로 바꾸는 과업이다. 교실에 매시간 가보지 않고도 어느 교사가 어떻게 지도하고, 교실상황이 어떻게 전개되는가를 늘 꿰뚫어보고 지도 · 처방하는 자세와 이를 위한 역할수행이다. 아울러 기존 수업체제나 학습 프로그램의 안정성 유지보다는 교사들이 바라는 방향으로 변화를 성공적으로 실천하는 데 주도자로서, 변화가 일어나도록 돕는 관리자로서, 그리고 변화가 일어나게 내버려두는 반응자로서의 역할이 강조된다.

다음으로는 학부모들이 교사의 자율적 학생지도권을 전적으로 인정하는 일이다. 군사부일체(君師父一體)의 정신 아래 부모의 역할을 할 수 있는 교사가 될 수 있게 학부모가 앞장서서 인정해 주는 과업이다.

오늘날 부모의 교육권을 너무 지나치게 강조한 나머지 교사의 교육권마저 침해하는 사례가 많다. 사소한 학생간의 문제에도 학부모가 학교에 항의 · 간섭하는 사례는 우리 주변에서 흔히 볼 수 있다.

숙제나 처벌 등 교사의 고유한 권한까지도 학부모가 간섭하는 경우 교사의 최소한의 학생지도권마저도 제대로 발휘하기 어렵게 된다. 교사와 부모의 고유한 교육권을 상호 협조적으로 구분 짓는 노력도 중요하지만 우선적으로 교사의 교육권을 적극적으로 인정해 주고 밀어주는 학교 · 사회의 교육적 풍토 조성이 필요하다.

제7장

한국 사회와 교육갈등

When angry count to ten before you speak.
If very angry, count to one hundred.
화가 나면 말하기 전에 열까지 세어라.
극도로 화가 날 때는 백까지 세어라.
〈Thomas Jefferson(1825)〉

1. 사회문제
2. 교육갈등
3. 한국 사회 갈등의 배경
4. 교육갈등의 파생문제
5. 교육갈등의 사회적 함의

사회문제는 시대적 흐름이나 국가 · 사회적 상황, 그 사회의 가치관의 차이, 또는 보는 시각에 따라 다양하게 정의되고 있다. 홀톤과 레슬리(Horton & Leslie, 1955: 4)는 사회문제는 많은 사람들에게 바람직하지 못한 방법으로 영향을 주는 조건이고, 그것은 집단적 사회행동에 의하여 무언가 행하여질 수 있으리라고 느껴지는 것이라고 하였다.

일반적으로 사회문제는 사회 구성원들이 신봉하는 가치의 위협이 된다고 인정되는 상태 · 사태 그리고 환경을 말한다. 즉, 앞에서도 제시한 것처럼 각종 범죄 · 빈곤 · 질병 · 실업 · 부정부패 · 인구문제 · 환경오염 등 다양한 형태로 나타나고 있다.

이런 사회문제뿐만 아니라 오늘날 고도화된 산업화 및 도시화가 급격한 사회 · 문화적 변동을 수반해 또 하나의 사회문제로 대두된 것이 청소년 문제라고 할 수 있다. 근대화되면서 가정에서의 핵가족화, 결손가정, 빈곤가정 등이 증가되고, 학교교육이 양적인 증대는 하였지만 질적 향상의 한계, 사회의 여러 유해(有害)한 환경이 또 다른 사회문제, 즉 청소년 문제를 야기했다.

사회문제가 개인문제와 다른 점은 그것이 공공의 문제에 관한 것이며 문제의 원인과 해결이 사회의 움직임과 연관된다는 데 있다. 사회문제를 이렇게 정의할 때 청소년 문제는 '영향력 있는 집단에 의해 그 사회의 가치관을 위협한다고 판단되고, 다수의 사회 성원들에게 영향을 미치며, 공동의 노력에 의해 해결될 수 있는 청소년에 관한 사회현상' 이라고 정의할 수 있다(한국청소년개발원 편, 1993: 4).

1. 사회문제

인류 역사상 어느 시대, 어느 사회를 막론하고 문제가 없었던 시대와 사회는 없었다. 이는 인간의 불완전성을 설명해 주는 것이라 할 수 있다. 즉, 불완전한 인간이 주체가 되는 사회에서는 문제가 있을 수밖에 없다는 것은 당위론적 귀결이다.

유사 이래 인간은 사회문제를 해결하기 위한 근본적 해결책을 강구했다기보다는 끊임없이 제기되는 문제를 해결하기 위한 차선책을 선택하는 데 그쳤다. 그 결과 하나의 문제는 새로운 문제를 파생함과 동시에 사회구조적 문제로 확대되기도 했다.

산업혁명 이후 산업사회의 발전은 인간들이 안고 있는 많은 문제들을 해결해 줄 수 있는 것으로 기대되었고, 산업사회의 발전은 삶의 양식에 혁명적 변화를 수반했다. 이러한 변화의 와중에서 산업화, 근대화, 도시화는 많은 사회문제를 해결해 준 긍정적 측면도 있지만 역기능적으로 많은 사회문제를 야기하기도 했다.

현대사회는 구조적 모순과 가치혼란, 이데올로기의 갈등, 도덕과 윤리의 분열, 그리고 끊임없는 무질서 속에서 갈 길을 찾지 못하고 방황하고 있다. 그야말로 불확실성의 시대에서 전환기의 시련을 겪고 있다. 산업화에 따른 사회구조의 분화, 도시화, 조직화, 물질문화와 정신문화의 격차 등은 계속적으로 사회문제를 축적해 가는 현대사회의 특징이 아닐 수 없다.

사회문제는 시대와 사회에 따라 그 성격이 다를 수 있다. 동시대의 같은 사회에 있어서도 사회문제를 인지하는 개념이 다를 수 있다. 이런 의미에서 사회문제는 약간의 주관성이 내포된 개념이라 할 수도 있다.

따라서 사회문제를 이론적으로 이해하여 체계화시킨 사회병리학, 사회해체론, 가치갈등론, 일탈행위론, 낙인이론 등을 토대로 '사회문제'라는 개념을 다음과 같은 명제로 제시할 수 있다(Rubington & Weinberg, 1981: 101-102).

사회문제는 상당수의 사람들이 자기네들이 소중하게 여기는 사회적 규범으로부터 일탈되었다고 규정하는 조건들이다. 객관적 조건은 교육받은 공정한 관찰자에 의해 그것의 존재 여부와 규모(비율)가 조사될 수 있는 증명가능한 상황이다. 예컨대, 국가 방위 사태, 출생률과 사망률, 실업의 추세 등의 상황이다.

객관적 조건은 사회문제를 구성하는 데 필수적인 것이지만 이것만으로는 불충분하다. 서로 다른 두 지역에서 객관적 조건이 동일하다고 하더라도 그것이 어떤 한 지역에서만 문제가 될 수 있다. 예컨대, 미국 사회의 경우 북부와 대조되는 남부의 흑인차별을 들 수 있다. 사회문제는 사람들이 그렇다고 생각하고 믿는 것이다. 만일 관련된 사람들이 그 조건을 사회문제로 규정하지 않는다면, 그것은 이들에게서는 사회문제가 아니다.

문화가치는 사회문제로 규정된 객관적 조건에 중요한 원인적 역할을 함으로써 새로운 사회문제를 파생시킨다. 예컨대, 실업, 인종 편견, 사생아 문제, 범죄, 이혼, 그리고 전쟁 등이 생기는 것은 최소한 부분적으로나마 사람들이 특정한 신념을 간직하고 이러한 조건들을 야기하는 특정한 사회제도를 유지하기 때문이다.

문화가치는 사회문제로 규정된 조건에 대한 해결을 방해한다. 사람들이 자기네들의 수정계획을 승인하려고 하지 않는 경우도 있다. 예컨대, 사생아 문제에 대한 하나의 가능한 해결책으로 현재 원규의 위배로 규정되는 피임, 임신중절 등이 사회적으로 용납되고 있다.

사회문제는 이중적인 가치갈등을 포함한다. 어떤 조건에 대해서 그것이 근본적인 가치에 대한 위협인지 아닌지에 대한 사람들의 의견이 일치하지 않을 경우 갈등이 있을 수 있다. 이러한 예로는 인종 편견, 이혼, 미성년 노동, 전쟁, 비조직적 노동 등을 들 수 있다. 또한 전술한 조건들의 경우에 그 조건이 근본적인 가치에 대한 위협이라는 점에서는 기본적인 합의가 이루어진다 할지라도 수단 내지 대책에 관련된 여타의 가치들은 일치할 수 없으므로 기존의 프로그램에 대한 사람들의 의견이 일치하지 않는 갈등이 있을 수 있다. 이런 예로는 범죄, 정신적·신체적 질환, 자동차 사고 등이 있다.

사회문제가 발생하고 유지되는 것은 사람들이 공통 가치와 공통 목표를 공유하고 있지 않기 때문이다.

사회문제의 객관적인 조건에 대한 가치판단에 의해 사람들이 동일한 조건, 그리고 이의 해결을 위한 수단을 상이한 방식으로 규정하게 될 때 사회문제가 발생될 수 있다.

사회문제에 대한 분석의 틀로 사회병리학이론, 사회해체론, 가치갈등론, 일탈행위론, 낙인론적 관점의 기본입장과 주장을 정리하면 다음의 〈표 7-1〉과 같다.

표 7-1 사회문제에 대한 시각과 분석 틀

주요이론	사회문제 분석의 기본 시각
사회병리학 이론	• 개인적 부적응과 제도적 기능 마비-사회적 관계의 부적응-비인간화 · 소외현상 초래 • 해결책-도덕교육
사회해체론	• 사회변화-사회해체-규칙의 불이행 • 사회해체의 형태-무규범, 문화갈등, 와해현상 • 무규범-행동양식의 규준이 없음 • 문화갈등-양립된 가치규준에 따른 갈등 유발 • 와해-규칙에 동조한다고 해서 약속된 보상을 받는 것도 아니고 오히려 처벌을 받게 됨
가치갈등론	• 사회문제-가치 혹은 이해관계의 갈등 • 둘 혹은 이상의 집단들이 서로 다른 경쟁과 특수한 접촉 관계를 맺게 될 때 갈등은 불가피 • 제도적 기능 약화-역할 갈등
일탈행위론	• 사회문제의 원인 • 전통에 대한 학습 기회 제한 • 일탈적 방식을 습득할 수 있는 기회의 증대-비합리적 사회집단 형성 • 합법적 목표달성 위한 기회의 한정 • 긴장, 불안해소 방식의 제한
낙인론	• 사회문제-일반 대중이나 사회통제 기관으로부터 받은 관심으로 사회적 반응에 의해 규정됨 • 사회문제 해결-개념 규정 • 낙인 행위로부터 얻어지는 이득 제거

출처: Rubington & Weinberg(1981). The Study of Social Problems 참조.

한국 사회에 존재하는 사회문제는 해방 후 70년의 국가 형성과정에서 비롯된 역사적 사실로 규정할 수 있는데, 그 성격이 구조적으로 얽혀 있어서 사회구조적 모순을 해결하지 않는 한 그 해결을 기대하기가 어려운 실정이다. 따라서 한국 사회문제의 근원에 대한 이해가 그 해결의 선결조건이 된다.

한국 사회문제는 근원적으로 전통사회에서 근대사회로 변화를 도모하는 과정에서 겪은 가치혼란으로 말미암아 사회환경을 잘못 조성한 데에서 비롯된다.

해방을 기점으로 한국 사회는 전통사회에서 근대사회로 전환이 이루어지는데, 이 시기에 변화를 수용할 수 있는 집단 형성이 되어 있지 않은 결과, 가치의 혼란을 초래하게 되었고, 사회의 질적 발전에 대한 방향설정을 하지 못함으로써 많은 사회문제를 야기하였다. 이러한 사회문제를 야기한 가치혼란은 해방 → 민족 분단 → 6 · 25동란으로 이어진 사회적 환경의 변화, 물밀듯이 밀려오는 외래문화의 무비판적 수용 등에서 연유된다(송병순, 1990: 11-12).

해방이 우리의 손에 의해 이루어진 것이 아니라 외부로부터 주어진 것이었기 때문에 민족분단이라는 비극을 가져왔고, 제2차 세계대전 이후 국제적으로 초강대국으로 부상한 미 · 소 양국의 국제적 이해관계는 한반도를 이데올로기의 각축장으로 만들었다.

해방 당시 극좌, 극우의 이데올로기적 갈등은 한반도를 무정부 상태를 방불케 하는 극심한 이데올로기적 가치혼란을 초래했다. 이데올로기적 가치혼란과 국제적 이해관계 속에서 분단된 한반도는 급기야 6 · 25동란과 같은 동족상잔의 참상을 겪게 되었다.

해방과 더불어 확대된 무분별적 외래문화의 수용은 한국 사회의 문화적 정체성, 적합성, 통합성을 상실케 함으로써 신사대주의적 외래문화 선호에 따라 전통문화의 단절을 가져오는 등 문화적 가치혼란에 빠지게 하고 말았다.

2. 교육갈등

교육갈등의 주요 관점은 우리 교육은 아동의 지적 · 정의적 성장을 실현시키는 데 별로 공헌하지 못하고 사회지배 집단의 역할과 지배구조 때문에 사회적 불평등을 재생산하는 역할과 도구에 불과하다는 시각이다. 따라서 학교는 사람들의 사회적 이동을 촉진시켜 주는 제도라기보다는 계층을 재생산하는 도구라고 비판된다. 그 이유는 한국 사회가 갖고 있는 사회구조적 특징이 교육사회 체제에 깊숙이 파급되어 불평등한 경제구조, 정치적 불안정성, 그리고 교육의 균형적 발전에 부정적 영향을 주어 여러 가지 사회문제가 교육문제와 연계되어 교육갈등을 촉발하고 있기 때문이다.

한국 교육사회학계에서 일부 학자들에 의해 관심을 보이고 있는 한국교육 사회 현상에 대한 정치 · 경제학적 분석, 교육내용에 대한 사회적 가치의 탐구, 교육불평등의 재생산에 대한 접근들을 갈등론적 관점에서 한국 교육사회 현상을 설명하고자 하는 데 초점을 두고 있다. 이러한 연구노력은 한국교육현상에 대한 새로운 시각을 제공하고 있다는 점에서 중요한 의미를 갖는다. 그러나 이러한 연구들이 갖는 한계점은 외국 학자들의 이론을 토대로 한국 교육 사회현상을 설명하는 과정에서 외국 이론에 대한 정확한 이해의 부족과 그러한 이론이 나오게 된 사회문화적 배경에 대한 부분적 이해 등으로 말미암아 한국교육 사회현상에 대한 분석과 설명이 거칠게 다루어지는 경우가 있는가 하면, 외국 이론을 부분적으로 발췌하여 이를 토대로 한국교육 사회현상에 대한 설명을 시도함으로 말미암아 외국 이론의 정확한 소개에도 부족한 점이 없지 않고, 한국교육 사회현상의 전체적 성격 규명에도 실패하는 경우가 많다. 그리고 연구의 기본전제가 되는 사회관, 교육관에 대한 명백한 진술을 회피함으로 말미암아 연구의 체계성과 일관성이 상실되기도 하는데, 이러한 것들은 연구의 수행과정과 교육현상에 대한 이론화 단계에서 보완되어야 할 사항으로 생각한다. 이러한 문제들을 극복하기 위해서는 교육사회학 이론의 분화 체계를 확실하게 구분하고, 각 이론 등의 기본전제에 대한 이해와 관련하여 인간관, 사회관, 교육관을 체계화하는 작업이 이루어져야 할 것이다.

따라서, 여기서 주의깊게 다루고자 하는 내용은 한국교육 사회현상을 갈등론적으로 탐구하는 과정에서 가장 기본이 되는 한국 사회와 교육의 갈등적 속성과 관련된 사회관과 교육관을 설명하고자 한다. 지금까지 한국 사회 갈등현상에 대한 많은 연구는 이 점을 지나치게 일반화하여 처리한 경향이 없지 않다. 그 결과 기본이 되는 설명을 생략한 채 몸통 부분만을 설명함으로써 한국교육 갈등의 근원에 대한 유효 적절한 설명을 하지 못한 것으로 볼 수 있다. 이러한 의미에서 사회갈등과 교육갈등에 대한 논의는 갈등론적 교육사회학 연구의 기본전제인 사회관을 제시해 줄 수 있다.

3. 한국 사회 갈등의 배경

한국 사회에 존재하는 사회문제와 사회갈등은 해방 후 국가 형성과정에서 비롯된 역사적 사실을 규정할 수 있는데, 그 성격이 구조적으로 얽혀 있어서 사회구조적 모순을 해결하지 않는 한 그 해결을 기대하기 어려운 실정이다. 따라서 한국 사회의 갈등현상의 근원적 성격을 정치 · 경제 · 문화적 측면에서 제시하고자 한다.

한국 사회의 갈등 현상은 근원적으로 전통사회에서 근대사회로 변화를 도모하는 과정에서 겪은 가치혼란으로 말미암아 사회환경을 잘못 조성한 데에서 비롯되었다고 볼 수 있다. 그 근원을 도식적으로 살펴보면 [그림 7-1]과 같다.

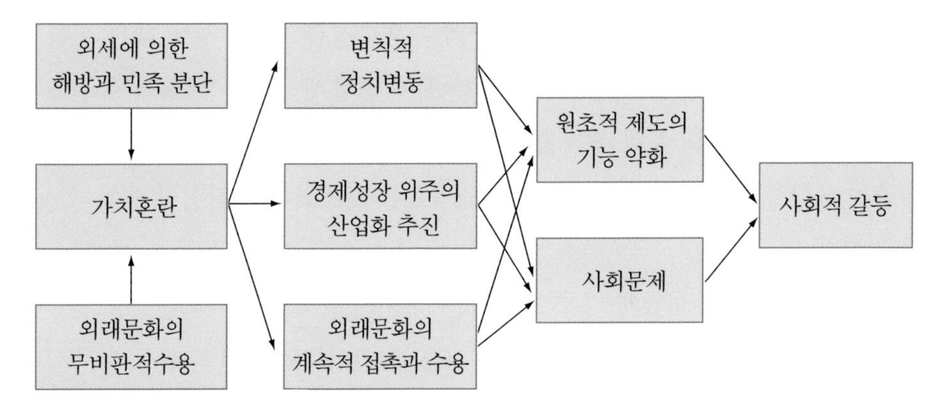

[그림 7-1] **한국 사회 갈등 근원에 대한 도식(송병순, 1990)**

해방을 기점으로 한반도의 역사적 변화의 전환점이 이루어졌지만 해방과 민족분단, 외래문화의 무비판적 수용의 결과로 초래된 가치혼란은 국가형성 과정을 통해서 한국 사회문제를 사회구조적으로 혼란하게 만든 근원으로 볼 수 있다.

가치혼란은 불건전한 사회 환경을 조성하게 하였고, 이러한 환경 속에서 정당성을 인정할 수 없는 변칙적 정치변동이 저질러졌으며, 경제성장 위주의 산업화 추진, 외래문화의 계속적 접촉과 수용은 원초적 제도들의 기능약화와 역기능현상에 의한 사회구조적 모순을 불러일으켰는가 하면, 여러 가지 갈등현상을 야기하는 결과로 나타났다.

원초적 제도들의 역기능 현상과 갈등 현상은 해방 당시의 가치혼란에서 비롯되어 국가형성 과정에서 더욱 심화되어 오늘날 사회문제의 근원이 되고 있다. 따라서 원초적 제도들의 역기능적 현상에 대한 이해가 전제될 때 한국 사회문제의 성격규명이 가능할 것이다.

분단을 기점으로 한반도의 역사적 변화의 전환점이 이루어졌지만 8 · 15와 민족분단, 외래문화의 무비판적 수용의 결과 초래된 가치혼란은 그 이후 지금까지 국가 형성과정을 통해서 한국 사회문제를 사회구조적으로 얽히고 설키게 만든 근원으로 볼 수 있다.

가치혼란은 불건전한 사회환경을 조성하게 되었고, 이러한 환경 속에서 정당성을 인정할 수 없는 변칙적 정치변동이 저질러졌으며, 경제성장 위주의 산업화 추진, 외래문화의 계속적 접촉과 수용에 따른 원초적 제도들의 기능약화와 역기능 현상은 사회구조적 모순을 불러 일으키는가 하면 여러 가지 갈등현상을 야기하는 결과를 가져왔다.

현실적으로 그 심각성이 제기되는 갈등현상을 〈표 7-2〉와 같이 제시할 수 있다(송병순, 1990: 12).

〈표 7-2〉에 나타난 갈등현상은 이중적 가치갈등을 포함하는 것으로 모두 국민이 공유할 수 있는 가치와 공통의 목표를 공유하지 못한 데에서 비롯되는 것으로 볼 수 있다. 이러한 가치갈등은 사회적 제도들의 기능 약화로 인한 사회구조적 모

순을 입증하는 것들이다.

이데올로기, 지역 간, 계층 간 갈등은 정치 · 경제적 측면에서 그 원인을 찾을 수 있고, 오도된 대중문화는 문화적으로 세대 간 가치갈등을 야기하는 것으로 볼 수 있다.

과거 정치적 지배집단들은 산업화를 통한 국가발전, 국제적 이해관계, 분단이라는 한국적 특수상황을 내세워 사회 전반에 대한 중앙집권적 · 획일적 · 정치적 통제를 물리적 힘에 의해서 독재정권 유지 및 장기집권을 획책했다. 그 결과 정 · 경 유착을 통해서 정치권력과 독점재벌들의 힘이 지나치게 비대화되어 사회적 불평등 구조가 심화되었으며, 안보 이데올로기, 권력과 금력 만능적 사회심리와 반민주 · 반민족 · 반민중적 통치이데올로기를 주요 기반으로 한 헤게모니(hegemoney)의 재생산을 거듭한 결과 한국 사회에 불신이라는 중병을 앓게 하고 있다. 한국

표 7-2 한국 사회의 갈등현상과 사회문제

갈등현상	한국 사회 현실	사회문제
문화갈등	• 정신문화와 물질문화의 격차 • 물질과 권력 만능적 가치관 팽배 • 전통적 가치와 근대적 가치의 이중구조	• 문화지체 • 가치정도의 문제 • 의식구조의 전근대성 문제, 사회병리현상 만연
이데올로기 갈등	• 통치계급의 이데올로기 독점 현상 • 남 · 북 분단과 군사문화적 사회심리 만연	• 흑 · 백 논리 • 민족통일 문제와 극단적 행동 문제
지역 간 갈등 세대 간 갈등	• 지역 간 불균형 발전 • 젊은 층과 기성인 간의 대화단절현상	• 지역 감정 문제 • 권위 상실 문제 • 청소년 문제
계층 간 갈등	• 부의 불평등한 분배구조 • 도 · 농 격차 • 노사분규	• 소외계층문제(도시빈민, 농촌, 노사문제) • 가진 자들의 횡포

출처: 송병순(1990).

사회에 만연되어 있는 불신은 극도의 의견 불일치 현상을 보이고 있을 뿐만 아니라 극심한 대립과 갈등으로 이어져 사회불안과 사회모순을 심화시키는 근원이 되어 왔다.

한국 정치제도의 변칙적 정권 획득, 권력집중, 획일적 통제 등은 사회 구성원의 전반적 활동을 조정하고 사회질서 유지를 위해 바람직하고 뚜렷한 규범과 가치관을 제시했다기보다는 국민적 분열을 조장하고, 부정부패를 획책하고, 사회적 불평등구조를 심화시켜 이데올로기 · 지역 · 계층 간 갈등을 유발하고 있다(송병순, 1990: 14).

경제적 측면에서의 한국 사회 갈등현상으로는 정부의 대기업 위주의 경제정책에 의한 부의 불균등한 분배와 관련이 있는 갈등과 산업화에 따른 물질지향적 가치관에 의한 인간관계의 변질에서 비롯되는 갈등 등을 들 수 있다.

이를 보다 구체적으로 살펴보면 최근 사회적 진통을 겪고 있는 노사문제, 농촌문제, 도시 빈민문제, 소외 계층문제, 지역 간 불균형 발전에 따른 지역 간 갈등 등은 상대적 빈곤감, 불행감을 갖게 하는 경제적 불평등에서 연유하는 것으로 볼 수 있다. 그리고 가족집단 내의 재산문제, 금전문제와 관련된 불화와 갈등은 산업화 과정을 통하여 한국 사회에 만연된 인간의 존엄성보다도 돈을 더 중시하는 황금 만능주의적 가치풍조에 기인하는 것으로 볼 수 있다.

이러한 황금 만능주의적 불신주의는 쾌락주의적 · 유희지향적 · 소비지향적 · 향락주의적 대중문화로 대치되어 도덕적 가치관을 무너뜨리고 퇴폐풍조를 조장할 뿐만 아니라 세대 간 갈등, 문화갈등을 야기하고 있다. 정신문화와 물질문화의 격차에 따른 문화 지체(cultural lag), 비인간화 현상, 비윤리성, 청소년들의 폭력, 범죄의 증가, 성도덕의 문란, 소비지향성, 놀이지향성, 쾌락지향성 등은 오늘날 우리가 시급히 그 대책을 세워야 될 사회문제이자 교육문제다.

4. 교육갈등의 파생문제

한국의 정치 · 경제 · 문화변동 과정에서 노출된 많은 사회문제와 갈등현상은 교육에 직접 · 간접적으로 영향을 미친 결과, 사회문제는 교육문제로 사회갈등은 교육갈등으로 연계되고 있다. 해방 직후의 이데올로기적 대립, 분단의 고착화와 남북대결, 정치적 우여곡절과 독재통치 체제의 강화, 급속한 산업화의 추진과 대기업 위주의 경제시책, 무분별한 외래문화의 수용 등은 많은 사회문제와 사회갈등을 야기시킨 사회구조적 요인이자 역사적 사실일 뿐만 아니라 교육문제와 교육갈등을 야기시킨 사회환경이다.

이러한 맥락에서 제기될 수 있는 교육문제로는 교육이념과 철학의 혼란으로 교육의 도구화, 교육정책의 잦은 변경과 일관성의 결여, 교육체제의 획일적 운영에 따른 비생산적 · 비효율적 교육결과의 산출, 교육의 비자율성, 지역 간 · 학교 간 교육격차 문제, 교육환경 및 시설의 미비, 학교교육의 불평등 구조, 교사의 권위몰락, 지식 위주의 점수따기 교육과 비인간화, 학교의 비교육적 환경 등을 들 수 있다.

한국 사회에서 통치지배 계급의 이데올로기 독점은 교육내용에 대한 국가적 독점과 그 맥을 같이한다. 교육에 대한 통제는 이데올로기적 통제 뿐만 아니라 중요한 교육정책 결정에 있어서 교육당사자인 교사, 학부모, 학생들을 배제시키고 일방적으로 결정하여 지시, 명령하는 등 획일적 제도운영은 교육권과 학습권에 대한 갈등을 유발하기도 한다. 교육을 매개하는 교육내용 및 교육실천에 관련된 교육정책의 공정성과 교육성에 대한 논쟁과 불신은 교육을 통한 국민적 통합을 저해하는 것으로 볼 수 있다. 어떤 의미에 있어서는 한국 사회에 만연되어 있는 불신풍조를 해소하고자 하는 학교교육의 명시적 목적과는 달리 오히려 국가에 대한 불신을 가중시키는 잠재적 학습이 심화되고 있지는 않은가 하는 의문이 생긴다. 이런 의미에서 교육내용에 대한 국가적 독점은 어느 누구에게도 이롭지 못하다는 결론을 내릴 수 있다.

제도적 갈등에 따른 교육문제로 대학입시제도의 모순으로 말미암아 고등교육기관이 중등교육기관을 억압하는 구조를 갖게 되었다는 점을 지적하지 않을 수 없다. 여기에는 제도적 모순만 작용하는 것이 아니라 학력 간 임금격차, 서열적 직업관에 연계되는 교육을 지나치게 현실지향적 · 도구적으로 생각하는 이기적이고 현실지향적인 교육관이 동시에 상호작용 함으로써 파생된 교육갈등으로 볼 수 있다.

현실적으로 한국 교육의 내부를 관찰해 보면 교사 · 학부모 · 학생 모두가 점수에 매달려 성숙된 인간 형성은 물론 자아실현과 사회발전에 부합되는 지식과 기술의 전달에도 실패하는 결과를 초래하고 있다. 이러한 이기적이고 현실지향적인 교육관의 대두는 사회구조와 입시제도 문제가 있지만 현실지향적, 이기적 가치관과 관련이 있는 문화갈등의 한 단면이기도 하다. 학교를 성적에 매달려 극심한 경쟁의 장으로 만들고 있는 제도적 모순으로 인한 갈등은 교육제도 개혁 뿐만 아니라 사회구조적 변혁을 통해서만 해결될 수 있는 문제다.

재정적 갈등은 교사의 사기를 저하시키고 교육에 필요한 환경 및 시설을 갖추지 못한 데에서 비롯되는 것으로 지금까지 안보 · 경제성장을 이유로 교육에 대한 투자를 미루어 온 지배집단의 교육에 대한 태도와 밀접한 관계가 있다. 교육이 국가 · 개인적으로 우리의 내일을 좌우한다는 데 뜻을 같이한다면 어떠한 조건과 상황 하에서도 교육에 대한 투자를 미루어서는 안 될 것으로 생각한다.

세대 갈등의 형태로 볼 수 있는 전통적 스승 – 제자의 인간관계의 변질은 사회환경적으로 산업화 과정에서 사회에 만연된 물질제일주의와도 밀접한 관계가 있고, 정치 · 경제적으로 교사에 대한 권위의 침해는 전반적인 교육의 권위몰락으로 나타나고 있다. 동서고금을 막론하고 교사에 대한 존경과 권위의 존중 없이는 올바른 교육이 이루어지지 않는다는 것을 상기할 때 교사를 상업주의적으로 매도하거나 교사의 권위를 침해하여 사기를 떨어뜨리게 해서는 안 될 것으로 생각한다.

학교와 학교 간의 학력격차, 교육환경의 격차는 교육에 대한 계층갈등, 지역갈등을 유발하고 있다. 특히 대도시의 우수학군과 관련된 갈등, 도시학교와 농촌학교의 차이에 대한 지역갈등은 사회의 다른 부문의 불균형 발전과 그 맥을 같이하는 교육의 불균형 발전이라 할 수 있다.

5. 교육갈등의 사회적 함의

한국 사회가 진통을 겪고 있는 사회갈등은 1960년대를 기점으로 이루어진 국가 형성과정에서 야기된 가치혼란과 밀접한 관계가 있다. 가치혼란의 와중에서 이루어진 변칙적인 정치변동, 대기업 위주의 경제성장 추진, 상업주의적 외래문화의 수용은 사회의 구조적 모순을 가져오게 한 것이다.

한국 사회의 구조적 모순이 심화되는 과정에서 개인 간, 집단 간, 계층 간, 지역 간 대립 · 반목 · 갈등의 현상은 노골화되었고, 사회제도들의 기능 약화와 이에 따른 역기능 현상은 많은 사회문제를 야기하는 결과를 초래했다.

한국 사회의 구조적 모순과 극도의 불신, 첨예한 갈등 양상은 한국교육에도 그대로 반영되어 교육의 구조적 모순과 교육갈등을 유발하고 있다는 점에서 한국교육문제의 해결과 교육정상화를 모색하기 위해서는 무엇보다도 사회구조적 모순의 해결이 급선무라 할 수 있다.

현대사회의 구조적 모순, 심각할 정도의 의견의 불일치, 첨예한 갈등이 존재하는 것으로 볼 때 한국교육을 갈등론적 관점에서 해석하고 이론화하기 위한 교육사회학적 노력은 교육문제에 대한 사회환경적 요인을 밝혀 낼 수 있을 뿐만 아니라 교육 정상화의 준거기준을 제공할 수 있다는 점에서 중요한 의미를 갖는다.

따라서 중요하다고 생각되는 한국교육의 갈등현상에 대한 사회환경적 의미를 지적하면 다음과 같다(송병순, 1990).

첫째, 교육에서 무엇을 중시할 것이냐와 관련이 있는 교육관의 갈등은 여러 가지 교육문제 해결을 위한 우선순위 결정에 가치판단의 기준을 흐리게 하는 사회환경의 구조적 모순과 관련이 있다. 상황적 가치판단의 논리가 적용되고 가치혼란의 아노미 상태에 있는 한국 사회의 정치 · 경제 · 문화의 몰가치성은 교육의 가치를 지나치게 현실문제 해결에 급급하게 함으로써 수단적 교육관, 상업주의적 교육관을 만연시키고 있다. 수단적 교육관, 상업주의적 교육관은 교육주체 간, 사회구성 간 갈등을 유발하는 것으로 볼 수 있다.

둘째, 교육의 자율성, 중립성을 둘러싼 법적 갈등은 한국 사회가 가지고 있는 중앙집권적, 획일적, 일방적, 모순된 권위구조가 합리적 결정을 회피하고 유보하는 데에서 비롯된 것이다.

셋째, 고등교육이 초 · 중등교육을 억압하는 형태로 나타나고 있는 제도적 갈등은 학력 간 임금격차, 서열적 직업의식과 문벌 중심적 사고, 극단적 이기주의와 개인주의가 만연되어 있는 사회환경이 대학에 대한 지나친 선호를 자극하는 데에서 비롯된 것이다.

넷째, 학습자의 교육환경 조성과 관련하여 한국교육의 영세성을 면치 못하고 있는 재정적 갈등은 국가 · 사회적 차원에서 재정의 분배에서 국가안보, 경제성장을 이유로 교육에 대한 우선순위를 뒤로 미룬 데에서 비롯된 것으로 볼 수 있다.

다섯째, 교육내용에 대한 국가 – 교사 – 학생 간의 갈등은 교육내용에 대한 국가 독점에서 비롯된 것으로, 정치적 이해관계를 한국적 특수상황으로 내세워 교육을 정치도구화 한 데에서 비롯된 것이며, 한국 사회에 존재하는 이데올로기 갈등과 연계된다.

여섯째, 교권의 실추와 관련이 있는 교사 – 학생 간의 갈등은 한국 사회가 홍역을 앓고 있는 세대 간 갈등에 연계되는 것이다. 사회환경적으로 정치 · 경제적 교사의 권위침해, 수단적 · 상업주의적 교육관에 의한 교육의 상품화는 교사의 사기와 교사의 권위를 떨어뜨리는 중요요인이다.

일곱째, 성별에 따른 교육접근 기회의 불평등, 교육내용의 차등적 사회화 교육결과 분배의 불평등으로 요약되는 성별 갈등은 한국 사회가 가지고 있는 남성·여성 역할에 대한 사회적 가치관, 고용구조와 같은 사회환경과 관련이 있는 것으로 볼 수 있다.

현실적으로 우리가 직면하고 있는 교육갈등에는 교육의 범위를 벗어나는 불평등한 사회구조, 여타 제도가 빚어내는 사회환경과 모순에서 비롯되는 것이 많다는 점을 감안하여 한국 사회구조의 모순과 교육구조의 모순을 밝히는 많은 연구들이 나와 교육갈등을 해소하고 교육정상화를 모색하는 데 도움이 되어야 할 것이다.

제8장

청소년 문제와 접근

The chief cause of human errors is to be found in the prejudice picked up in childhood.

인간의 가장 큰 과오는 어릴 때 갖게 된 편견에서 비롯된다.

〈Rene Descartes(1596-1650)〉

1. 청소년 문제의 개념 및 특성
2. 청소년 문화
3. 청소년 문제의 접근 이론
4. 청소년 문제의 교육 방안

인간 사회는 어느 시대를 막론하고 개인적 · 집단적인 문제가 따르기 마련이다. 이러한 문제의 성격과 종류는 시대와 사회에 따라 달라질 수 있고, 또 보는 삶에 따라 달리 볼 수도 있다. 특히, 제2차 세계대전 이후에 이민정책, 도시화, 산업화의 결과로 파생된 급격한 사회조건의 변화는 많은 사회문제를 야기했다. 이러한 조건은 범죄, 정신질환, 알코올중독, 약물중독, 소년비행과 같은 문제를 증가시켰다.

이러한 점에서 사회문제는 사회의 다수인이나 사회의 강력한 집단에 의하여 바람직하지 못하다거나 주의가 필요하다고 여겨지는 사회조건, 또는 영향력이 있는 집단에 의하여 치유될 수 있을 때 존재한다고 볼 수 있다(Sullivan et al., 1980: 10).

일반적으로 사회문제는 **일탈행위**(逸脫行爲, deviant behavior)나 **반사회적**(反社會的) 행위로 규정된다. 오늘날에는 사회문제를 일탈행위 혹은 **탈선행위**(脫線行爲) 이외에 사회적 불평등 또는 **사회해체**(社會解體)로까지 확대하여 보는 견해도 있다. 그리하여 빈곤, 질병, 대량실업, 차별대우, 정치적 과격파, 심지어 전쟁과 같은 주요한 문제가 사회문제로 등장하며, 더 나아가 인구문제, 환경오염과 같은 생존권 문제까지도 사회문제로 제기될 수 있다.

그러나 오늘날 선진 산업사회를 비롯하여 일본, 대만의 경우 청소년 문제, 특히 범죄와 비행이 크게 사회문제로 제기되고, 우리나라의 경우도 점차 청소년 비행과 범죄가 매년 증가일로에 있어 점차 심각한 사회문제로서의 청소년 문제가 부각되며 이에 대한 교육적 · 사회적 처방이 시급히 요구되고 있다.

따라서 여기서는 먼저 청소년 문제의 개념 및 특성을 규명하고, 청소년들만이 가지는 독특한 청소년 문화를 살펴본 후 다음으로 청소년 문제의 접근이론을 제시하고, 끝으로 교육적 방안을 서술하고자 한다.

1. 청소년 문제의 개념 및 특성

현대사회는 어느 나라를 막론하고 청소년 문제가 해마다 심각해지고 있다. 청소년 문제는 사회문화가 급격히 변동함에 따라 복잡해지고 다양화되어 청소년의 정서적 갈등과 사회적 부적응으로 청소년 문제가 발생한다.

이 같은 청소년 문제를 정확히 이해하기 위해서는 무엇보다도 먼저 청소년 문제의 개념 및 특성을 알아야 청소년에 대한 올바른 시각을 갖게 될 것이다.

청소년 문제의 개념

청소년 문제가 심각한 문제로 대두되기 시작한 것은 비교적 최근의 일이며, 이에 따라 청소년 문제에 관한 연구 및 논의도 활발해지고 있다. 그러나 이들 논의의 대부분은 청소년 문제를 청소년 비행과 동일시하는 경향이 연구의 초점이 되고 있다. 청소년 비행은 살인, 강도, 폭력, 절도 등 형법에 위반되는 범죄행위는 물론 음주, 흡연, 불건전한 이성교제 등 각종 불건전한 행위를 포함하는 광의의 개념으로 사용되고 있다. 즉, 범죄행위뿐만 아니라 청소년에게 바람직하지 못하다고 규정된 모든 행위를 청소년 비행이라고 할 수 있다. 하지만 이와 같은 비행 청소년은 다수의 청소년에 비해 극히 제한적일 수밖에 없다. 그러므로 청소년 문제는 이처럼 제한적인 것, 즉 비행 청소년들만의 문제가 아니라 청소년 전체의 문제로서 청소년에 대한 사회문제라고 볼 수 있다.

사회문제는 시대적 흐름이나 국가 · 사회적 상황, 그 사회의 가치관의 차이, 또는 보는 시각에 따라 다양하게 정의되고 있다. 홀톤과 레슬리(Horton & Leslie, 1955: 4)는 사회문제는 많은 사람들에게 바람직하지 못한 방법으로 영향을 주는 조건이고, 그것은 집단적 사회행동에 의하여 무언가 행하여질 수 있으리라고 느껴지는 것이라고 하였다.

일반적으로 사회문제는 사회 구성원들이 신봉하는 가치의 위협이 된다고 인정되는 상태(狀態)·사태(事態) 그리고 환경(環境)을 말한다. 즉, 앞에서도 제시한 것처럼 각종 범죄·빈곤·질병·실업·부정부패·인구문제·환경오염 등 다양한 형태로 나타나고 있다.

이런 사회문제뿐만 아니라 오늘날 고도화된 산업화 및 도시화가 급격한 사회·문화적 변동을 수반해 또 하나의 사회문제로 대두된 것이 청소년 문제라고 할 수 있다. 근대화되면서 가정에서의 핵가족화(核家族化), 결손가정(缺損家庭), 빈곤가정(貧困家庭), 부재가정(不在家庭) 등이 증가되고, 학교교육이 양적인 증대는 하였지만 질적 향상의 한계, 사회의 여러 유해(有害)한 환경이 또 다른 사회문제, 즉 청소년 문제를 야기했다.

사회문제가 개인문제와 다른 점은 그것이 공공의 문제에 관한 것이며 문제의 원인과 해결이 사회의 움직임과 연관된다는 데 있다. 사회문제를 이렇게 정의할 때 청소년 문제는 '영향력 있는 집단에 의해 그 사회의 가치관을 위협한다고 판단되고, 다수의 사회 성원들에게 영향을 미치며, 공동의 노력에 의해 해결될 수 있는 청소년에 관한 사회현상'이라고 정의할 수 있다(한국청소년개발원 편, 1993: 4).

그러나 이와 같은 정의는 협의의 정의라고 볼 수 있다. 보다 포괄적이고 넓은 개념은 사회의 가치관에 저해되는 청소년 문제뿐만 아니라, 청소년 자신들이 지니고 있는 문제, 즉 그들의 고민, 욕구좌절, 문제의식 등을 포함하며 전체 청소년들이 논의의 대상이 된다. 따라서 청소년 문제를 청소년 비행과 동일시하지 말고 "청소년 문제란 인생에서 가장 예민한 감성대를 지닌 청소년들이 자신의 주변에서 일어나고 있고 부딪히고 있는 크고 작은 모든 현상들에 대해서 그들이 반응하고 수용하는 과정에서 생기는 감정과 행동이 모두가 청소년 문제가 될 수 있다."고 보아야 한다(김형모, 1990: 132-133).

그러므로 청소년 문제는 청소년 범죄로 나타나는 폭행, 성폭력, 환각제 흡입, 금품갈취, 강도 등과 청소년 비행으로 나타나는 가출, 등교거부, 음주, 흡연 등과 같은 문제뿐만 아니라, 청소년들의 주변 환경, 그들의 고민, 일상생활, 가치관 등에 대한 포괄적인 내용을 포함해야 한다.

청소년의 특성

청소년을 연령적으로 명확히 구분하는 것은 학문영역에 따라 각기 차이는 있지만, 일반적으로 12~13세부터 21~25세에 이르는 시기에 있는 사람을 의미하며, 이 시기는 신체적으로나 정신적으로 그리고 사회적으로 아동이 성인으로 되어 가는 과도기적 현상이 나타나는 때다.

따라서 청소년들은 아동과 성인의 특성을 동시에 갖는다고 할 수 있다.

신체적 특성 청소년기는 신체적 발육이 급속히 변화하는 시기다. 성적 성숙의 질적 · 양적 변화를 비롯하여 신장, 체중, 흉위 등 모든 신체적 발육속도가 빠른 시기다. 이 시기에 가장 뚜렷한 변화라고 할 수 있는 것이 성적 성숙 및 성의식의 변화다. 남녀 모두 성기능의 발달이 현저하여 2차 성징이 나타나는 시기다. 남자들은 발모현상과 몽정을 하게 되고 근육과 골격이 형성된다. 여자들은 월경이 시작되고 유방과 엉덩이가 커지기 시작한다. 이 같은 생식기능이 발달되는 과정에서 남자는 남성다움이, 여자는 여성다움이 나타나게 되어 남녀의 차이가 두드러지게 된다.

정신적 특성 정신적으로 청소년기는 지적 능력의 발달이 최고 수준에 있는 시기이며 통찰력, 판단력, 추리력, 기억력 및 사고력으로서의 추상능력과 논리적인 사고태도가 두드러지게 나타난다. 또한 선(善) · 악(惡)과 같은 가치추구나 이상(理想)을 찾고 철학이나 예술, 문화, 사상에 대한 흥미가 높아지고 인생관이나 세계관을 확립하는 시기이기도 하다. 이처럼 청소년 시기가 적극적이고 진취적이지만 그들의 생각이 관념적, 이상적, 추상적으로 흐를 수도 있기 때문에 독선적이고 자기중심적이며 극단적일 수도 있다. 지적인 발달이 되어 감에 따라 이것을 내면화(內面化)하여 자아의식(自我意識)이 높아지며 타인의 종속적인 관계에서 벗어나 내면세계에 점차 싹트기 시작해 자기의 주관적 세계 속에서 자아를 찾지만 완전한 독립적 자아로 형성되지 못하기 때문에 심리적으로 불안한 상태에 놓이게 된다.

특히 심리적으로 이성에 대한 호기심이 생기고 어른과 같은 행동을 하려는 욕구가 강하게 나타나게 되어 부모의 지나친 간섭으로부터 벗어나 자주적으로 행동하기를 원하며, 이로 인한 간섭의 권위에 대해 반항하기도 한다. 이를 청소년기의 심리적 이유기(心理的 離乳期)라고 한다.

따라서 청소년기는 지적 · 정신적으로 급격히 변화하고 정서적으로 불안정한 시기다.

사회적 특성 정신적 독립과 더불어 부모나 어른들에 의존하던 것이 친구와 같은 동료나 사회에 참가하는 방향으로 사회적 발달을 하게 된다. 그리하여 교우관계가 다양화되고 여러 가지 사회적 방향을 지닌 친구관계가 생긴다. 동네 친구, 학교 친구, 나쁜 친구, 이성 친구 등으로 형성된다. 특히 오늘날 사회 · 문화적으로 급격한 변동이 발생함으로써 청소년들은 교우들과의 약속, 성인들이 바라는 규칙 간에 갈등이 심하게 나타나게 되어 부모나 교사 그리고 어른들과의 갈등이 표출되기도 한다. 또한 청소년은 동료에 대한 감정이 강하고 집단의식 및 '우리'라는 연대의식이 매우 강하다. 이 시기에는 부모나 어른들의 지배나 간섭으로부터 벗어나려고 한다. 즉, 자신들의 문제나 어려움이 있을 때 부모 또는 어른들에게 상담하거나 문제해결의 대화를 모색하는 것보다 동료들에게 이해를 구하며 서로 격려해 주고 그 속에서 심리적으로 안정감과 소속감을 갖게 된다.

2. 청소년 문화

청소년 문화가 존재하느냐에 대한 논쟁은 1970년대에 와서 시작되었다. 고도로 산업화된 사회 속에서 청소년들에 대한 부모 · 교사 그리고 성인들의 영향력이 약해지면서 그들만이 가지는 독특한 행동양식, 가치관 및 태도 등을 형성하고 있다.

따라서 청소년 문화도 성인문화와 같이 그들만이 가지는 독자성을 가진다고 볼 수 있다.

다음에서는 청소년 문화의 의미와 성격, 발생 원인 그리고 특성을 살펴보고자 한다.

청소년 문화의 의미와 성격

청소년 문화에 대한 의미와 성격을 살펴보기에 앞서 문화의 특성을 생각해 볼 수 있다(Hodges, 1974: 42).

- 문화는 사람이 창조하는 것이다.
- 문화는 사회생활을 통해 만들고 공유(共有)하는 것이다.
- 문화는 습득, 전승하는 것이다.
- 문화는 유형(類型)이 생긴다.
- 문화는 보편적이면서 동시에 다양하다.
- 문화는 변(變)한다.

문화는 인간의 행동양식, 여러 사람이 따라야 할 사회규범, 과거로부터 축적되어 온 지식, 사회에서 중요하다고 생각되는 가치관이나 태도 등을 포함한다. 문화는 한 사람이 이룩할 수 없기 때문에 사회적인 것이며 또 과거로부터 내려오는 것이기 때문에 전통적이며 축적적(畜積的)이다.

청소년 문화는 이 같은 문화 중 부분문화(部分文化)의 한 형태로 이해되어야 할 것이다. 즉, 청소년들에게 독특하게 존재한다고 생각되는 행동양식이나 가치관 및 태도 등을 청소년 문화라고 할 수 있다. 청소년 문화는 행동이나 복장, 언어 등 외부적으로 관찰할 수 있는 부분도 있으며 또는 이념적이고 이상적인 면에서 청소년들의 정신적인 방향을 제시해 주는 면도 있다. 청소년 문화를 감각적인 면에서만 이해하려고 하는 것은 잘못이며 오히려 이념적인 면에서 검토하는 것이 더 중요하다.

그러면 청소년 문화가 존재한다는 것은 청소년들에게 무엇을 의미하는가? 앞에서 사회화와 문화의 개념을 말할 때 제시한 것처럼 문화에 의하여 사회구성원은 행동양식을 배운다. 그러므로 건전한 청소년 문화가 존재한다고 하는 것은 청소년들에게 행동양식을 가르쳐 주고 일정한 이념과 태도 등을 갖도록 해 줌으로써 일종의 안식처를 제공해 준다고 할 수 있다. 또 어떤 언어를 사용하고 무슨 포부를 장래에 가져야 하며 어떤 복장을 입어야 할 것인가를 말해 준다. 따라서 그만큼 긴장을 해소시켜 준다. 외국에 처음 이민 간 사람들이 그곳의 생활양식을 몰라서 겪는 고통은 그들의 문화를 모르기 때문이다. 여기서 오는 긴장과 갈등을 문화충격(文化衝擊)이라 한다.

청소년 문화가 현실사회를 비판하고 기성문화의 수정을 요구할 때 주류문화와 대립하게 된다. 부분문화로서의 청소년 문화가 기성문화인 주류문화(主流文化)와 너무 대립되거나 서로 병존할 수 없는 경우 청소년 문화는 반문화(反文化)가 된다. 반문화로서의 청소년 문화의 성격이 너무 강하면 통일적인 행동양식이 사회에 결여되기 때문에 혼란과 갈등 및 대립이 계속된다(차경수, 1985: 125).

따라서 청소년 문화는 주류문화와 조화적이어야 하고 그들의 특성이나 이상을 실현할 수 있도록 청소년들에게 뚜렷한 행동의 방향을 제시할 수 있는 독특한 것이어야 한다.

청소년들이 가지고 있는 행동양식 · 사고방식 · 심미적 취향 · 말투 · 의상 등을 통틀어 청소년 문화라고 한다면, 그들의 문화가 지니고 있는 성격을 어떻게 이해하여야 할까? 청소년 문화의 성격에 대하여 여러 가지 해석이 나올 수 있다.

- 청소년 문화를 미숙한 문화로 보는 입장
- 청소년 문화를 비행문화로 보는 입장
- 청소년 문화를 하위문화로 보는 입장
- 청소년 문화를 대항문화 또는 반문화로 보는 입장
- 청소년 문화를 새로운 문화로 보는 입장이다(한국청소년개발원 편, 1993: 15).

따라서 이와 같은 청소년 문화에 대한 해석들은 나름대로의 근거를 두고 있다고 볼 수 있다. 그러므로 청소년들만이 가지는 독특하고 독자성을 지닌 건전한 청소년 문화로 발전될 수 있도록 청소년뿐만 아니라 성인들의 끊임없는 노력이 필요하다.

청소년 문화의 특징

오늘날 청소년들은 고도 산업사회 속에서 급격한 사회변동을 겪으면서 그들만이 갖는 문화를 발생시키며 살아가고 있다. 사회변동은 물질적인 것뿐만 아니라 가치관이나 행동양식도 변화시킨다. 그러나 이러한 변동은 대부분 전체적으로 동시에 일어나지 않고 부분적으로 일어난다. 사회의 변동속도가 빠르면 빠를수록, 사회변동이 부분적으로 오면 올수록 부분문화의 발생은 많을 것이다. 이와 같이 급격한 산업화는 독립적이고 자유로운 세계관을 요구하고 있는데, 청소년들은 기성세대의 생활양식과는 다른 부분문화(部分文化)를 형성함으로써 세대차의 문제를 가져온다.

현대사회의 또 다른 특징 중 하나는 사회의 분화와 자율성이라고 할 수 있다.

사회 조직이나 기관의 업무 및 노동이 전문화 · 분화되었고, 가정도 그 역할이 분화됨에 따라 각자를 통제하려던 구속력이 약화되고 자기의 일을 더 자유롭게 자율적으로 결정하게 되었다. 이것은 그만큼 청소년들이 자기의 독특한 행동양식을 발달시키는 결과가 되었다. 여기서 자기결정(self-decision), 업적주의(meritocracy), 자율성(autonomy), 창의성(creativity) 등을 요구하면 할수록 청소년 문화의 형성을 촉진시킨다(차경수, 1985: 130).

끝으로 한국 사회는 해방 이후 교육열의 확산으로 인하여 학교교육의 필요성에 따라 학생 인구가 급격히 증가되어 학교사회에서의 청소년 학생들만이 가지는 독특한 청소년 문화를 형성하는 데 기여했다고 볼 수 있다.

따라서 청소년 문화의 발생은 사회 · 문화의 변동과 더불어 나타난다고 볼 수 있다.

청소년 문화는 청소년들이 가지는 공통적인 행동양식 · 태도 · 가치관으로서 청소년을 이해하기 위해서는 그들을 둘러싸고 있는 청소년 문화를 이해할 필요가 있다.

보통 문화가 시대와 사회에 따라 형태가 다르게 나타나는 것처럼 청소년 문화도 마찬가지라 할 수 있다.

따라서 청소년 문화의 특징을 몇 가지로 고찰해 보면 다음과 같다.

첫째, 청소년 문화는 새로운 문화다. 청소년들은 정체(停滯)하는 것을 싫어하고 변화를 좋아하며 과거보다 미래지향적이고 창조적이다. 그러므로 청소년들만이 가지는 언어, 옷차림, 이성관 등은 기성세대들이 이해하지 못하는 청소년들만의 독특한 문화다.

둘째, 청소년 문화는 완성되지 못하며, 일시적인 문화다. 기성세대의 문화는 오랜 시간을 거치면서 체계적으로 문화가 형성되어 비교적 오래 지속되지만, 청소년들은 감각적이고 쉽게 싫증을 느끼게 되므로 어느 때인가 또 다른 특징을 가진 형태로 변모한다.

셋째, 청소년 문화는 비판과 저항의 문화다. 청소년들은 기성문화에 대해서 대체로 긍정하지 않으며 기성문화의 모순이나 결점을 비판하고 그들에게 맞는 형태의 문화로 수정, 창조한다.

넷째, 청소년 문화는 이상적이다. 현실지향의 기성문화에 저항을 하고, 청소년들이 바라는 이상적 정의 사회를 실현하기 위해 사회 현실의 부정부패, 권력의 도덕성 특권의식 등과 같은 사회부조리에 저항을 한다. 그래서 청소년 문화는 이상적이며 미래지향적이다.

다섯째, 청소년 문화는 갈등의 문화다. 오늘날 사회문화적으로 급격히 변동함에 따라 청소년들이 갖는 가치관의 혼란은 청소년 문화의 큰 특징이다. 우리 사회는 도농(都農)의 격차, 산업 간의 차이, 서구적인 것과 전통적인 것과의 차이가 병존하고 있다. 이러한 현상을 만하임(K. Mannheim)은 '비동시적인 것의 동시적 병존' 이라고 불렀다(Mannheim, 1940: 42).

이상과 같이 청소년 문화는 미래지향적이고, 창조적이며, 비판과 갈등의 문화로 집약할 수 있다.

3. 청소년 문제의 접근 이론

청소년 비행에 대한 설명이나 인간 행위를 설명하는 데에는 크게 두 가지의 이론적 배경이 제시된다. 그 하나는 행위자의 특성이라는 관점이고, 다른 하나는 행위자가 처해 있는 사회적 여건이라는 관점이다. 전자는 개인의 생물학적 유전요인 및 인성요인, 즉 개인의 심리적 구조나 내면화된 통제력의 강도에 의하여 비행이 야기된다는 것이다. 후자의 경우는 개인이 처해 있는 사회구조적 요인, 즉 가정환경, 부모 형제, 교우관계 그리고 그가 처해 있는 경제적 · 문화적 환경 등으로 연관지어 비행의 발생 여부를 찾아내려는 것이다.

이러한 비행에 관한 관련 이론을 간략히 소개하면 다음과 같다.

생물학적 견해

고대로부터 일탈자(逸脫者)와 정상인(正常人) 사이에는 특수한 생물학적 차이가 있다는 것이다. 창세기에 동생을 살해한 최초의 살인자인 카인은 태어날 때부터 표적을 몸에 지니고 났다고 한다. 이런 식의 생득적 범죄형(生得的 犯罪型, born criminals)을 생물학적인 요인에서 찾으려는 과학적인 노력은 19세기부터 시도되었다.

다윈의 진화론을 이용하여 원시인과 비슷한 모습을 가진 사람일수록 범죄형이라는 학설을 주장한 이탈리아 외과의사인 체사레 롬브로조(Cesare Lombroso)에 의하면, 즉 두뇌의 크기, 두개골의 모양, 팔의 길이, 귀의 크기, 머리털 색, 신체형 및 유전인자 등에서 그 원인을 찾으려 했다. 이 밖에도 날 때부터 타고난 신체적 불구, 두뇌에 입은 상처, 영양실조 등 생리적 요인으로 일탈행위를 설명하려고 했다(김경동, 1979: 465).

유전인자의 경우 1950년대 XXY와 XYY와 같은 보조적인 X나 Y의 염색체 구조가 있다고 알려졌고, 교도소 재소자 중에는 XYY 염색체 구조를 가진 자가 많다는 사실이 발견되었다. 미국의 경우 이 염색체 소유자는 550여 명에 1명의 비율인데 재소자의 경우는 140:1의 비율로 나타났다(윤덕중, 1986: 187).

이 이론의 단점은 생리적 요인의 영향을 무시할 수는 없지만 방법상 비과학적이라는 점이다. 즉, 통제와 규정의 범위가 너무 한정적이라는 점, 문화의 영향을 너무 무시한 점, 죄를 생물적 구조의 단순한 기능, 예컨대 소화작용, 식욕과 같은 현상으로 보았다는 점, 그리고 청소년 비행은 대부분 신체적 이상자보다 정상적인 청소년에게서 발생하고 있다는 점이다.

심리학적 요인

일탈행동에 관한 심리학적 요인에 관한 이론도 매우 많이 제시되고 있다. 그 대표적인 것이 **좌절-공격이론**(frustration-aggression theory)과 프로이트(Freud)의 **일탈행동론**이다.

첫째는, 좌절-공격이론은 개인의 욕구가 충족되지 않을 때에는 인간은 거의 본능적으로 그것을 방해하는 것에 공격적인 행동으로 반응한다는 것이다. 어떤 장애물 때문에 욕구가 저지되는 경우에 그 욕구가 강하지 않다면 우회행동을 취하게 되지만, 장애물의 저항력이 강하고 욕구도 강하면 욕구불만의 상황에 빠져 결국 공격행동을 하게 된다. 경우에 따라서 욕구가 좌절되고 불만이 축적되면 생리적 · 심리적 갈등과 긴장이 일어나 이것을 완화하고 제거하기 위한 여러 가지 반응이 일어나는데, 이러한 반응의 가장 초보적인 공격행동으로 개인적 언쟁, 폭력, 계급투쟁 및 전쟁과 같은 사회집단 간에 벌어지는 대규모 공격에 이르기까지 그 질이나 규모에서 차이가 난다. 물론 욕구 좌절의 대상이 자기보다 강력하거나 그 원인을 찾지 못하면 대리공격물을 찾아 그 분풀이를 할 때도 있다.

둘째는, 프로이트의 **일탈행동론**이다. 일탈행동이란 충동적이고 동물적인 무의식 속의 이드(Id)와 사회적 욕구 사이의 갈등에서 빚어지는 것이다. 즉, 죄의 원인은 억제 요인이 내재적인 공격성이나 파괴적 성향을 억제하기에 너무 약할 때 일어난다는 것이다. 인간은 문화적 차이나 사회화 정도에 관계 없이 생태적으로 탈선 가능성이 있다는 것이다. 여기서 범죄의 양상이 다른 것은 고의성, 계획성 및 복잡화한 행동의 여부에 달린 것이라고 한다(Abadinsky, 1979: 36-48).

사회학적 접근

이것은 비행을 사회조직의 결함에 반작용하는 정상적 개인으로 보고, 비행의 연구에 있어서 사회구조 자체를 범법의 원인적 메커니즘으로 보는 입장이다.

이러한 사회학적 접근이론은 **아미노론**(論), 비행 **하위문화론**(非行 下位文化論), **사회통제론**(社會統制論), **낙인론**(烙印論), **중화론**(中和論) 등 매우 다양한 방법이 있다. 이러한 각 접근방법은 사회학적 일반이론과 거의 중복되고 있다. 비행 하위문화론은 아미노론과 사회해체론의 절충된 형태를 취하고 있다. 문화전달론은 사회해체론의 전통을 그대로 고수하고 있다.

여기서는 일탈행동을 설명하는 사회학적인 시도 가운데 비교적 단순한 이론인 사회통제론과 낙인이론을 소개하고자 한다. 기타 다른 이론은 사회학 교재를 참조하여 좀더 자세한 이론을 이해하기 바란다.*

사회통제이론 생물학적 · 심리학적 접근에 비하여 사회학적인 접근은 일탈이 일어나는 사회적 조건에 더 관심이 크다.

사회통제이론은 일탈의 동기보다는 어떠한 시점에서 사회통제가 무너짐으로써 일탈의 여지가 생기는지 그 조건을 분석하는 데 강조점이 있다. 비슷한 생리적 · 심리적 특성을 지닌 개인들이 비슷한 환경 속에서 살다가도, 일탈행동을 저지르는 것은 결국 외적인 사회통제의 메커니즘이 깨어진다거나, 내적 규제능력이 약화될 때일 것이라는 가정이 가능하다.

사회통제는 사회 성원으로 하여금 개개인의 동기에 관계없이 사회규범에 동조하도록 압력을 가하는 외적 기준이 된다. 이러한 외적 준거는 개인의 사회화 과정을 통하여 각 구성원에게 사회가 요구하는 역할을 합당하게 수행하게 해 줌으로써 일탈행동을 극소화해 준다.

즉, 사회화 과정을 통하여 형성된 비정상적인 인격이나 완벽하게 잘 사회화된 인격의 소유자가 사회의 규범에서 벗어나는 일탈행위를 못하도록 사회체제 내의 상호작용 관계를 통한 압력이 바로 사회통제 작용인 것이다.

사회통제론자들은 사회통제를 두 가지 종류, 즉 내면적 통제와 외면적 통제로 구분한다. 내면적 통제는 사회적 규칙과 규범을 내면화함으로써 이루어지고, 외면적 통제는 범법자가 되면 가족과 동료의 존경은 물론 직장까지 잃게 되고, 투옥감금된다는 사실에 대한 인식이 개인의 행동을 통제할 수 있다는 것이다. 이 이론

* 이에 대한 연구는 정경갑 · 최상근 · 백은순의 『학생비행의 제 이론 분석』(한국교육개발원 연구보고서 RR. 87-43, 1987), 윤덕중의 『최신사회학』(서울: 형성출판사, 1986) 7장을 참조 바람.

은 사회인들이 비행 또는 일탈행동을 하지 않고 규범을 준수하는 것은 비행동기가 없기 때문이 아니라 내적 · 외적인 사회통제에 연유된다는 이론이다.

낙인이론 인간은 흔히 남이 자기를 어떻게 보고 또 어떻게 행동하기를 기대하느냐에 따라 행동하게 된다. 이 낙인이론은 사회적으로 세력이 큰 집단이나 사람들이 그렇지 못한 집단이나 사람들을 일탈자로 이름 붙인다는 사실을 중요시한다. 다시 말하면 개인이 일탈자(逸脫者)가 되는 것은 남이 나에게 어떤 태도로 대하며, 나를 어떻게 생각하느냐에 따라 자아정체(自我正體)를 이룩하게 되는데, 일탈행동도 이러한 관계맥락으로 유도된다는 것에 초점을 맞춘다. 따라서 어떤 사람을 일탈자로 낙인찍는 행위는 머튼(Merton, 1957)이 말하는 일종의 자기충족예언(自己充足豫言)으로 작용하여, 본래는 정상적이던 사람도 주위의 잘못된 인식, 지각에 따라 실제 일탈자가 되기도 하며 또 그렇게 될 가능성이 높아진다는 논리다.

낙인이론의 대표적인 제창자인 벡커(Becker, 1963)에 의하면 일탈자란 낙인(레텔 또는 상표)이 성공적으로 붙여진 자이며, 일탈행위란 사회가 그렇게 이름을 붙인, 즉 낙인을 찍은 행위다.

벡커에 의하면 첫째, 범죄성은 어떤 타입의 행위 자체의 본질적인 특성에 의하여 결정되는 것이 아니라, 그런 행위에 관여한 사실이 발견된 자에게 사회인이 주는 지위이고, 둘째 일탈자로 낙인을 찍는 과정 자체가 그 사람의 후속하는 행위를 또 다른 일탈행위로 결정하는 중요한 요인이 된다는 것이다.

예컨대, 아무런 나쁜 의도를 가지지 않고 학교 유리창에 돌을 던진 어린이가 그 행위로 인하여 체포되고 입건되어 비행소년으로 취급되었다면, 그 자신이 대단히 나쁜 짓을 했다고 생각하게 되고 동시에 그는 지금까지 자신에 대하여 가졌던 가치, 즉 자아정체감이 부정적인 것으로 바뀌게 됨으로써, 결국 말썽꾸러기라고 낙인이 찍힌 아이들만 사귀고 어울리게 됨으로 말미암아 점차 정도가 더 심한 비행에 끼어들게 될 것이다. 상징적 상호작용 이론에 의하면, 개인의 자아에 대한 의식은 타인의 자기 자신에 대한 반응의 결과에서 비롯되며, 어떤 소년이나 그가 일단 일탈자로 낙인이 찍히게 되면 자연히 자기 자신에 대한 그릇된 의식을 갖게 된다. 따라서 그는 법을 더욱 위반하게 되고, 학교를 중도 퇴학하게 되고, 자기는 성공하지 못할 것이라고 확신할 가능성이 커지게 된다(Simon, Frank, & Walte, 1962: 17).

사람은 누구나 일상생활에서 호기심, 긴장, 스트레스, 충동에 따라 주어진 상황 아래서 약간의 일탈적인 행동을 하게 마련이다. 이와 같이 순간적인 충동으로 인하여 상황에 따라 약간 일탈하게 되는 경우를 상황적 · 원초적인 일탈이라고 한다. 그런데 이러한 순간적인 위반이나 일탈행위가 남의 눈에 띄지 않으면 그만인데, 그것이 발각되고 그것을 사람들이 일탈행위로 규정하거나 낙인찍기로 결정하게 되면, 그때부터 그 행위자는 일탈자가 되고 스스로도 그렇게 인정하게 된다. 레머트(Lemert, 1951: 73)에 의하면 범죄는 일시적 · 우연적으로 야기되는 일차적 일탈로부터 상습적 · 직업적인 이차적 일탈로 바뀌어 간다는 것이다.

4. 청소년 문제의 교육 방안

우리 사회가 건전한 청소년을 육성하기 위해서는 청소년들이 현실 사회와 문화에 잘 적응하고, 그들의 욕구와 기대, 즉 그들의 이상이 실현될 수 있도록 청소년 문제를 야기하는 원인을 사전에 예방하고 교육 방안을 모색하는 데 이 글의 목적이 있다.

청소년 문제의 발생 원인

최근 몇 년간 우리 사회는 과거에 비하여 청소년 범죄가 급증하고 있고, 그 형태도 다양하고, 강력범죄의 성격이 짙어 가고 있는 실정이다.

여기서는 청소년 문제 또는 비행과 관련하여 최근에 더욱 증가된 학생문제를 중심으로 그 문제의 발생 원인을 개관해 본다.

원인(猿因; 사회적 토양) 해방 이후 우리 사회는 계획된 근대화 전략에 따라 눈부신 경제 성장을 이룩하였지만, 그와 동시에 급속한 근대화에 따른 역기능도 함께 겪어야 했다. 그러한 역기능은 사회구조 상에서 뿐만 아니라 사람들의 의식 구조나 가치관에서도 여러 가지 문제를 야기했다. 이와 같은 문제의 원인은 산업화에 따른 비인간화 경향의 증대, 급속한 경제 발전에 따른 사회계층 간의 격차, 사회의 불건전한 가치관의 만연 등이 청소년 문제를 가속화시킨 원인들이라고 볼 수 있다.

직접적 원인 청소년들이 음주, 흡연, 폭행 등의 문제행동을 일으키는 동기를 살펴보면 주로 좌절감, 소외감 속에서 그에 대한 반발로 행동을 하게 되는 경우가 많다. 더구나 교복, 두발의 자율화가 실시되어 자기 통제력이 부족한 청소년들은 문제를 일으킬 가능성이 더욱 높아지고 있다. 이와 같은 문제의 원인은 ① 입시 위주 지도에 따른 전인교육 부족, ② 청소년 욕구 발산 기회 부족, ③ 가정의 교육적 기능 약화, ④ 사회의 교육적 기능 미비, ⑤ 과밀학급, 과대학교와 같은 비인간적 교육 환경 등이다.

교육 방안

현재 우리 사회의 청소년 문제는 매우 심각한 사회문제로 대두되고 있다. 급격한 사회 · 문화의 변동에 따라 학생의 비행은 해마다 증가되고 있어서 이에 대한 사회교육적 처방과 대책 수립이 시급히 요청된다.

따라서 여기서는 학교의 청소년을 중심으로 예상되는 문제점을 효과적으로 대처하기 위한 학생문제의 지도 대책을 제시하고자 한다.

문제학생의 특별지도 요즈음 중등학생의 음주, 흡연, 유흥업소의 출입 증가, 이성과의 탈선행위 증가, 학생범죄의 연소화, 포악화, 집단화 등이 심각한 문제로서 대두되고 있다. 이러한 학생문제는 사회문화가 급격히 변동함에 따라 더욱 증가되고 있다. 그러므로 현재 문제학생으로 노출되어 있는 학생들을 선도하고 이들의 행동으로 인한 파급효과를 줄이기 위하여 이들을 지도하는 데 특별히 역점을 두어야 할 것이다.

그 방안으로 문제학생의 부모-교사 합동지도, 불량서클의 적극 해체, 문제학생의 의식구조 개선을 중심으로 이들에 대한 특별지도를 전개하는 것이다.

매스컴의 교육기능 강화 현대사회에서 매스컴이 우리의 생활에 끼치는 영향력은 실로 막대하다고 할 것이다. 특히, 아직 성장기에 있는 청소년에게는 그 영향력이 더욱 커 그들의 사고방식과 행동양식을 결정하는 데 중요한 역할을 하고 있다. 문제의 원인 진단에서도 지적되었듯이 일과 후, 라디오 시청이나 신문, 잡지, 책 등을 읽는다는 학생이 전체의 64%를 차지하고 있는 것을 보아도 그 중요성을 알 수 있다. 그러나 현재의 매스컴의 활동을 보면 학생으로서 듣고 보기에 좋지 않은 내용이 많다는 것을 과반수 이상의 학생(55.2%)이 지적할 정도로 비교육적 내용들이 많은 것이 사실이다. 따라서 매스컴의 교육기능을 강화시켜 보다 적극적인 방향에서 청소년 선도기능을 다 할 수 있도록 대책이 수립되어야 할 것이다(김병성, 정영애, 이인효, 1982).

따라서 청소년 선도 방송 프로그램의 제작 방영, 성인용 · 미성년용 방송 프로그램 및 영화의 구분, 신문 · 잡지의 청소년 선도 활동 확대 등으로 청소년을 선도해야 할 것이다.

사회의 비교육적 환경정비 문제의 원인에서도 지적되었듯이, 현대와 같은 개방사회에서는 청소년들이 가정과 학교의 울타리를 넘어서 사회 전체의 분위기와 환경에 크게 영향을 받는다. 따라서 각국마다 청소년 출입금지 구역을 설정하고,

청소년을 유해로운 환경으로부터 보호하고자 노력하고 있다. 우리나라 역시 범인성(犯因性) 환경, 즉 유흥가, 사창가, 사행행위장(射倖行爲場), 투기장(鬪技場), 풍속영업소(風俗營業所) 등 전국 273개소를 청소년 출입 금지구역으로 설정하고 있다(청소년 백서, 1987). 그러나 실제에 있어서는 청소년을 출입시키고 있는 업주가 많으며, 교복 자율화 이후에는 더욱더 증가했으리라고 예상된다. 특히 무허가 업소, 변태업소 등의 경우에는 단속의 눈을 피해 거의 청소년을 고객으로 하는 업소가 적지 않으며 그러한 업소들이 청소년 비행의 온상이 되고 있는 것이 사실이다. 따라서 그러한 유해 업소들은 마땅히 근절되어야 하며, 청소년을 좋지 않은 환경으로부터 보호하는 것은 어른의 중요한 임무라고 할 수 있을 것이다.

청소년 단체의 활성화 1987년에 우리나라 청소년 단체는 한국청소년단체협의회의 29개 산하 단체가 있었다. 이들 단체들은 각기 청소년 문제에 대한 연구와 훈련, 연수사업, 국제교육사업, 그 밖에 각종 시설사업과 봉사활동을 전개하였다(청소년 백서, 1988).

이와 같이 청소년 단체들은 각기 다양한 활동을 전개하고 있으나, 그 활동이 주로 도시지역 학생을 위주로 이루어지고 있으며, 활동에의 참여가 회원에게만 제한되어 있어 단체활동의 영향력이 일반 학생들에게까지는 미치지 못하는 등, 청소년 단체활동의 중요성에 비추어 그 활동이 충분히 전개되고 있지 못하다. 특히 우리나라와 같이 청소년을 위한 위락시설이 매우 부족한 상황에서는 청소년 단체가 청소년 과외활동의 중심지가 되어 각종 시설을 제공하고, 건전한 활동의 기회를 충분히 제공함으로써 청소년들이 심신을 단련하고, 적성과 취미에 맞는 유쾌한 생활을 해 나갈 수 있도록 하는 데 중추적인 역할을 담당해야 할 것이다.

부모의 교사 역할 분담 가정은 인간 최초의 교육의 장이며, 자녀의 사회화에 대한 일차적인 책임을 지는 곳이다. 교육을 사회화 과정으로 볼 때 가정에서는 가족을 통한 표출적 · 애정적 사회화로, 학교는 학교교육을 통한 인지사회화(認知社

會化)로 구분된다.

가정에서 부모, 형제와의 관계를 통하여 인간의 욕구를 표시하고 충족하며, 또 적응하는 법과 습관을 익히며, 가족 구성원과의 인간관계를 통하여 사회성을 발달시키고, 가정문화 속에서 성격의 형성과 가치관을 배워 가게 되는 것이다. 이러한 의미에서 부모의 교사 역할 분담도 전통적인 자녀관 내지 교육관을 탈피하여 시대적 감각에 맞추어 자녀를 효과적으로 지도할 수 있는 소양과 자질을 갖추는 한편, 과거보다 더욱 편협해진 학교교육의 역할과 기능을 보완한다는 데 그 목적이 있다는 것이다.

우리 사회가 점차 개방사회 체제에 접하면서 학생들은 학교에서 배우는 내용보다 사회 일반에서 배우는 양이 더 많아지는 현실이다. 따라서 가정에서 부모의 교육적 역할을 단순히 학교교육을 보충하고 연결짓는다는 의미에서만이 아니라, 자녀들이 사회 도처에서 배울 수 있는 교육적 기회를 제공하며, 그 내용을 교정해 주는 역할까지 수행해야 하는데, 그 방안으로 부모교육의 강화, 가족 공동의 대화의 장 마련, 직장단위 부모·자녀 교육센터 설립 등이 있다.

학생지도를 위한 정부의 지원 강화 학생 생활지도를 보다 원활하고 효과적으로 수행하기 위하여 여기서는 정부나 교육행정 당국, 더 나아가 관련 행정부서 등이 학교를 재정적 혹은 정책적으로 협조할 수 있는 방안을 제시하고자 한다.

이는 아무리 좋고 훌륭한 학생지도 방안이라도 이것을 실행하는 데 필요한 인적·재정적(人的·財政的), 그리고 제도적으로 보완할 수 있는 정부차원에서의 사회정책이나 교육정책의 뒷받침이 없이는 그 목적을 달성하기 어렵기 때문이다. 그 대표적인 몇 가지 정부측면에서의 지원책을 제시하면, 학생 자율활동 강화를 위한 재정지원 확대, 청소년 시설부지 확보를 위한 녹지대(green belt) 일부 해제 등을 들 수 있다.

제9장

학교교육의 가능성과 한계성

The educated differ from the uneducated
as much as the living from the dead.
교육이 잘 된 자와 교육이 되지 않은 자는
마치 살아 있는 자와 죽은 자의 차이와 같다.
〈Aristoteles〉

오늘날 우리의 학교교육, 특히 교육의 효과는 어떠한 관점에서 해석되고 받아들여지고 있는가? 15년 전까지만 해도 학교는 유능하고 재능 있는 청소년들을 분류·선발하여 그들의 사회경제적 배경과는 무관하게 그들을 사회적으로 높은 지위와 신분까지 끌어올리는 데 크게 공헌하였다. 이것이 바로 학교교육을 **기능주의 모형**(functional paradigm)에 의하여 낙관론적으로 보는 관점이었다. 그러나 최근 10여 년간 선진 산업국가에서 학교교육과 사회의 관계에 대한 새로운 모델이 제시됨으로써 기능론에 도전을 가하고 있다. 즉, 학교에서 배운 인지적 기술은 직업 신분이나 직무수행 능력과는 별로 관계가 없다는 증거가 제시됨으로써 학교는 현대 산업사회에서 필요한 지적 기술을 가르치기보다는 교육자격증을 발급해 주는 곳으로 보고 있다. 교육성취에 있어서도 계급 간, 인종 간에 차이가 지속적으로 나타남으로써 교육확대를 통한 기회균등이 이루어지기보다는 특수계층의 권위를 유지하는 데 급급하게 된다는 주장이다. 학교는 아동의 지적·정의적 성장을 실현시키는 데 별로 공헌하지 못하고 오히려 억압적이고 비인간적인 사회를 형성시키는 도구라는 생각을 갖게 해 주고 있다는 점이다. 이것이 이른바 **급진론**(radical paradigm)에 의한 학교교육에 대한 비관론적 관점이다. 학교는 재능 있는 사람들의 사회적 이동을 촉진시켜 주는 제도라기보다는 특정 엘리트들의 권력을 영속화시켜 주는 도구에 불과하다는 것이다.

여기서는 학교교육에 관한 이러한 대칭적 관점을 중심으로 그 근거와 형성을 배경으로 한 헌(Hurn, 1978)의 논의를 중심으로 살펴본다.

1. 학교교육의 기능론적 관점

학교교육에 관한 기능론적 관점은 일반적으로 서구 사회에서 자유주의자들이 전통적으로 가지고 있던 일종의 지혜로서의 학교교육에 관심을 갖고 있는 대다수 사람들의 믿음이었다.

1970년대 중반까지도 학교교육 및 그 효과에 대한 기능론적 입장은 아무런 도전을 받지 않았다. 기능론에 입각한 학교교육의 기능은 첫째로, 학교는 재능 있는 사람들을 분류하고 선발하는 합리적인 방법을 제시해 주어 가장 능력 있고 동기가 충만한 사람들이 가장 높은 사회적 지위나 신분을 획득하게 해 준다는 것이다. 둘째로, 학교는 지식과 전문적 소양을 중시하고 있는 현대사회에서 제반 역할수행을 위해 필요한 각종 지적 기술(cognitive skill)과 규범을 가르친다는 것이다.

이 이론은 학교가 청소년들에게 사회의 합의된 가치를 전달하는 동시에 점차 복잡해지고 전문화되어 가고 있는 사회에서 필요로 하는 재능 있는 사람들을 분류하고 선발하기 위해 반드시 필요한 합리적인 제도로 보고 있다.

기능론적 관점은 서구사회에서 자유주의자들이 전통적으로 가지고 있던 교육에 대한 지혜가 최근까지도 큰 변화 없이 지속되어 오고 있다고 보고, 현대 서구사회를 다음과 같이 특징짓고 있다.

첫째, 현대사회는 타고난 권위나 지위보다도 개인의 능력과 업적, 그리고 노력의 여하가 더 중요하게 취급되는 **능력주의 사회**(meritocratic society)라는 것이다. 현대인들은 사회적 신분이 세습되는 것을 원치 않고 개인의 노력에 의해 성취되어야 한다고 생각한다. 그리하여 빈민층의 아동들도 부유층의 아동과 같은 높은 사회적 지위를 성취할 수 있는 동등한 기회를 부여받아야 한다고 주장한다. 제2차 세계대전 이후 세계 각국의 교육의 기회균등을 증진시킨 것도 이러한 노력의 일환이었다. 이처럼 기능론은 현대사회를 능력주의 사회, 즉 특권과 세습적인 신분보다는 개인의 능력이나 노력을 중시하는 사회로 본다.

이러한 이론에 따르면 현대사회는 고도의 기술인력을 많이 요구하고 있고, 가장 능력 있는 사람에게 더 높은 지위를 부여하는 사회라는 것이다. 따라서 기능론자들은 학교는 이러한 기능을 가장 합리적으로 수행하는 곳이라는 생각을 갖고 있다.

둘째, 현대사회는 대부분의 직업적 지위를 부여하기 위해 고도로 훈련된 전문

인력을 필요로 하고, 경제성장을 위해 합리적인 지식에 의존하는 전문가 사회(expert society)라는 것이다. 이러한 교육과 사회관에 입각하여 대학은 연구활동을 통하여 경제성장과 사회진보의 초석이 되는 새로운 지식을 창출하게 된다. 그리고 학교교육은 전문 기술 습득뿐만 아니라 더욱 전문화된 지식을 습득하는 데 기초가 되는 인지적 지식과 지적 현학성이라는 일반적 기초지식을 제공해 준다. 다시 말해서, 각종 직업에서 요구되는 고도의 전문지식과 기술을 항상 가르칠 수는 없더라도, 전문적인 지식을 효과적으로 배울 수 있는 기초적이고 일반적인 학습 방법을 가르쳐야 한다.

셋째, 기능론에 의하면 현대사회는 점차 인간적인 목표달성을 지향하는 방향, 즉 사회정의를 추구하고, 모든 시민에게 더욱 충만한 생활을 영위하게 하며, 다양성을 인정해 주는 사회로 본다. 이러한 관점은 특정형태의 정치적 자유주의를 함의하고 있다. 현대사회에서 각종 사회악이나 불평등 요소를 부정하지는 못하나, 이러한 문제를 개선하는 노력에서 보다 중요한 것은 교육수준을 향상시키는 일이 사회진보의 핵심이라는 것이다. 교육은 편견이나 불평등을 없애 주거나 줄여나갈 수 있고, 자유와 정의를 위해 헌신하는 민주사회의 필수적인 방파제 역할을 한다는 것이다. 교육된 시민은 교양 있는 시민이며, 선동에 의해 조정되지 않고 정치적 결단을 남과 의논하고 정치과정에 적극적으로 참여할 수 있기 때문이다. 살기 좋은 사회는 경제성장과 물질적 풍요를 위해서뿐만 아니라, 사회적 정의를 추구하기 위해 헌신하는 사회라는 의미다. 교육이 잘 된 사회는 생활의 질과 개인적 성취를 가능하게 해 주는 제반 여건을 갖추는 데 관심을 갖는다.

기능론은 이상과 같은 현대사회의 특징을 유지 · 보존하는 데 있어서 학교교육의 역할과 변화에 대한 이론이며 학교교육에 대한 정당성을 제시해 준다. 또한 학교교육과 장래의 신분 획득 간의 관련성을 필연적이고 합리적인 적응과정으로 본다.

이상에서와 같이 기능론이 교육과 사회관계를 설명하는 데 중요한 역할을 하는 것이 인간자본론이다. 인간자본론은 교육을 장래에 회수하게 될 수익금의 형태로 보상받게 될 인간자본에 대한 투자로 본다. 사회는 교육과 돈과 기타 자원을 소비형태로 투자한다. 교육에의 투자는 인지적 투자의 형태로 미래에 회수되는데, 학교를 계속 다니며 공부를 하는 사람은 노동시장에서 현재 벌 수 있는 단기간의 수입은 얻지 못하지만 결국은 미래에 더 높은 소득을 얻게 된다는 것이다.

그러나 인간자본론자들은 교육과 장래의 소득 간의 관계는 직무수행과 관련해서 학교에서 배운 교육내용의 영향을 받는다고 가정한다. 즉, 고용주들은 대학졸업자들이 대학을 졸업하지 않은 사람보다 직무습득이 빠르고, 유능하고, 더 열심일 것이라고 생각할 수 있다. 그러나 그 같은 인지기술을 가지고 교육과 직업과의 관계, 교육과 수입과의 관계를 설명할 수 있을지는 의문스럽다.

2. 기능론의 문제점

1970년대 중반까지 믿어 왔던 기능론의 교육에 대한 역할은 인정해야 할 것이다. 그러나 1970년대 중반 이후 학교교육과 직업의 밀접한 관계, 사회가 점차 능력주의로 될 것이라는 가정, 재능 있는 자들은 귀속적 신분에 상관없이 사회적 이동기회가 증진되리라는 가정 등 기능론이 갖고 있는 중요한 가정들은 대학졸업자들의 실업문제, 교육결과와 고등직업지위의 불균형 등으로 새로운 도전을 받게 되었다.

첫째, 기능론에 따르면 교육과 직업 간의 관계를 설명해 주는 중요한 요인은 인지기술로, 이것은 장래 직무수행에 긍정적인 기능을 하고 상위직업의 직무수행을 위해 반드시 필요하다고 했다. 그러나 이러한 가정에 대해 젠크스(C. Jencks)는 대학의 학점과 직업지위 및 장래의 수입 간의 관계에 대한 그의 연구를 통해 반론을 제기하고 있다. 대학 학점은 대학에서 가르친 내용을 얼마나 성공적으로 달성했는지를 제시해 주는 척도다. 기능론적 관점이 타당하다면 대학 학점은 직업신분과 상대적인 수입을 예언할 수 있어야 할 것이다. 즉, 다른 조건이 동일할 경우 대학 학점이 우수한 사람은 그렇지 않은 사람보다 더 좋은 직업을 갖고 더 좋은 수입을 얻어야 하는 것이다. 그러나 대학 학점과 직업신분 및 장래의 수입 간의 관계를 밝힌 연구문헌들은 그 같은 관계를 입증하지 못했다. 특정 직업에서 사람들이 얼마나 잘 직무를 수행하느냐 하는 것은 학교에서 가르친 내용을 얼마나 잘 배웠느냐를 측정함으로써 예언될 수는 없다.

오히려 여러 증거들을 종합해 볼 때 미래의 신분이나 수입을 예언해 주는 것은 인지기술이 아니라 교육자격증이다. 고용주들은 대졸자나 석사학위 소지자를 선호하지만 교육경력이 높다고 해서 반드시 직무수행이 우수한 것은 아니다. 다만 제한된 직업에 많은 지원자들이 몰리게 될 경우 고용주들은 매우 객관적이고 공정해 보이는 선별장치로서 교육자격증을 사용할 수 있다. 대학졸업자가 양적으로 많아지고 교육 이수증도 점차 고학력 추세이므로 어떤 직종에서 요구하는 피고용자의 취업기준이 높아져 이에 따른 피고용자의 학력이나 고용기준을 높여 가는 현상에 불과하다.

둘째, 기능론에 따르면 교육의 기회 확대는 빈민층이나 소수집단 학생들이 높은 신분에 접근할 수 있는 기회를 증대시키는 효과를 가져올 것이라고 했다. 그러나 이러한 명제는 능력주의적 명제를 뒷받침하기에 충분하지 않다.

이에 대한 도전은 보울즈(S. Bowles)와 진티스(H. Gintis)의 연구를 통해 알아볼 수 있다.

지금까지 IQ 점수와 직업적 지위, 수입은 정적인 상관관계가 있다고 믿어 왔다. 보울즈는 사회경제적 지위를 통제했을 때 IQ는 개인의 수입에 미세한 영향을 준다고 하였다.

반대로 IQ를 통제했을 때 부모의 사회경제적 지위와 자식의 수입 사이에는 매우 높은 상관관계가 나타났다. 구체적인 결과로 이들은 사회경제적 지위 점수가 최하위이고 평균 정도의 지능을 가진 자가 전체 임금노동자의 상위 1/5에 속할 확률은 6%이고, 반면 지능점수는 비슷하나 사회경제적 지위 점수가 최상에 속한 사람이 전체 임금노동자의 상위 1/5에 속할 가능성은 41%라고 하였다.

젠크스도 이러한 결과를 뒷받침해 주는 증거를 제시하였는데, 그는 학교성적과 사회경제적 지위를 통제했을 때 지능과 직업적 지위, 그리고 장래 수입 사이의 관계는 무의미하다고 밝혔다.

셋째, 기능론에 따르면 현대사회는 학교교육의 확대를 통해 능력주의적 질서를 가져올 수 있고, 또 하나는 양질의 학교교육을 통해 특권층 부모들이 자신들의 높은 신분을 다음 세대에 물려주는 데 있어서 차지하는 이점을 감소시킬 수 있고, 비특권층 아동들이 특권층 학생들과의 사이에 존재하는 차이를 좁힐 수 있는 기회를 증진시킬 수 있다는 것이다. 그러나 그동안의 연구결과는 이러한 주장에 심각한 의문을 제기하고 있다.

3. 학교교육의 급진론적 관점

학교교육과 사회에 관한 기능론적 해석은 최근 들어 비판적인 관점에 의해 근본적인 도전을 받고 있다. 학교는 재능 있는 사람들을 선발하고 분류하는 합리적인 제도가 아니라 불평등을 영속시키고 하류계층에 있는 사람들이 열등감을 갖도록 하는 제도라고 보고 있다.

급진론에 따르면, 학교교육에서 중시하고 있는 것은 학교에서 가르치고 있는 인지적이고 지적인 기술이 아니라 계층에 연유된 가치와 태도를 강화시킨다는 것이다. 즉, 학교는 독립적인 사고와 인간적 가치를 길러 주기보다는 순종과 예속성을 가르치는 기관이라고 지적하고 있다(Bowles & Gintis, 1976; Carnoy, 1975: 1-37; Levitas, 1974).

기능론과 마찬가지로 급진론도 학교와 사회는 밀접한 관계가 있다고 본다.

그러나 급진론은 학교와 전체 사회의 요구와의 관계보다는 학교와 엘리트 간의 관계를 강조한다. 급진론은 학교가 인지적 기술을 습득시켜 주는 것보다는 순종과 복종심을 배양시키는 것에 더 급급하다고 본다. 또, 학교를 기존의 불평등 구조를 영속 내지 심화시키고 현상을 인정하는 태도를 갖게 함으로써 엘리트의 이익을 대변해 주는 곳으로 보고 있다.

학교는 현대적이고 자유주의적이며 민주적인 정책운영에 필요한 가치나 태도를 가르친다고 보지 않고, 오히려 중간 계층의 도덕성, 맹목적 애국심, 바람직한 노동습관, 순종적 예법 등을 가르치는 제도라고 본다. 학교는 자율적 사고를 고무시키는 것 대신 상업적 가치에 동조하는 정신을 가르치며, 또한 현대의 복잡해진 직업 특성에 필요한 인지기술을 가르친다기보다는 편협한 기술적인 사회관을 가르친다(Illich, 1970)고 본다.

프레이리: 의식화론

프레이리(P. Freire)는 교육의 궁극적 목표는 인간해방임을 알리고 이를 실천한 20세기의 대표적인 사상가다. 그는 문맹퇴치 교육을 통해 전 세계의 피억압 상태의 민중 스스로가 사회적 · 정치적 자각을 얻을 수 있도록 힘썼으며, 그의 사상은 주변의 피억압자들이 겪고 있는 커다란 재난과 고통에 대한 창조적 정신과 섬세한 양심의 대응을 나타낸다.

프레이리는 제3세계의 가장 극심한 저개발 상태의 중심지들 가운데 하나인 레시페(브라질 북동부의 항구 도시)에서 1921년에 태어났으며, 1929년에 터진 미국의 경제공황이 브라질에까지 영향을 미치기 시작하자, 불안정한 중산층이었던 프레이리의 집안은 무너졌고, 그로 인해 그는 어린 시절 혹심한 굶주림의 고통을 겪었다.

가난한 자의 아픔을 일찍부터 겪음으로써 그는 그 자신이 빼앗긴 자의 '침묵의 문화'라고 부른 것의 정체를 알게 되었다. 그는 점차 빈민의 무지와 무기력이 경제적 · 사회적 · 정치적 지배상황과 가부장제의 직접적인 산물이며, 빈민은 그 희생자라는 사실을 자각하기에 이르렀다. 그런데도 빈민은 구체적인 현실을 알고 거기에 대응하도록 자극과 교육을 받는 게 아니라, 비판적 인식과 대응이 사실상 불가능한 상황에 빠져 있었다. 그가 보기에 교육제도 전체는 그 침묵의 문화를 유지하기 위한 주요 도구에 불과했다.

지극히 실존적인 방식으로 그 문제에 직면한 프레이리는 교육분야에 관심을 돌리고 천착하기 시작했다. 이후 오랫동안 그는 연구와 성찰의 과정을 거쳐 완전히 새롭고 창조적인 교육철학을 개발해 냈다. 인간을 해방시킨 새로운 세상을 창조하기 위한 투쟁에 직접 참여하면서 그는 처한 상황과 철학적 입장이 다른 여러 사람들의 사상과 경험을 접할 수 있었다. 그의 말에 따르면 그는 '샤르트르와 무니에, 에리히 프롬과 루이 알튀세, 오르테가 이 가세트와 모택동, 마틴 루터 킹과 체 게바라, 우나무노와 마르쿠제' 등 수많은 사상가들을 접했다고 한다. 그는 이들의 통찰력을 활용하여 라틴아메리카의 구체적 현실에 적용하기 위한 자신만의 독창적인 교육이론을 정립할 수 있었다.

프레이리는 문명퇴치 교육을 통해서 피억압 상태의 민중들이 자신들의 처지를 정치적 · 사회적 · 역사적 맥락에서 간파하게 하였다. 1950년대에 그는 농민들이 일상적으로 접하는 용어들을 가지고 이들에게 글을 가르침으로써 매우 놀라운 성과를 얻었다. 이 방법은 교수방법으로도 아주 적절한 것이었다. 이 방법은 누구나 자신에게 중요한 일은 잘할 수 있다는 원리를 이용한 것이다. 이러한 교수방법은 '관련성'(relevance)으로 개념화되고 있다. 우리는 에스키모 아동들에게 열대지방에 사는 동물들의 이름을 가지고 가르치는 것보다 이 아동들이 일상적으로 접하는 북극지방의 동물들을 가지고 가르치는 것이 훨씬 나을 것임을 쉽게 짐작할 수 있다. 프레이리의 문해교육방법은 학생들이 30시간의 교육만으로 글을 읽고 쓸 수 있게 만들었다.

그러나 그가 민중들에게 실시한 문해교육은 또 하나의 더 중요한 성과를 얻었다. 민중들은 글을 읽고 쓸 줄 알게 되었을 뿐만 아니라 세상을 알게 된 것이다. 그의 문해교육으로 글을 읽고 쓰게 된 사람들은 글과 함께 세상을 보게 되었다. 여기서 '세상을 본다'는 우리가 흔히 말하는 '세상 돌아가는 이치를 깨닫는다'는 의미다. 억압받는 민중의 삶에 비추어 설명하면, 민중들은 글을 배우면서 불평등의 근본적인 원인, 곧 자신들이 가난하고 억압당하는 이유가 자신들의 개인적 결함에 있는 것이 아니라 불평등한 사회구조에 있음을 알게 되었다. 결과적으로 프레이리는 문해교육을 통해서 민중들을 의식화(意識化, conscientization)시켰다. 민중들의 의식화는 현존 체제를 거부하는 운동으로 이어질 수 있었기 때문에 그는 체제를 전복하려 한다는 혐의를 받게 되어 투옥되었고, 결국 외국으로 망명하였다(오욱환, 2003: 139).

즉, 프레이리(Freire, 1970, 1982)의 교육사상은 역사 속에 매몰된 민중의 비인간화 현상에 대한 철저한 분석에서 시작했다. 프레이리는 인간의 특성을 역사적 · 문화적 존재라고 규정하고 있다. 즉, 인간은 현실에 순응하기도 하지만 현실을 선택하고, 그 현실을 변화시키는 능력을 갖고 있다는 것이며 인간이 선택 능력을 잃고 다른 사람의 지시와 명령에 맹종하게 되면 환경에 순응하기만 하는 객체의 존재로 전락하여 비인간화 된다는 것이다. 그의 주장은 인간이 현실을 역동화하고, 정복하며, 환경의 도전에 응전함으로써 세계와 관계를 맺게 될 때 문화와 역사를 창조하는 주체자가 된다는 것이다(Freire, 채광석 역, 2002: 11-14).

프레이리는 정통 교육에 대한 급진적 비판자였다. '피억압자들의 교육학' 이라는 부제가 달린 『pedagogy of the oppressed』에서 프레이리는 전통적 교육의 수동적 성격이 억압을 더욱 촉진시키는 결과를 낳았다고 주장하면서, '은행저축식' 의 주입식 교육보다는 '문제제기식' 의 교육을 해야 한다고 역설하였다. 프레이리는 종래의 교육을 은행에 비유해, 교사는 그릇된 정보를 적립하고 학생은 그런 교육체계에서 그저 그 정보만을 수거하는 수동의 위치에 머물러 있을 따름이라고 보았다. 그리고 그 대안으로 교사와 학생 간에 대화를 유발하는 '해방의 교육' 을 주장하였다. 즉, 은행저축식 교육(banking education)은 반복할 것을 강조함으로 학생들을 순종적으로 길들인다. 따라서 이 교육과정은 사상과 가치들을 강요하는 폭력의 한 형태이고, 사회 현실을 주어진 것으로 받아들이고, 학생들은 의식적 행동을 하지 않고 소외된 의식을 생산해 낸다. 이러한 교육에서는 인간은 단지 세계 안에 존재할 뿐이며 세계와 혹은 자신의 동료들과 더불어 존재하지 않는다. 인간은 방관자일 뿐, 재창조자가 아니다. 이런 상태에서 인간은 의식이 없는 존재이며, 마음이 텅 빈 존재로서 외부로부터의 현실을 단지 수동적으로 받아들이는 존재다. 또한 은행저축식 교육에서는 교사와 학생의 관계가 일방통행적이다. 학생들이 하는 것은 교사가 주는 것을 받아들이고 저장하는 일이다. 교사는 모든 것을 알고 있는 사람이며, 학생은 아무것도 모르는 존재다. 교사는 선택하고 학생들은 그것에 따른다. 이러한 방식의 교육은 인간을 주체로 만드는 것이 아니라 주어진 현실에 단지 적응하는 객체적 존재로 만든다. 간단히 말하면 비인간화를 위한 교육인 것이다(Freire, 1982: 62-63).

이러한 교육에 대해 프레이리는 자유를 성취하는 과정으로 대화식 교육과 문제제기식 교육(problem posing education)을 상정했다.

문제제기식 교육이란 비인간화와 비인간화시키는 억압을 극복하는 교육방식을 말한다. 문제제기식 교육에서 교사와 학생은 수직적 관계가 아니라 공동탐구자가 된다. 교사와 학생은 대화를 통해서 양측이 좀 더 알기를 원하는 것들을 각자에게 나누고, 이것을 다시 재현하는 과정으로 교육을 전개한다. 교육내용은 학생들로부터 제기되는 문제들이며, 저장되어야 할 내용이 아니라 해결되어야 할 문제로서 다시 그들에게 되돌려지는 것이다. 교사는 학생들이 제기한 문제들의 주제를 연결하고, 그것을 부분적으로가 아니라 역사적 · 문화적 맥락에서 그 의미를 파악하도록 학생들을 돕는다. 이런 과정에서 교사와 학생은 공동의 성찰을 통하여 실제(reality)의 베일을 벗기고 지식의 재창조 작업에 참여하는 공동의 탐구자가 된다. 그리하여 교사와 학생은 지식의 재창조자로서의 자신을 발견하게 된다는 것이다(Freire, 1982: 67-68).

프레이리는 은행저축식 교육과 문제제기식 교육의 차이를 세 항목으로 나누어 설명하였다(Freire, 1983: 71). 첫째, 은행저축식 교육은 대화를 거부하지만 문제제기식 교육은 대화를 불가피한 요소로 생각한다. 둘째, 은행저축식 교육은 학생들을 도와주어야 할 대상으로만 취급하지만 문제제기식 교육은 이들을 비판적 사상가(critical thinker)로 만든다. 셋째, 은행저축식 교육은 창의성을 억제하고 깨달음의 욕구를 순화시키지만 문제제기식 교육은 창의성을 기반으로 하며 진정한 반성(true reflection)과 현실에 근거한 행위를 고무(鼓舞)한다. 요약하면, 인간은 은행저축식 이론과 실천을 통해서는 자신의 역사적 존재를 알 수 없다. 그러나 문제제기식 이론과 실천은 인간이 역사적 존재임을 깨닫게 한다(오욱환, 2003: 140).

인간의 삶은 의사소통을 통해서만 의미를 지닌다. 학생들의 사고가 참된 것이어야만 교사의 사고도 참될 수 있다. 교사는 학생들을 위해서 사고할 수 없고, 자신의 생각을 학생들에게 강요할 수도 없다. 참된 사고란 현실에 관심을 가지는 사고다. 따라서 그것은 고립된 상아탑 속에서 생겨나는 것이 아니라 상호 간의 의사소통 속에서만 생겨난다. 사고는 세계와의 작용 속에서 발생할 때에만 의미를 지니는 게 사실이라면, 학생이 교사에게 복종하는 것은 불가능해진다.

프레이리의 사상은 한마디로 '교육은 의식화다' 로 요약될 수 있을 것이다. 교사와 학생이 더불어 현실 문제를 공동으로 대처하는 교육, 즉 '교사-학생' '학생-교사' 모두가 현실을 비판적으로 인식하고, 지식을 새로이 창조하는 것이다. 즉, 지식을 받아들이는 그릇으로서의 인간이 아닌, 인식화의 주체로서의 교육이다. 그들 스스로 그들의 삶을 규정하는 사회, 문화, 정치적 현실을 인식하고, 그 현실에 대한 날카로운 문제를 제기하고, 그를 변화시킬 수 있는 능력과 자각을 성취하는 과정, 활동, 결과가 바로 의식화다.

비판적으로 인식한다는 '의식화' 는 단지 구호가 아니라, 존재하는 것과 인간적인 것에 대해 '근본적으로' 사고하는 것을 가리킨다. 식민주의나 억압의 시대는 끝났어도 내재적 식민주의는 여전히 잔존하고 있으며, 식민주의나 억압이 차지하던 자리 역시 새로운 의식과 가치가 채워지지 않은 채 빈자리로 남아 있다. 그 빈자리를 채우기 위해 프레이리는 대화교육을 다시 시도했다(남경태 역, 2003: 256).

프레이리는 누구라도 어떤 사람이 탐구하는 것을 막는다면 그 사람에게 폭력을 행사하는 것이며 어떤 사람이 자신의 의사를 결정할 수 없도록 소외시킨다면 그 사람을 대상물로 만드는 것이라고 주장하였다. 그는 인본주의적 · 자유주의적 실천인 문제제기식 교육이 자신들의 해방을 위해서 반드시 싸워야 하는 피지배 상태의 인간들에게 기반이 된다고 주장하였다. 그의 설명에 따르면, 문제제기식 교육은 피지배집단으로 하여금 역사적 맥락에서 자신들의 삶을 파악하고 서로 대화하게 하며 불평등 구조를 타파할 수 있는 힘을 기르게 한다. 그는 이 교육을 통해서 '혁명적 미래' 를 기대하였다(Freire, 1970, 1983: 72; 오욱환, 2003, 재인용).

일리치: 탈(脫)학교론

일리치(I. Illich)는 학교교육의 개혁보다는 폐지를 주장하는 극단론을 펼쳤다. 사회는 어떤 형태의 의무교육도 요구하지 말아야 하며, 고용주들도 학력에 기초하여 사람들을 고용하는 것을 법적으로 금지해야 한다고 강조하였다. 학교교육은 개인적인 차원에서는 자아실현과 물질적 풍요를 누리도록 인도하는 길이며, 사회적으로 훌륭한 학교교육은 보다 바람직하고 인간주의적이며 정의로운 사회 질서를 이루도록 하는 요체가 된다.

그는 몇 가지 근거를 들어 보통교육에 대한 신념을 철회할 것을 요구하였다. 후진국은 선진국에 비교해서 학교교육 격차를 줄일 수 있는 바람직한 방법이 없기 때문이다. 아시아, 아프리카 그리고 라틴아메리카의 여러 나라들은 중등 보통교육은 고사하고 모든 학생에게 5년간 의무교육을 시킬 수 있는 자원도 부족하므로 후진국에서 선진국과 같은 의무교육의 실시는 불가능할 뿐만 아니라 오히려 열등감을 심어 주게 된다는 것이다. 그리고 보통교육이라는 이상적 목표를 설정하는 것은 하나의 환상에 불과하며, 그러한 목표를 추구하는 것은 사실상 사회적 불평등을 고조시키며 후진국의 다수 국민들은 열등감만 더 갖게 되는 계기라고 하였다. 일리치의 견해는 인종과 빈부 차가 심한 브라질의 학급상황에서의 불평등한 구조나 관계를 중심으로 그 심각성을 깊게 묘사하였다. 그에 의하면 브라질에서 2년간 학교교육을 받은 학생이 배우게 되는 가장 중요한 지식은 자신의 무능력과 열등감에 관한 것이다.

일리치는 문명퇴치를 위하여 의무교육이 필요하다고 보지 않고, 학교교육은 대다수의 세계인들이 자신들의 자존심이 부족하기 때문에 비난을 받게 될 근거의 지위표상(status symbol)으로 보았다.

일리치가 교육목적으로 생각하고 있는 것은 유용한 기술의 습득, 인지적 성숙, 지적인 자율성(status symbol)으로 보았다.

그러나 학교는 이러한 목표보다는 오히려 관료적이고 기계적인 세계관을 가르쳐 준다는 것이다. 아울러 경제적 · 물질적 가치에 치중하여 가르친다. 다른 급진론자들과 마찬가지로 일리치도 학교는 자기가 혐오하는 이념이나 가치를 전수하는 데에는 매우 효율적인 제도인 반면에, 자신이 좋아하는 이념이나 가치를 가르쳐 주는 데에는 매우 비효율적인 제도라고 비난하였다.

오늘날의 학교는 특정의 편협하고 기술공학적 세계관을 매우 효율적으로 가르치고 있으며, 이런 상황에서는 관료주의나 대규모 기술공학적 방법만이 문제해결의 요체로 본다.

그리하여 그는 학교에서 읽고, 쓰고, 문제를 푸는 것 등 기초기능을 배울 필요가 없고 오히려 이러한 기술은 특수목적을 위해 설립된 특수기술 센터에서 더욱 쉽고 유용하게 배워야 한다고 주장하였다. 그런 기관에서 사람들은 각자의 취미, 적성, 필요에 따라 집단을 구성하여 문명퇴치, 산술공부, 특별직업 등에 대하여 배우게 된다. 브라질의 교육학자 프레이리(P. Freire)와 더불어 일리치는 아동을 위한 의무교육이 후진국 국민들의 문맹퇴치를 위한 매우 비효율적인 방법이라고 주장하였다.

국가는 아동들에게 의무교육을 강조하지 말아야 하며, 진정한 교육목적을 달성하려면 대안적 친목기구(convivial institution)에서 교육이 수행되어야 한다는 것이다. 한편, 고용주들도 고용조건으로 개인의 학문적 경험을 학점, 학위 등을 고려하지 말고, 피고용자의 특수직업의 수행능력에 기초하여 취업시켜야 한다. 따라서 경직화된 제도적 교육을 대신하여 대안적 제도의 조직만을 구성하여야 하고, 각자가 자기가 선택한 교육 센터에서 교수단위(unit of instruction)를 이수하는 것을 허용하는 증명서가 발급되어야 함을 주장하였다.

학교는 서구사회의 관료적이고 기술공학적인 세계관을 지지하는 받침대 역할을 함으로써 대안적이고 더욱 민주적인 사회관을 억제시키는 역할을 하고 있다는 것이다.

그러나 일리치의 탈학교론과 프레이리의 의식화론은 지나치게 관념적이라고 비판받고 있다. 이들은 이상사회를 지향하면서 현실을 조망했기 때문에 현실에 대해서는 신랄하게 비판했으면서도 자신들이 제시하는 대안사회의 실현 가능성을 매우 낙관적으로 전망하였다. 이들은 인간의 노력에 의한 사회구조적 모순의 타파—인본적 인간관계 형성, 도덕사회 건설, 교육 및 사회 불평등 해소 등—를 너무 안일하게 기대하였으며(Hargreaves, 1974; Elias, 1976; Pitt, 1980), 인간과 사회는 물론이며 교육과 학교교육까지 선악의 논리로 대비시킴으로써 제도교육의 폐지를 주장하였다. 이러한 선험적이며 도덕적 대비구도 때문에 이들은 순진한 낭만주의자 또는 구호만을 내세우는 비현실주의자로 비판되기도 했다(오욱환, 2003: 142).

라이머: 학교사망론

미국의 교육학자인 라이머(Reimer, 1971)는 오랫동안 일리치(I. Illich)와의 토론과 대화 끝에 1971년 그의 저서 『학교사망론(School is dead)』을 통해 현대사회의 교육제도, 특히 학교교육제도를 대단히 예리하게 비판하였다. 교육문제만을 따로 떼어서 보는 게 아니라 전체 사회에 관련지어 보고 있으며, 특히 곤궁한 사람들, 그늘에 사는 사람들에 대해 따뜻한 애정을 갖고 교육문제를 다루고 있는 혁명적인 교육론이다. 그리하여 여러 가지 교육문제에 직면하고 있는 우리에게 대단히 많은 시사점을 주고 있다.

그는 학교란 무엇인가, 학교는 어떻게 돌아가고 있는가 하는 문제를 비판적으로 서술하고 있다.

현대사회의 기회평등이란 신화에 의하면, 모든 사람은 그의 능력이 허용하는 한 그가 원하면 무엇이나 성취할 수 있는 기회의 평등이 존재한다는 것이다. 이러한 신화는 학교교육의 모든 수준과 분야가 모든 사람에게 개방되어 있으며 학생들은 오직 그들의 노력과 두뇌에 의해서 제한될 뿐이고 다른 제한 요소는 없다고 주장한다. 그러나 현실은 신화와 상당히 다르다. 학교는 가난한 자와 부자의 구별 없이 모든 국민의 세금으로 운영되고 있다. 그런데 이 학교는 오랫동안 높은 수준까지 다니자면 개인적으로 많은 돈이 있어야 한다. 초등교육은 무상으로 실시되고 있으므로 누구나 다닐 수 있다고 생각하지만 반드시 그렇지도 않다. 열네 살만 되면 생계를 위해 일자리를 찾아야 하는 빈민들의 자녀는 무상으로 실시되는 초등교육을 충분히 이용하지 못한다.

더구나 막대한 학비를 부담해야만 하는 고등교육은 엄두도 못 낸다. 따라서 여유가 있는 자들만이 국민의 세금으로 세운 고등교육기관을 충분히 이용할 수 있으며 이를 잘 이용한 자들에게만 베풀어지는 혜택을 누릴 수 있다는 것이다.

오늘날 학교교육은 기술문명사회에서 보편적인 종교와 같은 위치를 차지하고, 그 사상을 전파하고 구체화하여 사람들로 하여금 그 사상을 받아들이게 유도하고, 받아들이는 정도에 따라 사회적 지위를 부여하고 있다.

학교에서는 순종을 가르치면서 또한 규정위반을 가르치고 있다. 교사 개개인은 학생들이 무엇을 배우는가에 대하여 관심을 갖기도 하지만, 학교 조직은 학생들이 얻는 점수만을 문제로 삼는다. 따라서 학생들은 학교에서 강요하는 규율을 순종해야 하고, 별로 강요하지 않는 것은 어겨도 된다는 것을 배우게 된다.

오늘날 학교는 국가에 의해 운영되고 있다. 따라서 국가의 이념을 가르치고 높은 수준에 이를수록 통치하고 지배하는 방법을 가르침으로써 국가에 봉사하는 자질을 길들인다는 것이다. 마치 중세의 국가종교와도 같은 존재가 된 학교는 모든 가치와 규범을 규정하는 사회의 재판소가 되어 막강한 힘을 갖고 있다는 것이다.

학교는 이제 하느님과 사람 사이에 끼어들어 하느님의 뜻과는 달리 말을 잘 듣고 잘 보인 자에게는 좋은 선물, 즉 튼튼한 동아줄을 내려 주고 그렇지 않은 자에게는 나쁜 선물, 즉 썩은 동아줄을 내려 주는 교화와 같은 존재가 되었다고 한다. 이런 의미에서의 인간의 잠재력을 계발해 주고 전인적인 인간으로 키워 준다는 본래의 사명을 상실한 학교는 이제 소생되어야 한다고 주장한다.

이는 비단 학교만의 문제가 아니라 학교가 속해 있는 사회의 소생을 뜻하기도 한다. 그리하여 라이머는 학교를 되살리는 길도 전체 사회의 광범위한 변화 없이는 불가능하다고 보았다. 그렇다고 사회의 다른 분야가 변하면 교육 분야도 변혁되리라고 기대해서는 소용없다고 하면서 사회의 근본적인 힘이 될 수 있는 진정한 교육의 중요성을 강조하였다.

라이머는 자신의 세계의 불합리한 점들을 그대로 내버려두지 않는 진정한 교육의 실시를, 사실을 제도적으로 왜곡하며 진실을 똑바로 보지 못하도록 하는 종교적 · 정치적 · 경제적 신화를 주입시킴으로써 사람을 오도하는 그릇된 학교제도로부터 교육이 해방될 것을 역설했다.

그리고 현대는 범세계적인 협동이 요구되고 있으며 공동체의 성원으로서 스스로 다른 사람들과 함께 모든 결정에 참여하고, 모든 사람이 평등한 권리를 가지고 있다는 사실을 깨닫고 있으므로 모든 사람에게 보편적인 교육이 실시되어야 한다고 주장했다.

결국 "학교는 죽었다."라는 말의 의미는 그가 학교 자체를 거부하는 것이 아니라 건강한 학교의 탄생을 호소하는 역설의 변으로 받아들여야 한다.

실버만: 학급 위기론

기자이면서 학자인 실버만(C. E. Silberman)의 저서 『학급의 위기(Crisis in the Classroom)』에서 미국 교육의 위기적 상황을 경고하고 인간교육으로의 방향 전환을 제안한 일종의 실험적 보고서다.

이 보고서는 '인간교육' 이라는 핵심적인 관점에 따라 현 학교교육 및 사회교육을 비판하고 개혁의 방향을 제시하고 있다. 오늘날 및 미래 교육의 핵심적 과제는 인간교육이 되어야 함을 역설하고 있다. 실버만이 인간교육을 현재 및 미래 교육의 핵심적 과제로 파악한 것은 교육의 방향에 대한 분명한 제시다. 새로운 학교는 인간교육을 저해하는 제 요인을 제거한 학교이어야 한다고 그는 설명하고 있다.

동서를 막론하고 산업사회의 시작과 더불어 교육은 그 내재적 기능보다 수단으로서의 기능이 강조되어 왔다. 라이머가 지적한 대로 학교는 상급학년으로의 진급을 교육으로, 졸업증서를 능력으로, 언어의 유창성을 어떤 새로운 것을 말하는 능력으로 혼동하도록 가르쳐 온 것이 사실이다. 교육의 양적 팽창을 사회의 질적 팽창으로 연관짓는 미신에 사로잡혀 있는 혹자는 현재의 교육방식에는 아무런 문제도 없으며, 능력 위주의 사회에서 학업성적에 따라 차등적으로 보상하는 것은 당연하다고 생각할지도 모른다. 이러한 당위론적인 차원을 넘어 현실적으로도 현재의 학교교육이 열등생에게는 물론 우수아들에게도 비효율적이라는 점에서 마땅히 개선되어야 할 여지가 있다. 활발한 지적 탐구보다 단편적인 지식의 암기에 치중하는 교육은 어떠한 생산적인 가치도 지니고 있지 못하고 있다고 해도 과언이 아닐 것이다. 이러한 상황 하에서 피교육자의 성장가능성을 극대화하는 교육을 기대하기란 어려우며, 실버만은 이것을 '학급의 위기' 라고 불렀던 것이다.

실버만은 인간교육이라는 관점에서 오늘날의 학교교육을 신랄하게 비판하였다. 학교는 자발성과 배우는 즐거움은 물론 창조하는 즐거움과 자기의 의식 등이 모두 어려서부터 학교에서 시들어 버린다고 비판하였다. 특히 미국의 공립학교에 대해서 활기 없고 답답한 곳이며, 억압적이고 하찮은 규칙으로 얽매어 있으며, 지적이나 미적으로 메말라 있는 환경이라고 했다.

그는 "현재의 학교교육은 일반적으로 질서와 통제로 가득 차 있다고 비판하며 대부분의 학교는 질서를 촉진하도록 조직되고 운영된다. 교장이나 교육감은 경영자로서 가능한 한 효율적으로 조직을 운영하는 것이 그들의 직무라고 생각하고 있다. 또한 성공적인 학생이 되려면 그들은 집단 속에서 어떻게 외로이 있느냐를 배워야 한다. 학교는 불신의 가정(假定) 위에서 운영되고 있다. 교육위원은 교육청의 교육행정가를 믿지 않으며, 교육행정가는 교장을 믿지 않으며, 교장은 교사를 믿지 않으며, 교사는 학생을 믿지 않는다. 생존을 위한 가장 중요한 전략은 순종과 영합이다."라고 말하였다. 이상의 실버만의 말에 따르면 학교는 질서, 통제, 강제, 억압, 불신으로 가득 차 있으며 학생들에게는 순종만을 강요하고 있다는 것이다.

현재의 학교는 '위대한 평형장치'는 고사하고 그들의 조건의 격차를 그대로 존속시키거나 또는 적어도 격차를 줄이는 데 거의 제구실을 못하고 있다. 학교는 소수민족이나 저소득층의 자녀들에게 부여하고 있는 교육에 비할 수 없는 높은 수준의 교육을 베풀어 줄 필요가 있다. 공립학교는 지금까지 하류층이나 이민가족들의 교육을 위해 별로 한 일이 없다.

미국은 점차 자격을 존중하는 사회가 되어 가고 있으며, 따라서 학력편중사회로 변화되어 가고 있다. 이와 같은 현상은 기업 측에서는 보다 더 높은 학력을 요구하고, 이에 교육은 중류와 상류사회로 진출하는 출입구가 되어 교육제도의 성격이 바뀌어 필연적으로 정치화된다.

그동안 미국연방의 교육정책이란 투입의 평등은 학력의 평등이라는 가정하에 투입을 평등하게 하는 데 주력해 왔다. 그러나 학교 간, 인종 간 학력 차는 크게 났으며, 학생의 학력 차는 유전적 요인과 개인의 가정환경의 영향을 받는다고 생각하게 되었다. 가정과 이웃과 그들의 환경이 아이들을 불평등하게 만든다는 것이다.

이와 같은 비판은 내일의 교육혁신을 위한 초석을 다지는 데 그 목적이 있으며, 결코 비판을 위한 비판이 아니다. 실버만은 실제로 이 책에서 학교교육의 개혁에 대한 가능성과 그에 대한 방안을 제시하였다.

1950년대 후반부터 1960년대 중반까지 많은 교육개혁자들은 학교교육의 개혁책으로 텔레비전이라는 새로운 미디어를 주목했다. 텔레비전을 이용해 교사가 많은 학생들 앞에 나타날 수 있으므로 교사 부족의 해결책이 되리라는 기대를 모았고, 또 경험이 풍부한 교사가 텔레비전 수업을 담당하면 학급의 규모를 실질적으로 확대시킬 수 있으리라는 논의도 있었다. 더욱이 텔레비전은 불공평하게 분포된 제반 교육시설의 문제가 해결되고 학생들의 개별학습도 증진되리라는 기대가 있었다.

또 하나의 방안은 무학년제와 그룹제였다. 학년제는 융통성이 없고 개인차를 살릴 수 없다. 여기에 비해 무학년제와 그를 보완할 수 있는 그룹제는 학년제의 문제점을 해결할 수 있는 대안 중의 하나임에 틀림없다.

커리큘럼의 개혁운동은 밖으로부터 닥쳐왔다. 이것은 학교의 지적 미온성에 대한 공격으로 시작되었다. 그러나 이러한 혁신운동도 실패를 하게 되었는데, 가장 치명적인 실패는 혁신운동에 참여한 거물들이 언제나 크게 관심을 두고 있었던 질문, 즉 교육은 무엇을 위해서 하며, 우리들은 어떤 인간과 어떤 사회를 만들고자 하며, 그 목표를 달성하기 위해서는 어떤 수업방법, 학급조직방법, 어떤 교재가 필요하며, 어떤 지식이 가장 가치 있는 것인가에 대해 생각하지 않았기 때문이다.

신마르크스주의론

보울즈와 진티스는 저명한 사회과학자로서 그들의 경험적 연구에 기초하여 급진론적 견해를 피력하였다. 그들의 저서 『자본주의 미국 사회의 학교교육(Schooling in Capitalist America)』에서 그들은 이론적 근거가 되는 경험적 연구자료를 체계적으로 제시하였다.

보울즈와 진티스 이론의 핵심은 ① 현대사회에서 학교는 자본주의 사회질서의 이익에 봉사하고 있다는 사실을 제시하였다. 즉, 학교는 위압적인 자본주의 사회에 필요한 가치와 인간 특성을 재생산한다는 것이다. ② 모든 학교가 순종적이고 능력 있는 성인노동력을 확보하기 위하여 학생들을 억압하지만 그 방법은 학교마다 다르다. 이런 현상은 마치 생산과정에 근무하는 유능한 육체노동자에게 요구되는 가치와 유사하다는 것이다. 육체노동자는 시간엄수, 지시 따르기, 상사에 대한 존경심 등을 배워야 하며, 회사의 간부진들은 어느 정도의 융통성, 여러 의견을 수용하는 관용성, 변화와 혁신에 대한 호의적인 태도 등을 배우게 된다.

학교의 경우 그 학교 졸업생들이 대부분 낮은 직업적 지위에 취업하는 학교에서는 학생들에게 규칙준수를 강조하며, 과업 선택 시 최소한의 재량권을 허용하고 기존 권위에 복종하도록 가르친다. 이와는 대조적으로 엘리트 지위를 준비시키는 학교와 대학에서는 학생들에게 스스로 일할 수 있는 능력을 개발시켜 주며, 각종 대안 중에서 현명한 선택을 하도록 지도하며, 외적인 행동규범을 따르기보다는 규범을 내면화하도록 가르친다.

예를 들면, 초급대학과 엘리트대학을 비교하거나 고등학교에서 대학진학 과정과 직업계열 과정을 비교해 보면, 교육과정의 차이뿐만 아니라 수업의 사회적 유용성의 차이도 나타난다.

초급대학이나 고등학교에서 하급계열에 속하는 학생들은 과제를 자주 부여받고 이 과제를 자유로이 해결할 수 있는 기회가 극히 제한되며, 교수진들의 엄격한 감독을 받는다. 반면에 대학진학반이나 엘리트 학생은 훨씬 개별적이고 융통성 있는 교육과정과 경험이 제공된다. 이 같은 차이는 다양한 계급가치와 다양한 인성 특성은 각기 신분 높은 직업과 신분 낮은 직업을 원만히 수행하는 데 필요한 생활규범을 반영하기 때문이다. 노동계급의 부모들은 엄격한 교육방법을 선호하고, 전문직업에 종사하는 부모들은 독립심과 자율성을 격려하는 학교교육을 바라기 때문이다.

학교계열이나 교육과정 구성에 따른 사회적 조직, 즉 교수 및 평가방법, 학생에게 허용되는 선택권과 재량권의 한계 등은 해당학교 졸업생들이 평생 동안 갖게 될 특정 직업적 요구가 반영된다.

미국의 경우 사회계층에 따라 학생이 다니는 학교에서의 계열(tracks)이 다르다. 지역사회에 따라 부모의 가치선호와 재정적 자원이 다르기 때문에 학교시설, 교사 봉급, 교육과정 등에서 차이가 난다. 학교에서 길러 주는 가치나 인성 특성에서도 다르다. 학교가 더 훌륭하거나 더 자유롭다는 것은 아니다. 그러나 그러한 학교는 학생들에게 현대 자본주의 사회의 신분 높은 직업에서 요구되는 독특한 가치나 태도를 가르쳐 준다. 자본주의 사회는 모든 학교가 개인의 성취에 대한 가치, 물질적 소비, 기존 사회질서의 불가피성을 가르칠 것을 요구한다.

IV 학교문화와 학급사회

별이 빛나는 밤에

빈센트 반 고흐는 프랑스 남부 지방의 아름다운 밤 풍경과 별이 무수히 빛나는 하늘을 무척 좋아했다. 1888년 9월, 아를에서 작성한 편지 속에서 그는 '별을 그리기 위해 밖으로 나갈 것' 이라고 적기도 했다. '캄캄한 어둠이지만 그조차도 색을 가지고 있는' 밤의 풍경을 화폭에 담기 위하여 반 고흐는 일종의 예술적인 도전을 시도하게 되었다. 그는 론 강가에서 밤의 빛 그리고 빛이 투영된 물그림자를 통해 단순하면서도 복잡한 구성을 발견하게 되었고, 하늘과 땅, 물과 같은 요소들에 자신의 미적 확신을 부여했다.

교육산책 4 • 학교효과

아무리 시설, 교원의 자질, 학생의 무선적 배정, 동일한 교육 과정 제공 등으로 교육의 투입요건에서의 균등을 가해준다 하더라도 교육 효과 또는 성적에서의 격차가 불가피한 현상으로 나타나게 되기 때문이다. 학교간의 이러한 성적격차는 과거부터 집요하게 믿어왔던 학생 개인의 능력 요인이나 교사의 지도 방법, 더 나아가 학습 자료와 시설 등에 관련된 학습환경의 중요성에 못지않게 제3의 학업성취요인이 작용하고 있음을 시사해 주고 있다. 이것이 최근 10년간 미국과 영국을 비롯한 선진 산업 국가에서 활발히 전개되고 있는 이른바 학교효과에 관한 견해이다.

먼저 학교이념은 학교 구성원인 학생 · 교사 · 교장의 학구적 규범의 집합적 의미로서 주로 구성원의 학교 교육 효과에 대한 긍정적인 신념, 기대, 평가, 지각, 분위기 등으로 형성되어지고 또 학교의 역사적 전통도 중요한 영향을 주게 된다. 즉, 학생 모두가 학습 과제를 완전히 배울 수 있고, 교사가 잘 가르칠 수 있다는 신념과 기대 그리고 그에 따른 역할 수행은 효과적인 학습결과를 낳는데 중요한 학습환경특성으로 작용한다. 이러한 긍정적 신념, 학구적 규범, 상호 기대 및 평가는 성적 향상을 위한 학교의 학습풍토를 형성하여 결과적으로 학교에 대한 사회적 평가와 귀결된다.

두 번째로, 학교조직은 크게는 학교의 수업장학을 위한 행정 조직 및 운영으로부터 작게는 교수-학습 프로그램의 적용을 위한 학습 집단 구성 · 운영과 밀접히 관련된다. 우선 행정적 조직 · 운영은 교직원의 역할분담이나 사무 분장의 적절성, 효율성, 통합성과 연관되어진다. 다른 한편 교수-학습 과정의 조직은 주로 교사의 형식적 혹은 비형식적 협동체제, 즉 수업 계획 평가 협의 및 활동 그리고 교사연수를 위한 학교 자체 조직이나 활동의 유무가 학교간 학생성적 차이를 초래하기 때문이다.

끝으로 수업실천은 모든 학생으로 하여금 개인적인 의미보다는 집단적으로 학급, 더 나아가 학교 전체로 최대한의 학생이 주어진 학습 목표에 도달하는 노력이다. 즉, 교사의 학생학업성취에 대한 높은 기대나 공통된 학습 목표 도달이 학교의 학구적 규범으로 파급된다면 학생과의 의사소통 과정에서 질문, 힌트, 반응 기회, 행동 규제 등에서 학생간의 차이를 극소화하게 될 것이며, 아울러 학생에게 베푸는 온정, 자료 제시, 개별 지도, 칭찬과 격려의 빈도 등에서 최대한의 공평성을 유지하여 학생간의 성적격차를 줄일 수 있게 된다.

따라서 학교의 학구적 규범, 협동적 조직 체제, 완전학습을 지향한 수업실천방식 등은 상호 연관되고 보완적으로 통합되어 학교 자체의 집단적 특성으로 나타나 결과적으로 학교간 성적격차를 줄이게 된다.

제10장

학교문화

A teather affects eternity; he can never tell where his influence stops.

교사의 영향력은 영원하다.

그래서 교사는 자기의 영향이 언제 끝날지는 알수 없다.

〈Henry B. Adams{1838-1918)〉

1. 문화와 교육
2. 학교문화
3. 학생문화
4. 학교의 사회심리학적 특성
5. 학급의 사회심리학적 과정

일반적으로 사회체제는 공동의 목적을 달성하기 위해 각자의 지위와 역할에 따라 행동하는 상호작용으로 정의되고 있다. 다시 말하면, 사회체제를 구성하는 기본적 단위는 개인의 사회적 행동이며 이들의 상호작용 과정 체제가 바로 사회체제(社會體制)라는 것이다. 사회체제의 구조는 상호작용의 과정에 관하여 행위자들의 관계를 규정하는 사회적 틀이며 그러한 관계를 얽어매는 조직망이다.

한편, 학교는 고도의 조직을 요하는 사회체제의 종합적인 틀이 있으며 사회의 가치나 문화를 보존하기 위해 각 구성원들이 역할관계를 유지하는 조직의 집합체라는 관점에서 특별한 사회체제라고 볼 수 있다.

하나의 사회체제인 학교집단에는 특유한 행동양식이 있다. 특히, 교사와 학생의 관계에는 다른 사회집단에서 쉽게 찾아볼 수 없는 독특한 행동양식이 있다. 이 학교집단 특유의 행동양식, 특히 그 배후에 있는 가치유형과 집단규범을 '학교문화' 라고 한다. 학교문화는 교사문화와 학생문화라고 하는 두 가지 하위문화로 구성된다. 교사문화는 교사집단의 특유한 가치패턴과 규범이며, 학생문화는 학생집단의 특유한 가치패턴과 규범이다.

학교학습풍토는 학교를 하나의 문화체제(文化體制)로 보고 학교문화를 전체적으로 파악하여 그 학교만이 갖고 있는 독특한 정기(精氣)다. 즉, 특정한 학교환경에 따라 오랫동안 존재해 온 그 학교의 제도적 · 조직적 유형과 실천에 의해서 형성된 특유한 분위기를 말한다.

여기서는 학교의 사회적 체제의 유형과 그 구성요인에 대해서 알아본 다음, 학교문화와 학교학습풍토 및 학생문화에 대해서 제시하고자 한다.

1. 문화와 교육

문화라는 말은 일상생활에서 다양한 의미로 사용되고 있다. 문화는 인간의 사회생활의 산물이며, 인간의 사회생활은 문화의 테두리 안에서 이루어진다. 사회는 동물세계에도 존재하지만 문화는 오직 인간세계에서만 발견된다. 따라서 문화는 인간과 동물을 구별짓는 중요한 요소다.

문화라는 용어를 일상용어나 전문 학술용어로 흔히 사용하고 있지만 그것이 나타내는 의미는 같지 않다. 일상생활에서 사용될 때의 문화라는 것은 교양, 세련, 발전 등의 의미에 가까웠으나 사회학적 의미의 문화란 '사회성장으로서의 개인에 의해서 학습된 인간 삶의 총체' 라고 할 수 있으며 그것은 하나의 생활양식이며 사고, 행위 및 감정양식이다. 문화는 원래 라틴어의 cultus에 그 어원을 두고 있으며, 처음에는 '밭을 갈아 경작한다'는 의미를 갖고 있었으나 나중에는 어의(語意)가 '가치를 창조한다' 라는 의미로 변화되었다(유태용, 2002).

문화는 '교육' 이라는 과정을 통하여 다음 세대에 전달됨으로써 계승되고, 더욱 발달하게 된다. 이러한 과정을 통하여 개인은 문화를 내면화하여 문화적인 존재로 발달해 나가게 되는데, 이렇게 본다면 교육은 곧 인간을 문화화시키는 과정이라고 할 수 있다. '자연적 존재' 로서의 인간은 교육을 통하여 드디어 '문화적 존재' 로서의 인간으로 변화하게 됨으로써 기존의 문화를 향유할 뿐만 아니라 새로운 문화를 창조하기도 한다. 교육을 통하여 문화는 다음 세대로 전달되어 계승될 뿐만 아니라 더욱 발전하게 되는데, 이러한 과정에서 개인들은 문화화 됨으로써 결국 문화적 존재로 발달하게 된다. 문화전계, 즉 문화화는 개인이 문화를 습득하여 내면화하는 과정을 말하는데, 이는 일생에 걸쳐서 일어나는 사회화 과정이라고 할 수 있다. 특정문화는 한 세대로부터 다음 세대로 전달 · 계승되는데, 이러한 과정에서 각 개인은 문화를 습득하여 내면화함으로써 문화적인 존재로 발달하게 된다. 따라서 문화전계는 사회화의 한 측면이라고 할 수 있다.

문화에 대한 정의를 한마디로 내리기는 어렵다. 왜냐하면 문화는 복합적인 요인으로 구성되어 있기 때문이다. 따라서 문화에 대한 정의도 다양하다. 지금까지 문화에 관하여 내려진 수많은 정의들 가운데 가장 오래된 것일 뿐만 아니라 가장 포괄적인 것으로 널리 인용되고 있는 정의는 타일러(E. B. Tylor)가 내린 것이다.

문화라는 용어는 인류학의 선구자 타일러(Tylor, 1871)에 의하여 소개되었고, 하나의 전문용어가 되었다. 그의 저서인 『원시문화(Primitive Culture)』에서 그는 문화를 "지식 · 신앙 · 예술 · 법률 · 도덕 · 관습 그리고 사회의 한 성원으로서의 인간에 의하여 얻어진 다른 모든 능력이나 습관들을 포함하는 복합적 총체"라고 기술하고 있다(한상복 외, 1992).

코탁(Kottak, 1994)은 인류학 개론에서 문화란 사회의 성원들에 의해 학습되고, 공유되고, 양식화되면서 다음 세대로 이어지는 것이라고 보다 구체적으로 문화의 속성에 대해 정의하고 있다(유태용, 2002: 11).

피터슨(Peterson, 2004)은 문화는 어느 나라 또는 어느 지역에 속한 사람들의 집단이 일반적으로 보유한, 어느 정도 정착된 내부의 가치와 믿음이며 그 가치관과 믿음이 사람들의 외적인 행동과 환경에 미치는 눈에 띄는 영향력이라고 정의하고 있다.

이와 같은 의미를 종합해 보면, 문화란 자연현상에 인간의 행동적 양식이 서로 상호작용한 결과에서 얻어진 산물(産物)로서 사회 전체 성원들에 의해 받아들여진 것으로 집단이나 사회에 범위를 둔 어떤 특정한 생활양식이라 정의내릴 수 있다.

학교문화(school culture)라는 개념은 넓게 보아 학교의 사회적 풍토 또는 사회적 분위기라는 말로 대동소이하다고 볼 수 있다. 학교문화라는 말은 원래 1930년대에 월러(W. Waller)에 의하여 생긴 것으로, 학교사회를 다른 사회체제와 구별하여 그 특성을 두드러지게 하고자 쓰여진 개념이다. 학교문화란 학교의 구성원들이 비교적 지속적으로 갖고 있는 태도, 가치관, 행동경향 및 분위기라 정의할 수 있다. 요컨대, 학교 나름대로의 행동양식이라 볼 수 있을 것이다. 개인의 행동양식이 그러하듯이 학교문화도 다양해서 다른 학교에서는 찾아볼 수 없는 독특한 풍습, 습관, 전통을 가지게 되는데, 교훈, 합창대회, 교기, 교가, 응원가도 다 나름대로 그 학교의 문화를 상징하고 있는 것이다.

학교에 따라 학구적 분위기의 정도는 다르다. 어느 학교는 그야말로 공부하는 분위기로 가득차 있는가 하면, 어떤 학교는 어수선하고 비학구적 분위기가 우세하다. 학교의 이러한 분위기가 학생들의 학업성취에 영향을 주리라는 것은 누구나 기대할 수 있다. 학구적 분위기의 학교는 성적을 높이고 비학구적 분위기의 학교는 그렇지 못하리라는 것이다.

학생문화에 초점을 두어 학교의 분위기와 학업성취의 관계를 설명한 콜먼(J. S. Coleman)의 『청소년사회(The Adolescent Society)』(1961)는 오래된 것이지만 매우 유명하다. 그는 청소년들은 같은 또래끼리 학교에 모여 있기 때문에 성인사회의 문화와는 다른, 때로는 대항적인 자신들의 문화를 형성한다고 설명하고 이러한 학생문화는 학교에서의 생활과 태도형성에 영향을 주어 성적에 영향을 미친다고 주장하였다. 미국의 고등학교 학생들은 대개 운동선수와 학생회장과 같은 인기를 가치롭게 여기고 학구적 활동은 낮게 평가하기 때문에 미국 학생들의 성적을 향상시키려면 이들의 비학구적 문화를 깨뜨리거나 약화시켜야 한다고 주장하였다. 콜먼의 이러한 주장은 학생문화를 지나치게 부정적으로 본다는 비판을 받았다. 학생들은 콜먼이 관찰한 바와 같이 비학구적이고 스포츠나 좋아하는 것은 아니라는 주장도 나왔다.

한편, 학생문화가 성적에 영향을 준다는 콜먼의 연구결과는 다른 연구들에 의하여 재검토되었다. 그 가운데 비교적 체계적인 연구가 맥딜(McDill, 1967)의 연구인데, 이 연구에 따르면 학생문화는 성적에 영향을 주기는 하지만 그리 큰 것은 되지 못한다. 이들은 학생들의 태도 점수와 수학성적 사이에 극히 낮은 상관관계가 있음을 확인하였다. 반면에 학생들의 지능지수, 사회경제적 지위, 소망 수준이 학생문화보다 성적에 훨씬 큰 영향을 주는 사실을 확인하였다.

학교의 분위기를 **학교풍토**(school climate)의 개념으로 정리하고, 이것이 학업성취에 미치는 영향을 분석한 연구자들 가운데 브루코버(W. B. Brookover)가 널리 알려져 있다. 그와 그의 동료들이 실시한 연구(Brookover et al., 1979)에 의하면 학생의 학업적 성공에 대한 교사의 기대, 학생의 학습능력에 대한 교사의 평가, 교사의 평가와 기대에 대한 학생의 인식, 학생의 무능력감 등을 중심으로 측정한 학생의 풍토지수가 학업성취에 뚜렷한 영향을 주는 것으로 나타났다. 비슷한 연구 방법으로 국내에서도 같은 결과를 얻었다(김병성 외, 1981). 그리고 학교풍토에 따라 교사의 교육활동에 대한 열의에 차이가 난다는 사실을 확인함으로써 학교풍토의 학업성취에 대한 효과를 지지하는 연구도 있다.

2. 학교문화

문화와 학교문화

문화는 사회환경 중 가장 중요한 교육적 의의를 갖는 요소다. 인간은 어떠한 유형의 문화를 가진 사회에 태어나 성장하면서 그 사회가 갖는 문화내용을 습득하게 됨으로써 그 사회의 성인, 성원으로서 의미 있는 사회생활을 할 수 있게 되는 것이다. 문화는 간략히 요약해서 정의하면 전 생활양식을 의미한다. 이 정의를 좀 더 구체적으로 설명하면 문화란 언어, 예술, 종교, 풍속, 법률, 도덕, 물품 등에 표현된 사고, 감정, 행동양식을 포함한 전 생활양식을 말하는 것이며, 이는 사회적으로 학습되고, 사회적으로 공유되고 또 사회적으로 전수되는 것이다. 또한, 문화는 그 사회 구성원의 사회적 행동, 상호작용의 결과로 형성된 상징적 체제인 동시에, 구성원의 사회적 행동을 결정하는 일종의 구속력을 갖는 **규범체제**(規範體制)라고 볼 수 있다.

한편, 문화라는 전체 범주 내에서 학교문화는 하나의 특정 영역일 수 있다. 학교문화는 그 학교 구성원들의 상호작용 결과로 형성된 상징적 체제이며 규범체제다. 학교문화의 하위변인을 살펴보면 다음과 같다. 학생에 대한 교사의 기대, 학교 구성원의 동료집단의 규범, 학생들의 학습협력 정도, 학교에 대한 학부형이나 일반인의 기대 및 지각 정도, 학교의 학구적 분위기, 상벌체계, 수업지도 보상방법의 일관성, 교직원의 의견 일치도, 교육목표의 명확성 등을 들 수 있다.

학교문화 연구의 접근모형: 상호작용 모형

학교문화 연구의 가장 기본적이고 단순한 모형은 부가적(附加的) 모형이다. 이 모형은 연구변인들이 독립적으로 학생의 학습결과에 미치는 영향을 중심으로 구성되었다. 이 부가적 모형에 기초한 연구 중에는 선행요인보다는 환경요인과 산출요인을 밝히는 연구가 많다. 실제로 이 모형은 사용하기에는 매우 용이하나 실제 문제를 정확히 파악하는 데에는 미흡하다. 다음은 중개 모형을 들 수 있는데, 이 모형에서 어떤 변인들은 다른 변인의 매개역할을 한다. 다시 말하면 학습결과에 주는 독립요인의 효과를 과정변인의 효과와 관련지어 설명 가능하게 한다. 마지막으로 상호작용 모형을 들 수 있는 데, 많은 연구자들은 학교문화와 학업성취의 영향은 일방적인 것이 아니라고 믿고 있다. 학교문화 연구는 학교에서 사회적 관계 구조가 학생의 행동에 주는 영향에만 치중해서는 안 된다. 즉, 학습풍토가 학생행동에 미치는 영향과 아울러 학생행동이 학교풍토에 주는 영향도 동시적으로 점검해야 함을 강조한다. 이와 같이 상호작용 모형에 의한 동시적인 효과가 실제적 문제분석에 매우 도움이 될 수 있으나 각각의 변인을 상호관련적으로 세분화해야 하는 보다 복합적인 문제가 뒤따르게 된다.

지금까지 학교문화 연구는 주로 단일 혹은 한두 가지의 관련 변인을 측정하는 데 급급하였다. 그러나 앞으로의 학교문화 연구모형은 보다 정밀하고 명확하게 구축되어야 하며, 학교에서 작용하는 가능한 모든 환경요인을 각각의 단일요인과 관련지을 수 있도록 세분화하는 노력이 필요하다. 이런 요구에 가장 부합할 수 있는 모형이 상호작용 모형이다. 왜냐하면 이 모형은 학습결과에 영향을 주는 환경요인의 모든 가능한 상호작용 관계를 개념화할 수 있고, 또 이것이 학습풍토를 중개변인으로 하여 직접적 혹은 간접적으로 학업성취에 주는 영향을 파악할 수 있기 때문이다. 이와 같은 목적에 따른 상호작용 모형을 제시하면 다음과 같다 ([그림 10-1] 참조).

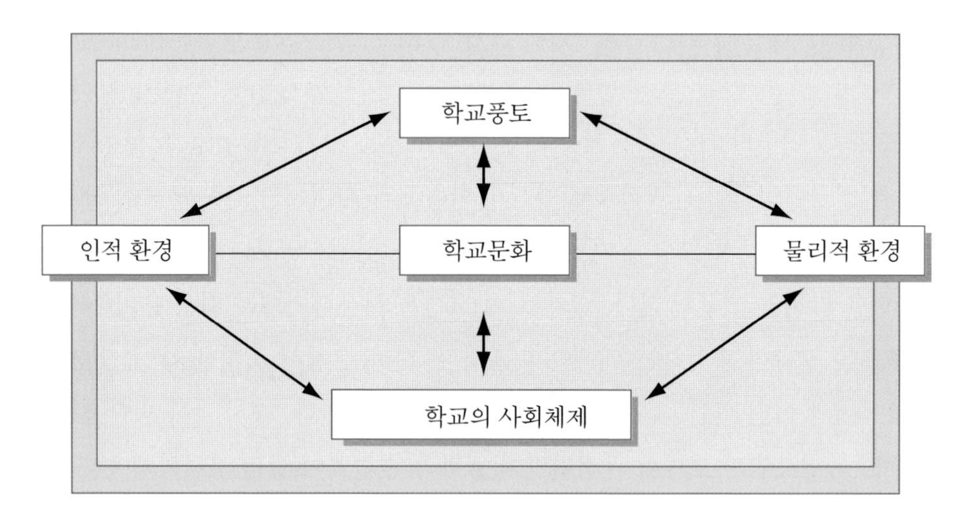

[그림 10-1] **상호작용 모형**

게젤과 테렌 모형

게젤과 테렌(Getzels & Thelen, 1960)은 사회적 행동을 이해하기 위한 사회적 과정 모형을 제시하였다. 게젤은 그의 모형에 사용한 민족정신이나 관습들의 개념을 구체적으로 설명하고 있지 않지만 파슨스가 설명한 바에 의하면 민족정신이란 문화의 상징적 체제 중에서도 관념 · 신념과 같은 지적 상징의 총합체를 말하며 좀더 구체적으로는 시간, 세계, 인간관계에 대한 신념, 사물을 보는 관념의 지적 상징을 말한다. 또 습관은 섬너(Sumner, 1906)의 설명에 따르면 두 개로 분류하여, 그 하나는 크게 강제성이 없는 그저 관습에 따른 관례이며 이와 구별하여 습관은 언행에 강제성을 요구하는 풍습의 한 측면이라고 한다. 가치 역시 엷게 해석할 수 있겠으나 행동에 관련시켜 해석하면 무엇을 할 수 있고, 또 무엇을 해야 한다는 행동의 규범적 표준임과 동시에 도덕 윤리와 같은 평가적 기준을 설정해 주는 규범적 표준이다. 게젤과 테렌이 제시한 사회적 행동의 관계모형을 제시하면 다음과 같다([그림 10-2] 참조).

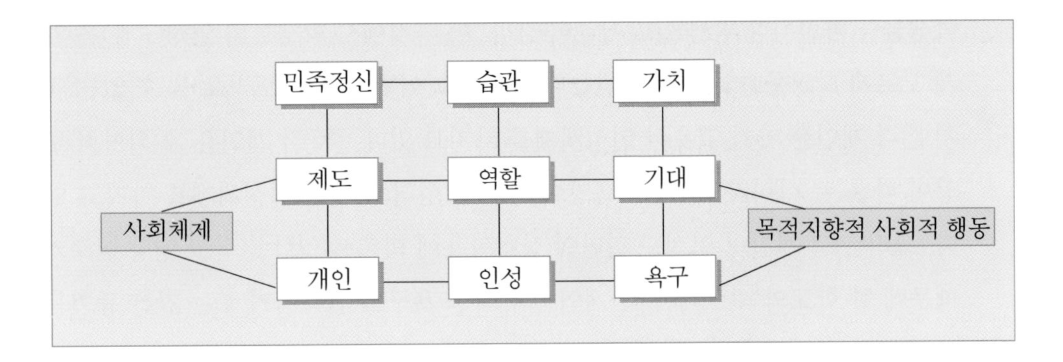

[그림 10-2] **사회적 행동의 세 측면과의 관계모형**

앞에서 제시한 문화체제의 구조적 요소와 관련지어 학교문화에 대하여 살펴보자. 문화의 상징적 측면에서 학교를 보면, 학교문화는 학교집단 내부의 각 사물에 상징화되어 있다. 예를 들면, 교기(校旗)나 교장(校章)은 공식적인 학교문화를 상징하고, 떠도는 소문, 교사의 별명, '영웅적 학생' 의 신화 등은 비공식적인 학교문화를 상징한다. 학생들은 이러한 상징 속에서 학교생활을 함으로써 자신도 모르는 사이에 차츰 사회화된다(조용환, 1992: 145).

학교를 사회체제와 밀접히 관련되어 있는 제도나 가치기준에서 보면 하나의 독립된 체제로서 나름대로의 조직과 구조를 가지고 있다. 학교사회는 하나의 사회체제일 뿐만 아니라 하나의 사회구조를 갖는 사회조직으로 기능한다. 무엇보다도 모든 학교는 학교 자체의 광범위한 목표뿐만 아니라 다양한 개인이나 집단의 목표를 달성하기 위해서 매우 다양하게 조직되어 있다는 것이다. 어떤 의미에서 학교는 개인과 집단의 공통적이면서 특수한 목표를 포괄하고 있다. 학교조직은 사회 성원들이 교육에 대해 가지고 있는 의도적인 목표에 따라 만들어진다. 그래서 구성원들은 사회의 이상을 실현하고 그들이 희망하는 개인적인 목표달성을 위해서 끊임없이 학교를 조직하고 재조직하는 노력을 기울이고 있다.

한편, 인성체제(人性體制) 측면에서 학교를 보면, 학교문화는 정신세계의 내면 깊은 수준에서 학생들에게 동기를 부여한다. 학교는 하나의 일정한 목표를 향해 학생들을 바람직한 방향으로 이끌어 간다. 이 과정에서 학생들의 인성(人性)은 알게 모르게 학교문화의 영향을 받는다. 물론, 그 어떤 두 개인도 똑같을 수 없는 것처럼 각 개인은 자기 고유의 인성체제를 가지고 있다. 즉, 각 개인은 그 외형적 모양이 다를 뿐 아니라, 경험과 욕망이 다르고 성격이 다른 인성체제를 가지고 있다. 그러나 그 개인의 인성도 집단의 상호작용에 의해서 영향을 받고 영향을 주기 때문에 한 학교의 내부에서 각 개인은 유사한 욕구를 만족시켜 주는 같은 동기를 부여받게 되는 것이다.

학교문화는 교사문화와 학생문화라고 하는 두 가지 하위문화로 구성된다. 교사문화는 교사집단의 특유한 가치패턴과 규범이며, 학생문화는 학생집단의 특유한 가치패턴과 규범이다.

교사문화는 학교의 지배적인 패턴과 규범을 만들어 낸다. 교사문화는 ① 제도화된 교육의 전반적 규범, ② 학교가 가져오는 제도적·조직적 구속으로 인한 가치패턴과 규범, ③ 교사의 집단적·개인적 이데올로기 등으로 구성된다. 교사문화는 완벽하게 통합된 조화체(cosmos)라기보다는 분열과 갈등을 내포하고 있는 일종의 혼돈체(chaos)다. 물론 학교조직은 교육활동을 질서정연하게 수행하고 지도에 일관성을 부여하기 위해 교사집단의 의사 통합을 도모한다. 그러나 그와 같은 통합과 조정이 어느 정도 가능한가는 학교상황에 따라 상당히 큰 차이가 있다. 그렇지만 일단 통합되고 조정된 교사문화는 학생이 생활하는 학교집단의 근본적인 가치패턴과 규범을 구성한다(조용환, 1992: 146).

학생문화는 교사문화로부터 크게 영향을 받는다고 할 수 있다. 물론 학생들은 그들의 가정이나 그가 속한 사회제도나 가치에 의해 영향을 받기도 하지만, 가장 직접적이고 큰 영향은 매일매일 접촉하는 교사다. 교사들은 어떤 면에서 학생들에게 압력을 가하기도 한다. 이때 학생들은 이 압력과 요구에 대해 어떤 형태로든 대처하지 않으면 안 된다. 그리고 이러한 행동은 청소년기의 특유한 심리적 경향과 결합되어 여러 가지 학생문화를 형성한다. 다음에서는 이런 다양한 학생문화에 대해서 구체적으로 알아보기로 하자.

3. 학생문화

대부분 학생문화 연구의 효시로는 미국의 콜먼(1961) 연구를 꼽는다. 콜먼은 1950년대 중반에 미국의 중서부 지역 10개 고등학교에서 학생집단의 가치풍토를 조사했다. 조사를 통하여 그는 '청소년 세계'의 존재, 즉 교사나 부모의 기대와는 다른 청소년 집단 특유의 가치패턴을 확인하였다. 다시 말하면, 콜먼은 그가 연구한 고등학교에서 지도급 학생 속에 어떤 학생들이 들어가야 되는가를 밝힘으로써 부분적으로 고등학생의 가치기대를 분석했다. 그는 『청소년과 학교』라는 책에서 다음과 같이 말하고 있다. "청소년들은 많은 것을 택했다. 그러나 학구적인 성공만이 전부가 아니었다. 선택한 것은 운동경기 시의 용맹, 춤추는 방법, 자동차의 소유, 좋은 평판을 받고 있고, 농담을 좋아하는 것 등이었다. 또 좋은 데이트와 파티, 여자에게는 무례하지 않을 것, 남자에게는 여자 같지 않을 것 등이었다. 좋은 성적과 지능도 언급되었지만 다른 항목만큼 많지는 않았다." 이와 같이 그는 학생들은 학교가 기대하는 학업성취보다도 축구를 비롯한 운동경기에 열중하고 있으며, 동년배로부터의 수용과 인정을 희구하고, 육체적인 탁월성과 '인기 있는' 것에 높은 가치를 두고 있다는 사실을 밝혀 냈다.

콜먼은 놀이와 재미를 지향하는 학생문화가 학생들의 학업성적을 저하시키는 주요 요인이라고 지적하였다. 동년배 집단은 대다수의 학생이 달성할 수 있는 수준에다 그들의 학업성취 수준을 설정하고서 그 수준을 넘는 학생들이 동년배 집단에 참여하는 것을 거부한다. '놀이' 지향의 학생문화가 성적 수준을 저하시킨다고 하는 콜먼의 지적은 당시 큰 사회적 관심을 불러일으켰으며, 그 후 학생문화에 대한 실증적인 연구를 촉진시키는 계기가 되었다.

청소년 문화의 형태

우리나라에서는 학생문화에 대한 연구는 그리 많지 않다. 그러나 최근에 들어 청소년 문제에 대해서 사회적 관심이 많아지자 청소년에 관한 놀이문화 연구가 활발히 전개되고 있다. 오늘날 학생문화의 유형은 연구자에 따라 차이가 있지만 대체로 다음 세 가지 유형으로 요약해 볼 수 있다.

진학을 위해 오직 부지런히 공부하는 '학습지향형' 과 학교가 지향하는 공식적인 규정이나 규칙에 반항하는 '저항형' 및 '놀이지향형' 으로 나누어 생각해 볼 수 있다. 학습지향형은 소위 일류학교의 진학률이 높은 학교에 많은 반면 실업계 학교에서는 소수에 불과하다. 그들은 교칙을 잘 준수하지만, 어떤 면에서는 대단히 개인주의적이고 학교에서 이루어지는 집단활동에 참여하는 일은 거의 없다. 그리고 다른 유형의 학생들에 비해 또래집단(peer group)을 형성하는 일도 적다. 그들이 가진 가치패턴의 특징은 금욕과 미래지향형이다.

저항형은 어떤 학교에 있어서도 소수파의 자리를 차지한다. 그러나 어느 학교에서든 존재하고 있다는 것이다. 각종 조사에 의하면, 저항형을 나타내는 학생은 학업성적이 낮다. 그들은 교칙에 의한 행동 규제에 강하게 반발하며 사회 규범 전반에 대해서도 반항적이다.

세 번째 유형인 '놀이지향형' 은 양적으로 가장 많은 학생이 이 유형에 속하고 있다. 이 유형에 속하는 학생들은 사회생활에 필요한 규칙의 습득과 공식적인 집단활동에 참여하려는 의욕이 비교적 높다. 유행과 패션 등 상업적 청소년 문화에 매우 관심이 높기도 하다. 어떤 때는 저항형과 마찬가지로 교칙에 의한 구속에 반발한다. 그러나 그 반발은 주로 복장이나 두발과 같은 외모에 관한 규칙에 대한 것이며, 전면적인 일탈로 진행되는 경우는 드물다.

청소년 문화의 특징

청소년 문화란 청소년들에게 독특하게 존재한다고 생각되는 행동양식이나 가치관 및 태도 등을 말한다. 청소년 문화는 행동이나 복장, 언어 등 외부적으로 관찰할 수 있는 부분도 있으며 또는 이념적이고 이상적인 면에서 청소년들의 정신적인 방향을 제시해 주는 면도 있다.

청소년 문화가 현실사회를 비판하고 기성문화의 수정을 요구할 때 주류문화와 대립하게 된다. 하위문화로서 청소년 문화가 기성문화인 주류문화와 너무 대립되거나 서로 병존할 수 없는 경우 청소년 문화는 반문화가 된다. 반문화로서의 청소년 문화의 성격이 너무 강하면 통일적인 행동양식이 사회에 결여되기 때문에 혼란과 갈등 및 대립이 계속된다. 히피와 일부 미국 흑인들의 과격한 하위문화는 미국의 전통적인 개신교 문화를 부정함으로써 미국 사회질서의 혁명적 재조직을 요구하는 것이기 때문에 반문화의 성격을 가지고 있다.

청소년 문화의 한 특징으로서 기성세대가 이룩한 문화에 대한 비판과 저항의식은 기성문화를 그대로 받아들이지 않고 그들의 수정을 바라거나 기성문화와 다른 독특한 행동양식이나 가치관을 가지는 것을 의미한다. 만일 기성문화가 청소년 문화와 완전히 동일한 것이라면 이미 존재하고 있는 문화가 그대로 계승되는 것이므로 발전이 없는 것이다. 따라서 어느 정도의 비판과 저항의식은 우리의 장래가 현실보다 더 개선되면서 발전해 나가야 한다는 과정에서 청소년 문화의 기본성격이 되지 않을 수 없다.

오늘날 청소년들의 가치관의 갈등은 청소년 문화의 또 하나의 특징이다. 한국사회와 같이 사회변동이 심하고 사회구조와 문화구조의 격차가 심한 사회에서는 가치관의 갈등을 가지기 쉽다. 한국 사회에서는 도시와 농촌의 차이, 서구적인 것과 동양적인 것의 차이가 함께 병존하고 있다(차경수, 1985: 135).

이러한 갈등은 청소년의 성인의식을 둘러싼 청소년 자신과 성인들의 의식 차이에서 볼 수 있다. 청소년들은 일반적으로 그들 자신이 성인들과 같은 책임 있는 행동을 안 하려고 하면서도 성인들이 가지고 있는 특권을 모두 가지려 한다.

학교에서 교사가 학생들의 하위문화를 이해하려는 것은 학생들의 지도를 위하여 대단히 중요하다. 학생들의 하위문화는 수업시간이나 정규의 학교활동에 대해서보다는 운동, 친교, 동아리활동 등에서 더 깊은 관계를 가진다. 또, 학교성적과는 관계없이 이러한 집단에서는 그들 자신대로의 위계적인 질서를 가지고 있다. 따라서 학교의 규칙이나 교육방침과는 서로 어긋나는 갈등을 가지게 되는 경우도 있다.

앞으로의 학생문화 연구는 학교조직에 있어서 학생들의 행동과 사회화의 관계를 해명하고 학교의 조직구조 및 교사의 교육적 행동을 고려한 가운데 학생들의 가치형태와 행동양식을 규명할 필요가 있다.

4. 학교의 사회심리학적 특성

학교교육 및 그 효과에 관한 대부분의 연구들은 주로 학습자의 개인차 변인이나 교수-학습과정 또는 방법에 관한 것이 주류를 이루어 왔다. 따라서 학습자의 지능이나 적성, 자아개념, 학습태도나 동기 등 인지적 · 정의적 특성에 따른 개별학습 또는 개인처방 학습(individually described instruction) 방법 등이 학습효과에 주는 영향에 관하여 수많은 연구가 국내 · 외적으로 이루어져 왔으나 아직도 일관성 있는 교육효과나 이에 관한 타당한 결론을 찾지 못하고 있다.

이와 같은 교육심리학적, 교수-학습방법적 접근의 미비점을 보완하기 위하여 최근에 와서는 학교사회의 체계적 · 규범적 · 조직적 그리고 집단적 특성과 관련지어 교육효과와의 관련성을 규명하려는 노력이 제기되고 있다. 이러한 새로운 탐구는 학교를 학습행위가 유발되는 사회적 단위로 간주하고 그 속에서 학생에게 기대되는 학구적 행위가 사회화되는 하나의 사회적 체제나 집단적 과정을 중심으로 학교교육의 효과를 탐구하려는 노력이다. 이러한 추세가 최근 10여년 간 미국과 영국을 비롯한 선진 산업국가에서 활발히 전개되고 있는 이른바 학교효과(school effectiveness)에 관한 연구동향이라고 할 수 있다. 이러한 연구 추세는 교육사회학과 사회심리학을 연계하여 학교사회의 조직, 규범 그리고 집단특성이 교육효과에 영향을 주는 교육사회심리학적 접근방법이다.

이런 일련의 연구들은 공교육제도로서 학교교육의 효과 여부에 대한 비판이나 논의보다는 학교 자체의 조직적 · 구조적 · 집단적인 특성이 교육효과, 즉 학생의 학업성취에 미치는 영향의 정도에 관한 것이었다. 다시 말해서, 학교교육에 있어서 인적 · 물적 **투입요인**(input variables)이 학생의(얻게 되는) 지적, 비지적인 산출이나 결과 요인(output variables)에 주는 직선적인 관계의 규명보다는 투입요인과 **산출관계**를 맺어 주는 **과정변인**(process variables)으로서 학교의 내재적 자원요인, 조직구조적 특성, 학급 내 역동적 관계들이 어떻게 작용함으로써 교육효과의 폭을 크게 혹은 적게 하느냐 하는 문제에 관심을 돌린 것이다. 시기적으로 볼 때 이러한 학교효과에 관한 연구는 콜먼(1969)과 젠크스(1972) 등의 연구가 학교교육효과에 대한 회의적인 결과를 제시한 이후부터 그 대응적인 관점에서 더욱 활발하게 진행되었다고 볼 수 있다. 학교교육효과에 대한 비관론적 견해는 미국 뿐만 아니라 영국(Plowden, 1967)과 프랑스(Boudon, 1973) 사회 그리고 개발도상국(Húsen, 1975)을 배경으로 한 연구에서도 비슷하게 나타났다.

이러한 연구들은 학교교육효과에 대한 회의적 · 비관적 견해를 지지하고 있는 바 그 기본 상정이나 접근과정 그리고 결과 분석방법 등에서 많은 비판점이 지적되지만 학교교육효과를 판정하는 데 있어서 투입-생산 모형을 통한 결과 검증에서는 큰 무리없이 일맥상통한 결론을 맺고 있다. 다시 말해서, 학교교육은 공교육체제로서 그 기능과 역할이 기대 수준에 훨씬 미치지 못하고 오히려 교육의 효과는 학교의 내적 요인보다는 학교의 외적 요인에 의하여 좌우된다는 것이었다.

따라서, 학교교육의 효과—학교의 시설 환경이 좋든 나쁘든, 교육과정이 어떻게 짜여졌든, 교사의 자질이 어떠하든, 수업지도 과정이 어떤 방식으로 진행되든, 이러한 제 요인이 교육결과, 즉 학생의 학업성취에 주는 영향력—는 학교 외적인 요인인 부모의 사회 · 경제적 배경, 가정의 문화환경, 부모의 교육적 열의, 즉 자녀진학관, 진학수준, 관심도 등에 비하여 매우 미소한 영향을 준다는 점이다.

그러나 최근에 이르러 '학교가 성적 격차를 만든다(School can make a difference)' 또는 '교사가 성적 차이를 만든다(Teacher can make a difference)' 라는 새로운 연구결과가 제시되기 시작하였다. 이것이 바로 학교 자체의 사회적 체제요인이나 특성은 학생의 타고난 능력이나 가정배경 특성과는 독립적으로 학업성취에 주는 영향력이 크다는 것이다.

콜먼의 연구자료를 재분석한 수많은 연구자 중 메이에스키 등(1969)은 학교를 최종 분석 단위, 즉 학교의 평균 학업성취 점수를 종속변인으로 하여 그 투입요인의 영향력을 분석한 결과, 학교 자체의 집단적 특성 요인, 예컨대 인적구성, 교육과정, 학생집단 특성 등과 같은 요인이 성적에 주는 독립적 효과가 매우 큰 것을 밝혀 냈으며, 또 유사한 분석연구(Mosteller & Moynihan, 1972)도 사회 · 경제적 수준이 낮고 가정의 문화 환경이 빈약한 학생들이 많은 학교의 경우에는 학교의 영향이 더욱 크게 부각됨을 제시하였다.

콜먼의 연구에 대칭되는 이러한 일련의 비판적 견해는 학교 특성, 즉 교장의 지도력, 교사의 학생의 학업성취에 대한 높은 기대, 좋은 학교학습풍토, 잘 짜여진 수업계획, 교수-학습 진행에 관한 주치(周致)한 점검 등이 매우 중요한 요인으로 지적되고 있다.

이러한 일련의 사례연구 결과를 보다 심층적으로 분석한 연구(Purkey & Smith, 1983)에서 교육효과를 판가름할 수 있는 학교 특성, 즉 제도적 · 집단적 · 규범적 요인을 찾아보면 다음과 같다.

교육효과에 주는 학교 특성은 크게 나누어 협동적 계획과 관계 유지, 학습목표의 구체성과 높은 기대, 교내 질서와 훈육 등에 관련된 것이다. 보다 구체적으로는 ① 학교의 문제를 제기하고 결정하는 데 있어서 자율성을 위주로 한 지도성 발휘, ② 수업지도의 책임자로서의 교장의 역할, ③ 학습지도의 계속성과 교사의 안정성, ④ 교육과정의 계획에서 수준, 목표, 조직의 치밀성, ⑤ 전체 교직원을 대상으로 한 주기적인 지도방법과 수업행동, 태도 변화를 위한 교사개발 프로그램 적용, ⑥ 학부모들에게 학교업무에 관한 홍보를 통하여 지원과 협조를 얻는 것, ⑦ 학교 학사업무의 성공에 대한 대외적 홍보, ⑧ 수업시간의 효율화를 통한 학업성취의 극대화, ⑨ 지역사회 교육관계 기관과의 유기적 관계와 지원 · 관심의 획득 등에 관한 사항이다.

Cohen(1983)에 의하면 앞에서 제시한 효과적인 학교의 특성 요인들은 그 학교 학생의 학업성취와 밀접히 연관되어 있으며, 이러한 영향력이 학교 간의 성적 차이를 설명해 주는데 70~90%의 변량을 차지한다고 하였다.

물론 효과적인 학교 특성에 관련된 요인은 무수히 많겠지만 지금까지 제시된 연구결과를 요약하면, 첫째 효과적인 교수-학습지도, 둘째는 학교 자체의 학습프로그램의 조직과 운영, 셋째는 교직원과 학생이 갖고 있는 그 학교의 문화와 가치 등으로 크게 구분된다.

학교효과를 규명하는 데에는 학급경영이나 수업실천 행동과 같이 구체적인 행동이나 실천 요인을 찾기란 매우 어렵다고 할 수 있다. 따라서 학습효과는 특히 수업실천과 관련된 학교의 제도적 · 조직적 · 집단적 특성을 집합적 개념으로 받아들이는 것이 바람직할 것이다. 다시 말해서, 학교 목적, 학년 및 학급 수준의 교수목표, 수업내용과 행동 그리고 학업성취의 결과 등이 학교 구성원의 집단적 노력의 산물로 나타나 결국 학교효과를 판정하기 때문이다. 따라서 학교효과는 학교학습 프로그램의 조직, 실천, 평가의 전 과정에 투입되는 과정에서 보다 질 높은 교육을 위한 교장의 지도력, 교수 · 학습의 중핵과정, 안정되고 고무적인 학습풍토, 모든 학생의 완전학습(mastery learning)에 대한 교사의 기대, 학습프로그램의 적절한 평가 등이 상호 연관되고 통합되어 나타나는 집합적 의미에서 학교교육의 효과가 간주된다.

5. 학급의 사회심리학적 과정

학교의 사회적 체제의 구성요인은 학급에서의 교수실천 행위와 연관된다. 이것은 학급 내에서 개인 혹은 집단적으로 표출되는 의사소통방식, 행동강화, 보상체제 수업상에서 규제나 통제방식, 수업자료 제공과 수업에 투입되는 시간량(time-on-task) 등이다.

효과적인 교수설계는 모든 학생에게 공통된 학습목표를 분명히 인식시키고 수용하게 하며 최대한의 학생이 주어진 학습목표에 도달할 수 있도록 하는 데 그 목적이 있다. 이러한 수업계획에 따른 수업지도 행위가 바로 학교의 학구적 규범이나 교육과정 조직 및 운영 등과 밀접히 관련되거나 일관성 있게 표출되어 교육효과를 좌우하게 된다. 즉, 교사의 학생의 학업성취에 대한 높은 기대나 공통된 학습목표가 학교의 학구적 규범으로 파급된다면 학생과의 의사소통 과정에서 질문, 힌트, 반응 기회, 행동강화나 규제 등에서 학생 간의 차이를 극소화하게 될 것이며, 아울러 학생에게 베푸는 온정의 정도, 자료 제시, 개별지도 시간, 칭찬이나 격려의 빈도 등에서도 최대한의 공평성을 유지하며 학습효과의 격차를 줄일 수 있게 된다(Persell, 1977: 123-124).

학급사회의 사회심리적 기제(mechanism)에 따라 학생은 학교 내의 집단 구성원과 상호작용하면서 앞에서 제시한 학구적 규범, 학교의 조직 특성 그리고 수업실천 행위 특성이 의식적, 무의식적으로 파급되어 갖가지의 행동유형, 즉 역할, 규범, 가치 등을 배우며 이것은 또 교사와 행정가의 대인 기대나 평가체제에 영향을 주고, 더 나아가 학급 내 상호작용 및 수업행위에 반영되어 학교 간 학업성취의 차이를 초래하게 된다. 이것이 바로 학교효과를 판가름하는 요인이다.

앞에서 밝힌 바와 같이, 학교교육효과는 학생의 개인적 능력이나 가정배경 그리고 교수-학습과정 변인에 못지 않게 학교의 사회심리학적 특성의 영향이 크게 작용하고 있음을 실증적 연구결과에 의하여 알 수 있다.

학교의 사회심리적 환경은 개인적인 측면보다는 학교 구성원의 집단적 · 규범적 · 조직운영적 측면과 밀접히 연관되어 파생된다. 넓게는 학교 구성원인 행정가, 교사, 학생의 학업성취에 대한 기대, 지각, 평가 등으로 야기되는 학교교육효과에 대한 사회심리학적 메커니즘이나 학습풍토 요인이 있는가 하면, 좁게는 교사, 학생이 학급 내에서 상호작용으로 수행되는 수업실천과정에서의 역할, 지각, 평가 등으로 그 특성이 구축되기도 한다.

다시 말해서, 학교의 사회심리적 환경은 학교의 사회적 체제로 규정되는 교육 또는 그 효과에 대한 구성원의 학구적 규범, 역할, 가치 등이 학교사회에 조직적 · 집단적 과정을 통하여 결과적으로 수업실천 행위가 일어나는 교실 사항까지 연결짓는 전체적 교육환경으로 파악될 수 있다. 따라서 학교의 체제적 · 조직적 · 규범적 환경이 학급의 실제적 · 과정적 · 상황적 맥락까지를 포괄적으로 관계지어 교육효과에 주는 영향력을 고찰할 수 있다. 이러한 관점에서 좁은 의미의 학교 사회심리적 환경은 교직원의 교육효과에 대한 신념, 가치체제, 학급 내 교사-학생 상호작용 그리고 교사, 학생 모두에 파급되어 있는 학구적 규범, 가치, 신념 등이 실제적으로 학급사회 내에서의 교사-학생 상호작용으로 집약되어 표출되고 그 결과가 학생의 학업성취와 밀접히 연관되기 때문이다.

학교의 사회심리학적 특성은 학교 구성원의 학습에 대한 일반적인 기대, 신념, 평가 그리고 정서적인 분위기 등으로 나타나게 된다. 따라서 교실 내 교사-학생의 상호작용 과정은 학교의 사회심리학적 관계의 축소판이며 그 실제 과정은 교사의 주도적인 역할이 우선적이다.

흔히 학급 내에서의 수업과정에 관한 연구의 대부분은 교사의 행동, 즉 수업방법 혹은 수업의 질이 학습효과에 어떤 영향을 미치는가, 더 나아가서는 어떤 특성을 가진 학생에게는 어떤 수업방법이 더 효과적인가라는 것이었다. 그러나 최근에 수행된 몇 편의 연구에서는 교사의 밖으로 드러나는 행동보다는 교사가 마음속에 가지고 있는 학생 개개인에 대한 지각이 학급 내 학생 간의 차이를 가져오는 보다 중요한 요인이며, 더 나아가 그러한 기대 차이에 따라 학생 개개인에 대한 교사의 행동이 달라지게 된다는 주장이 강조되고 있다.

제11장

학급사회와 집단역동성

The essence of learning is the ability
to manage change by changing yourself.
학습의 본질은 자신을 변화시키는 능력에서 비롯된다.
〈A. De Guts, The Living Company〉

1. 집단역동성
2. 집단역동성의 배경
3. 집단역동성의 연구방법
4. 학급집단과 집단역동성
5. 소집단 협동학습

현대 생활의 특징 중 하나는 집단생활이다. 학교에서도 대부분의 학습활동이 집단활동을 통해서 이루어지고 있어, 구성원들로 하여금 집단활동에 능동적으로 참여하게 하는 문제가 중시되고 있다. 또한 학교사회를 이해함에 있어 학교의 체제, 조직, 구조, 기능 등의 분석만으로는 충분치 못하며 학교사회에 형성된 다양한 집단의 구성원들이 상호작용하는 동적 관계까지 이해해야 할 필요성이 있다. 특히 현재 이루어지고 있는 학교교육의 비교육적인 면을 신랄하게 비판하는 논자들은 그 대안적인 학급활동으로 소집단 학습활동을 강조하고 있다.

이러한 필요에 따라 집단역학의 개념, 배경이론, 연구방법을 살펴보고, 학급에서 이루어지는 집단과정을 관련된 연구결과를 중심으로 개관하여 실제 교육현장에 적용 가능한 소집단 협동학습의 방법을 제시하고자 한다.

1. 집단역동성

집단역동성의 개념

집단이란 어떤 공동목표를 달성하기 위하여 상호 의존적 관계에서 작용하는 두 명 이상의 사람들로 구성된 모임이라 할 수 있다. 집단의 특색으로는 구성원 사이의 상호 지각과 관심의 동질성, 집단의 공동목표, 집단구성의 동기, 집단 구성원 간의 상호 의존관계 등을 들 수 있다(이학종, 1989: 151-152).

집단역동성(집단역동, group dynamic)이란 사회심리학의 한 영역으로서 집단이 형성되고 변화하는 과정에서 생기는 집단 구성원들 간의 심리적 관계를 연구하는 학문이다. 여기서 말하는 집단이란 개개인의 단순한 집합체가 아니며, 군중, 계층, 계급과도 구별되는 개념으로서 어떤 공동목표를 달성하기 위하여 두 사람 이상이 모여 서로 상호작용을 하는 하나의 사회체제다. 그리고 역동성(力動性)이라는 말은 변화와 적응, 그리고 그 변화와 적응에 미치는 사회심리적인 힘을 강조해서 쓴 말로서 집단 구성원들이 서로 접촉하면서 영향을 주고받으며 변화하고 적응해 가는 과정을 말한다(박용헌, 1989: 176-181). 레빈(K. Lewin)은 집단 구성원들의 상호 의존성, 사회적 상호작용을 촉진시키는 집단의 기능, 집단 구성원들의 행동에 미치는 집단의 영향력, 목표 달성을 위한 도구로서의 집단의 유용성, 집단의 응집력, 집단의 유동성 등을 함축하는 말로서 집단역동이라는 용어를 사용했다(Forsyth, 1990: 12). 그러므로 집단역동이란 집단 구성원 개인 간, 개인과 집단 그리고 집단 간의 접촉에서 생기는 갈등과 부조화를 해결함으로써 집단 내에서의 상호작용 관계를 원만히 하여 집단의 공동목표를 달성해 가는 과정이라고 정의할 수 있다.

집단역동성의 학문적 성격과 그 특징

레빈에 의하여 널리 집단역동의 개념이 소개되었지만 그 이전부터도 부분적이나마 사회학에서 집단의 역동적인 문제가 취급되어 왔다고 볼 수 있다. 즉, 근대 사회학이 취급한 사회통제, 개인이 사회집단에 적응해 가는 과정, 사회결속 등의 문제는 집단역동성 이론이 발달할 수 있었던 영역을 미리 개척해 놓은 셈이다. 또한 심리학의 발달도 집단역동성 이론이 하나의 독립된 연구영역으로 발달하는 데 기여했다. 집단이 형성되고 변화하는 과정에서 생기는 집단 구성원들 간의 심리적 관계, 즉 집단 구성원들 간의 접촉에서 생기는 갈등과 부조화를 해결함으로써 집단 내에서의 상호작용 관계를 원만히 하여 집단의 공동목표를 달성해 가는 과정을 연구하는 학문을 집단역동성 이론이라 볼 때, 넓게는 인간의 사회적 행동을 취급하는 학문이기에 분명히 사회과학의 한 영역에 속하나 최근에 와서는 사회과학의 어느 한 이론이나 영역에 편중되지 않고 사회과학의 어느 영역에서나 관련될 수 있는 문제를 중심으로 하는 이론을 수립한다는 점에서 넓은 의미의 행동과학*에 속한다고 할 수 있다(박용헌, 1989: 182-183). 그러나 기초과학(basic science)과 응용과학(applied science)이라는 관점에서 볼 때 집단역동성 이론의 학문적 성격은 어느 한 쪽에 넣기가 어렵다. 이런 점 때문에 레빈은 집단역동성 이론의 연구를 실천연구(action research)라고 불렀다. 그는 사회적으로 유용한 가치가 있는 문제를 해결하기 위하여 과학적인 연구방법을 사용한다는 의미로 실천연구라는 용어를 사용하였다(Forsyth, 1990: 20). 집단역동성 이론이 지니는 특성은 다음과 같다(Cartwright & Zander, 1960: 6-9).

- 집단의 본질에 관한 연구 중 집단역동성 이론은 실험적 접근을 강조하여 다양한 연구방법을 발전시켰다. 관찰방법의 표준화, 통계적 분석방법을 활용한 측정의 신뢰도 검증, 사회성 측정법 등이 그 예다.
- 집단역동은 역동성을 강조하는 데 그 특성이 있다. 집단이 형성되고 변화하는 과정 속에서 다양한 사회심리적 요인이 상호작용하여 영향을 미치게 되는 관계에 주된 관심을 둔다.
- 집단역동은 문제를 중심으로 주로 작은 이론을 수립하려는 점에서 그 특징이 있다. 집단의 변화를 촉진 혹은 저해하는 요인과 그 요인들의 관계에 관한 이론, 사회적 압력, 통제, 권력, 갈등, 배반, 협력, 경쟁, 안전, 불안, 균형, 상호의존, 상호작용 등 집단생활이나 집단활동의 역동적 현상에 관한 이론을 수립하려 한다.
- 집단역동은 사회의 실제적인 문제해결에 보다 강조를 둔다는 점에 그 특징이 있다. 집단의 기능을 이해하고 집단활동이 개인이나 사회에 미치는 영향을 파악함으로써 집단활동을 원만히 하고, 그 집단의 목적을 효과적으로 달성할 수 있게 하려는 실제적인 문제에 집단역동은 관심을 갖는다.

* 행동과학이란 인간의 행동을 과학적으로 탐구하는 학문영역의 하나로, 1950년대부터 미국을 중심으로 생겨난 사회과학 · 인문과학의 일부에서 사용하는 연구방법이다. 이런 연구방법을 흔히 행태주의(behavioralism)라고도 한다. '행동' 이란 외현적 행동뿐만 아니라 태도 · 신념 · 기대 · 동기 · 기능 등의 내면적 과정도 모두 포함한다.

집단역동성의 연구과제

집단역동성 이론은 심리학이 연구대상으로 하는 개인에 관한 학문은 아니며 집단에 관한 학문이다. 그리고 집단역동성 이론은 사회학이 흔히 연구대상으로 하는 집단유형이나 집단행동 유형의 분류, 집단 구성요소의 분류, 집단과 관련된 사건의 분석 등에는 관심이 없고 집단이 형성되고 변화하는 과정에 미치는 영향, 즉 어떠한 상태나 조건이 어떤 영향을 미치게 되는가의 과정에 보다 흥미를 갖는다. 집단역동이 보다 관심을 갖는 문제를 지적해 보면, 집단의 한 구성원의 변화가 집단의 성격에 미치는 영향, 집단의 어떠한 조건 요인이 그 집단의 구성원이나 지도자의 행동이나 성격에 미치는 영향, 집단의 어떠한 압력이 구성원의 행동, 태도, 사고에 미치는 영향, 집단의 어떠한 조건이 구성원 개인의 창의성 · 자율성을 촉진 내지 저해하는가의 여부, 집단의 어떠한 요인의 변화가 과업 수행의 효율성 · 생산성에 미치는 영향, 어떤 학급의 분위기가 학습자의 학습효과에 미치는 영향 등 집단이 형성되고 변화하는 과정에 다양한 심리적 · 사회적 요인이 작용하여 서로가 영향을 미치게 되는 관계를 주된 연구과제로 삼고 있다(박용헌, 1987: 183).

2. 집단역동성의 배경

학급 집단연구

학급의 집단과정에 관한 연구는 두 가지 역사적인 움직임으로부터 시작되었다. 그 하나는 학습의 사회적인 면, 문제 해결력 그리고 민주적이고 합리적인 삶의 방법을 훈련시키는 학교교육의 역할을 강조한 듀이(J. Dewey)의 영향이고, 다른 하나는 레빈의 실증적인 연구다(Schmuck & Schmuck, 1978: 19).

학급의 집단과정 연구에 대한 듀이의 공헌은 학습의 내용보다 학습의 과정을 강조한 점에서 찾아볼 수 있다. 듀이는 어린이들에게 민주적인 생활을 학습시키려 한다면 교실에서 학생들이 민주적인 생활의 과정을 경험해야 한다고 강조했다. 학급은 그 자체가 소사회(microcosm)이기 때문에 교실에서의 생활이 민주적인 과정에 의해서 이루어져야만 한다는 것이다. 학생들이 과제를 협동적으로 해결하는 방법, 의사 결정하는 방법 그리고 다른 사람의 권리를 존중하고 다른 사람과 합리적으로 함께 일하는 것도 민주적으로 학습되어야 한다고 보았다. 이처럼 학급의 집단과정이라는 관점에서 볼 때 듀이의 공헌은 매우 크다. 그러나 그의 사상은 일선 학교현장에의 적용보다는 하나의 철학으로 여겨져 오고 있는 실정이다.

듀이의 다른 공헌은 사회심리학의 하위학문으로서 집단역동을 발달시킨 점을 들 수 있다. 집단역동은 대면적 소집단(small face-to-face group)의 기능과 그 집단과정에 대한 실증적 자료를 과학적으로 수집함으로써 많은 공헌을 했다. 최근까지도 집단역학에 대한 대부분의 연구가 학교나 교실에서보다도 정부나 산업체에서 보다 광범위하게 이루어졌다. 그러나 지난 1950년대와 1960년대로부터 조금씩 교실집단에 대한 과학적인 연구결과가 축적되어 오고 있다. 이 시기에 수행된 교실집단에 대한 여러 연구들을 대표하는 것으로는 트로우(Trow, 1950)의 연구와 게젤(Getzels, 1969)의 연구를 들 수 있다. 이 두 연구 논문은 큰 차이가 있다. 1950년대에 발표된 트로우의 논문은 주로 이론적인 것으로 구성되어 있으나, 1969년에 발표된 게젤의 논문은 직접 교실집단과 학교조직을 조사하여 얻은 실증적인 자료를 제시하고 있다.

일반적으로 집단과정에 대한 연구는 1950년대와 1960년대에 개화되기 시작했다. 1955년에 하이어(Hare)는 소집단에 대한 584개의 목록이 수록된 초록집을 출간했고, 1959년에 라벤(Raven)은 집단과정과 관련된 1445개의 참고문헌을 수집했다. 1962년에 하이어는 다시 1385개의 목록으로 구성된 책을 출간했다. 1966년에 멕그로스와 알트만(McGrath & Altman)은 2,699개 목록을 담은 초록집을 냈다. 한편, 소집단에 대한 책들도 내용을 보강하여 출간되었다. 카트라이트와 잰더(Cartwright & Zander)의 1953년 판이 1960년과 1969년에 증보판으로 출간되었다.

그러나 불행하게도 교실과 학교에 초점을 맞추어 이루어진 연구와 저서는 별로 없었다.

교육과 관련된 연구 추세는 정부나 산업체에서 행해진 집단연구의 결과를 조직의 운영과 학습과정의 개선에 직접 적용하는 것이었다. 그 하나로 집단훈련(training group)이라는 성인교육기법이 있다. 이 집단훈련(T-group)에 관한 책으로는 브래드포드(Bradford et al., 1964), 쉐인과 베니스(Schein & Bennis, 1965), 다이어(Dyer, 1972), 리버만(Lieberman et al., 1973) 등의 책이 있다. 학교와 교실 상황에 대한 연구는 다른 상황에서의 집단연구와 관련을 맺으며 계속 연구가 되고 있지만, 집단과정들을 교육적인 상황에 적용할 것을 강조하였다. 국립교육연구회(National Society for the Study of Education)의 1959년도 보고서에서는 교실집단에 관한 사회심리학의 이론과 연구결과들을 수업개선을 위하여 어떻게 사용할 것인가에 대하여 소개하고 있다. 또한 교육연구에 사회심리학을 적용한 책이 3권 출간되었다(Backman & Secord, 1968; Guskin, 1970; Johnson, 1970). 학교와 교실에서 이루어지는 집단과정에 대한 실증적인 자료에 초점을 둔 책도 있으며(Bany & Johnson, 1964; Glidewell et al., 1966; Lippitt et al., 1964), 교수과정과 교실집단과정의 개선을 돕기 위한 자료를 다룬 책도 있다(Schmuck, Chesler, & Lippitt, 1966; Fox, Luszki, & Schmuck, 1971; Schmuck, 1971, 1974).

1950년대와 1960년대에 미국에서 공교육 기관에 대한 연구가 많이 이루어졌다. 이 시기에 공교육 기관에 대한 연구가 활발히 이루어진 것은 연방 정부가 연구자금을 지원해 주었기 때문이다. 교육연구 개발비의 연방 지원금이 1950년보다 1960년에는 10배 정도 증가하였다. 그러나 1960년대 후반부터 학교 개선을 위한 연방 지원금이 현저하게 감소되었다. 이렇게 연방 지원금이 감소된 것은 막대한 투자에 비하여 교육기관은 실질적으로 개선되지 않았기 때문이다. 실질적으로 학교가 개선되지 않은 것은 교육 연구자들과 교육기관의 변화를 주도한 기관들이 학교 내의 상호 인간관계를 무시했기 때문이라고 우리는 믿고 있다. 많은 연구들이 새로운 교수방법, 교육과정 및 교육의 외적 환경 등만을 다루었을 뿐 학교 구성원들의 상호작용에 의하여 형성되는 집단의 역동성에 관해서는 관심을 갖지 않았다.

집단역동성의 배경 이론

장이론(field theory) 장이론은 집단역학의 연구에 있어 가장 잘 알려진 이론적 접근으로, 레빈에 의하여 널리 알려졌다. 레빈이 소개한 장이론에 의하면, 집단은 구성원 개개인의 단순한 집합체가 아니며 그 속에는 구성원들의 접촉에 의해 형성되는 심리적 장(場)이 존재한다고 했다.

그는 집단의 본질이 집단 구성원들의 상호 의존적 관계 여하에 의하여 결정된다고 보았다. 즉, 집단의 한 부분의 변화는 다른 부분을 변화하게 하는 역동적인 관계를 갖는 장으로 집단을 이해해야 한다(Lewin, 1948: 54). 그는 이러한 집단의 특성을 물리학에서 사용한 장의 개념을 도입하여 설명했다. 예를 들어, 자장(磁場)에 철편(鐵片)이 들어오게 되면, 그 자장의 전체 구조가 변화하게 되는 것처럼, 집단도 하나의 전체적인 장을 구성하고 있어 한 구성원의 참여나 활동은 그 집단의 장에 있어서 전체적 구조를 변화시키고, 그 구성원 역시 그 집단의 장에 의하여 영향을 받게 된다. 그러므로 집단에 참여한 구성원 개인은 다른 구성원들과 상호 의존 관계를 가지고 있으며 그 구성원들의 활동은 서로 영향을 주고받는다. 이렇게 집단을 구성원들의 사회심리적 장으로 이해하려 한 레빈의 입장은 집단역동성 이론이 발달할 수 있게 하는 기초를 이루었다고 볼 수 있다.

구성원들의 상호 의존적 관계에 의하여 형성된 집단은 잠시도 정적인 상태나 균형된 상태에 머물러 있지 아니하고, 각기 다른 성격과 욕구를 가진 구성원들은 상호 간에 적응해야 하고 또 그들의 공동의 문제에 적응해야 하는, 계속적으로 움직이는 동적인 상태에 놓여 있다. 집단은 하나의 체제로서 그 속에 역학적 상호작용이라 불리는 구성원들의 상호 적응과정이 계속되고 있다(Lewin, 1951). 이렇게 계속적으로 움직이는 과정에 있는 집단을 이해해야 할 것을 강조한 레빈의 이론적 입장은 집단역동성의 이론 혹은 연구의 발달을 자극했다(박용헌, 1987: 186). 그러나 장이론은 집단행동을 서술함에 훌륭한 기초를 제공하고 연구에 자극을 주었으나 안타깝게도 집단역동에 있어 체계적 이론구성을 이룩하지 못했다.

상호작용이론(interaction theory) 이 이론은 집단을 구성원들의 상호작용 체제라고 보는 입장이다. 상호작용은 두 사람 이상이 서로 접촉하여 서로의 행동에 영향을 미치게 되는 대인관계 과정이라고 정의할 수 있다. 모든 사회현상은 상호작용에 의해서 이루어진다. 사회나 집단도 그 사회 구성원의 상호작용의 결과로 이루어진다. 따라서 사회학의 이론을 수립하기 위해서나, 실제 사회현상을 분석하기 위해서도 많은 학자들이 상호작용 과정에 집중적 관심을 갖는다(Parsons, 1961: 41). 짐멜(G. Simmel)에 의하여 처음으로 소개된 이 상호작용 개념은 쿨리(Cooley)도 집단 내부에서 형성되는 심리적 구조를 설명하는 데 기본개념으로 삼았던 것이며, 그 후 미드(G. H. Mead)에 의하여 더욱 발전되어 왔고, 집단역동성 이론에 크게 공헌한 중요한 개념이다.

이 이론의 중심은 집단의 공동목표를 달성하기 위하여 부과된 역할을 수행하는 개인의 모든 행동은 다른 개인의 역할수행 행동과 관계를 가지며 이루어진다고 보고 성원들이 상호작용하는 집단의 기능적 측면을 분석할 것을 강조한다. 호만스(G. Homans)는 성원들의 활동과 그 상호작용을 분석함으로써 집단의 특징을 설명하려 했으며, 밸즈(R. F. Bales)는 공동목표를 달성하기 위하여 노력하는 과정에 구성원들이 당면하는 문제 영역을 분석함으로써 구성원들의 상호작용 과정을 설명하려 했다(박용헌, 1987: 187).

사회학의 기능주의 이론에서는 상호작용이 이상적인 상태로 계승 · 유지하기 위해서 요구되는 개인 상호 간의 기대역할, 규범, 가치 등을 분석하고 이들 규칙이 어떻게 작용하는가에 관심을 집중한다. 그러나 집단역학에서는 사회적 상호작용을 어떠한 규칙에 의하여 형성 · 유지되는 것이 아니라, 항상 변화하는 유동적 과정에 있는 역동적 대인관계로 본다.

정신분석학적 이론(psychoanalytic theory) 개인의 심리적 동기를 분석하려 한 정신분석학의 이론이 집단활동의 연구와 이해에 활용되고 있다. 최근에 집단요법의 효과가 인정되자 집단의 기능이 개인의 동기와 행동에 미치는 영향에 관한 연구에 관심을 갖게 되었다.

정신분석학이 발달시킨 개념인 동일화(identification), 방어기제(defense mechanism), 무의식 등의 개념은 집단역동성 이론의 중요한 개념들이다. 동일화 작용을 통한 구성원들 간의 감정적 유대는 집단의 안정이나 변화에 중요한 작용을 한다(박용헌, 1985: 189). 또한 집단 구성과 상호작용에 작용하는 유아기의 경험, 정서, 무의식 과정 등도 중시된다. 무의식적 정서요인은 구성원들 상호 간에 맺어지는 감정적 유대의 성격을 부분적으로나마 설명해 주며 갈등, 응집력, 낙인 등의 과정을 이해함에 도움을 준다(남세진, 1993: 45).

프로이트(S. Freud)가 발달시킨 개인의 심리적 동기에 미치는 집단의 영향을 분석한 이론을 배경으로 집단역동의 연구가 이루어지고 있다. 그러나 정신분석학이 발달시켜 놓은 이론과 가설을 집단역동성 이론의 전개에 많이 인용하고 있으면서도 정신분석학의 이론을 배경으로 하는 실험적 연구는 적은 편이다.

집단역동에 관한 접근이론은 앞에서 언급한 이론 이외에도 많이 있을 수 있다. 집단역동성 이론이 다양한 이론적 접근과 연구방법을 필요로 하는 까닭은 집단이 다양하고 그 집단이 갖는 문제가 다양하기 때문이다. 또한 사회과학의 어느 영역에서나 집단의 중요성을 인정하고 그들 나름대로 집단을 연구하고 있기 때문에 자연히 다양한 이론과 연구접근들이 나올 수밖에 없다. 그러나 이같이 생성된 집단역동에 대한 다양한 접근과 이론은 상호대립적인 것이 아니라 상호보완적인 관계를 유지하며 실제적인 문제해결에 기여하고 있다.

3. 집단역동성의 연구방법

관찰법

초기의 집단 연구자들은 연구방법으로 관찰을 이용했다. 또한 그들은 집단 내 개인들을 관찰함으로써 집단에 관한 질문에 타당하고 효율성 있게 답을 할 수 있으리라고 생각했다(Cartwright & Zander, 1960). 그 후 집단 연구자들은 다양한 관찰 방법을 개발해 왔고, 그 결과 **관찰연구**(observation research)라는 말이 일반화되었다.

집단 연구자들에 의하여 개발된 다양한 관찰법은 관찰방법이 서로 다를지라도, 관찰된 내용을 체계적으로 서술하고, 집단역동성에 관계되는 어떤 가정의 적절성을 검증하기 위해서 일어나는 사건들을 기록한다는 점에서는 서로 동일하다(Kidder, 1980).

참여관찰(participant observation) 참여관찰이란 과학적 조사를 하기 위하여 관찰자가 관찰되는 집단상황에 직접 참여하는 것을 말한다. 관찰자는 관찰되는 사람과 면대면(面對面)의 관계를 유지하며, 자연스럽게 생활장면에서 피관찰자들과 함께하면서 자료를 얻는다(Schwartz & Schwartz, 1955: 344). 이 방법은 관찰자가 집단의 한 구성원으로 참여하기 때문에 외부 관찰자에게는 숨은 정보를 많이 얻을 수 있다. 그러나 이 방법은 관찰자가 집단원으로 직접 참여해야 하는 어려움이 있기 때문에 그보다 손쉬운 외현관찰방법(overt observation method)을 사용하는 경우가 많다. 이 외현관찰방법은 외부관찰자의 존재가 알려진 상태에서 집단활동을 관찰하고 기록한다. 따라서 이 방법을 사용할 때에는 관찰자의 관찰행위가 집단에 직접적으로 영향을 주지 않도록 조심해야 한다. 하지만 아무리 조심한다 하더라도, 호손(Hawthorn) 실험*에서처럼 관찰이 원래의 집단행동에 영향을 끼침에

유의해야 한다. 이와 같은 외현관찰의 단점을 피하기 위해서 은폐관찰(covert observation)이 이용되기도 한다. 은폐관찰은 관찰자가 어디에 있는지 모르게 숨겨진 장소에서 행동을 관찰하고 기록하는 방법이다. 그러나 이 방법은 방법론상으로는 추천할 만하더라도 사생활 침범이라는 면에서 윤리적인 문제가 생기며, 관찰자가 얻을 수 있는 정보의 양에 제한을 받지 않을 수 없다(Forsyth, 1990: 28).

구조적 관찰(structuring observation) 초기의 많은 집단 연구자들이 관찰 연구를 이용해 왔지만, 불행하게도 그들이 필연적으로 직면하게 되는 것은 관찰내용의 객관성이 문제였다. 관찰에 의해 수집된 자료가 정확하지 않거나 편견을 갖는 것이라면 그 자료에 근거하여 생성된 정보는 과학적 지위를 의심받게 될 것이다. 그러나 집단행동을 관찰함에 있어서 나타나는 객관성의 문제는 '구조적 코드 시스템(structured coding system)'에 의해서 해결될 수 있다. 생물체를 과, 목, 강 그리고 문으로 나누는 생물학자와 같이 집단역동성 이론 학자들은 각 집단행동을 객관적으로 정의할 수 있는 유목으로 분류해서 관찰 시 사용했다. 즉, 그들은 집단에 있어서 어떤 행동이 흥미롭고 흥미롭지 않은가를 결정한 다음, 분류체계에서 사용되는 유목이나 분류를 정했다. 그리고 집단을 관찰하는 한편, 연구자들은 관찰내용을 유목이나 분류에 따라 연구대상 행동의 빈도를 기록하고 발생률을 계산했다.

한편, 밸즈(Bales, 1950)는 새로운 상호작용과정분석(interaction process analysis: IPA)이라는 관찰기법을 고안했다. 그의 상호작용과정분석(IPA)을 살펴보면, 첫 단계에서는 집단 구성원에 의해서 수행된 행동 하나하나가 여러 가지 유목으로 분류된다. 이 분류 유목 중에서 여섯 개는 사회 정서적 반응을 나타내는 것이고, 다른 여섯 개는 작업 활동을 반영한 것이다. 이를 관찰에 사용하기 위해서 연구자들

* 호손 실험은 하버드대학교의 메이요(A. Mayo) 교수가 중심이 되어 시카고 교외의 웨스턴 전기 회사의 호손공장에서 1927년부터 약 5년간에 걸쳐 실시된 실험이다. 이 실험에 의해 인간은 경제적 조건뿐만 아니라, 심리적 · 사회적 조건에 의해서도 그 행동이 영향을 받는 다면적 존재라는 사실이 밝혀졌다.

은 먼저 각 유목의 정확한 의미를 적어도 두 관찰자에게 가르쳐야만 한다. 관찰자들은 집단토의를 듣고 구별할 수 있을 정도로 가장 작으면서도 의미 있는 단위로 언어적 내용을 잘게 쪼개야 한다. 관찰자들은 각 유목들을 포함하는 서식에다 누가 누구에게 말했다는 것(예를 들어, A라는 사람이 C에게)과 대화의 형태(말하자면, 단결을 보여 주거나 혹은 친절함을 나타내는 이야기)를 기록한다. 한 예로, 피험자 A가 "우리들은 자기가 자기를 소개해야만 하느냐?"라는 질문을 하면서 집단토의를 시작한다. 이에 피험자 B가 "예."라고 대답했다면, 관찰자들은 '의견을 묻는다' 라는 유목 옆에 A-B(피험자 A가 의견을 제시한다)라고 쓴다. 만약, 후에 상호작용에서 피험자 C가 전체 집단에게 "이 집단은 시간낭비이고 재미없다" 고 화내면서 말한다면, 기록자는 '불친절하게 보인다' 라는 유목 옆에 C-D(피험자 C가 전 집단에게 비호의적인 것 같다)라고 쓴다.

이 방법을 잘 활용하면 집단 상호작용의 신뢰롭고 타당한 기록들을 산출해 낼 수 있다. 또한, 특수한 형태의 행동이 발생하는 빈도가 기록되기 때문에 집단 내의 상호작용량을 수적으로 나타낼 수도 있고, 다른 집단들과의 비교도 가능하게 된다. 밸즈(R. F. Bales)는 40년 이상을 이 같은 연구에 몰두해 오면서 최근에는 '집단의 다단계 관찰방법(System Multiple Level Observation of Group: SYMLOG)' 을 개발했다(Bales, 1980).

비교관찰(compatative observation) 많은 관찰연구는 비교에 그 목적을 둔다. 즉, 관찰자들은 둘 혹은 그 이상의 집단을 관찰한 후 집단 사이의 여러 역동성의 원인을 추리한다. 휘트(Whyte)는 거리의 불우한 남자 아이들의 집단과 대학에 다니는 다소 수준이 높은 남자 아이들의 집단을 비교관찰했다. 그는 이러한 다른 특성이 집단조직과 사회구조와 같은 요인에 어떤 영향을 주는가를 살피기 위하여 두 집단의 역동성을 비교하였다.

비교관찰은 연구자에게 집단에 대한 특별한 이해를 갖게 한다. 만약 집단이 여러 면에서 유사하지만 여전히 역동적인 면에서 차이를 나타낸다면, 연구자는 어떤 요인이 그런 차이를 나게 하는가를 비교관찰을 통해서 파악할 수 있게 된다(홍성열 역, 1991: 57).

사회성 측정법

집단 구성원들이 어떤 일이나 사물에 대해서 어떻게 느끼고, 그들이 특별한 행동을 왜 하는지에 대해서 알기 원한다고 할 때, 가장 확실한 해결책은 그들에게 직접 묻는 것이다. 우리가 묻는 방법은 표준화된 심리 검사지나 특별히 제작된 질문지나 면담 등 다양하다. 이렇게 여러 방법이 이용될 수 있지만, 이 방법들이 필수적으로 거치는 과정은 언제나 질문하고 그에 대한 답을 기록하는 것을 포함한다. 이 때문에 이 방법들을 '자기보고방법(self-report measures)'이라 부르는데, 사회성 측정법도 자기보고방법의 한 예가 된다.

사회성 측정법(sociometry)은 학교현장에 널리 알려진 이론으로서 모레노(F. L. Moreno)에 의해서 창안되었으며, 테닝스(H. H. Tennings)에 의해서 더욱 발전되었다. 이 사회성 측정법을 통해 집단 구성원들의 역할행동 분석과 구성원의 상호작용에 의한 응집과 반발의 형태를 분석함으로써 집단의 구조, 응집성, 안정성, 외부압력에 대한 저항, 사기 및 구성원 개개인의 특성 등을 알 수 있게 된다. 이 방법은 형식적 · 비형식적인 이중체제 구조를 가지고 있는 학급에서 자생적으로 형성된 비형식적 인간관계를 파악하여 학급의 구조와 역동성을 이해하는 데 가장 대표적으로 사용되는 방법이다.

사회성 측정에서는 인간관계와 집단의 형태를 성원 간의 응집과 반발의 역동적 체계로 본다. 따라서 이 방법은 집단에 있어서의 구성원 간의 응집과 반발의 형태를 분석하고, 그 빈도와 강도의 측정을 통해서 구성원의 집단에 대한 관계와 위치, 그리고 집단의 구조와 발전의 상태를 기술 · 분석할 수가 있다. 특히 이 방법에서는 인간사회의 단위를 두 사람에 의해서 성립되는 다이애드(dyad)로 보고, 두 사람 사이에는 자발적인 정서적 감정의 교류로서 텔레(tele)가 존재한다고 보며, 이 텔레의 견인과 반발에 의한 선택과 거부의 역학적 체계가 형성된다고 보고 있다(정인석, 1988: 351).

이 기법의 각 단계를 살펴보면, 첫째로 각 개인은 하나 혹은 그 이상의 질문에 답하도록 요구받는다. 대체로 중심이 되는 질문은 집단에서 "당신은 누구를 제일 좋아하느냐?" 혹은 "당신은 누구를 제일 좋아하지 않느냐?"와 같은 질문들이 사용된다. 두 번째 단계에서 연구자는 '소시오그램(sociogram)'을 만들어서 각 개인이 선택한 사람을 간단히 도식화한 후 이를 다시 의미 있는 패턴으로 조직해서 도형을 그린다. 이때 빈번히 선정된 사람들은 도형의 동심에 놓이게 되고, 선정 빈도가 낮은 사람은 외곽으로 밀리게 된다. 마지막 단계에서 연구자는 '소시오그램'에 의해서 집단의 모양과 각 개인의 위치를 확인한다. 이런 단계에서 스타·고립자·짝·하위집단(chain)이 파악된다.

이 기법은 간단한 절차에 의하여 이루어지지만 집단의 전체적인 실태를 깊이 이해하는 데 도움을 주고, 지도자, 고립자, 하위집단, 비공식적 집단 등을 파악하는 데에도 유용하게 이용된다. 비록 질문지의 결과에 기초한 것이라 할지라도 연구자들은 관찰을 기초로 해서 사회적 관계를 그릴 수 있고, 상호관계성을 수량화할 수도 있기에 이 기법은 집단 간의 비교도 가능하게 한다.

현장실험

집단활동에 관한 어떤 가설을 검증하기 위하여 쓰이는 한 방법을 현장실험(field experiments)이라고 한다. 예를 들면, 집단행동에 어떠한 새로운 변인을 투입하거나 혹은 한 변인을 제거했을 때 집단활동의 변화를 발견하려는 것이다. 실제 일어나고 있는 집단활동에 주어진 변인만을 조작하여 그 결과 어떠한 변화가 일어나게 되는가를 검증하려는 방법이 현장실험에서는 중요하다. 또한 이 방법에서는 집단활동을 전혀 방해하지 않도록 주의해야 하며, 통제 요인을 조심스럽게 취급해야 한다(박용헌, 1985: 196).

실천연구

실천연구(action research) 방법을 활용하여 많은 연구를 한 사람은 레빈이다. 그는 종전의 사회과학의 여러 영역에서 발달시켜 놓은 연구방법들이 실제문제 해결에 활용될 수 없음을 느끼고, 문제가 나타난 실제적 사태 안에서 연구 조사하는 방법을 활용하려 했다. 그의 연구활동에서는 문제가 생기는 실제 활동 속에 바로 들어가 다양한 요인에 의하여 변화하고 움직이는 사태를 파악할 수 있는 방법을 활용할 것을 강조하고 있다.

실천연구는 다음과 같은 일반적인 절차를 밟는다.

- 해결할 문제의 소재를 밝힌다.
- 구체적 목표를 설정한다.
- 이 목표에 도달하기 위한 방법과 절차를 세운다.
- 설정한 방법과 절차에 따라 실천하여 관찰된 사실을 정확히 기술한다.
- 목표 달성 여부를 평가할 방법을 설정하여 검증한다.
- 실천활동과 개선된 결과와의 관계를 밝힌다.
- 다른 현장이나 상태에서도 활용될 수 있도록 일반화하고 이를 검증한다.

이 방법의 장점은 많은 요인에 의하여 변화하고 동적인 상태에 있는 집단활동을 보다 정확히 관찰하고 당면한 문제를 발견하는 데 있다. 역동적인 교육현장에서 야기되는 문제를 규명하고, 그 해결을 위한 방법을 모색하고, 이를 검증하여 직접 일선 교육에 도움을 줄 수 있는 실천적 연구의 필요성은 절실하다.

4. 학급집단과 집단역동성

우리가 학급을 '집단(group)' 으로 보는 것은 다음과 같은 집단의 속성 때문이다. 집단은 부분적으로 상호 영향을 주며 상호작용하는 사람들의 집합이다. 학급에서 학생들은 다른 사람들의 상(像)과 자신의 개념을 가지게 되는데, 학급과 교육과정에 대한 학생들의 느낌에 영향을 미치는 것은 주로 타인에 대한 이러한 상(像)들이다. 따라서 교실에서의 학생 상호작용과 상호 의존의 이해는 매우 중요하다. 모든 집단에는 집단의 목표와 개인의 동기 추구 사이에 지속적으로 끌어 주는 힘이 있는데 학급도 공동의 목표를 위한 상호작용이 있다(김경식 역, 2000: 43-51).

학급은 학교의 사회적 체제를 구성하는 하나의 작은 하위 단위 조직이지만 그 중요성은 매우 크다. 대부분의 학습활동이 학급에서 교사와 학생 간의 상호작용을 통하여 이루어지기 때문이다. 그래서 많은 교육사회학자들은 교실의 제 현상을 연구의 대상으로 삼고 그것을 분석한다. 우선 학급의 사회적 구조가 형성되는 과정과 학급 내의 구성원들 간의 접촉을 통해 이루어지는 집단 과정을 살펴보기로 한다.

학급집단의 형성

학급집단은 처음에는 제도적으로 조직된 형식적인 집단에 지나지 않지만, 한 개인이 성장하는 것처럼 체계적인 단계를 거쳐 역동적인 구조를 갖게 된다. 학급집단은 일반적으로 다음과 같은 네 단계를 거쳐서 형성된다.

첫 단계에서는 학급에서 수용되고 허용되는 행동을 탐색한다. 입학 초의 학생들이나 새로 편성된 학급의 학생들은 첫날부터 학급의 성원이 되지는 않으며, 그렇게 되려면 상당 기간이 필요하다. 처음에는 서로 긴장하면서 자기가 다른 학생들에게 어떤 태도를 취해야 하며 또 상대방의 태도에 대하여 어떻게 대응해야 하고, 상대방에게 무엇을 기대할 수 있는가에 대한 탐색이 필요하다. 이 탐색활동을 통해서 자기와 타인과의 공통성을 의식할 수 있고, 다른 사람들과 유대도 맺게 된다.

두 번째 단계에서 구성원들은 그 학급집단의 목표를 찾는다. 탐색의 과정을 거치면 학생들은 그들의 상대적인 영향력과 그 집단에서 독특하게 허용되는 것을 알게 됨으로써 여기서 자생적인 소집단이 만들어지게 된다. 이 소집단의 구성원들이 어떤 행동의 통일과 집단의 합리적인 유지를 위해서 집단의 목표를 찾아낸다. 따라서 집단의 목표가 분명히 인식되고 목적의식이 투철하게 되면 집단의 응집성도 커진다. 집단목표는 성원들에게 동일한 반응을 일으켜 주는 자극을 줄 뿐만 아니라 집단사고를 가능하게 한다.

세 번째 단계에서는 집단의 규범을 형성한다. 집단목표가 설정되면 여기서 성원들의 행동을 규제하는 힘이 나오게 되는데 이것이 집단규범이다. 집단규범은 성원의 역할 지위의 차이를 초월하여 전체 성원에 대해서 동등하게 기대되는 표준적인 행동양식이다. 따라서 집단규범에 부합되는 행동은 조장되고, 일탈한 행동에 대해서는 제재가 가해진다. 또한 집단규범은 우리의식(we-consciousness)을 키워 줌과 동시에 비성원을 배격하는 기능을 갖는다.

마지막 단계는 학급 구성원들이 수행할 집단의 목표와 역할을 분명히 인식할 때 나타난다. 그 학급의 구성원 개인별로나 하나의 학급집단으로서 학습활동 및 학습과제를 가장 생산적으로 처리할 수 있는 상태의 단계를 말한다.

학급 구성원들의 학급 집단과정에 대한 자유로운 토의와 그에 대하여 인식이 바람직한 학급풍토를 조성하는 데 필요하다. 학급 구성원으로서 "우리가 어디로 가야 하고, 무엇을 해야 하나?" 와 관련하여 학급 구성원들이 그들의 현재의 위치를 인식하는 것은 중요한 일이다. 건강한 학급집단은 학급집단 발전단계상 현재 어디에 위치해 있고, 보다 나은 다음 단계로 가기 위하여 무엇을 해야 하는가를 구성원들에게 분명히 해 둘 필요가 있다.

학급집단의 사회적 구조

학급의 사회체제는 극히 단순한 형태를 갖는 것처럼 보이기 쉽다. 그러나 학급은 넓은 의미의 사회체제가 갖는 다양한 구조요소를 다 갖추고 있어 복잡한 사회적 현상이 이루어지는 작은 사회다.

학급에서 학생들은 개인들의 단순한 집합체 이상의 의미를 지닌다. 학생들은 교우들과의 상호 의존, 상호작용 그리고 공동목표 달성을 위한 노력을 함께 경험하는 살아 있는 사회체제를 형성한다. 학급의 사회체제에는 보다 큰 사회체제에 어떻게 작용하는지, 개개인이 다른 사람들과 어떻게 관계하는지에 영향을 미치는 많은 하위체제들이 있다. 학생들은 공식적이든 비공식적이든 교사들과 그리고 다른 사람들과 상호작용한다(김경식 역, 2000: 62).

박용헌은 학급사회의 사회구조에 규범, 역할, 상호작용 체제, 활동구조 등의 요소가 포함된다고 보고 이를 중심으로 학급의 사회적 구조를 모형화하였다. 그는 그 모형에서 학급의 사회적 구조의 중심 개념을 교사와 학생이 학습내용을 매개로 상호작용하는 하나의 사회체제로 보고 이 세 요소들이 갖는 특성에 따라 학급의 사회적 과정이 달라진다는 점을 강조했다. 이 모형에서 그는 교사의 특성으로서 역할, 능력, 태도, 동기, 퍼스낼리티를 들고 있으며, 학생의 특성으로는 욕구, 태도, 능력, 퍼스낼리티를 들었고, 학급집단의 조직특성으로서 공동목표, 역할, 과업, 규범, 조직, 풍토 등을 들었으며, 상황적 특성으로는 학교와 학급의 위치, 물리적 환경, 시설, 시간, 장소 등을 들었다.

우리가 구조라고 말하는 것은 반복되기도 하고 어느 정도는 참가자들에 의해 기대되고 예언되는 상호작용의 유형인데, 게젤과 테렌(Getzels & Thelen, 1960)은 학급에 대한 두 가지 근본적인 구조의 유형을 제안하였다. 즉, 공식화되고 제도화된 규범적(nomothetic)인 역할과 개인적인 차원을 담고 있는 개인적(idiographic) 측면이다. 이 개념적 틀을 이용하여 월버그(Walberg, 1968, 1969), 월버그와 앤더슨(Walberg & Anderson, 1968)도 학급에서 규범적 측면과 개인적 측면들 사이에 일어날 수 있는 몇 가지 배합(blends)을 보여 주었는데, 이 분석은 각각의 비율에 따라 교실에서 다른 특징을 보인다고 제시하였다. 만약 학급이 규범적인 측면을 최대로 강화한다면 학구적인 과업과 학교의 훈육규칙을 강조하는 경향이 될 것이다. 높은 규범적 특성을 가진 학급은 개개인의 독특하고 다양한 표현을 자유롭게 하도록 허용하지 않는다. 개인적 측면의 강조는 학생들이 자기들에게 관련되고 의미 있는 것을 추구할 것이라고 가정하는데, 이는 개별성과 다양성을 강조할 것이다. 집단과정의 관점에서 두 범주는 학급의 필수적인 요소다. 학급집단은 어떤 규정된 목표를 갖는 제도적 조직이며, 동시에 서로 다른 성격을 지닌 사람들로 구성되어 있다. 효과적인 집단과정은 교실에서 규범적인 측면과 개인적 측면이 잘 조화를 이루어 작용하는 경우다(김경식 역, 2000: 50-51).

학급에서의 집단과정

아주 우연한 기회에 어떤 학교를 방문하여 각 학급을 관찰해 본다면 각 학급에서 느껴지는 감(feeling tone)이 서로 다름을 알 수 있을 것이다. 어느 학급에서는 조용하고 공식적이며 긴장감이 느껴지는 반면, 어느 학급에서는 즐겁고 활동적이며 학생들이 재미있어 하는 것을 느낄 수 있다. 이와 같이 한 집단에서 느껴지는 감을 우리들은 풍토(climate)라 칭한다.

학급풍토(classroom climate)라는 말은 비공식적인 상호작용 유형과 집단에 대한 정서적인 반응에 관련된 대인 간의 감정분위기에 적용될 수 있으며, 학생들의 자아개념, 그리고 동기 만족과 좌절에도 적용될 수 있다. 학급풍토는 신체적인 움직임, 육체적인 몸짓, 좌석 배치, 그리고 언어적인 상호작용 유형을 관찰함으로써 진단할 수 있다. 학생들이 교사를 어떻게 따르는가? 그들은 가까이 있는가, 멀리 떨어져 있는가? 그들은 신체적으로 편안하게 있는가, 경직되어 있는가, 아니면 긴장하고 있는가? 얼마나 자주 웃음이나 윙크, 등을 두들겨 주는 애정표현을 하는가? 학생들이 정연한 보조로 빨리, 조심성 있게 복도를 이동하는가? 학교가 학생들에게 바른 길이라고 지적한 길을 자유롭고 쉽게 걸어 다닐 수 있는가? 학생들이 교사들에게 가까이 하는 것을 주저하는가? 학생들이 얼마나 서로 관계를 맺고 있는가? 그들은 조용한가, 거리감이 있는가, 공식적인가? 혹은 편안하게 걸으면서 자발적으로 웃는가? 얼마나 자주 적대감을 가진 학생들 간에 싸움이 일어나는가? 싸움이 일어났을 때 다른 학생들에 의해 어떻게 싸움이 중재되는가? 학급은 말끔히 정돈되어 있으며, 교사에 의해 주로 운영이 되는가? 학생들이 교사를 마주보고 줄을 잘 맞춰서 앉아 있는가, 좌석이 세미나 형태로 배치되어 있는가, 소집단 형태로 배치되어 있는가? 좌석 배열에 변화가 있는가, 학생들이 학습활동과 관계없이 같은 자리에 앉아 있는가? 학생들은 자기들이 하려고 하는 것에 몰두하는가? 그들은 협동정신 아래 함께 공부하는가?

경쟁, 적대감, 소외의 풍토를 갖는 학급은 불안과 불평을 야기하며, 많은 학생들의 지적인 발달을 저해한다. 교사와 학생들이 서로를 지지하는 학급은 자기존중감의 발달과 기본적인 동기의 충족을 촉진한다. 이는 또한 학생들에게 지적 능력을 최대한으로 사용할 수 있는 기회를 부여한다(김경식 역, 2000: 63).

긍정적인 학급 분위기란 학생들이 자신의 지적 능력을 최대한 발휘하고 구성원 서로가 격려하는 학급 분위기를 말한다. 즉, 이러한 학급에서는 교사와 학생 간 또는 학생들 상호 간에 서로의 가능성에 대해 높은 기대를 갖고, 높은 수준의 협력관계가 유지되고, 학급의 규범은 구성원들이 과업을 수행해 낼 수 있도록 조장하며, 각 구성원들의 개인차를 최대한 보장한다. 또한 의사소통은 공개적이며 대화로서 이루어진다. 이러한 학급에서 우리들은 공동의 목표를 달성하려는 교사와 학생의 강한 동기, 긍정적인 자아개념, 심리적인 안정, 적극적인 학습활동, 구성원 서로가 서로를 인정하는 마음 그리고 급우 · 학급 · 학교에 대한 높은 애착심 등을 발견할 수 있을 것이다.

각각의 풍토에서 볼 수 있는 특성 그 자체도 중요하지만, 한 학급의 풍토는 풍토를 이루는 각 특성을 합한 것보다 더 큰 의미를 갖는다. 풍토라는 개념 속에는 각 특성이 어떻게 통합되고 서로 어떻게 작용하는가도 포함된다. 이러한 뜻에서 우리들은 학급풍토를 학급에서 학생들 상호 간 , 학생과 교사 간에 이루어지는 집단 과정으로 볼 수 있다. 풍토는 교육목표를 수행하는 데 '무슨' 학급활동이 있으며, 인간 교류를 통해 교육과정과 학습자료들을 '어떻게 실제로 사용하는가' 이며, '학급집단 구성원들 사이에 관계를 맺는 유형' 이다.

기 대 자기충족예언(self-fulfilling prophecy)에 대한 사회심리학적인 역동성과 대인 상호 간의 기대는 많은 교육연구자들을 자극해 왔다. 대부분의 사회적 행동은 행위자의 개인적인 동기에서뿐만 아니라 그러한 상황에서 다른 사람들이 어떻게 행동할 것인가에 대한 행위자의 기대가 포함되어 있다. 기대는 다른 사람이 어떻게 행동할 것인가에 대한 예견이다. 모든 사람은 자기 자신에 대한 기대뿐만 아니라 그들과 상호작용하는 다른 사람에 대한 기대를 갖는다.

교실에서의 기대에 대한 대부분의 체계적인 연구는 학생에 대한 교사의 기대에 초점이 맞추어져 있다. 자기충족예언에 대한 팔라디(Palardy, 1969)의 연구를 살펴보면, 남자보다 여자 어린이들의 독서력이 더 좋다고 기대하는 1학년 담임교사로부터 지도를 받은 학급의 여자 어린이들은 학기말에 가면 남자 어린이들보다 책을 더 잘 읽었다. 그러나 성차를 기대하지 않는 교사들이 담임한 학급은 남녀 간에 차이가 없었다. 도일, 한코크와 키퍼(Doyle, Hancock, & Kifer, 1971)의 연구에 의하면 IQ의 차이가 없음에도 IQ가 높다고 판정받은 학생들은 IQ가 낮다고 판정받은 학생들보다 일처리를 더 잘했다. 한편 굿과 브로피(Good & Brophy, 1973)는 교실에서 기대효과가 이루어지는 과정을 설명해 주는 이론적인 체계를 제시했다. 이들 연구결과로 볼 때 자기충족예언이 많은 교실에서 실제로 일어나고 있음을 알 수 있다.

이처럼 교사와 급우들의 반응으로부터 받은 영상(reflections)은 학생들의 자아개념에 지대한 영향을 주는데, 다른 사람들로부터 불친절한 반응을 받은 학생들은 그들 자신에 대해 보잘 것 없는 견해를 발전시켰다. 부정적인 자아개념은 다음과 같은 나쁜 영향을 미칠 수 있다. 첫째, 학생들이 자신에 대해 느끼는 방식은 다른 사람들에 대한 그들의 행동을 결정하는 중요한 요소가 된다. 그래서 자신에 대해 부정적 감정을 가진 학생들은 또한 다른 사람들에 대해 부정적인 감정을 가지는 경향이 있다. 다른 사람들에 대한 그들의 공격적인 반응은 차례로 부정적으로 반응하는 다른 사람들을 그저 지지한다. 둘째로, 학급에서 자기존중감의 정도가 낮은 학생들은 그들이 학교에 있을 때 백일몽에 사로잡혀 있거나 비행을 저지르는 경향이 있다. 그들은 학교에서 빨리 중퇴해 버리고 싶어 하는 경향이 있다. 따라서 창의적인 교사들이 올바른 지도를 수행해야 할 주요 대상은 학교에서 자기존중감이 낮은 학생들이나 그들의 자기존중감이 학업성취와 무관한 학생들이어야 한다. 계속 증가하는 학생 소외와 급증하는 중퇴율도 교사에게는 또 다른 관심거리다(김경식 역, 2000: 59).

규 범 규범은 적절한 학급에서의 행동에 대한 기대와 태도를 구성원들이 공유하는 것이다. 학생들은 규범의 귀의성 때문에 어느 정도 예측가능하게 행동을 한다. 학급 구성원들은 다른 급우들의 행동을 서로 살펴보기 때문에 규범은 행동의 강한 유지 장치로서의 기능을 갖는다.

규범은 학생들의 학습참여 정도와 구성원 간의 인간관계에도 영향을 미친다. 학급 구성원들은 개인차가 있기 때문에 규범은 유연하고 가변성이 있어야 한다. 긍정적인 학급풍토에서 허용되는 행동의 범위는 넓고 개인의 특성이 상당히 인정된다.

잭슨(Jackson, 1960)에 의하면 구성원의 행동 범위가 좁은 집단에서는 그 규범을 어기게 되어 처벌받을 가능성이 매우 높다. 그러나 규범적 범위가 넓은 교실에서는 제한과 엄격한 규제보다는 유연성이 있고 구성원들의 사기를 진작시킨다. 쉬무크(Schmuck, 1966)는 학급의 구조 규범과 응집성과의 관계를 보여 준다. 분산적 유형의 학급집단에서는 집중적 구조의 학급에서보다 교사에 대한 학생들의 규범이 긍정적이고, 학생들의 행동범위가 넓다.

학생 동료집단의 규범은 교육장면에서 결정적인 역할을 한다. 하그리브스(D.

Hargreaves)는 학생들에 의해서 형성된 규범에 의하여 공부를 열심히 할 수도 있고, 게을리할 수도 있다는 것을 발견했다. 연구 대상이 된 학교의 학생들은 여러 가지 하위집단으로 나뉘어졌으며, 각 집단별로 그들 나름대로의 특이한 규범을 형성시켰다. 예를 들면, 한 집단은 학교규칙과 대립되는 규범이 형성되어 나쁜 학업성적을 부추겼으며, 게으름, 파괴 행위, 무단결석이 그 집단의 지배적인 생각이었다. 이와는 반대로 다른 하위집단은 학교의 지침과 완전히 일치하는 규범을 발전시켰다. 이 집단에서는 성적을 위해서 노력하기, 열심히 공부하기 그리고 정직성이 긍정적으로 받아들여졌다. 그 결과 첫 번째 집단의 학업성적은 두 번째 집단의 학업성적보다 계속 떨어졌다(Hargreaves, 1967).

의사소통(communication) 언어와 비언어적인 의사소통은 학급집단과정이 이루어지게 하는 매개체가 된다. 의사소통은 학급풍토와 관련하여 이해해야 할 요인이다. 언어 의사소통에 대하여 많은 연구가 이루어져 왔지만, 이러한 연구들은 학급풍토와 잘 관련되지 않는다.

플랜더즈(Flanders)는 "학급에 들어가 보면 누군가가 이야기하고 있는 경우가 60% 이상이 된다."고 기술했다. 그는 이야기하는 시간의 대부분을 교사가 차지한다는 점도 지적했다. 플랜더즈의 상호작용분석법의 개별에 이용된 대부분의 연구는 교실상황에서 교사와 학생 간의 언어행동에 초점을 맞췄다. 대부분의 언어적 의사소통이 교사와 학생 간에 이루어지지만, 의사소통은 학생 간에도 이루어진다. 우리들은 교사와 학생 간의 의사소통뿐만 아니라 학생동료집단의 의사소통도 학급집단을 이해하는 데 중요하다는 점에 유의해야 한다.

불행하게도 학생 간의 의사소통에 관한 연구는 거의 없다. 학생들 간의 의사소통에서는 언어적 의사소통도 중요하지만, 중얼거림, 고개 끄덕임, 윙크, 볼웃음, 몸짓 등으로도 많은 의사소통이 이루어진다. 학생동료집단의 상호작용 유형은 학급풍토와 직접적으로 관계된다. 학급 구성원들이 서로 미워하고 말을 삼가는 학급의 학생들은 친절한 교우관계를 맺는 경우가 적을 것이다. 많은 학급의 학생들은 자유로운 접촉이 제한된다. 즉, 감정이입이 거의 일어나지 않고 교실에서 이루어지는 대화의 80% 이상을 교사가 한다. 그러나 긍정적 학급풍토가 조성되어 있는 학급에서는 많은 대화가 이루어지고, 구성원 간의 의사소통이 활발히 이루어진다.

응집력(cohesiveness) 응집력은 학급 구성원들이 그 학급집단에 대하여 갖는 감정과 관계된다. 응집력에서 중시되는 것은 개인 간, 하위집단 간 혹은 학생과 교사 간의 관계보다는 전체로서의 집단과 각 개인과의 관계다.

산업체의 연구에서 사기와 생산성에 미치는 응집력의 중요성이 밝혀졌다. 생산을 지지하는 규범이 조성되면 응집력은 그 집단의 생산성과 정적인 상관관계를 갖게 된다. 응집력이 있는 집단은 응집력이 없는 집단보다 목표 지향적이고, 구성원들의 목표가 조직의 생산성에 부합되면 응집력은 촉진제 역할을 한다. 뚜렷한 목표를 갖는 학급집단은 학생들을 만족시킨다. 더욱이 교육목표를 달성하기 위하여 그들에게 어떤 역할이 기대되고 있는가를 인식하고 있는 학생들은 학급의 어디에도 소속되지 않은 학생들보다 더 만족스러워 한다.

멀돈(Muldon, 1955)과 쉬무크(Schmuck, 1966)에 의하면 학급집단의 응집력은 교우관계와 관계가 있다. 교우선호관계가 보다 분산되어 있는 학급이 더 응집력이 강하다. 인기 있는 스타와 인기 없는 구성원이 분명하게 구분되는 학급은 응집력이 떨어지고 하나의 집단으로서 활동하지 못한다. 분산적인 교우선호관계가 형성된 학급은 분명한 학급의 집단목표를 가지며, 구성원의 다양성도 인정하게 된다. 응집력이 강한 학급집단이 긍정적인 학급풍토를 갖게 된다. 때때로 학생동료집단에 의해서 조성된 규범이 학습활동에 참여하는 것을 부정적으로 보고 이를 조장하지 않을 때, 학생동료집단의 응집력이 학교의 학습목표와 상치될 수 있다. 교사와 학교에 대립되는 규범을 갖고 있으며 응집력이 강한 학생동료집단은 효과적인 학습풍토의 조성을 방해하게 된다. 그런 학급의 경우 교사는 새로운 행동규범을 학생들이 형성하도록 지도해야 한다.

학급편성에 따른 논쟁

학급구성과 성적 동질능력학급(tracking)—동등한 수준의 능력을 갖는 학생들을 한데 묶어서 동질의 학급을 만드는 것—이 우리들의 학교에서 일반적으로 행해져 왔다. 동질능력집단의 지지자들은 동질능력학급이 가르치는 것을 더 쉽게 만들었으며, 학생들의 성취 수준에 좀더 적절한 자료를 제시할 수 있으며, 능력이 있는 학생과 비교됨으로 해서 능력이 부족한 학생들이 입게 되는 피해를 막을 수 있다고 주장했다. 그러나 능력이 없는 학생들만으로 구성된 학급을 가르치는 교사들은 견뎌 내기 힘든 일에 직면하게 되고, 학년을 거듭하면서 열등반에만 배정받아 온 학생들은 불리한 입장에서 졸업하게 된다. 또한 학생들은 그들의 학급배정이 무작위에 의한 것이 아니라는 것을 알게 되고, 바보들로 채워진 학급이라는 비난을 받음으로써 자학을 경험하게 된다. 동질 대 이질 능력 학습집단의 상대적인 이점들이 여전히 논쟁 중에 있다고 할지라도, 이 문제에 대한 경험적 연구들은 이질능력 집단을 지지하고 동질능력 집단을 반대하는 경향이 있다.

학급목표의 설정 학급목표의 설정방법을 세 가지로 나누어 살펴볼 수 있다. 첫째로 목표가 개인주의적일 때 학생들의 성적은 학생 서로에 대해서 전적으로 독립적이다. 한 학생의 성공 혹은 실패는 다른 학생의 평가에 아무런 영향을 미치지 못한다. 두 번째로, 만약 학급이 경쟁적으로 구성되어졌다면 다른 학생이 나쁜 점수를 얻었을 때에만 좋은 점수를 얻을 수 있다. 평균에 근거해서 평점을 준다는 것은 약간의 경쟁 형태를 포함한다. 셋째로, 협조적인 체제에서 학생들은 다른 팀 멤버들이 과제를 성공적으로 마칠 수 있을 때에만 성공적일 수 있다.

각 학급목표 설정방법은 장단점이 있다. 개별적 평가학급은 독립성과 자신의 일에 대한 책임감을 줄 수 있는 반면, 학생 서로가 가르치고 배우는 기회가 이용되지 않을 수 있다. 반대로, 경쟁적 평가학급은 상당히 동기화될 수 있으나, 지나친 경쟁은 대인관계 갈등, 신뢰의 상실, 공격성을 야기할 수 있다. 협조적 학급은 개인성의 상실과 낮은 동기가 문제시되지만, 조화 · 신뢰 · 팀워크를 높일 수 있다.

이들 세 종류의 학급에 대한 각각의 상대적 이점들은 여전히 논쟁 중에 있지만 경험적 연구들은 협조적 평가체제의 학급이 개인주의적 혹은 경쟁적 평가체제 학급보다 더 효과적이라는 결론을 내렸다. 그리고 경쟁은 학생들이 다른 집단과 경쟁하는 소집단에서 협조할 때에만 효과적임이 밝혀졌다(홍성열 역, 1991: 514).

5. 소집단 협동학습

학교에서 이루어지고 있는 대부분의 학습활동은 집단활동을 통해서 이루어지고 있다. 그러나 학급이라는 집단에서 학습이 이루어지고 있으나 대부분 교사 중심의 일제학습의 형태에서 벗어나지 못하고 있다. 그로 인하여 학생들은 매우 피동적으로 학습에 임하는 경우가 많으며, 단조로운 학습활동에 흥미를 잃고 학습 결손이 누적되어 학교효과가 떨어지고 있다. 이와 같은 일제학습의 단점을 보완하고 자발적이고 창의적인 학습활동을 촉진시키기 위하여 소집단활동을 통한 학습의 필요성이 제기된다.

■ 집단 협동학습의 효과

집단은 구성원들의 태도 · 활동 · 행동을 강화시키기 위한 강력한 기제를 가지고 있다. 한 집단 성원이 집단가치, 즉 규범에 역행하는 활동을 하면 제재를 받게 되나, 집단 성원이 공유하는 가치의 규범에 동의하고 그것들에 따라 활동한다면 좋은 평판과 긍정적인 보상을 받을 수 있다. 이러한 기제에 의해 집단이 존속하고 일관된 협동유형과 태도를 보여 주고 구성원의 활동 유형을 형성한다. 교실 안에서도 학생들은 다양한 집단을 형성한다. 이 집단들은 다양한 목적을 추구하게 되고 특별한 가치를 소유하게 될 것이다. 맥딜과 릭스비(McDill & Rigsby, 1973)는 학생들의 동료관계가 학업성취에 중요하고, 학생들의 감정에 크게 영향을 미친다는 사실을 밝혔다. 또한 협동적 학습기법에 관한 연구에서 이 기법이 집단 구성원의 상호 관심과 긍정적 · 학구적 규범들을 증진시키는 데 효과적임을 발견했다. 이 결과들은 효과적인 학습풍토를 발전시키기 위한 집단 협동학습의 중요성을 지적해 준다(김병성, 1990: 195).

소집단 구성의 유형

집단 구성의 유형은 학생의 학업성취와 관련이 있으며 학교학습풍토의 중요한 특성을 이룬다. 서로 다른 학생집단에 따라 교사들은 그들의 기대를 반영하기도 하고 영향도 미친다. 또한 학생들은 자신의 잠재력에 대한 교사의 기대와 평가를 받아들이고 그러한 수준에서 학습활동을 행하게 된다. 따라서 인위적으로 집단을 구성할 때에는 집단 구성방법을 신중히 고려하여 선택해야 한다.

동질적 집단 구성 능력별 집단 구성이라고도 불리는 동질적 집단구성은 같은 능력의 학생끼리 반을 구성하는 것이다. 예를 들면, 학급 독서 집단은 보통 동질적으로 구성되는데 거기에는 학생들이 독서수행 능력에 따라서 여러 수준으로 나뉘어 각각에 맞는 독서교재 시리즈를 읽도록 되어 있다. 어떤 경우에는 전 학급이 각 학년 수준에서 학업수행 능력에 따라 나뉠 수도 있다. 대부분의 학교에는 같은 학년에 상급 · 중급 · 열등 능력의 학급이 있다. 동질적 집단 구성은 수업의 형태와 더불어 이루어질 수도 있다.

미국의 경우를 보면, 중등학교 수준의 동질적 집단 구성은 서로 다른 교육과정 및 기대를 갖는 진학반 · 보통반 · 상업반 · 직업반 등의 진로에 기초해서 나누어지는 것이 보통이다. 이러한 집단 구성 방법은 학생들의 장래 교육 및 직업 선택에 크게 영향을 미친다.

등급별 동질적 집단 배치는 일반적으로 전 단계 학년에서의 성적, 교사의 판단, 추천 그리고 표준학력고사 성적 또는 태도검사 점수에 기초해서 이루어진다. 동질적 능력별 집단 구성은 학생들을 특정한 수준에 묶어 두는 경향이 있다. 로젠바움(Rosenbaum, 1975)의 연구에 따르면 집단 혹은 등급 간의 이동은 몇몇 예외를 제외하고는 대부분이 하향적이라고 한다. 즉, 학생들이 상위집단으로 이동하는 경우는 매우 드물다. 이러한 발견은 학력증진을 위해 능력별 집단 구성을 하는 데 있어서 아이러니라고 할 수 있다.

동질적 집단 구성은 학생들에게 분화된 학습기대를 전달한다. 상위집단 학생들은 때때로 하위집단 학생들과는 완전히 다른 교육경험을 한다. 동질적 집단 구성은 학업성취를 촉진한다는 전제 위에서 구성되었음에도 불구하고 집단 구성 과정의 결과는 시간이 흐를수록 학생의 학업성취에서 큰 차이를 만든다. 미국에서 오늘날 널리 사용되고 있는 이 방법은 50여 년 동안이나 지속된 연구 증거에 의해서 지지를 얻지 못하고 있다(김병성, 1995: 154).

이질적 집단 구성 이질적 집단 구성은 무작위 배정이나 의도적인 계획에 의해 서로 다른 학업성취를 보이고 있는 학생들을 각 집단에 배치하는 것이다. 이질적 집단 구성은 각 학년 수준에서 전체 학급을 구성하고자 할 때 자주 사용된다. 독서 및 다른 교육적인 집단도 이질적으로 구성될 수 있다. 협동적 집단학습은 일시적 집단 구성에 의해 용이해질 수 있는데, 거기에서는 특정 단원의 내용을 이미 익힌 사람들이 곤란을 느끼는 학생들에게 교사역할을 할 수도 있다. 더구나 이질적 집단 구성방법을 사용하면 동질적 집단 구성 방법에 따르는 부정적 영향 중 많은 것을 제거할 수 있다. 예를 들어, 열등반이라고 낙인찍히지 않을 수 있다. 이질적 집단 구성은 학생들 간의 사회적 관계를 증진시키며 공동적인 학습목표나 기대를 용이하게 해 준다는 장점이 있다(김병성, 1995: 155).

■ 학습집단 구성의 방법

집단 구성에 관한 교사의 결정이 학업성취에 중대한 영향을 미친다는 사실은 교사가 반드시 알아두어야 할 중요한 점이다. 예를 들면, 성취 수준이 낮은 학생들을 가르치고 있으면서 이들이 높은 수준의 학업성취를 이루도록 노력하는 것이 교사의 역할이라고 표현된 신념을 얼마나 자주 들어왔는가? 이 신념은 높고 낮은 능력의 학생들에게 서로 다른 학습목표를 선정한 결과로 나타나는 서로 다른 과제, 기본적 독서 자료의 사용에서 종종 나타난다.

서로 다른 집단에 있는 학생들이 서로 다른 기능을 학습하도록 기대된다면 그들의 성취 수준에 알맞다고 생각되는 서로 다른 수업방법 및 자료로 가르친다. 만약 교사가 세 부분의 능력집단을 가르치고 있다면 그는 세 가지의 교육과정을 준비해야만 한다. 이러한 과정은 교육과정을 분화시킴으로써 학급이나 학교 전체의 학업성취를 저해하며, 그럼으로써 교사의 활동을 더욱 복잡하게 만든다. 그것은 학생들 사이에 우월감 혹은 열등감을 조성하며, 집단 간의 성취 차이를 크게 하고, 학년 수준 성취에서 미달을 정당화시킨다. 그것은 학급 성원을 신체적 · 정신적 · 정서적으로 고립시키고 분리시키는 기능을 할 수도 있다.

학생 학습집단은 꽤 오랜 기간 동안 지속될 수도 있지만, 수업집단은 영구적이기보다는 융통성이 있어야 한다. 특정한 목표를 가르치는 초기단계에서 교사는 그러한 영역에 대해 완전히 또는 그에 가까운 정도의 학습을 이미 습득한 학생들이 있는 반면 아직도 많은 수업을 필요로 하는 학생도 있다는 것을 발견하게 될 것이다. 이와 같은 특별한 과제를 위한 집단은 동료 간의 규범이나 수업의 힘을 이용할 수 있도록 서로 학습의 정도가 다른 학생들을 포함해서 이질적으로 구성될 수 있다. 경우에 따라서는 제한된 동질적 집단이 사용될 수도 있는데, 이는 단지 교정이나 심화를 위한 수업인 경우다. 어떤 특별한 학습목표가 완성되면 이러한 수업집단은 해체되고 새로운 집단이 다음의 과제를 위해 형성된다. 연구에 의하면, 어떤 과제에서 빠른 학습자가 다른 과제에서도 항상 빠른 학습자가 되는 것이 아님이 밝혀졌다(Bloom, 1976).

수업집단은 반드시 특정한 목표의 수업을 위해서만 형성되어야 하며, 보통 빠르거나 느린 학습자를 혼합해서 구성해야 하고, 학생들이 새로운 교육목표로 옮겨갈 때에는 해체되어야 한다. 학년 수준의 공동목표를 달성하기 위한 방법은 다음과 같다.

콜먼(Coleman) 보고서(1966)에서 지적된 바와 같이, 학생들 사이의 성취 차이는 해가 갈수록 증가하므로 학업성취에 큰 차이를 보이는 학생들에 대처하는 문제는 초등학교 고학년이나 중등학교에서 생긴다. 1학년이나 2학년 수준으로 독서를 하고 있는 5학년이나 6학년 학생들도 있을 수 있다. 학년마다 적당한 수준의 기초적 기능을 모든 학생이 달성할 수 있도록 하기 위해 교사는 이처럼 서로 다른 학년 수준에 있는 학생들을 어떻게 가르칠 것인가?

- 학년 수준의 기능이 선수학습을 요하지 않는 형태의 경우에는 이질적 집단 구성에 의한 수업이 좋다.
- 특정 학년 이하 수준의 학생들은 교정학습을 위해서 동질적으로 집단이 구성될 수 있으나, 그 내용에 있어서는 이질적 혹은 전 학년 수업에서 모든 학생이 달성하도록 기대되는 것과 똑같은 수준의 기능을 가르쳐야 한다. 예를 들면, 학년 수준의 기능이 선수학습을 필요로 하는 경우에는 공통적인 선수기능의 결손에 기초하여 일시적으로 학생들을 가르칠 필요가 있다. 그러나 교정수업을 필요로 하는 학생이 항상 같지는 않으므로 이러한 형태의 집단 구성은 융통성이 있어야 한다. 가끔 학생들을 5학년 수준의 목표를 세우기 위해서는 2, 3, 4학년 수준의 독본이나 학습교재를 차례로 배워야만 한다. 그러나 목표는 학년 수준 기능의 성취에 있는 것이지 특정 학년 이하의 전 과정의 내용을 습득하도록 하는 것은 아니다.
- 학생들이 좀 더 빠른 속도로 학습하는 데 도움이 될 수 있도록 학년 수준 목표 달성에 꼭 필요한 기능만을 선택적으로 가르친다. 또한 동질적 · 이질적 집단 구성 유형의 혼합방식이 사용될 수도 있다. 예를 들면, 일주일에 2일을 교정

이나 강화를 위해서 동질적 집단을 사용하고 나머지 3일은 공동목표에 대한 집단학습을 위해서 이질적 집단 또는 전 학급 수업 유형을 사용할 수도 있다.

공동목표의 달성을 위해서는 집단 구성에 있어서 융통성이 필요하다. 교사는 학년 수준에서의 공통적 학습기대를 가져야 하고, 이러한 기대를 전달하고 학업성취를 증진시키기 위해서 여러 가지 유형의 집단 구성 방법을 사용해야 한다. 일반적인 기초 기능목표는 학년 수준 미달인 학생을 포함한 모든 학생에게 기대되어야 한다.

학생 집단 구성 및 각 집단에 대한 학구적 기대는 학생의 학업에 큰 영향을 미친다. 능력별 · 등급별 집단 구성 및 그와 관련해 분화된 목표를 설정하는 것은 모든 학생에게 부정적 영향을 미치는 반면에, 공동목표의 학습을 위해 높은 기대를 가지고 이질적인 집단 구성을 하는 것은 학업성취에 긍정적인 영향을 미친다는 것은 이미 증명되었다. 그러므로 학생들이 기본적 기능을 학습하는 데 방해하거나 제한하는 집단 구성의 사용은 재검토되어야 하고, 좀더 합당하고 생산적인 접근에 의해 대체되어야 한다.

요약하면 교사는 다음과 같이 설계된 집단 구성 방법을 사용해야 한다.

- 학생들의 학습에 관한 공통된 기대를 전달하고 형성시킬 수 있어야 한다.
- 모든 학생이 기본적인 기능의 목표를 달성할 수 있어야 한다.
- 현 학년 수준의 수업을 용이하게 할 수 있도록 하기 위해 될 수 있는 한 빨리 선수기능(先修技能) 결손을 감소시킬 수 있어야 한다.
- 모든 학생에게 지적 도전감을 주어야 한다.
- 학년 수준 성취의 미달에 대한 무력감을 제거해야 한다.

제12장

교사기대와 학습효과

The direction in which education
starts a man will determine his future life.
교육이 시작되는 시점에서 한 인간의 미래의 삶이 결정된다.
〈Plato〉

학생은 교사의 기대에 따라 학습한다. 이는 **자기충족예언**(自己充足豫言, self-fulfilling prophecy)이라고 알려진 것으로 교사기대의 중요성을 의미한다. 교사기대는 학교학습풍토의 조성에 관련하는 요인의 영향 중에서 가장 중요한 부분을 차지한다. 교육자들이 종종 교사기대와 자기충족예언에 관하여 이야기할 때에도 교사의 태도와 행동이 직접, 간접으로 정말 어느 정도 학생들에게 영향을 미치는지 좀처럼 깨닫지 못한다. 기대가 형성되고 그것이 학생들에게 전달되는 과정은 대개 무의식적으로 이루어지며, 그 과정은 학교학습풍토의 한 부분이 된다. 교사들은 그들의 행위와 신념을 의식하지 못하면서 적절한 행동과 기대되는 성취 수준 및 학생능력의 평가에 관한 강한 메시지(message)를 학생들에게 보낸다. 그 신념 역시 무의식적으로 학생에 대한 기대 수준과 학생들의 학습능력의 평가와 관련되어 교사 자신들에게도 영향을 미친다.

이 장에서는 교사의 기대와 평가가 학생들을 위한 학습풍토와의 관계를 알아보고자 한다. 먼저, 학교 내의 주요한 두 집단, 즉 성인 교직원 집단과 학생집단과의 사이의 상호작용에 관한 것이다. 학교학습풍토는 교사의 평가와 성취기대에 대한 영향 및 이에 대한 학생들의 지각을 반영하는 것이기 때문이다. 그다음으로는 교사기대가 자기충족예언이 되는 과정을 제시하고자 한다. 이 과정을 이해함으로써 교사들은 부정적 자기충족예언의 형성 배경을 잘 이해할 수 있을 것이다. 끝으로 학생들의 학습풍토를 증진시키기 위한 몇 가지 제안을 제시한다.

1. 교사의 학습기대

앞 장에서는 학교의 성인 교사집단이 학교학습풍토의 중요한 결정자임을 지적했다. 다시 말해서, 교사기대가 교사의 신념뿐만 아니라 학생들의 행동양식에도 영향을 미친다는 것이다.

학교라는 사회체제는 다양한 교직원과 학생집단으로 구성되어 있으며, 각 집단은 독특한 규칙과 가치 및 행동기준을 지니고 있다.

학업을 어느 정도 강조하느냐는 학교마다 같지 않다. 그러나 학습에 대한 적절한 규준에 관하여 학교 내의 다양한 학생집단의 태도를 조성하는 가장 큰 영향력은 교사들에게 있다. 즉, 공부는 몇 시간 정도 해야 하는가, 숙제는 어느 정도가 좋은가, 얼마만큼의 학생들이 성공적으로 학업을 수행할 수 있는가, 어떻게 처신해야 하는가 등에 대한 적절한 규준, 스포츠나 이성관계, 교직원 파티 혹은 가장 최근의 풍문들과 같은 일상적인 관심사들과는 반대되는 것으로서 학구적 관심의 중요성을 평가하는 주요한 요인들 중 하나는 학습과 성취에 대한 강조이며, 이것은 성인 교사집단에 의해서 우선적으로 결정된다.

전문적인 교직원들 사이에 풍미하는 성취기대 수준, 고등학교를 마칠 수 있다고 기대되는 학생의 비율, 대학진학이 가능하다고 믿는 학생의 수 등은 모두 공인된 학교의 목적과 관련되어 있다. 예를 들어, 어떤 학교의 목적이 교육적 수월성(秀越性)에 있다기보다 사회적 통제에 있다면 성취기대와 학구적 규범은 무시되거나 낮아질 것이다.

이와 유사하게 학생들의 학업에 대한 태도는 교사들이 정한 공인된 목적과 학구적 표준과 관련되어 있다. 학생들은 교직원들에 의해서 주어진 표준과 단서(端緖)로부터 학구적 수행의 기대 정도를 지각한다. 또한 학생들은 사회적 집단 구성이나 과외활동의 수행에 있어서 학구적인 요인보다는 오히려 다른 요인을 많이 선호하는 그들의 동료들로부터 영향을 받는다. 인기도, 운동부 소속, 음악감상, 이성교제, 심지어는 학생비행까지도 이러한 영향력의 중요한 준거가 된다. 그러나 동급생들과의 사회적 관계와 영향력의 정도가 여전히 학생으로서의 성패 여부를 가리는 데 중요하다. 학생들의 성적이 떨어질 때, 여러 학교의 사회적 집단 특성이 더욱 중요하다는 증거가 있다. 다시 말하면, 학생들은 그들이 공부하러 학교에 간다는 것을 알고 있다. 그러나 공부를 해도 신통치 않거나 학업이 현재나 미래의 목표와 관련이 없어 보일 때에는 인정을 받고 싶은 욕구를 충족시킬 수 있는 다른 관심거리를 추구하게 된다.

교사의 기대와 학습풍토

교사기대, 학생능력의 평가 그리고 성취의 수준, 이런 것들의 적절한 기준을 정함에 있어 성인 교사집단의 강력한 영향력을 알아보기 위해서는 학교학습풍토와 성취 양자 사이의 관계를 살펴보면 된다. 교사기대와 학생 능력의 평가는-현재와 미래-분명히 학업성취에 연결된다.

첫째, 교사기대와 평가는 수업량의 차이, 학생과의 상호작용의 차이, 수업 자료의 차이 등에 의하여 성취와 직접적으로 연결되어 있다. 간단히 말해서, 높은 기대는 더 많고 더 좋은 수업을 만들고 반대로 낮은 기대는 보다 낮은 수준의 수업과 주의집중을 가져온다. 이러한 교육의 양적 · 질적 차이가 학생의 성취에 미치는 영향은 많은 연구자들에 의해서 입증되고 있다(Brophy & Good, 1974; Finn, 1972; Rist, 1970). 교사기대가 어떻게 학생들에게 전달되느냐의 문제는 자기충족 예언의 본질이며, 본 장의 후반에서 구체적으로 다루어질 것이다.

둘째, 교사기대는 학생학습풍토와 직결되며 학업성취에 깊은 영향을 주게 된다. 학생학습풍토는 학교학습풍토의 한 부분이며 서로 분리되는 것이 아니다. 학생들이 체득하고 있는 규범과 기대 및 태도는 그들이 주어진 사회적 장면(a given social setting)에서 적절한 것이라고 지각하고 있는 것에서 유래된다. 이렇게 한 학교에서 학생들이 지각한 교사의 기대와 평가는 교사의 그러한 특성과 학생들의 학구적 규범, 학구적 무력감 및 학구적 자아개념이 연결된 것이다. 교사기대와 평가는 성취와 상호 연관되어 있는 학생의 특성에 영향을 미친다. 브루코버 등(1979)의 연구를 통하여 학생학습풍토의 한 국면인 학생의 학구적 무력감이 학업성적의 반 이상을 설명하고 있음을 알 수 있다. 그리고 교사기대와 평가는 학생의 학구적 무력감과 직접적으로 관련되어 있다. 따라서 학생의 학구적 무력감과 학생학습풍토의 다른 국면을 통하여 미치게 되는 교사의 신념과 행동의 간접적 영향은 교사와 학생의 접촉이 끝난 뒤에까지 오래 지속될 수 있으며, 성취와 이중으로 관련을 맺게 된다.

학생학습풍토의 세 가지 주요한 측면은 학생의 학구적 규범, 학구적 자아개념 및 학구적 무력감이며, 이것들은 교사기대에 의해서 영향을 받는다. 즉, 학습풍토의 효과적 및 비효과적인 측면의 한 부분으로서 교사기대의 수준은 학교마다 다르다.

학습에 대한 학생들의 독특한 감정과 태도는 학교에 따라서 다르다. 학업에 관한 적절한 행동은 학생들의 집단규범에 의해서 규정된다. 학교 내부에서 일어나는 규범의 변화는 다양한 사회적 집단과 친목단체에서부터 일어난다. 이러한 학생의 학구적 규범 속에는 등위(等位)의 표준, 숙제에 투여하는 시간의 양 및 다른 비학구적 활동과 비교되는 학업의 중요성 등이 포함되어 있다. 학구적 규범의 이런 변화는 성취와 관련되어 있으며, 계속해서 교사기대의 영향을 받게 된다.

수많은 연구를 통하여 학생의 학구적 자아개념이 성취와 관련되어 있음을 알 수 있다. 학구적 능력에 대한 자아개념은 필요 불충분한 방식으로 기능을 발휘한다. 어느 정도의 학업수행 능력에 대한 자신감은 필요하다. 낮은 학구적 자아개념을 지닌 학생의 대부분은 성취 정도도 낮다. 그러나 높은 학구적 자아개념이 높은 성취를 보장하지는 않는다. 즉, 높은 학구적 자아개념을 지닌 사람들 중에서도 어떤 사람들은 성취도가 높지 않다. 일반적으로 성취 정도는 학교에서의 경험과 성취에 대한 교사기대와 관련되어 있다. 교사기대에 대한 학생의 지각은 학구적인 면에서 성공할 수 있다는 학생의 신념에 영향을 미치는 가장 강력한 요인이 된다. 성취와 밀접하게 연관되어 있는 학생학습풍토의 한 측면은 학생들의 학구적 무력감이다. 학구적 무력감은 절망감을 반영한다. 즉, 높은 무력감은 체제가 자기에게 불리하며, 아무도 그에게 관심을 갖지 않고 자기가 성공하려면 운이 있어야 하며, 아무리 노력하여도 현재의 어려운 생활여건 등을 극복할 수 없을 것이라는 불리한 감정을 학생이 강하게 지각하고 있음을 의미한다. 높은 수준의 무력감을 지니고 있는 학생들의 학교는 낮은 성취를 보이며 낮은 수준의 무력감을 지니고 있는 학교의 성취는 높다. 이 명백한 모순은 다음과 같은 원리로 설명될 수 있다. "나는 석차도 낮고 공부도 잘하지 못한다. 그러나 그것은 내 탓이 아니다. 나는 그것을 잘 해 낼 수 있지만 교육체제가 내게 적당하지 않기 때문이다." 여기서 우리는 높은 성취에 필요한 높은 학구적 자아개념 이외의 중요한 요인을 볼 수 있다. 즉, 학생은 그 자신을 믿어야 할 뿐만 아니라 그들의 노력으로 학교에서나 그 후의 사회생활에서 뛰어날 수 있다는 것도 믿어야 한다.

교사기대와 평가의 중요성은 다른 면에서도 살펴볼 수 있다. 첫째, 교사기대와 평가는 중류가정의 학생들에게보다도 저소득 계층이나 소수민족* 학생들에게 더 큰 영향을 끼친다(Brookover et al., 1979).

둘째, 부모들의 기대와 평가도 역시 자녀들에게 영향을 미친다. 우리는 교사들이 종종 그들 자녀들에 대하여 높은 포부를 품고 있는 부모들의 열망을 '식혀 버림' 으로써 하류나 노동자 계층의 부모들에게 영향을 주고 있음을 간과해서는 안 된다(그들은 부모에게 자녀들이 미래에 낮은 지위밖에 얻지 못할 것이라는 '현실' 을 받아들이게 함으로써). 이렇게 간접적으로 교사들은 저소득층 부모들의 자녀에 대한 기대와 평가를 낮게 잡는 데 영향을 미치고 있다.

학구적 규범, 학구적 자아개념의 수준 및 학구적 무력감의 수준이 학교마다 다르다는 것을 이해하는 일은 중요하다. 이러한 학생학습풍토의 특징은 학생의 동기수준(動機水準)에 영향을 미치는 중요한 요소가 된다. 또한 학생학습풍토의 특징은 변화될 수 있으므로 동기를 향상시킬 수 있다.

2. 교사기대의 사회심리학적 근거

자기충족예언

자기충족예언(自己充足豫言)이란 용어는 원래 사회학자 머튼(Merton, 1957: 421-

* 미국의 경우 소수민족이란 순수백인을 제외한 다섯 개의 인종집단으로 나누어지고 있는 바, Negroes, American Indians, Oriental American, Puerto Ricans(미국 거주), Mexican Americans을 의미한다.

436)이 사용하기 시작하였다. 이것은 한 예언이 형성되면 그 예언이 인간행동에 어떤 구속력을 가하여 바로 예언 자체의 실현을 위한 강력한 수단이 된다는 것이다. 이런 예는 우리의 일상생활에서 드물지 않게 경험할 수 있는 현상이다. 인간행동에 관한 이러한 사회심리학적 메커니즘은 매우 광범하게 적용되고 있다. 각 분야의 문헌을 찾아보면 자기충족예언의 작용은 학습실험, 의약치료, 사업경영, 국제관계 등에서 실험이나 현상적으로 많이 입증되고 있다.

먼저 머튼의 초창기 예화(例話)를 찾아보면 다음과 같다.

1932년 미국에 작지만 착실하게 잘 운영되고 있는 한 은행이 있었다. 그런데 어느 날 갑자기 이 은행이 파산할 것이라는 소문이 떠돌았다. 수많은 예금주들은 은행 창구에 몰려들어 각자의 예금을 찾느라 법석이었다. 물론 이 은행이 파산할 것이란 소문은 어디까지나 뜬소문이었으나 예금주들은 가만히 있다가는 예금을 모두 떼일 것으로 믿고, 너 나 할 것 없이 모두 예금을 찾아가기에 바빴다. 결과적으로, 이들이 그 뜬소문을 진실한 것으로 믿고 행동을 개시했을 때 이들이 애초에 가진 틀린 확신은 틀림없는 현실이 되어 이 은행은 드디어 파산하게 되었다는 것이다(김호권, 1970: 17-18).

이런 예는 우리의 일상생활에서 흔히 경험할 수 있는 바, 운동경기에서 강한 상대팀을 만났을 때 자기 팀이 패배할 것이라는 불안감에 휩싸이면 이런 불안감이나 긴장감이 바로 팀의 전력을 위축시켜 결국 패배를 초래하는 원동력이 되기도 하는 경우를 볼 수 있다.

의약처방에서도 자기충족적 예언에 의한 것이라는 점을 샤피로(A. K. Shapiro)는 술회하고 있다. 즉, 약의 성분이 병을 낫게 하는 것보다는 약을 먹었으니까 나을 것이라는 기대와 안심이 병을 낫게 한 것이라는 것이다. 이러한 심리적 치료효과를 의약계에서는 플라시보 효과(placebo effect)라고 일컫는다.

또, 자기충족예언은 국제전쟁을 일으키는 현상에도 적용되는 바 올포트(Allport, 1950: 43-78)가 지적하였듯이 상대편 국가가 전쟁을 유발할 것이라는 기대가 한 나라로 하여금 전쟁 준비를 하게 하고 정보가 상대편 국가에 전달되고 확인되는 상호 강화의 악순환 과정에서 결국 전쟁이 시작된다는 것이다.

동물의 학습에서도 이 자기충족예언은 잘 적용되고 있다. 같은 종류의 실험용 쥐를 우선적으로 두 집단으로 나누어 놓고 한쪽 실험자에게는 이 쥐들이 매우 영리한 쥐라고 알려 주고, 다른 편 실험자에게는 이 쥐들이 우둔한 쥐라고 일러 주었다. 그리고 이 쥐들에게 미로(迷路)를 달리는 훈련을 시켜 두 집단의 쥐들의 학습성적을 누가기록하게 하였다. 5일간의 성적 평균은 영리한 쥐라고 지시해 준 집단은 2.32점, 우둔한 쥐집단은 1.54점으로 두 집단의 차이는 통계적으로 의의 있게 나타났다.

교실에서의 피그말리온(Pygmalion) 현상의 연구를 통하여 로젠탈과 제이콥슨 (Rosenthal & Jacobson, 1969)은 '공부를 잘하는 사람' 이라고 표지를 달아 놓은 학생의 지능은 그 교실 내의 다른 학생들보다도 향상된 것을 발견하였다.

그런데 실제 이 학생들은 공부를 잘하는 학생들이 아니었고 무선표집을 한 학생들이었을 뿐이었다. 그들의 지능은 확실히 향상되었는데, 이는 교사들이 그들을 총명한 학생들로 생각하고 또 특별히 취급했기 때문이었다.

그들의 연구는 미국 샌프란시스코의 한 초등학교에서 실시되었는데, 학생들은 대부분 하류계층 어린이들이었다. 학생 수는 650명이었는데, 이들은 각 학년별로 주로 읽기 성적에 따라 3개의 능력별 학급편성이 되어 있었다. 최고열등반은 주로 멕시코계 학생들이고, 가정의 경제수준도 가장 낮은 어린이들이었다.

실험은 이렇게 진행하였다. 먼저 학생과 교사들을 속이기 위하여 전교생에게 비언어적(nonverbal) 지능검사를 실시하면서 성적이나 지능이 크게 향상될 사람을 찾아내기 위한 것이라고 광고하였다. 각 학급에서 약 20퍼센트의 학생을 무작위수표(無作爲數表)를 이용하여 뽑아 이들을 실험집단으로 정하였다. 이들의 명단을 각 학급별로 교사들에게 돌리면서 이 학생들은 이번에 실시한 검사결과 성적이나 지능이 크게 향상될 것으로 판명된 사람이라고 알려 주었다. 그러나 이 학생들은 무작위로 뽑힌 사람들이므로 성적이 크게 향상되리라는 것은 실험상황을

표 12-1 로젠탈과 제이콥슨 연구에서 실험집단 간의 지능지수 향상의 차이

학년	통제집단		실험집단		차이	의의도
	평균	표준편차	평균	표준편차		
1	12.0	16.6	27.4	12.5	15.4	.002
2	7.0	10.0	16.5	18.6	9.5	.02
3	5.0	11.9	5.0	9.3	0.0	
4	2.2	13.4	5.6	11.0	3.4	
5	17.5	13.1	17.4	17.8	-0.1	
6	10.7	10.0	10.0	6.5	-0.7	
평균	8.4	13.5	12.2	15.0	3.8	.02

출처: Rosenthal & Jacobson(1969). p. 116.

만들기 위하여 연구자들이 거짓으로 꾸민 것임은 말할 것도 없다. 그렇게 함으로써 교사들이 이 학생들에게 '성적이 크게 올라갈' 것으로 기대를 나타내리라는 것이 연구자들의 전제이자 이 연구의 핵심이었다. 8개월 뒤에 모든 학생은 동일한 지능검사를 받았다.

〈표 12-1〉은 이 실험의 결과를 보여 준다. 실험집단의 점수는 평균 12.2점이 높아졌고, 통제집단은 8.4점이 높아졌다. 실험집단이 3.8점이 더 높으며, 통계적으로 의의가 있다. 각 학년별로는 1학년과 2학년이 실험집단과 통제집단 간의 차이가 크고, 이 차이는 통계적으로도 의의가 있는 것으로 나타났다. 학년별 외에도 능력학급별, 남녀별, 인종별로도 비교하였는데, 교사기대의 효과는 중간능력반에서 뚜렷하게 나타났으나 인종집단에 따라서도 다른 결과가 나타났다. 계층의 차이로 바꾸어 생각해도 좋을 인종 간의 차이는 통계적 의의도(意義度)가 만족스러운 정도는 아니지만 뚜렷하였다. 특히 낮은 계층인 멕시코계 학생들에 있어서 교사기대의 효과는 현저하였다.

로젠탈과 제이콥슨의 실험결과를 요약하면, 학생의 학업성취에 향상을 보이리

라는 교사의 기대가 실제로 향상을 가져왔는데, 이 기대효과는 저학년과 그리고 하류계층 학생들에게 더 뚜렷하다. 이것은 자기충족예언 이론을 지지하는 결과다. 자기충족예언 이론이란 인간의 사회적 행동은 어떤 행동을 하리라는 주위의 예언이 행위자에게 영향을 주어 결국 그렇게 행동하도록 만든다는 것이다. 그러나 이 연구는 학생 개개인에 대한 교사의 기대가 어떻게 형성되며, 그러한 기대가 어떠한 경로를 거쳐 학생의 성적에 영향을 미치는가는 설명해 주지 않는다. 다만 교사의 기대가 성적에 영향을 준다는 것뿐이다. 그렇기는 해도 학교의 시설, 교사의 교육수준, 학교재정 등의 교육조건과 상관없이 교사의 기대만으로 성적을 높일 수 있다는 것은 교육문제 해결에 획기적인 것이었다. 그리하여 이들의 연구는 삽시간에 일대선풍을 불러일으켰다.

교사기대의 학업성취에 대한 효과를 밝히기 위한 연구는 실험연구가 아닌 실제 수업 강연을 관찰 분석한 연구로 바뀌었다. 리스트(Rist, 1970)는 흑인 어린이만 다니는 초등학교에서 교사들이 학생을 어떻게 구별하고 각각 다른 기대를 형성하는가를 관찰하였다. 그는 교사들이 신입생들을 며칠이 안 지나 세 집단으로 구분하는 것을 발견하였다. 교사들은 1학년들을 곧 우수 학생, 중간 학생, 열등 학생으로 구분하고, 좌석 배치, 질문, 관심 표시 등에 있어서 이 세 집단을 다르게 대하는 것이었다. 그런데 리스트가 중요하게 지적한 사실은 교사가 어린이들을 구분하는 데 있어서 대개 어린이들의 계층배경에 영향을 받는다는 것이다. 우수 학생은 그 학급에서 상위계층, 열등 학생은 대개 하위계층 어린이들이었다. 그리고 입학 초기에 형성된 학생 구분은 학년이 바뀌어 감에 따라 거의 변함없이 지속되었다. 교사가 달라져도 학생의 구분에는 큰 변화가 없었다. 이러한 사실을 근거로 리스트는 교사들의 학생 구분은 사회계층과 연결된다고 결론지었다. 그러나 후속된 연구들 가운데에는 교사의 학생 구분이 반드시 학생의 계층배경에 따라 결정되는 것은 아니라고 밝히는 연구도 있어서 이에 관한 연구는 아직도 더 필요하다.

교사들은 자기충족예언이 전달되는 특정한 기제(機制)를 알아 둘 필요가 있다.

이것을 알게 됨으로써 낮은 성취를 초래하는 낮은 기대가 전달되는 것을 의식적으로 피할 수 있기 때문이다.

'자기충족예언'은 왜곡된 판단이나 평가(사람이나 상황에 대한)가 마치 진실인 양 취급되는 과정이라고 정의될 수 있다. 왜곡된 판단에 근거한 그 다음의 계속되는 행위들은 문제의 사람이나 상황을 왜곡된 평가와 일치하도록 만든다. 또한 왜곡된 판단을 한 사람으로 하여금 원래의 평가가 옳았다는 것을 확신시키는 것이다. 교육에 있어서 이 과정의 가장 전형적인 예로는 한 교사가 어떤 학생의 능력이 열등한 것으로 사정해 버리는 것이다. 이 사정으로 말미암아 학생에게는 적정 수준 이하의 수업이 주어진다. 그 학생은 보다 높은 수준으로 가르침을 받은 학생에 비해 그 후의 시험성적이 좋지 않게 된다. 이 결과는 처음의 잘못된 능력진단을 확신시킨다.

- 자기충족예언은 두 부분으로 나누어진다. 즉, 예언이나 평가 그리고 이 잘못된 예언이 발생되는 과정(Brameld, 1972)이다.
- 잘못된 평가와 그것이 발생되는 기제는 무의식적으로 이루어진다. 이 때문에 자기충족예언은 종식되거나 발견하기 어렵다.
- 왜곡된 판단은 편견이나 상투적인 태도 때문에 생긴다(보통 그러한 성질은 의식되지 않는다.).
- 일반적으로 자기충족예언은 그 효과면에서 긍정적이라기보다 부정적이다.
- 자기충족예언은 집단 수준, 개인 수준 모두에게 작용한다. 교육에 있어서 개인, 학급 전체, 모든 학년에도 학급 전체가 그 희생물이 될 수 있다.
- 자기충족예언은 보통의 경우 지속적인 효과를 초래하고, 누적적인 결과로 이어진다. 따라서 시간이 지남에 따라 이전에 왜곡된 판단에 근거하여 새로운 판단을 왜곡시키는 효과가 지속된다. 핀(Finn, 1972)은 차별과 평가를 야기하는 학교와 사회의 힘은 너무 강하여 그러한 왜곡된 판단에 입각하여 사람을 판단하고 다루는 과정에 영향을 받지 않고 진정한 능력을 평가한다는 것은

불가능할지도 모른다는 것을 제시하였다. 특히 그 과정이 유아기부터 시작되기 때문에 이것은 사실이다. 달리 표현하자면, 우리가 능력이며 태도라고 지각하고 측정하는 것들이 실제로 누적적이고 장기간의 자기충족예언이라는 효과가 되는 것이다.

- 블룸(Bloom, 1976)은 거의 모든 학생이 그 나이 수준에 맞는 목표를 성취할 수 있다고 제안했다. 이것은 많은 학생들이 그들의 잠재능력 이하로 평가되고 있음을 시사한다. 크래노와 멜론(Crano & Mellon, 1978) 그리고 리스트(Rist, 1970)는 학생들이 교사가 설정한 기대 수준에 일치된다는 강한 증거를 제공해 주고 있다.
- 앞에 언급된 난점들 때문에 학생을 판단할 때에는 부정적인 측면에서보다 긍정적인 측면에서 잘못을 저지르는 게 낫다.
- 머튼(Merton, 1957)은 자기예언이 유지되는 몇 가지 방식을 제시해 주고 있다. '두 가지 기준' 을 띤 행동을 채택함으로써 집단 내에 대해서는 미덕이라고 판단된 것이 집단 외에 대해서는 악덕으로 판단되는 것이다. 예를 들어, 하류계층의 사람이 캐딜락 자동차를 운전할 때 그는 낭비적 지위를 추구하는 자이고, 반면 똑같은 캐딜락 자동차를 가진 백인에 대해서는 특권의 표시라는 일반적인 상투수단이다.

이상과 같은 배경을 가지고 우리는 이제 왜 교사가 특정형의 학생에 대해서 기대를 왜곡시키고 평가를 왜곡시키게 되는지 살펴보기로 하자.

교사기대의 근거

여기서는 퍼셀(Persell, 1977)이 말한 교사기대의 기원을 간략히 제시해 보고자 한다(Braun, 1973; Brophy & Good, 1974). 퍼셀은 교사의 학생들에 대한 기대 경향성의 4가지 주요한 원천(源泉)을 제시하였다.

- 교사의 인성 특성
- 사회 및 학교 내부에서의 사회적 편견과 사회적 경험
- 지능이나 문화실조(文化失調)와 같은 교육적 개념과 신념들
- 집단편성, 시험계획과 같은 교육구조 등

우리의 경험으로 미루어 보아 특정 학교학습풍토의 학구적 · 사회적 규범은 교사들의 학생능력에 대한 지각을 형성하는 데 중요한 요인임을 알 수 있다. 교사들은 그들이 활동하는 학교의 공통된 신념과 실천방법에 의해서 강한 영향을 받는다.

브로피와 굿(Brophy & Good, 1974)은 교사들의 학생에 대한 정의적 반응이 교사기대의 또 다른 원천이라고 제안하였다. 여기서의 요점은 학생들의 반응이 교사의 유능감이나 성취감에 대하여 보상적인가 부정적인가 하는 점이다. 성취지향적이고 의존적이며, 고분고분한 학생의 행동은 교사에게 보상적이다. 이러한 행동은 학급의 통제에 대한 교사의 욕구를 충족시키고, 대부분 교사의 이상적 학생상과 일치한다. 한편, 독립적이고 창의적이며 다루기 힘든 학생은 대부분 교사의 욕구를 충족시키지 못한다. 교사들은 때때로 전자(前者)형의 학생에게는 높은 기대를 갖고, 후자(後者)에게는 낮은 기대를 지닌다. 이러한 기대는 학생들의 실제적 학습능력과는 무관하게 발달한다. 많은 연구자(예를 들면, Bowles & Gintis, 1977; Crano & Mellon, 1978)는 학구적 기대의 주요한 원천이 학생의 사회적 특성이라고 제안하고 있다.

앞에서 언급한 일반적 요인 외에도 교사들이 학생능력의 평가에 이용하는 특정한 단서는 많다. 이 단서들은 학생의 외모나 정체감에서 유래되는 수가 많고, 학생의 학습능력과는 무관하다. 그러나 교사들은 복장, 몸치장, 말투, 가족사항 등을 그 학생의 학습능력의 지표로서 이용하는 예가 많다. 모든 교사는 낮은 기대를 형성하는 그러한 단서들의 편파적 효과 가능성을 알 필요가 있다.

다음에 열거된 요인들은 연구자들에 의하여 편견의 원천이라고 규정된 것으로, 브로피와 굿(1974) 그리고 퍼셀(1977)의 논문에서 발췌한 것이다.

- 성(性): 초등학교 : 소년과 나이 든 소녀들에 대한 낮은 기대, 이것은 소년들의 성숙이 늦다는 신념과 나이가 든 소녀들의 성 역할분화에 대한 신념에서 비롯된다.
- 경제적 배경: 낮은 사회경제적 지위(부모의 교육수준, 직업의 종류, 거주지 등을 포함)에 대한 낮은 기대
- 인종: 소수민족에 대한 낮은 기대
- 검사점수 결과(영구기록): '고정된 능력' 에 대한 신념으로 말미암아 발전과 더 높은 기대가능성은 배제된다.
- 학생에 대한 부정적 언질: 휴게실에서의 대화, 다른 교사나 교장의 질책은 낮은 기대를 초래한다.
- 학교형태: 시골, 도심 혹은 교외 학교 중에서 시골학교는 낮은 기대에 연루된다.
- 외모: 유행에 뒤떨어지고 값싼 재료로 된 옷이나 몸치장은 낮은 기대에 연루된다.
- 말투: 표준말을 쓰지 않음으로써 그것이 부정적 단서가 되어 낮은 기대를 유발시킨다.
- 단조성: 일반적으로 비조직성, 형편없는 글씨도 낮은 기대를 유발시킨다.
- 후광효과(halo effect): 한 가지 특징에 입각하여 아동의 전체적인 능력을 평가하는 경향(예를 들면, 가난을 나타내는 행동이 전반적인 부정적 평가의 근거가 되는 것)
- 준비도: 성장 속도나 이전의 지식과 경험이 변하지 않는 현상이어서 향상될 수 없다고 가정해 버리는 부정적 관념 효과
- 좌석 위치: 교실의 측면이나 뒷좌석에 대한 낮은 기대
- 경험 있는 교사에 의한 사회화: 새로 부임한 교사에게 전임교사가 학생의 부정적인 한계를 강조하는 경향
- 학생의 행동: 가난한 티가 나는 학생에 대한 낮은 학구적 기대
- 교사양성기관: 학생능력의 한계를 굳게 믿는 경우 낮은 기대를 초래한다.

- 능력별 학급편성과 진단분류: 학생능력의 등급을 붙이는 것(학생을 어떤 등급으로 단정해 버리는 것)과 학생들의 개인차를 강조하는 경향은 낮은 기대를 초래한다.

기대를 왜곡시키는 원천 등을 숙지하는 것 외에도 교사기대가 학생들에게 전달되는 방식들을 알아 둘 필요가 있다.

기대의 전달방식

우리는 앞에서 교사의 기대 정도가 다름으로 해서 수업의 양과 질이 달라지는 것과 다른 집단에 대하여 똑같은 행동을 서로 다른 방식으로 판단하게 되는 이중의 판단을 사용하게 되는 것은 자기충족예언이 전달되는 일반적인 방식임을 시사했다. 여기서는 교사들이 어떤 학급이나 특정한 학생들에 대한 기대를 전달하는 특수한 교실행동들을 간단히 열거하고자 한다. 연구의 결과가 달라지지 않는 한 이것들은 수업의 양을 줄이게 되는 보기가 될 것이다(더 적은 기회, 더 적은 과제와 투여시간 등 낮은 기대와 관련되어 있는 것).

이 연구들은 교사들이 여러 학생들에게 혹은 학급들에게 어떻게 반응하는지 그 차이를 알고 있지 못함을 보여 준다. 교사들은 대개 그들이 학교마다 서로 다른 규범들이 어떻게 영향을 받고 있는지도 역시 의식하지 못한다. 이 요인들도 역시 주로 브로피와 굿(1974), 그리고 퍼셀(1977)의 연구결과다.

이렇듯 낮은 기대는 다음과 같은 수업행위와 연결된다.

- 정확한 대답에 대한 칭찬의 양과 질을 줄이게 된다.
- 학생이 실제로 받은 수업의 양을 줄이게 된다.
- 다루는 내용이 줄어든다.
- 반응기회 요인을 줄인다.
  - 학생의 이름을 부르는 횟수

- 질문이 이루어지는 범위 혹은 정도
- 인지적 요구의 정도(질문의 수준)

- 학구적 내용의 비중이 줄게 된다(대신에 비학구적인 활동의 비중이 증가됨).
- 언어적으로나 비언어적으로 학생들을 따뜻하게 수용하는 정도가 줄어든다.
- 비언어적 단서가 줄어든다.
  - 눈 마주침(eye contact)의 양이 줄어든다.
  - 옆으로 다가오는 정도가 줄어든다.
  - 긍정을 표시하는 머리 끄덕임이 줄어든다.
  - 웃음의 횟수가 줄고,
  - 신체적 접촉(어깨를 토닥거림)의 횟수가 줄어든다.
- 일반적 격려와 지지가 줄어든다.
- 교사의 보조와 자발적인 도움이 줄어든다.
- 기다리는 시간(학생이 질문에 답변하기 위해 주어진 시간 혹은 다른 학생에게로 질문을 넘기기 전에 학생에게 주어진 시간)이 줄어든다.
- 높은 수준의 학력평가가 줄어든다.
  - 기술을 마스터하리라는 기대
  - 고교교육을 마칠 수 있다거나 대학에 갈 수 있다는 기대
  - 수(秀), 우(優) 성적을 얻을 수 있다는 기대
- 실패상황에서 학생들을 재교육하는 것이 줄어든다(학생이 정답에 도달하기까지 세심한 관찰 혹은 탐색, 문제의 재진술, 단서 주기 등등을 주는 것).
- 평가결과에 대한 피드백과 학업에 대한 건설적인 비판이 줄어든다.
- 교사의 역할 정의가 비학구적 경향성을 띄게 한다(낮은 기대는 사회적 통제나 다른 비학구적 목표가 적절한 교사목표나 신념과 관련되어 있다.).

이밖에 낮은 기대는 다음 사항의 증가를 초래한다.

- 학생에 대하여 부정적 언질이나 부정적인 표현 횟수의 증가한다.

- 훈육기법이 거칠어지고 벌에 의존하는 경향
- 정확하지 못한 대답에 보상을 주거나 칭찬하는 것
- 부적절한 행동에 대한 강화

그 외에도 서로 다른 학생의 같은 행동에 대해 상이하게 반응하는 이중의 표준을 적응하는 예는 교사기대에서 벗어난 학생들에게 벌을 가하는 교사의 반응들에서 볼 수 있다. 이것은 주로 빈곤한 가정출신 학생이나 저능한 학생들이 때때로 교사가 기대한 것보다 더 잘했을 때 그들에게 해당하는 것이다. 이것은 처음에 교사의 판단에 일치되지 않은 학생들에 대한 원래의 부정적 기대를 강화시키는 효과적인 책망 장치다.

여기서 덧붙여야 할 것은 모든 학생이 똑같이 자기충족예언의 영향을 받는 게 아니다. 학생들이 교사들의 영향을 받는 정도는 교사가 의미 있는 타자(他者, significant others)로서 학생들에게 얼마나 중요한 존재인가에 달려 있다. 가령 학생의 연령, 동료 간에 인정되는 정도, 교사가 존경받는 정도, 지역사회의 가치, 주류를 이루는 학교학습풍토와 같은 요인들은 모두 교사의 영향력의 정도에 영향을 미친다. 그러나 이러한 변수들이 어떠하든 학생의 학습에 대한 누적적인 교사기대의 영향은 상당하다. 낮은 기대는 서로 상이한 수업을 하여도 낮은 성취를 초래한다는 것을 교사들이 거의 의식하지 못한다는 점을 고려할 때, 편견을 낳을 수 있는 행동이 무엇인가를 교사 스스로 음미해 볼 필요성이 크다.

3. 교사의 기대효과

교사의 학습기대효과

흔히 학습 내에서의 수업사례에 관한 연구의 대부분은 교사의 행동, 즉 수업방법 혹은 수업의 질이 학습효과에 어떤 영향을 미치는가, 더 나아가서는 어떤 특성을 가진 학생에게는 어떤 수업방법이 더 효과적인가라는 것이었다. 그러나 최근에 수행된 연구에서는 교사의 밖으로 드러나는 행동보다는 교사가 마음속에 가지고 있는 학생 개개인에 대한 지각이 학급 내 학생 간의 차이를 가져오는 보다 중요한 요인이며, 더 나아가 그러한 기대 차이에 따라 학생 개개인에 대한 교사의 행동이 달라지게 된다는 주장이 강조되고 있다.

교사의 학업성취에 대한 기대의 고하(高下)가 결과적으로 학생의 성적에 강력한 예언력을 갖는다는 것을 블룸(Bloom, 1976)의 『완전학습(完全學習)』이나 로젠탈과 제이콥슨(Rosenthal & Jacobson, 1969)의 자기충족예언(self-fulfilling prophecy)에서 잘 예시해 주고 있다.

이러한 선행연구결과는 교사의 자연상태에서의 기대 수준이나 또는 의도적인 실험상황에서 유도된 교사의 기대를 막론하고 교사의 기대효과(期待效果)는 학생의 학업성취에 매우 중요한 의미를 갖게 된다는 것이다. 구체적으로 교사의 기대는 교사의 수업행동, 즉 수업계획, 자료준비나 자료 제시방법, 수업에 임하는 시간(time-on-task), 그리고 학생과의 상호작용 과정 등에서 다르게 표출되며, 또 그것이 특정 학생에게 전달된다는 것이다. 이에 대한 보다 구체적이고 직접적인 증거는 브로피와 굿(Brophy & Good, 1970)이 분석한 학급 내에서의 교사-학생 일대일의 행동분석(dyadic interaction analysis) 결과에서 더욱 확연하게 제시하였다.

- 교사는 학급의 수업행동에서 학생들의 학습행동의 차이를 기대한다.
- 교사는 자기의 기대수준에 따라 학생을 다르게 취급한다.
- 학생 역시 교사의 기대 수준에 맞추어 적절히 반응하게 됨으로 해서 어떤 학생의 수업행위는 더 강화되는가 하면 다른 학생의 행위는 수정되거나 약화되어 나타나게 된다.
- 결과적으로 어떤 학생의 학습행위는 더 촉진되고, 반대로 다른 학생의 학업성취는 더 저조하게 된다. 그리고 이러한 교사의 기대효과는 학기말 또는 연

말평가 결과에서 결국 애초의 교사의 자기충족예언의 가정(假定)을 지지해 준다는 것이다.

퍼셀(Persell, 1977)은 교사의 대인지각이 성적 격차의 중요한 요인임을 주장하면서 교사기대의 근원과 그 결과에 관한 분석적인 모형을 제시하였다. 이러한 기대 차는 교사 자신의 경험, 교육의 구조, 그리고 학생의 가정배경, 용모, 성격, 우열반 소속 등에 따라 유발된다는 것이다. 이와 같이 하여 형성된 기대 차는 의식적 · 무의식적으로 학생에게 전달되고, 더 나아가 학급 내 상호작용 및 수업실천, 평가방식 등에 반영되어 결과적으로 학생 간의 학업성취의 격차를 초래하게 된다는 것이다.

보다 구체적으로 교사의 기대가 학생에게 전달되는 사회심리학적 기제(機制)는 다음의 다섯 가지 형태로 구분될 수 있다.

- 학급의 일반적인 대인지각(對人知覺)이나 관계에서 교사의 기대 차가 나타난다. 교사는 높은 기대를 하고 있는 학생에게는 낮은 기대를 하는 학생에 비하여 보다 많은 온정을 베푼다는 것이다. 또 비언어적(非言語的) 형태인 학생과의 눈 마주침의 빈도, 교사의 눈 표정, 고개의 동작, 학생의 어깨에 손을 얹거나 학생의 머리를 쓰다듬어 주는 형태로도 교사의 기대수준이 전달된다.
- 학생행동에 대한 반응에서 더 적극적인 칭찬이나 격려 정도에 따라 교사의 기대수준이 표출된다.
- 개인 학생에게 투입하는 시간량에서의 차이를 들 수 있다. 높은 능력이나 기대를 거는 학생에게는 개별지도를 하는 시간이 다른 학생에 비하여 많아지고, 질문에 대한 반응시간도 길어지며, 질문에 대한 정확한 대답을 끌어내기 위하여 재질문을 하거나 또 힌트와 관련 정보나 자료를 많이 제공해 준다는 점이다.
- 학생의 반응기회(反應機會)에서의 차이를 들 수 있다. 높은 기대를 하는 학생

에게는 질문빈도가 잦아지거나, 반응기회를 많이 주고, 보다 지적인 반응을 유도하여 반응의 정확성과 기회를 높여 준다는 것이다.

- 마지막으로 교사는 자기가 지각한 학생의 능력 수준에 따라 학습자료나 그 내용력 수준에 따라 학습 자료나 그 내용구성의 난이도(難易度) 수준을 달리 정한다. 따라서 교사의 기대 수준에 따라 과제 부과와 자료준비 및 그 제공의 양(量)에 차이가 나게 된다. 물론, 학교수업 상황에서 이러한 교사-학생 간의 상호작용 형태가 어느 학급에서나 일어나는 일반적인 사례로 단정할 수는 없을 것이다. 그러나 문제는 이러한 교사의 자기충족예언과 같은 메커니즘이 존재하는 한, 학생 간의 성적 격차는 불가피하다는 것은 앞에서 예시한 많은 연구결과가 뒷받침해 준다. 교실현장에서 학생의 성적 격차는 언제나 존재하고 또한, 그러한 결과가 설령 교사의 학생에 대한 기대 차이로 야기되었다 해도 이에 대한 책임 추궁의 근거나 문제는 어디까지나 교사의 교직윤리관에 맡길 수밖에 없을 것이다. 여기서 강조되는 것은 교사의 기대 효과에 대한 잘잘못보다는 교사의 기대 효과가 그만큼 강하게 학습행위를 좌우하게 되고, 그 결과가 성적 차이를 낳을 수 있다는 가능성에 있는 것이다.

교사기대의 지향점

앞에서 제시한 교사의 자기충족적 기대, 지각, 평가가 결국은 학생 성적의 격차에 미치는 영향력은 교사의 비도덕성(非道德性)이나 비윤리성(非倫理性)에 연결지어 비난하는 근거라기보다는 반대로 교사의 역할과 기능이 그만큼 중요하다는 반대 해석도 가능할 것이다.

학생이 우수하게 되거나 훌륭하게 되는 데 있어서 교사의 위치는 그만큼 중요하다는 것이다. 모든 학생이 기대하는 바의 학습목표에 도달하게 하여 모두가 우수하고 훌륭한 인간이 되게 함은 교육의 최선의 명제다. 따라서 우리는 교사가 가질 수 있는 학생 성적에 대한 기대 차나 자기충족적 예견을 어떻게 최소한으로 줄일 수 있을까 하는 방안의 모색이 더 바람직한 일일 것이다.

이러한 목적을 위하여 지금까지 교육현장에 알려진 바와 같은 개인차 학습지도를 위한 개인처방(個人處方) 지도에 관한 수많은 방법의 활용이 가능할 것이다. 필자는 오늘날까지 개발된 각종 교육심리학적 교수-학습 지도방법의 중요성도 충분히 이해하지만, 지금까지 우리에게 별로 익숙하지 않은 집단변화(集團變化)의 역동적(力動的) 원리의 적용도 매우 중요하다고 본다. 물론, 이러한 원리는 기존의 지도 · 평가방법을 도외시하지는 않으며, 접근방법에 있어서 학교나 학급 전체의 변화를 주 목적으로 하는 데 있다. 다시 말해서 학교나 학급의 집단 구성원 전체, 즉 학생, 교사, 교장의 학구적 규범을 바꿈으로 해서 결과적으로 학업성취에 대한 구성원의 기대, 태도, 신념 등에서 보다 적극적이고 긍정적인 개선점을 찾는 길이다. 수업 상황에서 교사나 학생은 개인으로서가 아니라 집단의 일원으로 행동하고 학습하게 된다는 것이다. 개인의 행동이나 학습은 그가 속한 집단의 규범과 관계구조에 따라 크게 영향을 받고, 그 결과에 따라 행동 변화를 일으킨다는 것은 사회심리학적 연구에서 이미 잘 밝혀져 있다. 이러한 집단변화의 원리는 집단에 무관한 개인적 행동이나 태도보다는 집단규범을 바꾸는 것을 우선으로 한다.

따라서, 교사 결핍의 요인을 보완하기 위한 집단 역동적 개선방향은 무엇보다도 학교의 학구적 규범을 바꾸는 노력으로 시작되는 바, 여기서는 집단적 기대, 신념의 보편화, 협동적 학습자율 체제 구축, 그리고 평등주의에 대한 수업실천 행위 등에 강조점을 두고자 한다.

- 학교의 집단적 신념의 보편화는 학생 모두가 잘 배울 수 있고, 교사가 잘 가르칠 수 있다는 기대나 태도에서 비롯된다. 교직원들이 학생을 지진아나 부진아로 평가하거나 그들의 학업성취에 낮은 기대를 갖는 학교의 경우에는 학생들이 학구적 무력감(學究的 無力感, sense of futility)을 갖게 되기 때문이다. 이러한 무력감이 학생의 학업성취에서의 실패감을 유발하는 요인이 된다. 이

러한 긍정적인 학교 구성원의 신념, 학구적 규범, 기대는 학교조직 내의 학습에 있어서 보람된 것이며, 교수-학습 활동은 반드시 교사나 학생에게 보상된다는 신념이 수반될 때 가능하다. 이러한 기대나 신념이 구체화되려면 어떤 유형의 교수 프로그램이 수반되어 효과적인 학습행동이 유발될 때 가능하다.

- 협동적 지원체제는 학교의 업무조직 체계와 운영방법, 교수-학습과정의 계획과 평가, 그리고 학급 내 사회관계 구조와 관련된다. 다시 말해서, 교직원의 역할 분담 혹은 사무분장의 효율성과 적절성을 점검함으로써 교직원의 역할수행 상에서 파생되는 갈등이나 문제를 조정 · 해결하여 학교조직의 생산성을 극대화하게 된다. 교수-학급과정의 조직은 주로 교사 간, 학년 간, 교과목 간 형식적 · 비형식적 협동체제, 즉 수업 설계, 평가협의, 연구지도를 위한 적절한 조직을 통하여 학생의 학업성취를 극대화하는 노력이다.
- 평등주의적 수업실천은 수업상황에서 학생과의 상호작용으로 표출되는 의사소통, 질문과 힌트, 반응 기회, 규제와 보상 등에서 균등화를 기하는 데 강조점이 있다. 모든 학생에게 공통된 학습목표를 분명히 인식시키고, 수용하게 하여 모든 학생으로 하여금 수업목표에 완전하게 도달할 수 있게 수업과정(授業過程)을 설계하는 일이다. 이러한 계획에 따른 균등한 지도방법이 바로 학생의 학업성취에 대한 공통된 기대수준에 모든 학생이 함께 도달하게 해 주는 기본적인 틀이 된다. 이러한 학급 내의 상호작용 과정에서 교사는 학생에게 베푸는 온정의 정도, 자료 제시, 개별 지도, 칭찬과 격려의 빈도 등에서 최대한의 공평성을 유지하고, 학생 간의 격차를 줄일 수 있는 지도방법의 계획과 실천이 뒤따라야 할 것이다.

4. 교사기대와 학교학습풍토의 개선

우리는 이미 앞에서 교사기대와 학생의 성취에는 이중의 관계가 있다는 것을 지적했다. 직접적인 관계는 학생에 대한 낮은 기대를 반영하는 일련의 행동들을 통하여 학생의 학습부진을 야기하는 교사들의 역할에 초점을 두고 있다. 그러므로 낮은 기대 때문에 교사가 수업시간을 줄이거나 학구적인 자료를 제한하거나 할 때에는 학생들의 성취 수준이 낮아지는 것에 대한 직접적인 책임이 있다고 할 수 있다. 간접적인 관계는 자기충족예언을 현실화시키는 학생의 역할에 관한 것이다. 학생들에게 특정 교사들은 그들이 공부를 잘할 거라고 기대하지 않는다는 것뿐만 아니라 '그들과 같은' 학생들은 그들의 학교 체제에서는 성공하기 어렵다는 것도 알고 있다(또는 그들과 같은 학생들이 학업에서 성공하기에 그들의 학교체제는 그들에겐 적합하지 않다는 것도 지각하고 있다.). 학생학습풍토는 그 속에서 학생들이 똑같이 낮은 성취를 얻고 교사들 사이에서 명백하게 그들에 대한 다른 행동적 기대를 공유하게 될 때 나타난다. 그들의 성취를 위한 노력에도 불구하고 학교체제가 그들의 학구적 성공을 방해한다는 학생들의 지각은 교사기대와 성취 사이의 간접적인 관계를 나타내 주는 것이다.

학생들의 자기평가를 증진시키고 무력감을 감소시키기 위한 가장 명백한 전략은 부정적인 자기충족예언 대신에 긍정적인 자기충족예언을 확립하는 것이다. 이것에는 모든 학생에 대한 기대를 고양(高揚)시키는 것이 포함되어 있는데, 특히 대부분 낮은 기대의 대상이 되어 온 가난하거나 하류계층의 학생들에 대한 기대를 고양시키는 것이 내포되어 있다. 예를 들어, 성취 기준을 책정하는 것과 모든 학생은 그들 연령 수준의 목표를 달성할 수 있다는 기대를 학생들에게 분명히 말해 주는 것이다.

학생학습풍토를 증진시키는 데 도움이 될 몇 개의 변화들을 다음과 같이 요약할 수 있다.

- 교사기대와 학생의 평가를 고양시키는 일
  교사기대는 학생풍토의 세 가지 국면에 대한 학생의 지각에 영향을 미친다. 그것은 학교의 전체 학습풍토의 영향을 통해서, 더욱이 교사-학생의 직접적인 상호작용의 영향을 통해서다.
- 높은 교사기대와 평가를 모든 학생에게 전달하는 것
  만약 교사들이 학생들에게 그들은 둔하고 또 학습할 수 있다고 기대할 수 없다는 것을 전하지 않으면 학생들은 낮은 자아개념과 높은 학구적 무력감을 갖게 되지 않을 것이다.
- 모든 학생에 대해서 높은 기대를 작동시키는 수업 프로그램을 구성하는 것
  높은 기대만으로는 학습이 이루어지지 않는다. 기술과 지식이 교수-학습과정을 통하여 습득되어야 한다. 바람직한 기술과 지식을 습득한다는 것은 학생들에게 학습이 가능하다는 것과 학교는 그들을 가르치고 있다는 것을 나타내 주는 것이다.

학생의 성취는 교사가 학생들에게 품은 기대와 능력에 대한 평가와 높은 관련성을 지닌다는 증거는 광범위하면서도 일관성이 있다. 학생들은 타인들이 자기들을 보는 대로 그들 자신을 보게 될 것이며, 교사는 그들이 학생들에 대해서 품고 있는 기대 수준에 수업을 맞추게 될 것이다. 만약 기대도 적고 가르치는 것도 적다면 학생들은 학교에서 무력감과 절망감을 키우게 될 것이다.

제13장

효과적인 학교

Education is not a preparation for life: Education is life itself.

교육은 장래의 나의 생을 준비하는 것이라기보다는

바로 우리의 생활 그 자체다.

〈John Dewey〉

1. 효과적인 학교의 의미
2. 효과적인 학교연구
3. 효과적인 학교연구의 유형
4. 효과적인 학교연구의 예
5. 효과적인 학교의 특성과 제언

학교효과 또는 효과적인 학교에 대한 연구는 1970년대 말과 1980년대 초에 미국을 비롯한 선진 산업국가에서 활발하게 전개되었다. 이 연구는 학교교육을 비관적으로 보는 데 대한 일종의 반대 견해로 투입-산출 연구에서 검은 상자(black box)라고 여긴 과정(process) 부분을 중점적으로 연구하면서 각광을 받게 되었다.

우리 사회도 교육의 지방자치제가 실시되어 앞으로 교육의 책무성에 대한 문제가 제기될 것으로 예상된다. 그런 관점에서 보면 학교효과 특히 효과적인 학교에 대한 연구에 눈을 돌려야 할 것이다. 왜냐하면 교육의 중앙통제가 되었던 지난날에는 어느 의미에서는 그에 대한 책임도 중앙정부가 지고 있었던 것이다. 그러나 명실공히 지방자치제가 되면 교육효과에 대한 책임은 지방정부, 나아가서는 단위학교가 져야 한다. 이에 앞서 우리는 사회풍토에 맞는 효과적인 학교를 찾아 학교효과에 대한 나름대로의 정의와 효과적인 학교에 대한 요인을 분석하여 볼 필요가 있다.

여기서는 먼저 효과적인 학교의 의미에 대해서 알아보고, 효과적인 학교연구의 접근과 연구의 틀(framework)을 살펴본 다음, 효과적인 학교연구의 실례를 브루코버(W. B. Brookover) 연구와 루터(M. Rutter) 연구를 중심으로 설명하고자 한다. 또 효과적인 학교의 특성요인에 대해서도 밝혀 보고자 한다.

1. 효과적인 학교의 의미

효과적인 학교(effective school)가 무엇인가라는 물음에 우리는 먼저 교육효과만을 생각하여 학생의 학업성취도가 높은 학교만을 효과적인 학교라고 생각할 수도 있다. 여기서 우리는 성공적인 학교(successful school)와 좋은 학교(good school)라는 용어와 효과적인 학교의 차이를 생각해 볼 필요가 있다. 성공적인 학교나 좋은 학교는 학생의 학업성취가 높은 학교임에는 틀림이 없으나 그 원인이 학부모의 사회경제적 지위가 높다든가 학생들의 능력 수준이 원래 높기 때문인 경우다. 그러나 효과적인 학교의 효과성은 학교의 외부에서 주어지는 구성요소에서부터 나오는 것이 아니라 학교가 갖고 있는 교육력이나 운영의 특성으로 인하여 생성되는 그러한 학교를 말한다(한대동, 1991: 108).

따라서 효과적인 학교란 학교의 인적(人的)·물적(物的) 투입여건(input variables)은 비슷한데 학생이 얻게 되는 지적·비지적인 산출이나 결과(output variables)가 다른 학교보다 더 높게 나오는 학교를 말한다. 여기서 학교의 투입여건이란 학부모의 사회경제적 지위와 학생의 학업능력, 이를테면 지능(IQ)같은 것을 말하는 것으로 학교 내부에서 통제할 수 없는 것이다. 즉, 효과적인 학교란 이런 투입여건은 비슷하지만 그 학교가 가지고 있는 구조적·조직적·집단적 특성의 차이로 인하여 학생들의 학업 성취의 결과가 다른 학교보다 더 높은 학교를 의미한다.

한편, 미국을 비롯한 선진 산업국가에서 행해진 효과적인 학교에 관한 일련의 연구들은 학교교육의 효과 여부에 대한 비판보다는 학교 자체의 조직, 구조적·집단적 특성이 학생의 학업성취에 미치는 영향 정도에 관한 것이었다. 즉, 학교교육에 있어서 과정변인(process variables)이라 할 수 있는 학교의 내재적 차원, 학급 내의 소집단 활동 같은 역동적 관계와 학교의 조직 및 구조적으로 여러 특성들이 어떻게 작용함으로써 학교효과의 폭을 크게 혹은 작게 하느냐 하는 문제에 관심을 돌린 것이다(김병성, 1987: 12).

지금까지 수행되어 온 연구에서 나타나듯이, 효과적인 학교의 효과성은 학교의 사회적 체제의 구성요소라 할 수 있는 학교의 사회심리적 특성이나 학교의 조직이나 구조 등의 역학 관계에서 기인한다는 것이다. 그렇다면 효과적인 학교란 학교 내에서 통제할 수 있는 과정변인과 밀접한 연관이 있으며 그 효과성은 시각(視覺)에 따라 다른 측면에서 생각할 수 있다.

효과성에 대한 함의

어떤 학교가 효과적인 학교라고 할 때, 그 '효과적(effectiveness)' 이란 용어는 가끔 교육의 질과 관계가 된다. 어떤 사람은 학교의 효과성에 대해 '좋다' 는 막연하고 포괄적인 용어를 사용하기도 한다. 여기서 우리는 학교효과를 논의하기에 앞서 효과성(effectiveness)에 대하여 좀더 깊이 생각해 보기로 하자. 효과성에 대한 동의어로 사용되는 용어로는 효율성, 생산성 그리고 어떤 조직의 생존력을 말하기도 한다(Scheerens, 1992: 3). 효과성은 보는 관점에 따라 완전히 다르게 정의될 수 있다는 것이다. 여기서는 효과성에 관하여 경제적인 관점, 조직 이론적인 관점을 간략하게 살펴보고자 한다.

경제학에서 효과성이나 효율성 같은 개념은 조직의 생산과정과 관련이 있다. 생산과정은 투입(input)을 산출(output)로 변형시키는 양식화된 형태로 변형시킬 수 있다. 학교체제에서 투입변인은 이미 주어진 학생의 특성이나 재정적인 자료적인 면을 말한다. 산출변인은 학교교육에서 얻는 학생의 학업성취를 말하며, 학교 내에서의 과정적인 변인은 교수방법이나 교육과정 선택 등과 같이 학생들이 지식을 습득하는 데 영향을 받는 학교체제 내의 여러 가지 조건을 말한다. 보다 장기간의 산출변인(output)을 우리는 결과(outcomes)라고 부른다. 이와 같은 것을 표로 정리하면 〈표 13-1〉과 같다.

경제적 관점에서 효과성이란 최소의 비용을 들여 최대의 산출을 내는 것을 의미한다. 따라서 효과성의 경제적 분석에서 가장 중요한 것은 투입과 산출의 가치가 돈으로 표현될 수 있다는 것이다. 다시 말하면, 효과성을 결정하는 데 교재

표 13-1 교육 생산과정에 대한 요인들

투입(Input)	과정(Process)	산출(Output)	결과(Outcome)
기금(재원)	교수방법	학교시험 점수	노동시장에서의 직업 만족도

나 교사의 급여와 같은 투입변인의 비용에 대해서 밝혀지는 것이 필요하며, 만약 산출비용이 돈으로 계산될 수 있다면 효과성에 대한 연구는 비용-효과(cost-benefit)분석과 유사할 수도 있다. 효과성에 대한 경제적 관점은 투자에 비해서 산출의 결과를 돈이라는 기준으로 분석해 보는 것이다.

조직이론적 관점

조직이론적 관점에서 효과성이란 어떤 조직의 생존력을 말하기도 한다. 생존력이란 조직을 이끌어 가는 힘이 어디에 있는가다. 따라서 효율성의 기준은 조직을 이끌어 가는 주된 행위자나 기관들이 무엇을 추구하느냐에 달려 있다. 여기서는 경제적 · 정치적 이론은 생략하고 기관 체제이론, 인간관계 접근법, 관료적 이론이라고 할 수 있는 체제구성이론을 중심으로 살펴보고자 한다.

기관 체제이론 모형에 따르면, 조직은 환경에 적응해 가는 생물학적인 체계와 비교될 수 있다. 이 접근법의 주된 특징은 조직이 환경과 어떻게 상호작용하느냐다. 따라서 생존의 의미에서 조직의 효과성으로 유연성과 적응성을 가장 중요한 것으로 생각하고 있다. 이런 측면에서 한 학교의 효과성도 계속적인 투입 여건(Intake)에 따라 측정될 수 있다.

조직에 대한 인간관계이론은 조직의 체제를 내부적으로 향하는 것들, 보이지 않는 것들에 초점을 맞추고 있다. 인간관계 접근법에서 보는 효과성이란 조직 내에서의 개인의 복지나 의견을 중요시하기 때문에 그 조직에 대한 직업 만족도나 참여 여부를 기준으로 하고 있다. 한 학교의 효과성을 이런 측면에서 분석한다면 학교 내에서 사무분장에 대한 직무만족도나 각종 연수나 교사협의회의 참여 정도가 될 수 있을 것이다.

관료적 이론에 따르면, 특히 학교와 같은 조직의 구조나 행정에 대한 근본적인 문제는 조직의 전체를 화합하는 법을 찾아내는 문제다. 전체적으로 융화를 하려면, 개인 간의 적절한 사회적 상호작용과 전문성 발달을 위한 적절한 기회를 제공하는 것이 한 수단이 될 수도 있다. 그러나 관료적 이론에서는 이런 사회적 관계를 구성하고 분명하게 규정하고 공식화해야 한다는 것이다. 따라서 조직의 전형(典刑)은 관료화되는 것이기 때문에 관료적 조직은 또 다른 관료주의를 낳는다고 일반적으로 알려져 있다. 그러므로 이 관료적 이론에서는 효과성으로 연속성(continuation)을 그 기준으로 본다. 학교효과성의 문제를 관료적 이론의 측면에서 분석한다면 조직 전체의 융화 차원에서 지속적인 분석이 이루어져야 할 것이다.

학교효과 관련 요인

학교효과란 학교 자체의 특성에서 야기되는 효과로 학교의 집단적 사회심리학적 체제에서 파생되는 것이다. 교육의 결과만이 학교효과가 아니고 교육에 투입되는 변인에서부터 그 과정, 결과에 이르기까지 총체적 효과를 학교효과로 보아야 한다.

학교사회는 다른 사회체제와 같이 복잡하고 제도적 조직을 가진 하나의 사회체제다. 학교사회는 행정가, 교사, 학생 그리고 행정 직원으로 구성되어 있고, 이들 구성원의 제도적 목표인 '교육하는 것' 을 위하여 비교적 지속적인 틀 속에서 상호작용하는 사회조직이라 할 수 있다(박용헌, 1977). 학교의 구성원들은 그 환경에 적응하면서 상호작용 관계의 유형을 발전시키고 있다.

지난 10년간 미국을 비롯한 유럽의 선진국에서 수행된 많은 연구 중에서 학교효과를 결정짓는 요인은 학교의 사회적 체제나 학교의 학구적 규범 등이었다. 일반적으로 사회적 체제는 크게 구성원의 역할, 규범 그리고 가치의 유형에서 비롯된다(Katz & Kahn, 1978).

학교의 사회적 체제는 좁은 의미에서는 학교의 사회심리적 집단규범을 중핵요인으로 하지만, 넓은 의미에서는 학교의 모든 교육환경을 포함하는 포괄적인 개념으로 사용되기도 한다. 여기서 말하는 교육환경은 학교 내의 학습환경뿐만 아니라, 학교 밖의 교육환경들도 포함할 수 있다. 이것은 하나의 개별적인 학급, 교육과정 영역, 학년 수준, 더 나아가 지역사회까지도 연관짓는 개념이다.

한편, 브루코버 등에 의하면 학교의 사회적 체제는 학교의 학습풍토와 매우 밀접한 관계를 맺고 있다. 이들은 학교의 사회적 체제는 학교의 학습풍토에 의하여 규정짓게 되며, 그 구성요소로는 학교의 사회심리적 규범, 학교의 조직구조, 그리고 수업실천 행위 등 세 가지 요인을 포함하는 개념으로 규정하고 있다.

학교의 사회적 체제의 첫 번째 구성요인으로는 학교의 사회심리적 규범이며, 그 구성요인으로는 주로 학교 구성원의 학교교육에 대한 일반적인 신념, 기대, 규범, 평가, 감정, 분위기 등으로, 이것들은 학교의 역사적 전통 등에서 파생된 것이다. 다시 말하면, 학생 모두가 잘 배울 수 있고 교사가 잘 가르칠 수 있다는 관념과 기대, 그리고 그에 따른 역할수행은 효과적인 학습 결과를 낳는 중요한 학습환경 특성임을 주장하고 있다. 학교 구성원의 이러한 신념, 학구적 규범 그리고 상호 기대 및 평가는 전체적인 학교의 문화적 풍토를 형성하게 된다. 이 문화적 풍토는 학교 구성원의 사회심리적 관계 구조의 총체이며 학습효과의 성패에 영향을 주게 된다(김병성, 1988: 160).

학교의 사회적 체제의 두 번째 구성요인으로는 학교의 조직구조 및 운영방식을 들 수 있다. 이러한 조직은 크게는 학교의 행정적 조직으로부터 작게는 학급 내 학습집단의 구성형태까지를 포함하는 개념이다. 일반적으로는 학교의 행정적 조직체나 운영방식, 교수-학습 프로그램의 조직과 분화, 그리고 학급 내 사회적 관계 구조와 관련되기도 한다. 보다 구체적으로는 학습지도 평가를 위한 교사협의체 구성 및 운영, 학교의 의사결정 과정이나 의사소통 방식에 기초한 형식적 조직을 들 수 있다. 루터 등(Rutter et al., 1979)의 연구에 의하면, 수업계획을 수립할 때 교사 간의 협조체제가 잘 이루어진 학교는 그렇지 못한 학교보다 학생들의 출석률이 높고 비행률이 낮은 것으로 나타났으며, 교사들에 대한 장학지원과 수업지원이 보다 효과적으로 이루어지고 있는 것으로 밝혀졌다. 또, 보다 성공적인 교육효과를 나타낸 학교는 그렇지 못한 학교에서보다 교사들의 의사결정 참여도가 높은 것으로 나타났다.

학교의 사회적 체제의 세 번째 구성요인으로는 학급 내 수업실천 행위에 연관된다. 이것은 학급 내에서 개인 혹은 집단적으로 표출되는 의사소통의 방식, 행동강화, 보상방식, 규제나 평가행위, 수업자료 제공과 수업에 투입되는 시간량 등과 관련된다.

효과적인 수업의 설계는 모든 학생에게 공통된 학습목표를 분명히 인식시키고 수용하게 하여 최대한으로 학생이 주어진 학습목표에 완전하게 도달할 수 있도록 하는 데 그 목적이 있다. 이러한 수업설계에 따른 수업지도 행위가 바로 학교의 학구적 규범으로 교육과정 조직 및 운영 등과 밀접히 관련되거나 일관성 있게 표출되어 교육효과를 좌우하게 된다.

2. 효과적인 학교연구

앞에서도 언급했지만 효과적인 학교에 관한 연구는 콜먼(Coleman, 1966) 연구 이후 학교교육 효과에 대한 부정적인 견해에 반대하는 입장으로 투입-산출 연구 모형에서 검은 상자(black box)라 여긴 과정(process) 부분에 대한 연구가 그 발단이 되었다. 다시 말하면, 잘사는 집 아이들이 학교에서 공부도 잘하고 성적도 좋으며, 못사는 집 아이들은 공부도 못하며 성적도 안 좋다는 이른바 사회경제적 배경과 학업성취와 상관이 높다는 실증적 연구가 제시되어 왔다. 이러한 연구는 사회경제적으로 불리한 학생들은 희망이 없다는 느낌을 교사들에게 주어 왔다.

그러한 연구로는 콜먼(1966)의 교육기회균등에 관한 연구보고서를 들 수 있다. 이 연구는 1950년대의 'Project Talent' 다음 가는 미국사회과학 사상 두 번째의 거대한 규모로, 그때까지 맹목적으로 받아들여지고 있었던 교육에 관한 신화와 신념에 대한 가장 강력한 경험적 비판이며, 미국 교육사회학의 가장 중요한 자료라고 평가받는다. 이 보고서는 미국 내 6개의 주요 인종 및 소수민족 집단 간의 학교 간, 지역 간에 존재하는 교육기회와 효과의 불균등 현상 및 원인을 밝히는 데 그 목적이 있다. 결국 이 연구에서 밝혀진 것은 학교가 학생들의 학업성취에 별로 공헌을 못하고 있으며 사회적 평등을 위한 기능을 제대로 수행하지 못하고 있다는 것이다.

콜먼 연구를 재분석한 젠크스 등(Jencks, 1972)의 연구에서도 콜먼 보고서의 분석상의 미비점을 지적할 뿐 그 근본적인 연구 결과는 별 차이가 없었다. 젠크스는 인지능력의 불평등을 설명해 주는 정도를 가정배경 요인, 유전요인, 그리고 학교의 질(質) 순이라고 지적하였다. 즉, 그의 연구결과도 학교는 학업 성취의 향상에 거의 영향을 주지 못한다는 것이다. 이와 같은 연구결과는 영국의 프로우덴(Plowden, 1967)과 부동(Boudon, 1973) 연구에서도 입증이 되었다. 영국의 초등학교 학생을 표집으로 한 연구에서 부모의 태도, 가정환경, 학교의 특성 변인 등 104개의 변인을 투입한 결과, 사회계층이 높을수록 부모의 자녀교육에 대한 포부수준 및 그 실현도, 관심도가 높았고, 또 좋은 학교의 진학을 원했으며, 학업성취의 격차를 설명해 주는 데 있어서는 부모의 태도, 가정환경, 학교의 특성요인의 순으로 나타났다.

콜먼(1966)의 연구에 비판자들은 콜먼 연구는 개인의 특성과 사회구조적 특성을 중요시한 연구로 과정(process) 변인에 대하여 '검은 상자(black box)' 라고만 여기고 분석하지 못하고 있다고 비판하였다.

이런 문제점에 비추어 콜먼(1966) 연구를 재분석한 프레드릭슨 등(Fredericksen, 1975)에 의하여 학교자체의 집단특성이 학생의 성적에 독립적으로 주는 영향이 큰 것을 알아냈다. 그 후 학교자체의 사회심리적 특성이 학생의 능력이나 학부모의 사회경제적 지위와 함께 학생의 성적 격차에 영향을 주는 중요한 요인임이 거론되었다. 이런 학교의 사회적 체제나 집단 특성을 중심으로 학생의 성적 격차를 관련지어 설명하려는 노력이 미국을 중심으로 한 선진 산업국가에서 학교효과(school effectiveness)란 주제로 활발하게 논의되고 있다. 효과적인 학교에 대한 것으로 대표적인 것은 브루코버(1975)와 루터(1979) 등의 연구를 들 수 있다. 이들의 연구는 한결같이 학교의 문화적 · 규범적 · 사회심리적 요인이 교사의 수업행동에서 학생과의 상호작용으로 반영되어 성적 격차에 영향을 준다는 것이다. 이에 대한 구체적인 연구결과는 다음 4절에서 제시하려고 한다.

효과적인 학교에 관한 연구는 학교를 하나의 사회체제로 보고 학교사회의 조직, 규범, 과정적 측면을 상호 연관지어 성적 격차를 설명하려는 연구들 중의 하나로, 최근에는 학교교육에서 가장 중요한 주체라 할 수 있는 교사-학생의 연구에 그 초점을 맞추고 있다.

그 이유는 종전의 교육외적인 연구에 비하여 학교교육과정 부분에 대한 연구는 비교적 개선이 용이하다는 교육내적 요인을 문제삼고 있고, 학교의 사회적 구조 속에 이미 학생 · 개인(가정) 및 사회적 배경요인이 반영된 측면을 분석해 낼 수 있기 때문이다.

3. 효과적인 학교연구의 유형

콜먼(Coleman, 1966)의 연구 이후 효과적인 학교에 관한 연구의 틀은 크게 두 가지 접근방식을 취하여 왔다. 첫째는 콜먼(1966) 보고서와 같이 **투입**(input)-**산출**(output) 모형을 바탕으로 양적 자료의 분석을 사용한 연구들의 결점을 보완하는 형식으로서, **과정**(process) 연구에 중점을 둔 연구들이고, 둘째는 학교의 투입여건(intake), 즉 학생들의 가정배경과 능력 수준에 비추어 볼 때 학생들의 평균성적이 두드러지게 높은 특별한 학교(outlier studies)를 선정하여 그들의 특성을 추출하여 전파하는 연구들이다.

■ 투입-산출 분석연구

투입-산출 분석연구의 틀은 먼저 콜먼 보고서와 같은 연구들의 결점을 다음과 같이 비판하고 있다. 첫째, 학생들의 학업성취에 영향을 주는 학교 내 변인들로 측정된 것으로서는 주로 학교시설, 자원, 교사와 같은 행정적 · 재정적 또는 물질적 여건에 국한되고 반면에 학교 내에서 일어나는 실제적 학교운영이나 교수-학습과정에 관한 변인들은 사용되지 않았다는 점이다. 둘째, 학교의 산출요인으로서 학생들의 학업성취에만 국한하였고 기타 학생들의 출석률이나 비행 또는 일탈행동과 같은 비인지적 행동들은 고려되지 않았다는 점이다. 물론 지적인 학업성취가 학교의 중요한 기능 중의 하나이지만, 기타 정서적 함양이나 바람직한 행동습득도 그에 못잖은 중요성을 갖고 있기 때문에 이러한 변인들도 학교의 중요한 산출변인으로 취급되어야 한다는 것이다.

학교의 물리적 시설, 자원이나 행정적·재정적 여건보다는 학생들의 학교생활이나 학습에 보다 직접적으로 관련이 있는 학교 내 과정요인이 학생들의 학업성취에 보다 큰 영향을 미친다는 연구결과가 많아지고 있다. 여기서 학교의 과정요인에 해당하는 것은 수업실천 행위, 학교교육과정의 조직이나 분화, 학교의 학습풍토 등이다. 이러한 과정요인들은 다시 여러 가지 요인으로 세분화되는데 이들의 공통적인 특성을 보면, 이들은 학생들로 하여금 학교학습에 보다 충실하게 하는 데 직접적으로 관련된 요인들이다. 이러한 학교생활이나 학습에 관한 과정변인들을 사용하여 학생들의 학업성취도에 학교효과를 검증한 결과 이들 과정변인들의 효과가 나타남을 발견한 연구들이 있는데, 그 중에서 대표적인 것으로 미국의 브루코버(1979) 연구와 영국의 루터(1979) 연구가 있다.

이 연구들은 콜먼 보고서 류(類)와 같은 투입-산출 모형의 결점으로 지적된 사항인 검은 상자(black box)로 취급하는 점과 그에 따라 검은 상자 내에서 일어나는 과정변인들의 측정치를 연구모형에 포함시키지 못한 점을 극복하여 여러 가지 학교 내 과정변인들의 측정치를 사용하였다. 이들은 연구방법으로서 계량적 분석 이외에도 관찰이나 인터뷰 등을 동원한 질적인 방법도 사용하였으나 그들의 연구결과가 주로 계량적 분석에 의존하였기 때문에 학교 내 과정요인이 학생성취에 영향을 주는 구체적인 메커니즘에 대하여는 잘 보여 주지 못하고 있다.

이러한 문제점을 보완하기 위하여 관찰법을 사용한 '효과적인 학교'에 관한 연구들이 나타나게 되는데 이들은 적은 수의 학교를 대상으로 한 사례연구의 성격을 띠게 되었다. 이러한 사례연구들은 1970년대 말부터 1980년대 초에 집중되었는데 이들 연구결과에서 공통적으로 찾아볼 수 있는 효과적인 학교의 특성들로는, 교장의 강력한 리더십, 학생성취에 대한 교원들의 높은 기대감, 명확한 목표, 학구적인 면을 강조하는 분위기와 그에 관한 효과적인 교직원 연수 프로그램, 그리고 학생들의 진보상황을 항상 점검하는 학교 시스템 등이다. 이러한 효과적인 학교에 대한 연구들에 기초를 제공한 사람은 미국의 에드몬드(R. R. Edmonds)라고 할 수 있는데 그는 효과적인 학교의 특성으로 앞에 제시한 교장의 리더십, 교수법, 교사의 기대감 외에도 교수학습에 도움이 되는 질서 있고, 안전한 학교풍토와 프로그램 평가의 기준으로서 일반적인 표준화 학력검사 점수보다 학교에서의 학업성취점수의 사용을 강조한 바 있다(Edmonds, 1979).

■ 특별한 학교연구(outlier studies)

이 연구의 분석의 틀은 기본적으로 효과적인 학교에 관한 요인을 추출하여 제시하는 것이다. 그 대표적인 것으로 퍼키와 스미스(Purkey & Smith, 1983)는 효과적인 학교에 관한 제 연구결과들을 종합하여 학교효과 과정요인을 추출한 바 있다. 그 중에서 몇 개의 예를 들어보면 다음과 같다. 효과적인 학교는 학교에 관한 제 연구결과들을 종합하여 다음과 같이 12가지의 학교효과의 과정 요인을 추출한 바 있다.

학교단위의 자율적 경영, 수업에 관한 교장의 리더십, 교직원의 근무 안정감, 학교단위의 교직원 계발, 학부모의 참여와 지원, 학업성취에 대한 거교적 인식, 학습시간의 극대화, 교육구의 지원, 수업계획 시 협력과 협동적인 교직원의 관계, 공동체 의식, 분명한 목표와 높은 기대감, 질서와 규율-이러한 요인 추출은 앞에 언급한 효과적인 학교에 관한 사례연구뿐만 아니라 특별히 효과가 높은 학교에 대한 연구(outlier studies)도 바탕이 되었는데, 이런 류의 연구는 특별히 효과적인 학교와 비효과적인 학교를 통계적으로 확인한 다음 그들의 차이를 설명해 주는 학교요인들을 밝혀 내는 연구다. 이들이 찾아낸 효과적인 학교의 공통적인 요소들은 질서 있는 통제와 규율, 학생성취에 대한 교직원의 높은 기대, 그리고 교장의 수업 지도력 등이다.

4. 효과적인 학교연구의 예

브루코버(Brookover) 연구

브루코버 등(Brookover et al., 1979)은 학교의 사회체제는 학생들이 내면화하는 역할, 정의, 규범, 기대, 가치, 신념 등에 영향을 미치고, 이것들이 학업성취, 학문적 자아개념, 다른 정의적 반응에 영향을 미친다고 주장하였다. 따라서 학생행동과 학업성적은 투입(교사, 학생의 질), 사회적 구조, 학교의 사회적 풍토의 학교 간 차에 의해 설명이 될 수 있다고 하였다.

브루코버는 68개 학교를 연구했는데, 이중 61개교가 백인이 과반수가 넘는 학교였고 흑인학교는 7개교였다. 분석을 위해 학교의 사회경제적 수준(SES)에 따라 상위 집단과 하위 집단을 짝지을 수 있었다. 자료는 평가 보고서, 학생·교사·교

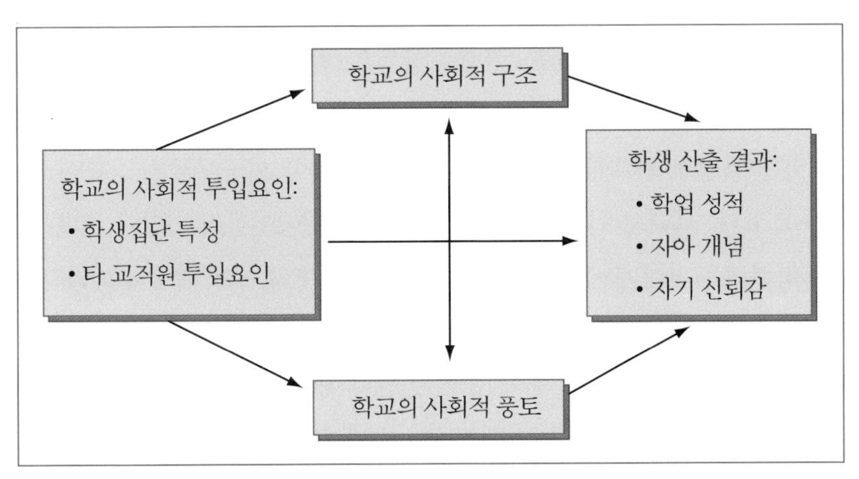

[그림 13-1] 학생의 성취에 대한 학교사회 체제 모형

장용 질문지에 의해 수집되었다.

사회적 특성은 학교의 평균적인 사회경제적 지위(SES)와 학교의 백인 학생들의 비율로 정의된다. 그 밖의 학교 투입 측정은 학생집단의 크기, 학생들의 평균출석률, 학생 1,000명 당 교직원 수와 교사 경력 같은 것이었다.

학교의 사회적 구조에 관련된 요소에는 부모참여, 학생 프로그램의 분화 정도, 학급조직의 개방성, 시간 배당, 학교구조에 대한 교직원의 만족도 등이 포함된다.

브루코버 등의 연구에서 학교풍토(學校風土)는 학교사회 체제에 대한 참여자가 지각하는 규범, 기대, 신념의 총체로 정의된다.

학업성적 측정은 Michigan School Assessment의 40개 목표의 각각을 완전 학습한 학생들의 평균 비율로 했다. 19개 문항은 독서력 검사(reading test)이고 30개는 수학에 관한 것이었다. 자아개념은 자기에 대한 지각을 말하며, 사회구조, 풍토, 결과 변인에 관한 많은 것들이 질문지에 의해 평가되었다.

사회구조와 관련된 5개 요인들이 사회적 특성이나 다른 투입변인들과 의미 있는 관계를 가지고 있고, 측정에서도 관련이 되지만 전적으로 사회적 특성에 의존하고 있지는 않으며, 단지 사회 특성에 있어서 동일 변인에 대한 다른 측정이었다.

학교풍토의 측정은 학생집단특성과 상관이 높다. 학생들의 학구적 무력감은 학교구성원 전체(학교집단)의 특성과 .87의 높은 상관이 있었다. 별개의 다른 프로그램을 제외하면 모든 투입 · 구조 · 풍토변인들은 어느 정도 서로 상관이 있었다.

종속변인인 학업성적과 자아개념이나 자기신뢰감과는 브루코버 등의 이전의 연구에서는 긍정적 관계를 갖는 것으로 보았는데 이 연구에서는 상관이 없음을 보여 주고 있다. 그래서 이 종속변인들끼리의 관계는 엇갈리고 있다. 일반적으로 높은 학업성적은 자아개념감, 자기 신뢰감과 관계가 없으며, 학교에 따라 서로 다른 결과를 보이는 것을 보면 적어도 학교의 풍토와 구조변인과의 다양한 조합과 관계된다고 볼 수 있다.

브루코버 등은 통계적 분석을 보충하기 위해 학급관찰과 면접을 3주에서 3개월간 실시했으나, 그 절차와 방법이 보고 되지 않아서 불행하게도 자료를 평가하거나 시사점을 평가하는 것은 어렵게 되었다.

보고된 학교의 선정기준은 유사한 인종적 배경, SES 수준, 성적, 도시지역학교 등이다. 연구된 결과는 고(高)성취 학교와 저(低)성취 학교를 구별지어 주는 몇 가지 일반적 차이점들을 보여 주고 있으나 높은 학교 간에서도 상당한 편차가 있었다.

높은 성적의 학교에서 보면 수업에 더 많은 시간을 투입하고 있고 새로운 개념이나 문제 등을 개별적으로 학습하는 데 필요한 시간을 투입하고 있으며, 교사와 학생 간에 학문적인 교류가 빈번하고 백인학교에서는 교사-학생 간 상호작용이 전체에 걸쳐 빈번히 일어나고 있었다. 낮은 학교에서 보면 교사는 행정적 일에 매달리는 동안 학생들은 노는 시간이 많았다.

결론적으로 요약해 보면, 백인학교가 흑인학교보다 상대적으로 높기는 하지만 높은 학교에서는 수업에 보다 많은 시간이 할당되어 있었다는 것이다.

브루코버 등의 연구를 요약하자면, 교사, 교장, 학생들이 학업성적의 향상 가능성이 있다고 믿을 때 학교풍토는 학습으로 이끌어지며 학생들 성적이 보다 높아진다는 사실을 보여 주고 있다. 이러한 자료들은 상호 관련성이 있고 상관관계가 있다. 그래서 높은 학업성취가 긍정적인 기대보다 앞서는 것인지 그 뒤에 오는 것인지를 결정짓기란 불가능하다. 그러므로 그들의 연구가 처음부터 학교가 학교의 개선계획을 위해서 유용한 제한된 자원을 어떻게 투입할 것인지를 분명하게 제시하지는 못하고 있다. 그러나 연구결과는 개선이 가능함을 보여 주고 있고, 조정할 수 있는 몇몇 변인을 지적해 주고 있다.

브루코버 등의 연구(1979)는 학교의 투입요인이 학교과정과 독립하여 학생성취 결과(성적, 자아개념, 자기신뢰감)를 예언해 주지 못한다는 사실을 예시해 주는 하나의 종합적이고 성공적인 시도였다. 또한 사례연구는 다양한 투입요인을 가지고 있는 학교는 학교 내의 풍토(風土)나 구조적 특성 때문에 학생성취에 서로 다른 효과를 가질 것이라는 사실을 보여 주고 있다. 더욱이 풍토변인들은 투입변인이 설명할 수 있는 만큼 성취에 있어서의 많은 변량을 설명하고 있다. 서로 상응하는 자원을 가지고 있는 학교들이 아주 다른 풍토를 가질 수 있다고 강력히 주장하였다.

루터(Rutter) 연구

3년간에 걸친 12개 중학교에 대한 연구에서 학구적인 면과 사회적인 면에서 향상을 보인 학교를 발견했다. 런던에서의 10세 아동에 대한 조사연구가 이미 1970년에 시작되었다. 지능수준과 독서성취에 대한 평가자료는 한 런던지역의 빈민 초등학교 아동들로부터 수집되었다. 1974년에 재검사가 실시되었다. 1970년인 10세 때 검사를 받은 대다수의 아동이 취학하고 있는 20개 학교에 집중적으로 실시되었다.

비행의 비율이나 성취문제에 있어서 학교 간에 큰 차이가 있었다. 그러나 문제는 그 차이들이 단순히 학교에서의 투입에서의 차이를 반영하는 정도이었다. 즉, 학교 간 결과의 차이들이 투입에서의 차이를 어느 정도 반영하고 있느냐 하는 문제였다. 자료는 단지 결과에서 차이가 있는 것이 아니라 20개 중학교가 취급해야만 하는 투입요인에 본질적인 차이가 있었다.

학교 간 투입 특성의 큰 차이를 통계적으로 제거하였음에도 불구하고 본질적이며 통계적으로 의의 있는 학교 간 차이가 있었다. 가장 유리한 학생들을 가지고 있는 학교가 반드시 최상의 결과를 가져오는 것도 아니며, 유사한 배경을 가진 학생들을 가진 학교가 때로는 엄청나게 다른 결과를 가져오기도 했다. 한마디로 14세 학생의 행동과 비행률은 가정배경 요인이나 10세 때 검사한 학생의 검사나 설문점수에 의해서 설명될 수가 없다는 것이다. 그래서 다시 신중히 조사하기 위해 20개 학교에서 12개 학교로 줄여서 조사했다. 각 학생들로부터 수집된 세 가지 측정치는 10세 때의 언어분별점수, 아버지의 직업, 학생의 행동발달 점수 등이었다.

연구자는 학생집단의 충원에 있어서 변화의 정도를 조사해 보았다. 일반적으로 학생들이 한정되어 있는 집단이 가장 유리한 충원을 해서 그 이점을 지속하고 있다는 것을 발견했다.

이 연구는 학교교육에 대한 어떤 특정 이론을 시험하기 위한 것이 아니며 또한 학교과정이 중요하다는 기존의 생각에 기초한 분석도 아니다. 일반적으로 검토된 과정은 7가지의 폭넓은 개념 영역으로부터 도출되었다. 연구과정에 대한 자료는 교사와의 면접, 학생들에 대한 설문자료, 학습관찰 자료다.

일련의 중요한 관찰들은 일주일 간의 관찰로 구성되었다는 중간 수준의 학생과 3학년 학급에서 실시되었다. 관찰기간은 제일 먼저 교사에 대해서, 다음으로는 선택된 개별 학생 그리고 전체 학급에 초점을 맞춘 코드 분류로 분류했다. 코더(Coder)는 교사가 어떤 영역의 활동에 초점을 두는지를 관찰한다. 관찰자들은 교사와 아동과의 상호작용과 상벌관계, 그리고 아동에 대한 호악(好惡)의 감정을 관찰하고 코드화했다.

관찰자들은 학생들이 교사에 의해 설정된 과제와 다른 행동에 참여하는지를 주목했다. 연구자들은 행동의 발생뿐만 아니라 거기에 참여하는 학생 비율도 보고하고 있다. 예를 들어, 학생의 과제행동에 대한 평균 참여학생이 85%라든가, 교사의 시간 중 75%가 수업교과에 보내지고 있다든지 하는 것이다. 그 밖에도 운동장에서의 행동의 관찰, 학생활동의 기록, 그리고 학생들 간 물리적 폭력의 기록 같은 일을 한다.

조사자는 5개의 측정치를 각 학교의 서로 다른 효과를 평가하는 데 사용했는데(예컨대, 출석, 학생행동, 시험합격, 취업-비행 등), 여기서 논의는 성적과 출석 그리고 학생 행동과 관련짓고 있다.

조사자는 많은 변량과 차이들을 통제했음에도 불구하고 여전히 학교 간에 출석률이나 학생행동(예: 지각, 과제행동으로부터의 이탈-무관심, 파괴적 행동 등)에 있어서 상당한 차이가 있었다. 학생충원과 행동과의 상관관계는 단지 .29로서 난폭한 학생이 있는 학교라고 해서 반드시 가장 나쁜 학급행동을 보이고 있지는 않았다.

학교 간 차이로 성적을 비교하는 일은 어렵지만 12개 학교에 걸쳐 학습진척도를 비교했다. 학생의 전출입에 따른 편차를 통제했음에도 여전히 성적에 있어 학교 간 차이가 뚜렷했다.

일반적으로 학교성적은 2년간의 조사기간 중 적절히 안정되어 있었으며 그 성적의 차이는 단지 두 학교의 특성이었음이 분명했다.

학구적인 강조가 학업성적을 올리는 것과 관련이 있었다. 예컨대, 숙제를 내주는 것이 안 내주는 것보다 효과가 있었다. 숙제를 하는데 소요되는 평균시간은 그리 많지 않으며 평균 15~30분 정도였다.

학문적 강조의 다른 측면은 학생에 대한 교사의 기대와 관련된다. 교사는 아동의 능력에 대한 훌륭한 판단자다. 학구적 기대에서 볼 때 하위 1/3에 처져 있는 아동들(두 학교의 경우)이 처음에 학생능력을 판별할 때에는 상위 1/3이었다. 이 예는 기대가 성적 차를 만들었다는 증거다.

더욱이 수업(teaching)을 실시하고 있는 학교의 주간 일과시간의 비율이 학생성적과 관련되고 있다. 그 차이는 학교에 따라 219시간~242시간의 차이를 보이고 있다. 학구적 문제에 관심을 두고 있는 학교일수록 학구적인 아동들이 보다 향상되고 있음을 보여 주고 있다.

학교시간의 65%부터 85% 사이에 이르기까지 다양한 학습주제가 투입되었음에도 불구하고 과제에 투입된 시간은 학업성적과 의미 있는 관계를 보이고 있지 않다. 행실이 바르고 참여적인 학급은 효과적인 수업과 생산적인 학습을 위한 기회를 제공하고 있다. 그러나 교사가 이러한 기회를 어떻게 활용하는가 하는 문제는 학생들이 무엇을 어떻게 학습하는가를 결정하는 데 있어서 중요한 문제다.

성공적인 학교의 교사들은 학생들과 개별적으로 관계하지 않고 전체적으로 관계한다. 또, 교사들의 빈번한 간섭은 학생들의 과제이탈(off-task behavior)을 증가시킨다. 그러므로 간섭은 배제하는 게 좋다. 그리고 과제 시작을 신속하게 하는 것이 좋은 학생행동과 결과를 가져오는 경향이 있다.

상과 벌의 효과를 살펴보면, 전반적으로 벌은 학습에 효과가 없으며, 보상이 보다 효과가 있다. 그러나 보상도 간헐적으로 주어야 한다는 사실을 주시해야 한다.

학교마다 학생들에게 제공되는 환경의 정도는 다양하다. 일반적으로 훌륭한 작업조건이 학생들로 하여금 고무적으로 학교를 이해할 수 있게 해 주며 학교의 목표에 부합하도록 해 준다. 시설 활용에 대한 자유로움이라든가 편의 등에 대한 14개의 항목을 척도화해서 조사해 볼 때 높은 점수를 받은 경우에 시험점수도 높았다.

5. 효과적인 학교의 특성과 제언

효과적인 학교의 특성을 찾아내기 위한 많은 연구에서 효과적 학교로는 교장과 교사의 강한 지도력, 학생 학업성취에 대한 교사의 높은 기대, 분명한 교수-학습목표, 학교의 학구적 분위기와 그에 따른 교직원 연수, 학생의 학업진전도의 주기적 점검 등 5가지로 제시되고 있다(김병성, 1987: 15).

이러한 일련의 사례 연구결과를 보다 심층적으로 분석한 퍼키와 스미스(Purkey & Smith, 1983)가 제시한 학교효과에 관한 과정변인을 살펴보면, 학교단위의 자율적 경영, 수업에 관한 교장의 리더십, 교직원의 근무 안정감, 학교교육과정 정선과 조직, 전체 교직원을 대상으로 한 주기적인 지도 방법, 학부모의 참여와 지원, 수업 시간의 효율화를 통한 학업성취의 극대화, 지역사회 교육기관과의 유기적 관계 등이다.

물론, 효과적인 학교 특성에 관련된 요인은 무수히 많겠지만, 지금까지 제시된 연구결과를 요약하면 첫째, 효과적인 교수-학습 지도, 둘째 학교 자체의 학습 프로그램의 조직과 운영, 셋째 교직원과 학생이 갖고 있는 그 학교의 문화와 가치 등으로 크게 구분된다.

학교효과(學校效果)를 규명하는 데에는 학급경영이나 수업실천 행동과 같이 구체적인 행동이나 실천요인을 찾기란 매우 어렵다고 할 수 있다.

따라서, 학교효과는 특히 수업실천(授業實踐)과 관련된 학교의 제도적 · 조직적 · 집단적 특성을 집합적 개념으로 받아들이는 것이 바람직할 것이다.

다시 말해서, 학년 및 학급 수준의 수업목표(授業目標), 수업 내용과 행동 그리고 학업성취의 결과 등이 학교 구성원의 집단적 노력의 산물로 나타나 결국 학교효과를 판정하기 때문이다.

따라서 학교효과는 학교 학습프로그램의 조직, 실천, 평가의 전 과정에 투입되는 과정에서 보다 질 높은 교육을 위한 교장의 지도력이나 교수-학습의 과정, 안정되고 고무적인 학습풍토, 모든 학생의 완전학습(mastery learning)에 대한 교사 기대, 학습프로그램의 적절한 평가 등이 상호 연관되고 통합되어 나타나는 집합적 의미에서의 학교교육의 효과로 간주되어야 한다.

효과적인 학교의 특성 중 밝혀진 것들 중에서 중요하다고 판단되는 요인 중 교장의 수업지도 관련 리더십을 중심으로 살펴보고자 한다.

효과적인 학교에 대한 거의 모든 연구는 학교장의 지도성의 중요성을 인정하고 있다. 그러나 일상생활에 근거하여 지도성을 특정짓는 행동이나 실제에 대한 합의점은 거의 없는 편이다. 묘하게도 교장들이 수업지도력을 그들의 가장 중요한 기능으로 여기고 있는 데에도 실증적인 증거를 보면, 그러한 수업지도력을 발휘할 시간이나 기회를 거의 가지고 있지 못하다.

코헨(Cohen, 1983)이 지적한 바와 같이, 교장이 하는 일은 차라리 모호하고 갈등적인 기대라든가, 빈번한 간섭, 그리고 위기 국면과 같은 것으로 특징지을 수 있다. 교장은 하루에도 종종 수백 번 정도의 인간관계나 과제에 참여하는 경향이 있다.

그러면 교장은 어떻게 학교성취에 영향을 미치고 있는가? 무엇보다도 교장의 목표관은 특히 중요하다. 코헨(1983)은 주장하기를, 효과적인 교장은 성취를 강조하고 수업목표를 설명하며, 학생의 성취기준을 개발하고 수업목표에 도달할 수 있는 학생들의 능력에 대해 낙관적인 입장을 보인다. 그래서 효과적인 교장들이 학교의 청사진을 개발하고 제시하며 그 구상을 교사들과 수많은 매일매일의 접촉과정에서 계획하는 데 적극적인 필요가 있다는 사실은 놀라운 일이 아니라고 한다.

효과적인 학교의 교장은 수업에 대해 책임감을 가지고 있고 교사들을 정규적으로 관찰하며, 그들의 직무문제를 가지고 토론을 하는 경향을 보인다. 분명히 몇몇 교장들은 학급에서 무슨 일이 벌어지고 있는지에 대해 전혀 관심을 두고 있지 않아, 그로 인해 종종 권장되고 있는 학교의 정책과 학급의 실제 간에는 엄청난 괴리 현상이 나타나고 있다.

코헨(1983)은 교장이 수업효율성을 위해서 할 수 있는 일이 무엇인가를 기술할 수는 있겠지만, 모든 교장이 이러한 모든 활동에 참여하고 있다거나, 어떤 전략이 어떤 조건 하에서 다소가 적절하며 효과적인지를 알려 주는 연구는 분명히 없다고 했다. 지금까지도 아주 복잡한 양상에 대한 희미한 윤곽만이 나타날 뿐 더 많은 연구가 그 양상을 밝히기 위해 수행될 필요가 있다.

교장은 무엇보다도 더 수업지도력을 발휘해야만 한다. 왜냐하면 공유된 가치와 문화를 창출해 내는 교장의 능력은 역시 중요하기 때문이다. 아마도 효과적인 학교의 교장은 공통의 공유된 목표와 학생과 교직원의 역할 수행에 대한 높은 기대를 가지고 있는 강한 공동체감(일체감)을 만들어 낸다고 하겠다(Little, 1982).

■ 제언점

이상의 효과적인 학교에 관한 모든 연구의 결과를 종합해 볼 때, 사례연구나 특별학교의 연구에서는 사례 수가 적으나 보다 심층적인 분석을 통해 학교의 과정적 요인을 찾아내는 데 공헌하였으며, 그 찾아낸 요인들이 결국은 앞에서의 대규모 연구들과 서로 유사하다는 점을 보여 주었다. 즉, 여러 개의 학교를 사용한 대규모 통계분석 연구에서는 이 학교의 과정적 요인들이 실제로 학생성취에 대한 학교의 효과를 유발시키는 요인들임을 확인한 셈이다.

일단 효과적인 학교의 특성들이 밝혀진 이상, 단순하게 생각하면 이러한 특성들을 많이 갖추고 있는 학교가 보다 더 효과적인 학교일 것이고, 효과적인 학교를 만들기 위해서는 이 특성들을 많이 갖추도록 조성될 것이라는 가정을 세울 수 있다. 그러나 이 특성들이 그렇게 가산적으로 작용하지는 않는다는 점이다. 왜냐하면 이 특성들은 학교의 인적 · 물적 · 시간적 · 공간적 상황에 따라 그리고 다른 어떤 특성과 결합하느냐에 따라 다른 효과를 나타낼 수 있기 때문이다. 또한, 이제까지 확인된 효과적인 학교의 특성들은 제한된 연구대상이나 표집에 바탕을 두고 있기 때문에 일반화에 있어서 제한점이 있다. 학교가 위치한 지역(도시, 농촌, 교외)이나 학교급별에 따라서도 이 변인들의 효과가 다를 수 있다.

효과적인 학교에 관한 근래의 연구동향은 대체로 이제까지 밝혀진 효과적인 학교의 여러 가지 특성 중에서 중요한 몇 가지에 국한하여 관찰연구나 실험연구를 사용하여 그것들이 효과를 나타내게 되는 내분적인 과정에 초점을 맞추어 보다 집중적으로 연구하는 경향이 있다. 또 한편으로는 그 특성들의 효과를 다른 일반 학교에 전파하는 실천적인 연구도 늘어나고 있다. 최근에 많이 연구되는 분야를 보면 학교조직의 효율성, 교육과정의 편성 및 분화, 학생들의 수업 참여도, 그리고 수업 또는 교수의 효율성 등이 있다.

이들 최근의 연구에서 적어도 두 가지 특징을 발견할 수 있다. 첫째는 종래의 연구대상의 단위가 대개 학교였는데 비하여 근래의 연구 단위는 학급인 경우가 많다. 종래에 학교를 단위로 학교 간의 차이를 보려고 하였을 때에는 이미 언급하였듯이 학생성취 변인이나 학교특성 변인들의 학교 간 변량이 적어 학생성취에 대한 학교변인들의 영향이 통계적으로 잘 포착되지 않는 경우가 많았다. 이에 비하여 학교 내 학급 간의 변량은 학교 간의 변량보다 크게 나타나게 되어 학급 간의 학업성취의 차이를 유발시키는 요인들을 보다 뚜렷하게 발견하게 되었다.

이제까지 학급단위의 수업운영이나 교과지도에 관한 연구경향이 최근 연구동향의 한 특징이라고 한다면 또 하나의 특징은 효과적인 학교에 관한 연구라고 해서 효과 또는 효율성만을 문제 삼는 것이 아니라 이와 동시에 학교 간, 학급 간, 또는 학생 간의 격차를 줄여 평등화의 방향으로 나아갈 수 있는 방안도 아울러 강조한다는 점일 것이다. 처음에 효과적인 학교를 정의할 때 외부로부터 주어진 학생들의 사회경제적 배경이나 학업능력의 수준이 높아서 학교의 평균성적이 높은 학교보다는 그러한 주어진 여건은 낮은 수준이라고 하더라도 학교의 교육력으로 인하여 평균성적이 다른 학교보다 높은 학교를 효과적인 학교라고 규정하였듯이, 효과적인 학교는 대체로 가정형편이 나쁜 학생들의 성적이 향상되어 학교 내 학생의 학업성취의 변량이 다른 학교보다 좁혀진 경향을 보이고 있다.

한국 사회와 글로벌 교육

콜로세움

로마의 콜로세움은 70년경 베스파시아누스 황제에 의해 건설이 시작되었으며, 80년에 건축이 끝나 100일 축제 기간 동안 그의 아들인 티투스 황제가 개막식을 올렸다. 온천 침전물 대리석으로 건축된 이 커다란 원형 건물은 처음에는 플라비아누스 원형 극장이라는 이름으로 알려졌으며, 이곳에서 열리는 검투사 경기를 보러 찾아드는 5천 명 가량의 관객을 수용할 수 있었다. 경기장은 또한 해상 전투를 재현하거나 고전극을 상연하는 무대로도 사용되었다.

교육산책 5 • 부모 인내와 교육의 질

우리 학부모의 교육열은 과연 세계 으뜸이라 아니할 수 없다. 하기야 그 여파로 과열과외, 치맛바람, 일류지향과 같은 교육병리 현상을 낳은 것도 부정할 수는 없다. 자녀교육에 대한 열과 성의는 아무리 강조해도 지나침이 없다고 믿고 있겠으나 이러한 과잉교육열이 학교교육에 주는 영향과 교육발전에 미치는 부작용을 한번 쯤 깊게 생각해 볼 필요가 있다.

어느 여학교의 가정 선생님이 간단한 생활용품 만들기를 과제물로 냈더니 학부모로부터 항의 전화를 받았다. 그 이유인즉 수예점에 가면 쉽게 구입할 수 있는 물건을 무엇 때문에 만들며 학생에게 고생을 시키느냐는 것이었다. 물론 요즈음 같이 성적 우열 경쟁이 치열하고 심지어는 성적 때문에 자살소동까지 빚는 교육전쟁(?) 시대에 있을 법도 한 항변인지 모른다.

부모 나름의 자녀 교육관은 어느 가정에나 있을 것이다. 다시 말해서 교육문제에 대한 의견은 누구나 한 마디씩 할 수 있고 그 진위를 가리기는 매우 어렵다. 교육이 학교만의 전유물이 아닌 이상 학교-가정-사회는 유기적 관계를 필요로 한다. 그러나 문제는 학교와 가정의 교육에 대한 역할분담의 한계점 즉, 어디까지가 학교에서 해야 하는 일이고, 어디까지가 가정에서 관여해야 하는가의 문제이다. 이것이 바로 오늘의 우리 교육이 겪는 진통중의 하나일 것이다. 가정이 교육장이 되고 부모가 교육자가 될 수는 있으나, 가정 자체가 학교가 되고 부모가 바로 교사가 될 수는 없다. 학교라는 사회조직 자체의 기능과 역할이 따로 있기 때문이다.

외국의 한 유명한 식물학자가 자기 자녀가 들에서 발견한 식물 이름을 묻자 모른다고 대답한 후 학교 선생님께 가서 물으면 정확히 답해 줄 것이라고 대답했다는 일화가 있다. 그 아버지는 그 식물의 이름을 정확히 알고 있었지만 자기 자녀가 교사로부터 직접 그 해답을 얻었을 때 얻는 학교교육의 보람과 교사에 대한 신뢰를 생각했던 것이다. 우리 교육발전을 위하여는 무엇보다 먼저 학교교육에 대한 신뢰감을 회복하는 일이다. 이는 교사가 잘 가르칠 수 있고 학생은 잘 배울 수 있다는 신념과 실천을 통하여 교사와 학생의 학교학습 효과에 대한 효능감을 높이는 일이다.

오늘날 우리 주위에 놓여 있는 교육문제는 산더미 같다. 아무리 좋은 개혁과 개선방안이 나온다 해도 그것을 수용하려는 자세가 없다면 개혁은 그 실효를 거두지 못할 것이다. 사회의 축소판은 가정이며 가정에서의 부모의 의견이 곧 사회의 의견으로 수렴된다. 대학입시 제도의 부활, 고등교육의 정원 조정 등 일련의 대 과제들이 우리 앞에 놓여 있다. 이 시점에서 무엇보다 필요한 것은 이런 제도나 정책에 대한 부모의 신뢰도이다.

교육성패의 책무는 어디까지나 학교에 있다. 부모의 경제적 능력과 관계없이 모든 학생이 주어진 학습과제를 성취할 수 있는 학교 면학풍토 조성을 위한 학부모와 교사의 협조적 노력이 필요하다.

현 시점에서 우리는 [교사의 질이 곧 교육의 질]이라는 명제와 더불어 부모의 인내가 교육의 질을 촉진시킨다는 새로운 명제를 설정해야 할 것이다.

제14장

평생교육발전

Events in our classroom today will prompt world events tomorrow.

오늘 우리 교실에서 야기되는 일은 장래 온 세계의 성과로 발전시킬 수 있다.

〈Trump J. L. (1905-)

1. 평생교육의 발달
2. 평생교육의 의미
3. 평생교육체제의 특성
4. 평생교육체제의 발전방향

오늘날 세계적으로 평생교육(平生敎育)의 파고가 힘차게 일고 있다. 이는 전통적으로 강조해 온 학교 본래의 교육적 기능이나 역할을 무시하거나 부정한다기보다는 현대사회가 필요로 하는 교육에 대한 시대적 요청이며, 교육개혁(敎育改革)의 한 양태다.

어떤 의미에서 평생교육의 출현은 기존 교육체제에 대한 도전이며, 새로운 교육관 형성이며, 더 나아가 이것은 기존 교육체제에 대한 코페르니쿠스적인 혁명이라고 하기도 한다.

현대사회는 급격한 사회변동, 지식 · 기술의 기하급수적 증가, 생활양식의 변화 등으로 기존의 학교교육만으로 삶의 질을 향상하는 데에는 많은 제한이 따르게 되었다. 따라서 지금까지 일정한 시기에 제한된 대상자를 중심으로 한정된 내용과 방법으로 영위해 온 형식적 교육만으로는 교육에 대한 사회적 요구를 충족시킬 수 없게 되었고, 인간이 생활하는 모든 공간에서 형식적, 비형식적으로 평생동안 교육이 이루어지는 것이다. 다시 말해서 현대사회는 변동하는 사회이기 때문에 일정 시기에 걸쳐 실시되는 형식적인 학교교육만으로는 사회에 나와서 인간답게 살 수 없으며, 또 정보화 사회이므로 모든 사람이 필요로 하는 정보와 지식 · 기술을 습득하기 위해서는 학교교육이 끝난 후에도 평생을 두고 배우지 않을 수 없게 되었다.

오늘날 거론되고 있는 세계 교육개혁의 기본 개념으로서의 평생교육 개념은 1965년경부터 그 구체적인 이론이 형성되기 시작하였으며, 이 개념은 불과 몇 년 되지 않아서 전 세계에 급격하게 파급되었으며, 우리나라의 경우 1981년에는 헌법(제29조 제5항)에 삽입되었으며 평생교육의 개념에 대한 일관된 견해는 찾지 못하였지만 평이하고 친근하게 받아들여지고 있다.

아직 평생교육은 개념정립으로부터 그 체제확립을 위한 내용적 · 방법적 그리고 제도적으로 많은 과제를 남겨 두고 있는 실정이다.

따라서 이 장에서는 평생교육 출현의 시대적 배경과 의미를 파악하고 일반화된 교육제도로서의 평생교육체제의 특성을 살펴보고, 마지막으로 평생교육체제의 발전방향을 제시하고자 한다.

1. 평생교육의 발달

평생교육의 필요성

평생교육(life-long education)이라는 용어는 1965년 유네스코의 성인교육추진 국제위원회의 랑그랑(P. Lengrand)이 구상한 개념(스페인 어로는 education permanent)으로서, 1970년에 『평생교육 입문(Introduction to Lifelong Education)』이라는 저서를 발표한 후에 평생교육의 개념을 정의하였다. 그는 계속 평생교육의 적용 문제를 논의하기 위한 국제회의와 세미나를 개최하여 대표적인 연구 보고서인 『미래를 위한 교육(Learning to Be)』을 다시 유네스코에서 출판하였다.

평생교육의 개념은 이와 같은 과정을 거치면서 국제적 용어로 알려진 것은 1972년 동경에서 개최된 제3차 세계 성인교육회의 이후의 일이다. 그 일환으로 우리나라에서도 1973년 8월에 춘천에서 '평생교육 발전 세미나'를 개최하여 평생교육의 개념 정립과 우리나라의 평생교육의 방향을 협의하였다.

랑그랑은 평생교육의 필요를 자극하는 현대사회의 여건으로 다음의 몇 가지를 지적하고 있다.

- 현대의 급격한 사회구조의 변화와 인구의 증대
- 과학적인 지식과 기술의 발달
- 민주화를 위한 정치적 도전
- 매스컴의 발달과 정보의 급증
- 경제적 수준의 향상과 여가의 증대
- 생활양식과 인간관계의 상실

• 이데올로기의 위기

이와 같이 급격하게 변해 가고 있는 현대사회의 여러 가지 문제를 능동적으로 해결해 가는 동시에 새로운 발전을 계획하고 추진하기 위해서는 사회의 모든 교육역량을 총동원할 뿐만 아니라 과거의 비능률적인 교육체제를 혁신적으로 개편해야 함을 강조하였다. 따라서 평생교육은 사회와 문화의 변동, 과학기술과 의학의 발달, 산업 및 직업구조의 변화, 그리고 학교교육의 한계성으로 인한 교육의 위기 등에 의하여 필연적으로 요청된 것이다.

평생교육의 출현은 무엇보다도 학교교육의 기능이 약화 내지 상실된 데에서 비롯되었다. 문화가 발달하고 사회구조가 다원화되면서 학교는 그 본래의 기능을 상실하고, 한낱 사회적 지위상승이란 역할에만 급급하고 있다는 비난을 받기 시작하였다. 그 속에서 학생들은 그들의 생활과는 직접 관계가 적은 진부한 지식과 무의미한 기술훈련에 시간을 보내게 되었다.

학교교육이 청소년의 생활 자체가 아니라 미래를 위한 준비 또는 시험을 위한 훈련이 되기 때문에 학교는 청소년 연령별로 엄격하게 구분하여, 초 · 중등 · 대학교육 간의 유기적인 연속성이 상실되었다. 전통적 학교교육의 결함으로서 일정한 연령의 청소년에게만 제한, 사실적 지식의 내용 편중, 학교출석을 강조, 교육과 생활의 분리 등을 들 수 있다(Cropley & Dave, 1978: 2).

학교가 교육기능을 제대로 수행하지 못하고 있다는 비판은 지난 1960년 후반부터 강력히 대두되고 있는 바, 교육이 본래 삶의 필요로서 삶의 질을 향상시키기 위하여 이루어지는 삶의 과정임에도 불구하고 학교는 지나치게 획일적이고 경직화되었으며, 지식 위주로 일관되어 있어 끊임없이 변하는 경제 · 사회 · 문화적 상황에는 물론 개인적 · 사회적 요구에도 효과적으로 상응하지 못하고 있다는 것이다.

학교교육에 대한 비판과 불만은 일리치(Illich, 1971: 脫學校社會), 라이머(Reimer, 1970: 학교는 죽었다), 프레이리(Freire, 1970: 被압박자의 교육), 실버맨(Silberman,

1970: 교실의 위기), 굿맨(Goodman: 잘못된 교육의 의무화) 등의 저서에서 강력하게 표현되고 있다.

일리치는 학교는 가르치는 것을 배우는 곳으로, 상급학교 진학을 교육으로, 졸업장을 능력으로, 언어의 유창성을 새로운 것을 구안해 내는 능력으로 오해하며 혼동하고 있다고 비난하고 있다. 그는 말하기를 우리의 지식은 대부분 학교 밖에서 배운 것이며, 학생은 대다수 교사 없이 또는 교사와 관계없이 배우게 된다고 하였다.

프레이리는 교육이 학교 내의 독점물이 되어서는 안 되며, 오히려 학교 외의 청소년, 성인들의 문화적 해방을 위한 수단이 되어야 한다고 강조하였다. 이러한 관점에서 그는 가난하고 무식한 농민들의 의식을 일깨우고, 자기 자신의 문제를 스스로 해결해 나가는 데 도움이 되는 대중문해교육(大衆文解教育)의 선두에 섰다.

라이머는 그의 저서에서 학교는 승리자와 패배자를 구분짓는 곳이며, 여기서 패배자는 사회적으로 거세된 사람들이라고 말했다. 학교는 학생으로 하여금 학교의 규범에 따르도록 강요함으로써 학생들을 길들이는 작용에 강조점을 둔다고 비난하였다.

실버맨은 오늘날의 학교는 질서와 통제, 강제와 억압, 그리고 불신으로 가득 차 있으며, 학생들에게는 순종만을 강요하고 있다고 하였다. 또 그는 미국 학교교육에서의 아동들의 정신적 불구화를 지적하면서 학교교실 안에서는 자발성(自發性)과 배우는 즐거움, 창조하는 기쁨과 자기의식이 떡잎처럼 시들었다고 하였다.

평생교육의 대두는 이상과 같은 학교교육의 목적 상실과 거기에 따르는 여러 가지 역기능(逆機能)으로 인한 교육의 위기를 해결하기 위한 필연적인 결과라고 할 수 있다.

2. 평생교육의 의미

평생교육은 크게 두 가지의 사회적 요청에서 대두된 교육의 혁신이다. 첫째로는 가속적인 사회변화에 따라 필요하다. 오늘날 과학·기술의 가속적인 발달로 지식이 기하급수적으로 증가되고, 그 수명이 짧아짐에 따라 학교교육만으로는 생활에 필요한 지식과 기술을 학습하기가 어려워졌다. 또 직업구조가 변화되고 사회적 이동이 촉진됨에 따라 직업 및 사회생활에 적응하기 위하여 끊임없이 재교육이 요청되고 있다. 학교를 졸업한 후에도 계속적으로 학습하고 학교 이외의 장소에서도 교육이 이루어지는 평생교육이 필요하게 되었다.

두 번째는 민주사회의 최대 이념인 복지사회 실현을 위한 것이다. 현재의 제도교육으로는 누구나 원하는 사람에게 균등한 교육기회를 부여하는 데 한계가 있다. 따라서 어떠한 이유에서이든 교육의 혜택을 충분히 받지 못한 불이익 집단 사람들에게 언제든지 그들이 원하는 시기에 교육기회를 제공해 줌으로써 개인적으로는 사회적 상승이동의 기회를 주고, 사회적으로는 사회정의(社會正義)를 실현하기 위하여 평생교육이 필요하다.

평생교육 개념은 **생**(life)·**평생**(life-long)·**교육**(education)의 세 요소로 구성되어 있다. 생이라 함은 하나의 생명체가 살아 움직임을 뜻한다. 생명체 특히 인간의 생명체는 갈망이 있고 희망이 있으며, 그것을 성취하고 실현하기 위해서 활동을 하게 된다. 이것은 곧 성장의 과정이다. 인간은 태어나서 죽을 때까지 부단히 갈망하고 움직이며 성장을 한다. 그러나 인간이 동물과 다른 점은 성장의 질인 것이다. 동물은 자연적·물리적 환경 속에서 그들의 생물학적 욕구와 그것을 위한 활동을 하는 동안에 육체적 성장을 하다가 일정한 기간이 지나면 쇠퇴하여 사라지게 된다. 한편, 인간은 자연적 접촉 이외에 사회·문화적 환경 속에서 살아가면서 그 속에서 신체적인 발육과 성장은 물론 지적·정서적·도덕적 성장을 이루게 된다. 이것이 인간의 생의 과정이며 성장의 과정이다. 이와 같은 생의 과정, 성장의 과정이 바로 교육 그 자체이며, 평생교육의 이론적 근거가 된다.

그러므로 평생교육은 사회가 가진 모든 자원을 동원하여 구성원들의 계속적인 자기갱신, 자기발전의 과정인 것이다. 이러한 평생교육은 시간(時間)과 공간(空間)을 통합한 교육의 과정이다. 시간적으로는 한 개인이 요람에서 무덤까지의 생의 주기를 포함하는 교육의 수직적(垂直的)인 통합을 말하고, 공간적으로는 개인이 위치하고 있는 가정, 학교, 사회의 모든 생활의 장(場)을 포괄하는 교육의 수평적(水平的) 통합을 의미하는 것이다.

여기서 통합이란 교육형태와 단계의 단순한 통합이나 연합이라기보다는, 한 사람의 평생 동안 가능한 모든 교육활동을 유기적으로 재조명하여 통합하는 것을 의미한다. 이러한 통합의 개념 속에는 요람에서 무덤까지의 연령적 측면, 학교교육과 사회교육의 교육기관의 통합, 일반교육 · 직업교육 · 교양교육 · 전문교육 등의 교육내용의 측면, 가정교육 · 학교교육 · 직장교육 · 사회교육의 교육형태의 통합, 가정 · 시민 · 직업 · 교양 · 사교 · 취미 등의 생활교육의 통합, 그리고 교육에 대한 개인적 요청과 사회적 요청의 통합 등이 포함되어 있다.

평생교육의 개념적 의미를 보다 구체적으로 알아보기 위하여 국내외 학자들의 평생교육의 정의를 참고하면 다음과 같다.

랑그랑(P. Lengrand) 평생교육은 모든 국민에게 평생을 통하여 각 개인이 가진 다방면에 걸친 소질을 계속적으로 계발하고 또 사회의 발전에 충분히 참여할 수 있도록 하는 교육을 말한다.

유네스코 한국 위원회 평생교육은 급격히 변화하는 사회에 있어서 개인과 집단으로 하여금 계속적인 자기갱신과 사회적 적응을 추구하게 하기 위한 것이며, 학교의 사회화와 사회의 교육화(教育化)를 이룩하려는 일종의 새로운 교육의 노력을 지칭한다.

장진호 평생교육은 개인이 전 생애를 통하여 능동적으로 계속적 학습의 기회를 포착함으로써 인간성의 조화적 발달을 꾀하며, 변화하는 현대적 생활에 슬기롭게 대처하고 창조적으로 개척해 갈 수 있는 지식과 기능을 익히면서 다른 사람과 더불어 공동체의 복지를 증진시켜 나가는 인간화 교육을 의미한다.

김종서 평생교육은 인간의 삶의 질(質)의 향상이라는 이념 추구를 위하여 태교에서부터 시작하여 유아교육 · 아동교육 · 청년교육 · 성인 전기교육 · 성인 후기교육 · 노인교육을 수직적으로 통합한 교육과 가정교육 · 사회교육 · 학교교육을 수평적으로 통합한 교육을 총칭하여 말하며, 그것은 개인의 잠재능력에 최대한의 신장과 사회발전에 참여하는 능력의 개발을 목적으로 한다.

보다 종합적이고 분석적인 방법을 통하여 데이브(Dave, 1985)는 평생교육의 개념을 다음의 20가지로 나누어 표현 · 제시하였다.

① 평생교육의 개념이 뜻하고 있는 세 가지 기본 단위는 생(生, life)과 평생(life-long)과 교육(education)이다. 평생교육의 의미와 그 범위는 앞의 세 가지 단어에 부착된 뜻과 해석에 따라서 규정되는 것이다.
② 교육은 학교교육으로 종식되는 것이 아니라 평생을 통한 과정이다. 평생교육은 한 개인의 전체 생활의 영역과 길이를 통하여 이루어지는 것이다.
③ 평생교육은 반드시 성인교육에만 국한되는 것이 아니라 학령 전 교육, 초등교육, 중등교육, 고등교육 및 그 밖의 모든 단계의 교육을 포괄하거나 통합하는 개념이다. 즉, 평생교육은 교육을 하나의 전체로서 관찰한다.
④ 평생교육은 학교교육(formal education)과 학교 외 교육(non-formal education)을 포함하는 동시에 조직적인 학습(planned learning)이나 비조직적 학습(informal learning)을 포함한다.
⑤ 평생교육에 있어서는 가정이 제1차적이요, 가장 민감하고 결정적인 역할을

담당한다. 이 과정은 한 개인의 전 생애를 통하여 가정학습에 있어서 계속되는 것이다.

⑥ 평생교육 체제에서는 지역사회 역시 한 아동이 처음으로 지역사회와 접촉할 때부터 중요한 역할을 담당한다.

⑦ 학교나 대학이나 또는 훈련기관도 중요하지만 그들은 각각 전체 평생교육기관의 하나로서 중요할 따름이다. 이들 기관들은 이제 일정한 사람들의 교육을 독점하는 특혜를 누리지 못할 뿐더러, 그 사회에서의 다른 교육기관들로부터 고립되어 존재할 수가 없다.

⑧ 평생교육은 계속성과 아울러 수직적 · 종적 측면에서의 연결을 추구한다.

⑨ 평생교육은 모든 발달단계에 있어서 수평적 · 심층적 측면의 통합을 추구한다.

⑩ 평생교육은 선택된 자(者)들을 위한 교육형태와는 달리 그 성격이 보편적이요, 민주적이다. 평생교육은 교육의 민주화를 대표한다.

⑪ 평생교육은 학습시간, 학습내용, 학습방법 및 자료 등에 있어서 융통성과 다양성을 그 특징으로 한다.

⑫ 평생교육은 새로운 학습자료나 학습매체(media)가 개발되었을 때 즉시 그것들을 활용할 수 있게 하는 역동적(力動的)인 교육의 방법이다.

⑬ 평생교육은 교육을 받는 데 있어서 매우 다양한 형태와 방법을 허용한다.

⑭ 평생교육은 교양교육과 중간 직업교육이라는 두 개의 넓은 구성요소를 가지고 있다. 이 두 개의 구성요소는 그 성격상 서로 완전히 다른 것이 아니라 서로 연관성이 있거나 상호작용을 하는 것이다.

⑮ 개인이나 사회의 적응기능이나 혁신기능은 평생교육을 통하여 충족된다.

⑯ 평생교육은 현존하는 교육제도의 결함을 보완하는 등의 교정적(矯正的) 기능을 가지고 있다.

⑰ 평생교육의 궁극적인 목표는 삶의 질을 향상시키는 데 있다.

⑱ 평생교육에는 세 가지 중요한 전제조건이 있는데 그것은 기회와 동기와 교

육가능성(educability)이다.

⑲ 평생교육은 모든 기관의 조직원리(an organizing principle)다.

⑳ 실천적 단계에서 평생교육은 모든 교육(all education)의 전체적 체계(total system)를 마련해 준다.

앞에서 밝힌 바와 같이, 평생교육의 영역과 범위가 대단히 광범하고 포괄적인 개념으로 정의되기 때문에 가끔 평생교육과 관련된 다른 개념들이 혼돈되어 사용하기도 한다. 여기서 평생교육의 범주에 속하면서 개념상 비슷하거나 다른 의미를 가진 사회교육, 계속교육, 순환교육, 생애교육 또는 진로교육(進路教育) 등에 대하여 이해할 필요가 있다.

사회교육(social education) 일본과 인도 등 동남아에서 사용되는 용어다. 원래 서구사회에서 성인들을 대상으로 하여 직업생활, 여가, 오락, 교양 등 보다 나은 인생을 살아갈 수 있도록 하기 위하여 발전된 교육형태로 흔히 성인교육(adult education)이라고 지칭된다. 우리나라의 「사회교육법」에 의하면, 사회교육이란 학교교육을 제외하고 국민의 평생교육을 위한 모든 형태의 조직적인 교육활동을 말한다.

사회교육은 학교교육 이외의 의도적 · 조직적 · 계획적인 교육으로서 평생교육의 중요한 역할의 한 부분이다.

계속교육(continuing education) 영(英) · 미(美) 사회의 사회교육 형태로 개념상 약간의 차이를 나타낸다. 미국의 경우에는 학교교육을 시키는 입장에서 이미 정규교육을 경험했던 졸업생에게 계속해서 교육을 받을 수 있는 기회를 제공한다는 점에서 주로 대학에서 실시하고 있는 사회교육 형태다. 유럽에서는 further education이라 불리고 있는데, 영국의 경우 1944년 「교육법」에 의하여 제도화된 개념으로서, 의무교육을 마친 사람들을 대상으로 전일제 또는 정시제(定時制)로 계속하여 교육을 받을 수 있는 기회를 부여하는 것을 말한다. 특히 영국과 미국에서는 대학에서 학생 이외의 외부인에 대하여 사회교육을 실시하는 부설기관(continuing education center)이 많이 있다.

순환교육(recurrent education) OECD(경제협력개발기구) 등에 의하여 구상된 혁신적 교육 프로그램으로, 사회에 진출한 사람들을 다시 정규교육기관, 즉 대학이나 직업훈련 기관에 입학시켜 재학습의 기회를 주어 직업적 · 기술적으로 자질 향상을 기하게 하는 교육이다. 영국의 정부 중 · 고위 간부들이 대학에 와서 일정 기간 의탁교육을 받는 경우나 우리나라의 정부 · 기업체 간부들이 외국의 유수 대학에서 단기간 의탁교육을 받는 경우가 좋은 예다.

생애교육(career education) 평생교육과 거의 동일한 의미로 받아들여지는 개념이다. 그러나 이것은 진로(進路)나 일에 중점을 둔 프로그램이며, 주로 형식적 교육체제 내에서 행해지는 경우가 많다. 미국에서는 '일을 할 줄 아는 진로교육'을 강조하는 의미에서 이런 용어를 사용한다. 학교에서부터 전 생애를 통하여 진로 및 직업교육을 강조하는 개념으로 받아들이는 것이 바람직한 개념이다.

이러한 개념과 관련하여 비형식적 교육(non-formal education)과 무형식적 교육(informal education)이란 용어로 사용된다.

비형식적 교육은 형식교육에 대칭적인 개념으로, 예컨대 사회교육, 계속교육 등이 여기에 속한다. 무형식적 교육은 박물관, 과학관, 문화원, 매스 커뮤니케이션, 가정교육에서와 같이 매우 비체계적이고 비조직적인 교육형태다. 인간과 주위 사물 또는 타인(他人)과의 상호작용을 통하여 얻고 배우는 과정도 이에 속하는 교육이라 할 수 있다.

3. 평생교육체제의 특성

여러 평생교육 제창자들이 주장하는 평생교육의 기본방향은 평생교육의 원리에 입각한 전체적 교육구조의 혁신적인 변화다. 지금까지의 학교 중심의 전통적 교육의 목표, 내용, 방법 및 제도 등의 전체적인 변화를 의미한다. 포르(Faure) 보고서(Learning To Be)는 평생교육 원리에 입각한 세계교육 개혁의 21가지 원칙과 건의를 제시하는 전문(前文)에서 다음과 같이 지적하고 있다. 즉, 오늘의 여러 상황 속에서는 이미 얻어진 경험이나 앞으로의 실천에 대한 가능성을 고려할 때, 그것이 비록 중요한 개혁이라고 할지라도 전체 교육체제 중의 부분적 개혁으로는 일반적으로 부적합하다. 우리는 교육의 개념과 구조에 대한 근본적인 대안(代案)을 창조해 내야 할 것이다. 오늘과 같은 급격하고 긴박한 상황에서는 교육의 내용과 방법과 제도의 급진적인 개혁이 필요하다. 그리고 교육의 새로운 통합으로서 평생교육의 실제적인 계획이 수립되어야 한다. 이와 같이 평생교육은 그 이상을 실천에 옮기는 단계에 이르게 되면, 매우 미래지향적(未來指向的)이요, 형식적인 성격을 두드러지게 나타낸다.

UNESCO에서 위촉한 포르 연구위원회*는 세계 교육혁신의 기본방향과 거기에 관한 21개의 건의를 제출한 바 있다. 이 21개의 원칙과 건의는 평생교육의 개념을 기초로 하는 것으로, 현존하고 있는 교육구조를 평생교육의 방향으로 개조할 것을 건의하고 있다. 여기서 그 중에 중요한 몇 가지만을 제시하면 다음과 같다.

평생교육은 학습사회의 초석 모든 사람은 전 생애를 통하여 학습을 계속할 수 있는 입장에 놓여야 한다. 평생교육은 교육의 모든 것을 포괄한다. 그러므로 평생

* 이 연구위원회의 공식 이름은 The International Commission on the Development of Education이며, Unesco의 위촉에 의하여 1970년에 조직되었고, 위원장인 Edgar Faure는 前 프랑스 정부의 수상과 교육부 장관을 역임했다.

교육은 선진국이나 발전도상국이든지 간에 장래의 모든 교육정책의 기본원리가 되어야 한다.

교육구조의 개편 교육은 모든 연령을 대상으로 하며, 개인의 필요와 처지에 따라서 제공되어야 한다. 교육기관과 교육수단은 대폭 증가되어야 하고, 그것에 대한 접근을 용이하게 하며, 개개인의 다양한 선택이 용이하게끔 제공되어야 한다. 그리고 교육은 일부 선택된 자들의 것이 아니라 진정한 대중의 운동이 되어야 한다.

교육의 융통성과 자유 교육은 다양한 수단과 방법에 의해서 성취되어야 하며, 교육기관이나 구조에서 형식주의(形式主義)는 감소되어야 한다. 중요한 일은 학습자가 추종하여 따라가는 '길' 이 아니라 학습자 스스로가 학습하거나 습득한 길이다. 모든 개인은 융통성이 있는 테두리 안에서 보다 자유롭게 그의 길을 선택할 수 있어야 한다.

교육구조 내의 이동과 선택의 기회 모든 교육제도는 학습자에게 주어진 범위 안에서 종적(縱的)으로나 횡적(橫的)으로 움직일 수 있는 여유를 마련해 주어야 하며, 선택의 범위를 넓혀 주어야 한다. 개인은 형식적인 기준에 의해서 방해됨이 없이 그의 목표를 달성할 수 있는 길이 열려야 한다. 여러 학문 분야, 과정, 수준 사이의, 그리고 정규교육과 비정규교육(non-formal education) 사이의 인위적이고 시대에 뒤떨어진 장벽은 제거되어야 한다.

취학 전 교육의 강조 취학 전 어린이에 대한 교육은 어느 교육정책이나 문화정책에 있어서든지 본질적인 선행조건(先行條件)이어야 한다. 취학 전 어린이의 교육은 자유롭고 융통성 있는 형태로 조직되어야 하며, 가정과 지역사회가 서로 협력하여 이를 위한 재원조달 등을 할 수 있는 최선의 방법을 강구해야 한다.

다양한 직업에 적응하는 교육 직업과 생활을 위한 교육의 실제(實際)는 청소년으로 하여금 일정한 직종만을 훈련하는 일보다는 여러 다양한 직종에 적응할 수 있도록 준비시키며, 동시에 항상 변하는 생산방법과 노동조건에 보조를 맞출 수 있게 하기 위하여 계속 그들의 능력을 발전시키는 데 목적을 두어야 한다.

기업 및 산업체의 교육역할 평생교육은 그 포괄적인 뜻으로 볼 때, 기업체나 산업체나 농사기관들이 방대한 교육의 기능을 발휘할 수 있다는 것을 의미한다. 그리고 이들 업체나 기관들의 교육은 노동자의 직업훈련이나 기술훈련에만 그쳐서는 안 된다.

성인교육은 교육생애의 정점 일생을 통한 교육의 과정에서 성인교육은 정상적인 입장에서의 정점(頂點)이다. 성인교육은 교육기회를 상실한 사람을 위해서는 보충교육이요, 새로운 환경에 적응하기를 원하는 사람이나 이미 높은 수준의 교육을 받은 사람에게는 연장교육이다. 그리고 성인교육은 모든 사람의 개인적 발달의 수단이며 또한 학교에 다니는 청소년·어린이들의 바람직한 지도를 위해서도 커다란 역할을 한다. 그러므로 다음 10년 동안에 학교 안에서나 또는 학교 밖에서나 성인교육을 급속도로 발전시키는 것을 그 우선순위로 삼아야 한다.

문해교육은 성인교육 안의 한 부분(요소) 문해교육(文解敎育)은 오랜 세월 동안 그 자체가 목적으로 간주되었으며, 성인교육과는 별개의 것으로 인식되어 왔다. 문해교육의 실천은 두 가지 방법으로 추진되어야 하는데, 하나는 노동계층 중에서 강하게 동기가 주어진 집단을 위한 기능문해교육(機能文解敎育)이요, 다른 하나는 다수를 위한 대중문해교육(大衆文解敎育)을 감행하는 일이다.

자기학습(self-learning)의 가치 교육에 있어서의 새로운 풍조는 개인으로 하여금 자기 자신의 문화적 진보의 주인이요, 창조자가 되게 하는 것이다. 자기학습

특히 지도자가 따르는 자기학습은 어떠한 교육체제에 있어서든지 귀중한 가치를 지닌다. 사람들로 하여금 스스로 학습할 수 있도록 마련된 새로운 종류의 시설과 봉사(즉, 언어실습실, 정보센터와 도서시설, 자료은행 및 시청각 교육자료 등)는 모든 교육체제 속에 포함되어야 한다.

이상과 같이 평생교육을 기본개념(master concept)으로 한 일련의 교육개혁의 원칙은 이미 세계 여러 나라에 의해서 적용되기 시작했다. 산업 선진국에 있어서는 서독, 노르웨이, 미국, 뉴질랜드 등 여러 나라에서 각국의 교육개혁의 일환(一環)으로「성인교육법(成人教育法)」「계속교육법(繼續教育法)」「평생학습법(平生學習法)」등이 제정되었으며, OECD를 중심으로 현직순환교육(現職循環教育, recurrent education)이 회원국 여러 나라에서 대대적으로 보급되고 있다. 페루에서도 포르 보고서의 건의에 따라 거국적인 개혁이 시도되었으며, 동남아시아에서는 태국 · 인도네시아 등 여러 나라에서 가정과 학교와 지역사회를 연결하는 종합 지역사회교육(integrated community education, non-formal education)이 새로운 관계법규를 근거로 전개되고 있다.

4. 평생교육체제의 발전방향

오늘날의 학교교육은 그 제도적 폐쇄성과 경직성, 그리고 교육의 수단화와 비인간화의 문제점을 지니고 있다. 전자는 교육제도의 민주화와 교육기회균등의 문제이며, 후자는 학교교육 내용, 방법 및 평가 등의 모든 교육활동면에서 제기되는 교육의 획일화, 인간의 도구화의 문제인 것이다. 이러한 문제들은 오늘날의 학교교육이 당면하고 있는 가장 심각한 문제로서, 이들로 인하여 학교교육이 위기에 봉착하였다고까지 표현되고 있다.

현재 통용되고 있는 교육의 기회균등의 개념은 동일연령(同一年齡), 동일세대

(同一世代)에 국한된 수평적 차원에서 교육기회를 균등히 하고자 하는 소극적 접근방법에 해당되는 개념인 것이다.

그러나 교육의 기회균등이란 이러한 수평적 차원 이외에, 개인의 평생에 걸쳐 교육기회를 확대하고 균등히 하고자 하는 수직적 차원(垂直的 次元)에서도 다루어져야 할 것이다.

급속히 변화하는 사회에 적응하고, 개인의 삶의 만족을 위한 자기갱신(自己更新) 및 자아실현의 기회로서의 교육의 기회는 삶의 기회이며, 이는 곧 삶의 권리이기도 하다. 이러한 기회, 이러한 권리를 평생에 걸쳐 보장하기 위한 교육의 수직적인 기회균등은 정의사회의 목표이며 복지사회의 기반인 것이다. 이러한 의미에서 수직적 차원에서의 교육의 기회균등은 교육의 기회균등에 대한 매우 적극적인 접근방법이라고 할 수 있다.

현재의 학교교육 제도는 수평적 · 수직적 차원에서 교육의 기회균등을 실현하기에 너무나 경직화되어 있으며 폐쇄적이다. 교육대상의 연령 고정, 학교라는 교육의 장(場)의 고정, 전일제(全日制)라는 교육시간의 고정, 교육내용의 획일성, 각급 학교의 엄격한 단계별 분리 등이 그것을 뜻한다. 이와 같은 폐쇄적인 교육제도로는 수평적인 차원의 기회균등은 물론, 개인이 평생을 두고 언제나 원하는 때에 원하는 교육을 받을 수 있도록 하는 수직적 차원에서의 기회균등은 아예 생각할 수도 없는 것이다.

또, 오늘날 학교교육의 가장 심각한 문제 중의 하나는 교육의 수단화(手段化), 비인간화(非人間化)라고 할 수 있다. 학교교육만이 유일한 교육으로 간주됨으로써 졸업장이 사회적 지위를 결정하는 학력주의를 낳았으며, 학교는 개인의 사회적 지위상승의 통로가 되고 말았다.

그리하여 같은 연령층이 같은 시기에, 가능한 인원이 제한된 학교교육을 받으려고 함에 따라, 교육기회의 수요와 공급의 불일치가 커지고, 학생들의 과열경쟁 또한 불가피해지게 되었다. 이에 따라 학생선별에 대한 통제가 강화되어 학교는 더욱 사회적 지위 선발기능을 담당하여 온 것이다.

이러한 가운데 오늘날의 학교교육은 생활에 필요한 지식이나 기술의 습득보다는 상급학교 진학을 위한 도구로서, 졸업장을 받기 위한 수단으로 그 기능이 변질되었다.

이에 따라 학교교육 내용은 실생활과는 거리가 먼 입시위주의 단편적인 지식만을 획일적으로 다루게 되었으며, 교육방법 역시 교사 중심의 지식전달 방식이 주가 됨으로써 학생들의 개성과 창의성이 억제되는 결과를 초래하였다.

지금까지 학교교육의 본래의 목적을 되찾기 위한 많은 교육개혁이 단행되어 왔던 것도 사실이다. 그 예로 중등학교의 평준화, 대학입시 제도의 개혁, 과열 과외대책, 재수생 대책, 교수-학습방법의 새로운 체제개발 등을 들 수 있다. 그러나 이러한 교육개혁의 대부분은 학교교육 제도의 한계 속에서 단행되어 왔기 때문에 그 실효를 거두기가 어려웠다. 학교교육 제도의 한계란 시간·공간적으로 확산시켜야 할 교육체제를 학교교육이 독점함으로써 과중하게 교육적 역할을 떠맡은 데 있는 것이다.

그러므로 교육의 내재적(內在的) 가치를 중시하고 교육의 인간화를 도모할 수 있는 학교교육의 회복은 교육행위의 본질, 대상, 시간, 장소에 대한 기존의 고정개념을 무너뜨림으로써 가능하다고 보는 것이다. 이는 학교라는 울타리를 넘어 전 생애에 걸쳐 교육이 전개되는 평생교육으로의 전환을 의미하는 것이다.

평생교육을 위한 기초교육 기관으로서의 학교교육의 발전방향은 제도적 측면과 과정적 측면에서 살펴볼 수 있다.

■ 제도 면에서의 발전방향

학교교육의 제도적 발전은 교육제도의 민주화, 개방화를 통하여 교육기회를 확대하고 균등화하는 데 기본방향을 두어야 할 것이다. 그리하여 교육대상의 연령제한, 학교 내의 한정된 교육의 장(場), 전일제(全日制)의 시간제한 등의 제도적 경직성을 벗어나 언제, 어디서든지 원하는 사람은 누구나 학교교육 기회에 접근할 수 있도록 개방된 교육체제를 갖추어야 한다. 아울러 학급 학교별로 엄격히 구분되어 있는 벽을 무너뜨리고 각급 학교의 연계성을 도모해야 할 것이다. 그 한 예로 전체 교육연한을 한 주기로 삼아 현재와 같은 초 · 중 · 고 · 대의 학교급별 구분을 없애고, 이수한 교육연한만이 의미를 지니게 하여 언제든지 이수한 연한 이후의 교육을 계속하여 받을 수 있는 개방적인 제도를 생각해 볼 수 있다. 이러한 제도하에서는 학교나 직장이 유기적으로 연결될 수 있으며, 제한된 진로에서 오는 과열경쟁도 예방할 수 있으리라고 본다. 아울러 학교교육에서 학생선발 기능이 감소되므로 교육의 본래기능을 회복하여 교육의 인간화를 도모할 수 있으리라고 기대된다.

또한 교육은 학교라는 일정한 장소에서만 가능하다는 고정관념을 지양하여 탈학교정책(脫學校政策)을 시도해야 할 것이다. 학교는 가정과 지역사회와 함께 교육의 상대적 대치에 머무르는 것이다. 그를 위해서는 형식적 · 제도적 기관으로서 방송통신 고등학교 및 대학을 대폭적으로 확충하고 강화하여 근로청소년이나 직장인에게 교육기회를 확대해야 한다. 또한 산업체 부설학교의 내실화를 도모함으로써 산학협동체제(産學協同體制)를 강화하고, 개방대학, 지역사회 개발대학을 실시하여 지역사회와 유기적 연계성을 갖는 한편, 교육적 역할을 분담하여야 할 것이다.

학교교육의 개방화는 학교가 소유하고 있는 교육자원의 개방에서도 고려된다. 학교교육은 평생교육 체제로서 가정과 사회의 교육적 기능과 함께 상대적인 위치에 있으나, 동시에 사회교육, 성인교육, 계속교육의 중심 역할을 담당하고 있다. 따라서 지역사회 주민들이 언제든지 학교의 인적 · 물적 자원을 활용할 수 있도록 제도적으로 뒷받침이 되어야 한다. 물론 현재에도 학교교육은 인적 · 물적 자원의 절대 부족을 겪고 있으므로 지역사회 주민에까지 개발 · 활용케 하는 데 문제점이 있다고 할 수 있다. 그러나 이러한 문제점은 근본적으로 전일제(全日制) 교육이라는 시간의 제한에 따르는 문제이므로 학교자원 활용의 시간대를 넓혀 완전가동 체제를 갖추게 한다면 해결될 것으로 본다.

■ 과정 면에서의 발전방향

과정(過程) 면에서 학교교육의 발전방향은 개인의 자아실현을 위한 교육의 인간화에 기반을 두어야 할 것이다.

미래사회(未來社會)는 지식과 정보량이 급격하게 팽창하고, 지식의 단명(短命)이 예상되는 변동이 심한 사회라고 할 수 있다. 따라서 학교를 졸업한 이후에도 계속해서 학습하지 않을 수 없으므로 평생학습을 가능케 하는 동기와 교육가능성(educability)을 소유한 창조적 주체자로서의 인간을 키워야 할 것이다. 그러기 위해서는 종래의 교육내용, 방법, 평가 등이 크게 바뀌어야 할 것이다.

교육내용의 선정에서는 종전과 같이 지식을 소유한다는 생각에서 벗어나 지식을 사용하는 능력을 기르기 위하여 단편적인 지식보다는 학문의 가장 기본적인 개념 또는 일반적인 원리를 구조화하여 조직하여야 한다. 또한 평생교육 체제로서의 학교교육은 종결되는 교육이 아니라, 계속교육의 의미가 강한 것이므로 학습하기 위한 동기와 교육가능성을 키워 주는 기초적인 내용이 중심이 되어 전개되어야 할 것이다.

교육방법에서도 종래의 주지주의 교육(主知主義 敎育)에서 중심이 되어 온 교사중심의 암기식 교수-학습방법을 지양하고, 학습하는 방법을 익히게 하기 위하여 자발적인 학습, 발견학습, 개별학습, 협동학습, 계속학습, 자기 시간의 학습 등의 학습자 중심의 교육방법을 채택하여야 하겠다. 학습자 중심의 교육방법에 의해서만 가속적으로 변화하는 사회에 대처하여 성장할 수 있는 능력이 개발될 수 있기 때문이다.

평생교육 체제로서 학교교육은 교육평가에서도 혁신을 요청한다. 종래의 교육평가의 준거는 어느 시점에 있어서의 성취도였다. 그러나 평생교육 체제 속의 학교교육 평가는 앞으로의 계속적인 성장 가능성이 준거가 된다. 왜냐하면 교육이 어느 한 단계에서 완전히 끝나는 것이 아니기 때문이다. 또한 평생교육이란 계속적인 자기학습의 과정이므로 자기평가의 습관이 필요하다. 이에 따라 학교교육 평가의 한 방법으로 자기평가방법(自己評價方法)의 활용이 요구된다. 그리하여 학교교육 평가란 종래와 같이 학생을 분류하여 졸업인정 여부를 가리기 위한 수단으로서가 아니라, 학습자의 자발적 학습에 따른 성취감을 충족시켜 주는 평가가 되어야 하는 것이다.

제15장

다문화교육

One of the greatest problems of our time is that many are schooled but few are educated.

우리 사회의 가장 큰 문제 중의 하나는 취학인구는 급증하는 데 제대로 교육된 사람은 적다는 데 있다.

〈Thomas Moore (1779-1852)〉

1. 다문화교육의 필요성
2. 다문화교육의 관점
3. 다문화교육의 과정
4. 다문화교육의 과제

한국 사회의 다문화 문제는 외국 노동자의 유입으로 인한 이주 근로자와 1990년대부터 결혼이민자의 증가에 따라 나타나기 시작하였다.

다문화교육은 학자에 따라 강조하는 부분이 다양하지만, 주로 반편견 교육, 다민족 교육, 국제 이해 교육 등으로 불리고 있다. 특히 교육과학기술부에서는 다문화교육을 가리켜 '세계 이해 교육' 이라는 용어를 사용한 바 있으며, 문화적 다양성을 가치 있는 것으로 보고, 문화적 다양성을 증진시키는 데 역점을 두는 교육, 인간과 집단과의 관계를 강화시키고 문화 간 의사소통을 원활히 하는 교육이라고 보고 있다. 다문화교육은 한때 문화적, 혹은 언어적으로 다양한 배경을 가지고 있는 아동들에게 평등한 교육의 기회를 제공하는 것과 관련되어 사용되었으나, 현재는 개인차와 더불어 인종, 민족, 종교, 성별, 계층, 연령, 능력, 가족생활 방식에 대한 인식을 다루는 범위로 의미가 확장되었다.

1. 다문화교육의 필요성

다문화교육은 문화적 다원성을 인정하며, 사회 · 경제적 지위나 인종, 혹은 민족 등과 같은 요인에 관계없이 교육의 수월성과 평등성을 조화롭게 추구하자는 교육이다. 그래서 다문화교육에서는 소수자를 위한 적응 교육, 소수자 정체성 교육, 소수자 공동체를 위한 교육, 다수자 대상의 소수자 이해 증진 교육을 주된 교육내용으로 삼는다(양영자, 2008). 그러므로 다문화교육은 '민족이나 인종의 개념을 넘어서 평등을 향한 교육철학이며, 이를 실현하기 위한 교육방법' 으로 해석되며, 다문화교육은 평등하고 정의로운 사회구현이라는 목적을 위한 교육방법이다.

이처럼 학자마다 다문화주의를 어떻게 정의하느냐에 있어서는 다소간의 차이가 존재하지만, 초기 다문화교육에 대한 논의에서는 소수집단이 자신의 전통을 포기하고 주류 사회나 문화에 흡수되거나 혼합되기를 기대하는 데 초점을 두었다. 하지만 오늘날 다문화교육은 공존하는 문화 집단이 평등한 사회적 조건 속에서 조화롭게 공존할 것을 요구할 때, 소수민족 집단이 순응하는 한 자신의 문화적 방식을 유지할 수 있도록 할 뿐 아니라, 인종주의와 불의를 지적하고 적극 대응하도록 하는 데 보다 초점을 둔다(장미혜 외, 2002).

다문화교육이 필요한 실제적 이유는 다음과 같다.

- 결혼이주여성, 외국인 근로자 등의 유입 급증으로 인종적 · 언어적 · 문화적 배경의 다양화를 들 수 있다.
- 인종적 · 민족적 · 문화적 · 종교적 다양성의 증가로 인하여 다문화가정이 봉착하고 있는 문제 증가를 들 수 있다.
- 글로벌 시대의 도래다. 전 지구적으로 상호 연계되어 있는 위협적인 문제해결, 세계화된 무역과 경제발전에 참여하기 위해서는 전 지구적 협력이 필수불가결하며, 이를 위해서는 일정 수준의 문화 간 이해를 가진 사람이 필요하다.
- 평등과 민주주의의 가치를 실현한다. 인간의 기본권, 사회정의, 대안적 삶에 대한 존중, 만인에 대한 동등한 가치를 부여하기 위해서는 인종, 성, 계층 등의 차별로부터 보호받을 수 있는 방법을 교육할 필요가 있다.
- 다문화가정 학생의 특성을 고려한 맞춤형 교육 지원이 필요하다.
- 다문화에 대한 이해 및 사회적 인식 제고, 즉 단일민족, 순혈주의의 극복을 들 수 있다(이정선 외, 2010: 66).

세계화 추세에 따라 급속하게 스며들고 있는 한국 사회의 문제점을 생각할 때 외국 문화의 역할, 수용 자세 등에 대한 체계적인 교육이 이루어지지 않으면 가치 판단의 결여에 따른 무의식적 문화 동화 현상이나 자국 문화 상실 현상이 나타나 가치 혼란에 의한 사회적 혼돈이 야기될 수 있다. 따라서 주체적인 문화가치교육이 필요하며, 특히 자라나는 청소년을 위한 다문화교육이 필수적이라 보인다(최충옥 외, 2010: 47).

2. 다문화교육의 관점

다문화교육은 다양한 문화의 존재를 인정하는 다문화의 개념에서 나아가 하나의 문화는 다른 문화에 열려 있고 상호 의존하고 있다는 것을 강조하는 것이다. 즉, 모든 문화는 또 다른 어떤 문화의 일부분이며, 개별문화는 또 다른 문화와 관계를 맺으며 상호 교류하고 영향을 미친다. 즉, 내가 소유하고 있는 문화가 다양한 문화적 교류의 결과물이라는 것을 인식할 때 다른 문화에 있는 사람들의 문화도 이해할 수 있게 되는 것이다(김선미 외, 2008).

이렇듯 문화는 고정되어 있는 것이 아니다. 전수되고 학습되는 과정에서 다른 문화와 접변 또는 충돌이 발생하기도 하며 끊임없이 변화하는 생명력을 지니고 있는 것이다. 이에 따라 주류문화, 비주류문화의 경계뿐만 아니라 개인이 속한 문화적 요소들도 다양한 혼합의 과정을 거치면서 변하게 된다. 다문화교육은 서로 다른 문화 간의 상호 이해와 상호 영향에 대한 이해를 바탕으로 이루어져야 한다.

다문화교육은 네 가지 관점을 갖고 있다.

다문화교육의 다양성과 평등성을 강조하는 교육의 개념으로 보는 것이다. 다문화교육은 다양한 문화, 가치체계, 생활방식, 언어 사용 등을 지지하는 개념으로, 학교는 학생들이 인간으로서의 공통성의 바탕 위에 개개인의 다양성을 함양할 수 있는 기틀을 마련할 수 있도록 지도해야 한다는 것이다.

'과정' 으로 보는 관점으로서 교육이 실행되어 나가는 과정을 중시하고 교육의 과정 속에서 실천되어야 함을 강조하는 시각이다. 페리(Perry, 1993)는 우리가 살고 있는 사회집단의 동등하고 다양한 가치를 중시하고 지배집단으로부터 전승된 지식체계에 내포된 비지배적 집단에 대한 편견을 점검해 나가는 과정이라고 주장하였다.

개혁운동을 강조하는 관점이다. 개혁운동을 강조하는 관점은 부분적으로 정치적인 뿌리를 갖고 있는데, 이것은 시민권 운동에서부터 성장한 데에서 비롯되어 교육개혁의 정치사회적인 측면에 간접적으로 영향을 끼쳐왔던 것이다(Banks, 1995).

커리큘럼으로서의 다문화교육을 강조하는 관점이 있다. 이는 복잡한 인간생활과 이에 따른 다양한 문화를 학생들이 경험할 수 있도록 다양한 정치 · 경제 · 사회적 현실을 접할 수 있도록 지도해야 한다는 것이다(Katz, 1978).

현재 우리나라에서 실시되고 있는 다문화교육을 살펴보면, 우선 교육대상으로 보는 집단(결혼이민자 가정, 이주노동자 가정, 북한탈북자 가정)을 대상으로 한국 사회에 대한 이해를 높이고, 자신들의 문화적 정체성을 돕는 교육을 다문화교육으로 보고 있는 실정이다. 이는 문화적 다양성을 이해하는 교육으로 보고 있으나 이는 여러 학자들이 말하는 다문화교육과는 차이를 보인다.

다문화교육은 문화적 다양성에 대한 진보적 입장에서 사회 내에 다양한 문화가 존재한다는 것을 인정하고, 이러한 차이는 없애야 하는 것이 아니라 가치 있는 것임을 인식하도록 교육하는 것이다. 또한 다문화교육은 사회정의를 촉진함으로써 학교와 사회에서 나타나는 모든 형태의 차별에 도전하는 것이다. 따라서 다문화교육은 사회정의를 촉진함으로써 학교교육과정에서 인종차별, 성차별, 계급차별, 언어차별, 장애인차별, 연령차별, 동성애자차별, 종교적 불관용, 외국인 혐오와 관련된 이슈를 직접적으로 다룬다.

3. 다문화교육의 과정

서종남(2009)은 다문화 이론을 다음 네 가지로 소개하고 있다.

용광로 이론

용광로 이론(Theory of melting pot)은 18~19세기부터 정립되기 시작하였고,

'melting pot' 이라는 용어는 미국이 다양한 인종과 문화를 흡수하는 사회라는 개념으로 사용되어 왔다. 이는 미국이라는 사회를 하나의 거대한 용광로로 보고 수많은 이민자들을 철광석에 비유하여 그들이 미국 사회에 정착하는 과정에서 주류인 WASP(White Anglo-Saxon Protestant) 문화에 용해되어 미국인이라는 새로운 인종으로 바뀐다는 것이다. 즉, 동화교육을 의미한다.

모자이크 이론

모자이크 이론(Theory of mosaic)은 캐나다의 존 머레이 기본(John Murray Gibbon)이 미국의 용광로 이론을 이민자들의 뿌리를 없애려고 시행한 정책이라고 비판하면서 제시된 이론이다. 그러나 1970년대에 캐나다에서 생성된 이 모자이크 이론도 비난을 받게 되는데, 다양한 조각과 여러 색상의 조각들인 이민자들이 모여 하나의 아름다운 모자이크가 완성되지만 그것 역시 그 바탕이 되는 밑그림은 서구문화를 근본으로 한다는 데 문제가 있다는 이유에서다.

샐러드 볼 이론

캐나다의 모자이크 개념과 유사한 것으로, 모자이크 이론이 캐나다적인 것에 비해 샐러드 볼 이론(Theory of salad bowl)은 미국에서 만들어진 것이다. 동화주의적 멜팅 팟(melting pot)과는 달리 이민자들이 모국의 문화와 언어를 유지하면서도 새로운 종주국인 미국인의 일환으로 살아갈 수 있도록 하자는 것이다. 이 이론은 20세기 후반 세계화 시대로 진입하면서 제기된 다문화교육 이론으로 국가나 민족의 경계를 허물어 이민자들의 정체성을 지니게 하려는 것이다.

그러나 샐러드는 재료 자체를 그대로 먹지 않는다. 미국 드레싱과 함께 먹으면 미국식 샐러드가 되고, 이탈리아 드레싱을 사용하면 이탈리아식 샐러드가 된다. 따라서 이 샐러드는 각각의 정체성을 살리기보다는 어우러지는 경향이 더 강하다. 따라서 각각의 정체성을 인정하고 서로를 배려하며 사는 사회를 대변하기에는 한계가 있다.

문화생태 이론

문화생태 이론(Theory of eco-cultures)을 의미하는 영문 'eco-cultures'는 '생태계(ecosystem)'에서 차용된 것으로, 생태계는 어떤 지역 내에서 식물, 동물, 인간 등이 무기적 환경에 의해 제어되는 복합체계를 말한다. 따라서 'eco-cultures'는 서로 다른 문화적 배경을 가진 인간사회도 이를 둘러싼 제반 환경에 의해 적절히 균형관계가 유지될 수 있다는 것을 하나의 체계로 규정하는 이론이다. 나아가 'eco-cultures'는 인위적인 것을 벗어나 자연처럼 있는 그대로 더불어 살아가는 아름다운 공생으로 인간의 존엄성과 생존권을 보장하는 문화적 총화이기도 하다(서종남, 2009: 2).

베넷(Bennett, 2007)에 따르면, 미국에서의 다문화교육은 민주주의의 신념과 가치에 기초를 두고 상호 의존성이 높은 세계, 문화적으로 다양한 사회 안에서 문화다원주의를 지지하는 교수-학습 방법이다. 이러한 교수법은 다음과 같은 네 가지 차원으로 구성된다.

첫째, 평등교수법이다. 이는 교수-학습 과정에서 학생들의 경제적 조건뿐만 아니라 문화적 스타일과 사회적 과정까지 고려한 교수법이다.

둘째, 교육과정 개혁이다. 이는 다양한 관점에서 교육과정을 재검토하는 것이다.

셋째, 다문화 역량이다. 즉, 문화 간 상호작용의 기초로서 자신의 문화적 관점뿐만 아니라 타인의 문화적 관점도 이해하는 과정이다.

넷째, 사회정의를 지향하는 가르침이다. 모든 유형의 차별과 편견, 인종차별, 성차별, 계급차별에 대한 저항이다.

문화적 다양성을 이해하고 그것을 조율하는 방법을 학습하는 것이 다문화교육이다. 따라서 베넷에 따르면 다문화교육의 핵심 가치는 문화적 다양성의 수용과 인정, 인간의 존엄성과 보편적 인권에 대한 존중, 세계 공동체에 대한 책임과 존중이다.

4. 다문화교육의 과제

현재 실시되고 있는 다문화교육은 여러 면에서 부족한 부분이 있다. 이런 부족한 부분을 중심으로 다문화교육의 방향을 살펴보고자 한다(김선미, 2008).

첫째, 다문화교육의 내용에 대한 문제다.

현재의 다문화교육은 다문화가정 자녀와 다문화가정 외국인의 언어 문제 해결, 한국 문화와 풍속 등을 이해시키는 데 중점을 두고 있다. 이것은 외국인이 한국 사회의 일원으로 생활하기 위해 필요한 지원인 것이며, 이것만으로는 다문화교육이 이루어진 것으로 보기 어렵다. 다문화교육은 다양한 문화의 공존과 차이 인정, 상호 존중의 태도, 나와 다른 것에 대한 관용의 자세 등에 대한 가치와 태도 교육이 필수적으로 이루어져야 한다.

둘째, 우리나라의 다문화교육은 인종적 · 민족적 다름에서 오는 문화적 차이만을 떼어 놓고 실시하는 경향이 있다. 외국인 부모를 둔 아이들만을 분리하여 이들만을 위한 언어와 문화교육만을 제공하게 되면 학생들 사이에 인종적인 반목과 거리감을 높이는 부작용을 낳기 쉽다. 그렇기 때문에 다문화의 차이와 유사점을 이해할 수 있도록 도와주는 방향의 교육이 필요하다.

다문화적 차이와 유사점의 이해는 민족적인 차이에 바탕을 둔 집단에만 적용하는 것이 아니라 성별, 종교, 직업, 서로 다른 관심과 능력의 차이 등에 바탕을 둔 문화적 차이를 통해서도 이루어져야 한다.

셋째, 다문화교육은 다문화적인 태도, 정의적 특성을 위한 교육 자체만을 목적으로 교육 프로그램을 운영하거나 언어, 문화교육 등을 통해서 다문화교육을 실행할 수 있지만 무엇보다도 다문화교육이 모든 교과목에 접목되어 이루어져야 한다.

넷째, 다문화교육의 대상에 관한 문제다. 현재의 다문화교육은 다문화가정 자녀와 외국인을 중심으로 실시되고 있으며, 학부모, 다수자 학생, 일반인을 위한 다문화교육으로 대상들을 구분하여 각각의 대상들에게 적합한 다문화교육을 보조적으로 실시하는 것이 일반적이다.

다문화교육은 편견이 존재하는 사회의 구성원 모두에게 이루어져야 한다. 한 사회가 이상적인 다문화사회, 즉 다양한 문화집단의 사람들이 공존하고 상호 존중하기 위해서는 다문화교육의 대상은 그 사회의 소수자가 아니라 편견 있는 시선으로 이들을 바라보는 주류 문화집단에 속해 있는 사람들인 것이다. 편견을 가진 사람들이 변화해야 그 사회의 편견이 없어지는 것이다. 다문화교육에 대한 대표적인 비판들을 살펴보면 다음과 같다(김옥순 외 공역, 2009).

첫째, 갈등과 불화의 가능성이다. 일부 비판가들로 인해 인종과 문화를 강조하는 것이 국가통합에 장애요인으로 작용할 수 있다는 점을 지적한다. 이들은 미국사회가 국민들로 하여금 자신의 과거와 민족적 정체성을 벗어 던지게 함으로써 그들을 결집시킬 수 있는 공통문화를 발전시켰으며, 소수민족의 구성원들이 자신의 민족적 뿌리에 대해 관심을 갖는 것은 '백인 유죄(white guilt)' 의식과 미국에 대한 혐오감을 촉발시킬 것이라고 생각한다.

둘째, 자유주의적 편견과 문화상대주의에 대한 비판이다. 일부 보수적인 비판가들은 다문화교육을 소수집단 우대정책이나 동성애자의 권리, 건강과 생식에 대한 여성의 선택권과 같은 극단적 생각을 갖고 있는 대학 교수들의 운동으로 생각한다.

한편, 일부 자유주의 비판가들은 다문화주의가 모든 문화적 행위(심지어 고문이나 학살, 여성의 인권 억압까지도)가 똑같이 우수하다고 생각하는 극단적 문화 상대주의를 의미하며, 사회를 조직하는 데 지침이 되는 원리나 가치체계의 부재로 인해 '도덕적 혼란' 을 야기할 수도 있다고 주장한다.

셋째, 소수민족에 대한 기만이다. 다문화교육을 비판하는 사람들 중 상당수는 다문화교육이 타문화를 이해하는 것에 대해서는 강조하고 있지만, 사회나 교육제도 속에 존재하는 불평등에 대해서는 간과하고 있다고 주장한다. 예를 들어, 미국 사회에 존재하는 인종차별주의는 문화교육에서 무시되고 있으며, 유색인들이 빈곤에 과다 노출된 이유와 해결방안 모색과 같은 미국 사회 내의 빈곤과 관련된 문제도 다문화교육에서는 전혀 언급되지 않고 있다는 것이다. 또한 타민족의 문화와 그들의 민족적 영웅에 대한 피상적인 관심은 유색인 학생과 학부모로 하여금 교육평등을 향한 심각한 변화가 일어나고 있는 것처럼 생각하게 함으로써 오히려 그들을 기만하는 것이라고 주장한다.

제16장

북한교육

If you can dream it you can do it.

누구나 꿈을 가지면 그것을 해낼 수 있다.

〈Walt Disney〉

1. 북한교육학의 배경과 교육이념
2. 북한의 교육제도
3. 교원양성제도
4. 남북한 교육통합을 위한 과제

국가와 교육은 어느 정치 · 사회체제에 있어서나 밀접한 관계를 맺고 있는 것은 사실이나 국가가 교육에 영향을 주는 양상은 판이하다. 자유민주국가에서는 어디까지나 기존 문화체제와 가치를 존중하는 바탕 위에서 이루어지는 간접적인 것이라면, 공산주의 국가에서는 국가의 일방통행적인 영향과 통제를 통해 사회주의 이념과 그 구체적 · 실천적 당면 문제에 봉사하는 교육이다(이종각, 1993: 352-353).

북한교육에 대해 그동안 냉전논리에 입각한 체제의 우월성 경쟁의 입장에서 부정적 측면만 부각시켜 온 측면이 있었다. 그러나 남북공존을 위한 화해 협력의 시대를 준비하면서 북한교육의 특수성을 이해하고 북한교육에 대한 객관적인 사실을 있는 그대로 이해하려는 노력이 필요하다. 동시에 남북한이 민족의 동질성을 회복하고 궁극적으로는 통일된 하나의 사회를 형성하기 위해 남북한 교육의 동질성과 이질성을 분석하고, 이질성을 극복하기 위한 방안 모색이 요구되는 시점이다.

이에 이 장에서는 북한교육의 객관적 이해에 초점을 두고 우선, 북한교육학의 성립 배경과 이념적 특징을 제시했다. 다음으로 사회주의 국가건설의 기본적이고 가장 중요한 수단인 교육제도가 어떻게 변천되어 왔으며, 세 번째로는 각급 학교의 교사양성체제와 관련하여 교사의 사회경제적 지위와 자격제도, 그리고 임용제도 및 재교육 등을 알아본다. 끝으로 각급 학교의 교육목적과 기본원리, 교육방법 및 수업형태 그리고 남북한 교육의 공통점과 차이점을 바탕으로 남북한 교육의 통합 방향에 대해 살펴보고자 한다.

1. 북한교육학의 배경과 교육이념

북한교육학의 성립 배경

1945년 이후 소련교육학을 도입한 북한의 교육정책과 교육운영의 기조는 마르크스 · 레닌주의 교육관에 기초를 둔 사회주의 교육학의 기본원리를 배경으로 해 왔기 때문에 교육학을 '교육을 통해서 수행되는 계급투쟁의 형태를 해명' 하는 것, '계급투쟁의 한 부분을 연구하는 정치학' 으로 이해되었다.

해방 후 북한은 과거로부터 급격한 단절을 꾀하였으며, 새로운 사회건설을 위해 과거의 교육을 부르주아교육으로 규정하고 결별을 선언했다. 북한은 계급투쟁의 수단으로서 교육과 노동을 중시하는 교육, 반개인주의 및 집단주의 교육, 반제국주의 교육을 추구하기 시작하였고, 1948년 9월 9일 '조선민주주의 인민공화국' 을 출범시킨 이래 한동안 마르크스 · 레닌주의를 그들의 공식 이데올로기로 채택해 왔으나 그 후에 김일성의 **주체사상***을 수립하였다. 주체노선을 표방한 북한의 교육학은 1971년에 처음 제시된 사회주의 교육학의 단계를 거쳐 1977년에 '사회주의 교육에 관한 테제' 로 종합되었다(이종각, 1993: 349).

■ 북한교육의 이념적 배경

북한교육의 이념적 배경은 마르크스 · 레닌주의와 김일성의 주체사상에 기초하고 있다. 마르크스 · 레닌주의는 북한의 해방과 더불어 사회주의 사회를 건설하기 위하여 소련식의 사회주의 이념을 도입하면서 북한 사회의 중요한 지도이념으로 작용하였고, 주체사상은 이른바 김일성의 항일무장 투쟁의 혁명 전통을 계승하여 1970년 이후 당의 지도이념으로 정착시켰다.

북한의 교육이념과 목표는 공산주의 교육관을 기초로 하고 있다. 북한이 직수입한 마르크스의 교육이념 중 교육의 3대 카테고리에는 지적교육, 전면 기술교육, 체육 및 군사교련을 통한 신체발달로 정하고 있다. 여기에 자급자족적 생산노

* 주체사상은 사람이 모든 것의 주인이며, 모든 것을 결정한다는 것을 바탕으로 혁명과 건설의 주인은 인민대중이며 혁명과 건설을 추동하는 힘도 인민대중에게 있다는 사상이다. 주체사상이 밝혀 주는 사회적 인간의 본질적 속성은 자주성과 창조성이며 의식성이다. 자주성은 세계와 자기운명의 주인으로서 자주적으로 살고 발전하려는 사회적 인간의 속성이고, 창조성은 목적의식적으로 세계를 개조하고 자기 운명을 개척해 나가는 사회적 인간의 속성이며, 의식성은 세계와 자기 자신을 파악하고 개변하기 위한 모든 활동을 규제하는 사회적 인간의 속성이다.

동이 결부되는 것을 소망스런 교육 형태로 보았던 것이다.

한편 레닌은 교육목표를 사적 재산소유의 심리와 민족주의적 종교적 의식 등 기타 낡은 선입견으로부터 해방된 선진적 인간의 육성에 두었으며, 1919년 3월의 제8차 공산당대회에서 채택한 공산당 강령에서는 학교의 임무를 "근로대중 속의 반프롤레타리아 · 비프롤레타리아층에 대한 이념적 · 조직적 · 교육적 영향력의 선도자로서 공산주의 사회를 수립할 수 있는 세대를 양성하는 일" 이라고 규정하고 있다(박문갑, 1987: 300).

북한교육은 공산주의 사회가 일반적으로 지향하는 사회주의 교육학에 주체사상을 추가시켰다. 북한 헌법 제36조에는 "북한은 문화혁명을 철저히 수행하여 모든 근로자를 자연과 사회에 관한 깊은 지식과 높은 문화기술 수준을 가진 사회주의 · 공산주의 건설자로 만든다" 라고 규정하고 있다. 이와 같은 공산주의자 양성에 주체사상을 추가함으로써 단지 새로운 사회주의자 양성이 아니라 '주체형 사회주의자' 를 길러 내는 데 교육의 궁극적 목표를 둔 것이다. '사회주의 교육에 관한 테제' 에서 "우리나라 사회주의 교육의 지도사상은 공산주의의 주체사상이다. 사회주의 교육은 주체사상을 확고한 지도적 지침으로 삼아야 하며 교육사업의 모든 분야에서 그것을 철저히 구현하여야 한다" 라고 주장하고 있다.

2. 북한의 교육제도

북한의 기본적인 학제구조는 북한의 교육이념과 북한의 정치 · 경제건설 상황에 따라 조직되고 운영되며 또 개편된다. 북한은 사회의 모든 성원을 끊임없이 교육시켜야 사회주의 · 공산주의 건설에 보다 높은 성과를 거둘 수 있다고 믿고 있으며, 그렇게 함으로써 사회 구성원들 간의 사상 · 기술 · 문화 수준의 차이를 없애고 온 사회를 노동계급화 · 혁명화 · 인텔리화하는 사업을 성공적으로 이끌어 나갈 수 있다고 믿고 있다. 따라서 북한의 기본적인 학제구조는 후대의 교양교육사업과 성인교육사업, 민족간부 양성사업 등을 이룩해 나가야 한다는 목표를 지향하고 있다.

이러한 목표를 달성하기 위한 교육제도 조직의 원리는 이론과 실천 또는 교육과 생산의 결합원리, 학교교육과 사회교육의 결합 및 병진, 일반교육과 기술교육의 결합(이상 교육테제에서 추출), 혁명유자녀 및 특기자 우대원칙(헌법 제61조)으로 파악할 수 있다.

교육제도 역시 노동당의 기본 노선에 의해 결정되고 통제되며, 학교교육도 노동당의 기본노선에 따라 이루어진다. 교육에 관한 행정적 집행기관은 교육위원회이고, 교육위원회는 정무원에 소속된 중앙행정부의 하나로서 각급 지방행정위원회의 교육부 · 국을 지도한다. 정무원은 중앙인민위원회의 지도 하에 있고 중앙인민위원회의 핵심은 국가주석 · 부주석을 비롯한 당의 중추세력으로 구성되어 있다. 당중앙위원회의 교육부는 각급 지방당의 교육부를 지도하며 각급 지방당위원회는 해당 지역 안의 지방행정위원회에 당적 통제를 가하는 체제를 갖추고 있다.

■ 기본학제

오늘날 북한의 기본학제(基本學制)는 4-6-4(6)제로서 인민학교 4년, 고등중학교 6년, 대학은 4~6년으로 되어 있다. 이 기본학제는 정규교육체계 및 성인교육체계(일하며 배우는 교육체계)와 조기특기교육과 특권층 귀족을 위한 특수교육체계를 운영하고 있다. [그림 16-1]에서 보면 일반학교체제는 유치원 2년(높은 반 1년은 의무교육), 인민학교 4년, 고등중학교 6년, 대학(교) 4~6년, 우리의 대학원 단계의 석사과정에 해당하는 연구원 3년, 박사과정에 해당하는 박사원 2년이 있다. 고등교육기관은 종합대학, 단과대학, 교원대학, 직업전문학교인 고등전문학교(3년제)가 있으며, 학교 수로는 고등전문학교가 절대적으로 많다. 단과대학은 원칙적으로 4년제(그러나 의학대학은 6년, 교원대학은 3년)다. 단, 김일성종합대학의 경우 사회과학부는 5년, 자연과학부는 6년제다.

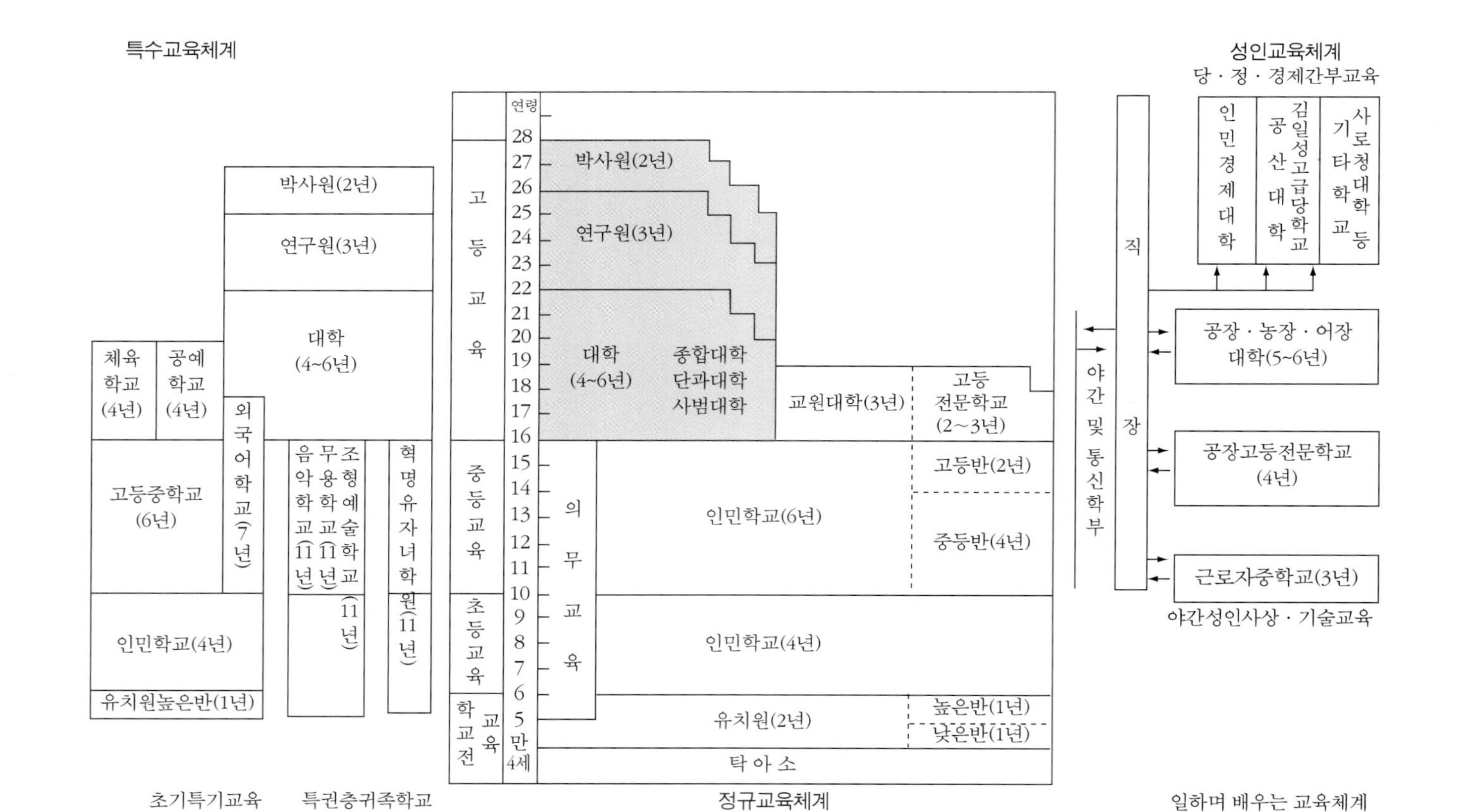

[그림 16-1] 북한의 현행 학제

특수학교는 11년간 초 · 중등교육을 받지만 일반학제와는 달리 학제상 초등과 중등의 구분이 없다. 특수학교로는 만경대혁명학원, 강반석혁명학원과 같은 특수층의 자녀가 들어가는 교육기관과 무용, 음악, 조형예술 등의 예체능계 학교가 있는데, 이들은 유치원 '높은 반' 과정부터 고등중학교까지 11년제로 되어 있다. 이들은 조기 선발되어 진학절차 없이 같은 학교만 11년간 다닌다. 해외선전 활동을 위해 외국에 보내는 특기자를 양성하는 예능계학교의 선발에 있어서는 출신성분, 사상성이 더욱 중요시된다. 외국어 학교는 중등교육단계이지만 특이하게 7년제로 운영되고 있다. 체육학교와 공예학교는 고등교육과정으로 4년제로 운영된다([그림 16-1] 참조). 그런데 이것은 장기간 학생들을 집중적으로 훈련시킬 수 있는 제도적 이점이 있다.

특수대학으로서 김일성고급당학교, 김일성정치대학, 인민경제대학, 김일성방송대학 등이 있는데, 이들은 고등교육부 산하가 아닌 중앙위원회 직할이다. 1984년에는 우수인력양성을 위한 새로운 정책이 새로운 학교를 탄생시켰다. 1984년 9월 평양제1고등중학교가 개교되었다. 그리고 다음 해인 1985년에는 김일성과 김정일의 지시에 따라 각 도에 도청소재지의 이름을 딴 제1고등학교를 12개 설치하였다. 이 학교들은 과학기술전문인력의 조기 양성을 위한 특수과학영재학교로 알려져 있다. 그리고 개교한지 만 2년 후인 1986년에 첫 졸업생을 배출했으며(고등중학교는 6년제임), 그들이 희망하는 대학에 응시하여 우수한 성적으로 전원 합격했다. 이들 학교를 졸업한 학생들에게 김일성대학, 김책대학 등 소위 일류대학 진학의 기회와 응시 등에 우선권을 주고 있는 것으로 알려졌다(이종각, 1993: 357-358).

■ 학생선발 및 진급제도

북한의 진학제도, 진급제도, 졸업제도를 보면 엘리트 선발과 대중적 선발방식으로 엄격하게 구분된다. 엘리트 선발은 혁명 유자녀를 중심으로 하는 특수층 자녀에 대한 선발방식으로서 북한 사회의 엘리트 양성의 통로 역할을 하고 있다.

대중적 선발 방식은 대중을 위한 개방적인 선발방식을 말한다.

먼저 중등학교나 대학의 진학제도를 보면 일반교육체계상의 고등중학교는 인민학교 졸업자가 무시험으로 거주지 학교에 배정받는 방법으로 이루어지고 있다. 대학은 1차적으로 국가자격고시를 실시하여 시험성적을 고려하되 출신성분이나 조직활동을 참고하여 각 지방 당위원회에서 추천을 받아야 응시할 수 있다. 북한의 대학입학자격에 관한 총괄규정에 '대학에 입학할 수 있는 자격의 소지자는 당의 유일사상 체계가 확고하고 계급적 각성이 높으며 당과 혁명을 위하여 충실하게 복무할 수 있는 사람' 으로 규정하고 있다. 이와 같이 대학 입학은 사회적 출신성분과 조직생활이 중요하게 고려되고 있다.

대학 진학자는 직통생, 직장근무자, 제대군인의 세 가지 유형이 있다. 직통생은 당해 연도 졸업자로서 직접 대학에 입학한 학생이며, 직장근무자는 이미 졸업한 사람으로 1년 이상, 보통 3~4년 동안 직장에 근무하면서 모범적인 일꾼으로 인정받아 직장 사로청 연맹의 추천을 받은 경우다. 제대군인은 고등중학교 졸업 후 군대에서 7~8년 복무한 사람으로서 당의 추천을 받은 사람이다. 이들의 비율은 1980년에 직통생이 60~70%, 제대군인 및 직장근무자가 30~40%로 알려져 있으나 최근에는 직통생의 비율이 증가하고 제대군인 및 직장근무자의 비율은 감소하고 있다.

특수목적 교육체계에 속하는 학교의 진학제도는 주로 출신성분에 기초하여 추천에 의하여 이루어지고 있다. 예능 및 체육계학교는 소속기관장과 사로청 조직의 공동추천서를 제출한 후에 필답고사 또는 실기와 면접시험에 의하여 학생을 선발한다. 대학단계의 특수목적 교육기관으로서 외국어 대학, 과학원, 예체능계 학교에서는 중등단계의 특수목적학교 출신자가 주로 진학한다.

북한의 진급체계를 보면 현재는 5점 만점 평점으로 진급과 유급시 엄격히 적용하고 있다는 것으로 알려져 있다. 인민학교는 진급시험 대신 학년말 성적, 품행, 출석일수에 의하여 사정하는데, 성적평정은 최고 점수 5점(최우등), 4점(우등), 3점(보통), 2점 이하 낙제로 하고 있다. 국어, 산수 성적이 3점(보통) 미만일 경우, 특별과제를 주고 다음 학년 초에 재검하여 결정하도록 한다.

5단계 채점방법의 기준은 다음과 같다(박성희, 1995: 66).

제1단계(낙제): 시험문제 가운데 한 가지도 답변하지 못하였을 때
제2단계(낙제): 시험문제의 절반 이상을 답변하지 못하였을 때
제3단계(보통): 시험문제 가운데 한 가지 문제를 답변하지 못하고 두 가지를 완전히 답변하였을 때
제4단계(우등): 시험문제에 대하여는 완전히 답변하였으나 시험관의 보충 질문에 대하여 답변하지 못하였을 때
제5단계(최우등): 시험문제와 시험관의 보충 질문에 완전히 답변하였을 때

고등중학교에서는 예비심사나 진급시험의 과정을 거쳐 사정하는데, 여기서도 학년말과 학과 성적이 3점 미만인 과목이 3과목 이상인 경우 유급하게 된다. 특히 계속해서 3개월 이상 결석하게 되면 진급시험에 응시할 자격을 박탈당한다. 추후시험(재시험)은 신학년도 시작 전 10일 이내에 실시하며, 여기서 한 과목이라도 낙제하면 유급이다. 다만 도화, 제도, 음악, 체육, 가사 등의 과목은 진급시험을 치르지 않고 있다. 또한 품행점수가 3점 이상인 학생만이 진급하도록 하고 있다.

다음으로 인민학교와 고등중학교의 졸업제도를 보면 예비심사에 졸업시험을 거쳐 엄격하게 시행하고 있다. 예비심사는 응시자격 심사로서 최종 학년의 학년말 성적과 품행성적에 의하여 사정한다. 인민학교는 과락한 과목이 2개 이하, 품행 3점 이상인 학생에게 졸업시험 자격을 부여한다. 고등중학교는 과거의 고급중학 규정을 근거로 추정해 보면, 기본과목 성적이 모두 3점 이상이며 품행이 3점 이상인 학생에게 응시자격을 부여한다.

또한 학교별로 졸업시험위원회를 구성하여 졸업사정업무를 담당하고 있다. 인민학교의 졸업시험위원회는 학교장, 담임교사, 인접과목 교원, 인민위원회 교육담당 등 5인으로 구성된다. 고등중학교는 앞의 위원과 정당, 사회단체 대표를 포

함하여 5~7인으로 구성된다. 졸업사정은 졸업시험 성적과 최종 학년 성적을 근거로 하여 이루어진다. 졸업사정에서는 기본과목 성적이 모두 3점 이상, 품행성적이 인민학교 3점, 고등중학교 3점 이상인 학생에게 졸업증서가 수여된다. 졸업요건에 도달하지 못한 학생에게는 수료증서가 수여되는데, 여기에는 성적불량으로 졸업시험 응시자격이 박탈된 학생, 졸업시험에서 3과목 이상 과락하거나 추후시험에서 1과목 낙제한 학생이 해당된다(한만길, 1997: 56-57).

■ 11년제 의무교육

북한에서 가장 자랑하는 것이 11년제 의무교육제도다. 1972년 7월1일 북한은 노동당 중앙위원회 제15기 4차 회의에서 전반적 11년제 의무교육을 실시할 것에 대한 결정을 채택하여 1972년 9월부터 11년제 의무교육을 단계적으로 실시할 것을 발표하였다. 전반적 11년제 의무교육은 1년 동안의 학교 전 의무교육과 10년 동안의 학교 의무교육(인민학교 4년, 고등중학교 6년)으로 이루어지는 의무교육제도로서, 만 5세부터 만 16세에 이르는 모든 새 세대에게 무료로 학교 전 교육과 초등교육 및 중등교육을 하는 교육제도다. 6년제 고등중학교 과정은 교육내용상 1~4학년까지는 중등반, 5~6학년은 고등반으로 되어 있다.

전반적 11년제 의무교육에서 입학 나이를 한 살 낮춘 이유는 두 가지다. 이것은 리영복에 의하면, 첫째로 "만 6세 어린이들이 학교교육을 원만히 받도록 하기 위하여 유치원에서 아이들에게 연필 쥐는 법, 이름자와 숫자 쓰는 법, 셈 세기 등 학교준비교육을 주는 1년 동안의 학교 전 의무교육을 실시" 하기 위한 것이다. 둘째로, 11년제가 노동문제와도 관련되어 있다. 즉, 북한에서 의무교육이 끝나는 연령과 법적으로 노동을 할 수 있는 연령을 16세로 같게 만들어 놓고 있다.

이와 같이 북한에서 취학 전 아동의 조기교육에 역점을 두고 있는 것은 아주 어릴 때에 공산주의 정치사상 교육의 효과가 크다는 사실, 김일성 부자에 대한 우상화 교육의 조기실시를 통한 조건 반사적인 정치사상교육의 실시, 집단정신의 조기함양, 여성을 가정으로부터 해방시키고, 여성을 일터로 불러들이려는 목적, 학교교육에 대한 사전 준비교육의 실시 등에 목적이 있다. 따라서 사회주의 사회 건설의 차원과 정치적 차원에서 조기교육에 역점을 두어 탁아소 및 유치원의 확장을 서둘러 왔다(이종각, 1993: 358-359).

■ 고등교육제도

최근 북한의 교육에서 주목할 것은 "고등교육 부문에서는 현실 발전의 요구에 맞게 기술자, 전문가 양성사업을 개선하여야 한다"는 구호 아래 고등교육기관을 크게 신설하고 있다는 점이다. 일례로, 1985년에 '18개의 대학, 46개의 전문학교, 12개의 제1고등중학교 개교'를 하였다(조선중앙 연감).

북한에는 종합대학이 김일성종합대학과 김책공과대학 두 개이고, 나머지는 모두 단과대학의 형태다. 이들 단과대학은 실제에 있어서는 남한의 종합대학과 비교하면 어떤 한 전공학과 또는 3~4개의 인접학과로 구성되어 있다. 이와 같은 조직은 북한의 고등교육의 목적이 전문적인 현장기술자, 또는 직능인의 양성에 대학교육의 주 목표가 있어 보인다. 또 하나 특이한 것은 김일성종합대학은 정규의 교육행정체계에서 벗어나 정무원의 직속으로 되어 있다는 점이다. 이것은 김일성종합대학이 북한 사회에서 차지하는 비중이 그만큼 크기 때문이다. 동 대학의 관리운영, 교수내용과 방법, 학생활동 등은 다른 대학의 기준이 되고 있으며, 현재 정무원 내 부부장급(副部長級) 이상 간부의 약 3분의 1이 동 대학 출신이다.

성인교육 기관인 공장대학, 농장대학, 어장대학 등은 주로 공장, 기업소, 광산 등에 부설되어 현장에서 필요한 기술, 직능 교육을 담당하고, 교육기관은 5~6년으로 2부제로 운영되며, 공장, 기업소 근로자들의 자질향상을 위한 연수기관의 성격이 강하다.

북한에서 가장 수적으로 많은 고등교육기관은 고등전문학교다. 고등전문학교는 3년제의 직업전문학교로서 각 산업분야에 필요한 숙련공이나 기능공의 대부분을 이곳에서 양성하는데 2종류로 대별된다. 하나는 북한 전역에 공통되는 직업을 전문으로 하는 것으로 건설전문학교, 예술전문학교 등이 이에 해당된다. 다른 하나는 해당 지역의 특수성에 맞는 직업을 전문으로 하는 것으로 무산고등광업전문학교, 제2고등도자기전문학교 등이 이에 속하며, 이런 유형의 고등전문학교는 군단위로 설치되어 있다. 1989년 고등전문학교의 수는 576개다.

■ 영재교육과 특수교육기관

1986학년부터 각 시도에 ○○○제1고등중학교라는 이름으로 학력이 뛰어난 학생들을 입학시켜 운영하고 있다. 1992년도에 개교한 강반석고등중학교를 비롯하여 1984년의 평양제1고등중학교는 사상 중심의 천재교육기관이고 1990년의 금성제1고등중학교는 기술교육 중점 학교다. 그리고 1987년에 개교한 모란봉제1고등중학교는 외국시찰단에게 안내하는 모범교로서 영재아들이 입학하고 있다. 그리고 예체능계 천재학교는 유치원 높은 반(5세)부터 고등중학교에 이르는 11년제의 무용학교, 음악학교, 조형미술학교 등이 있다. 또한 인민학교 상급반부터 고등중학교에 이르는 7년제의 외국어학교와 체육특기자들의 4년제 영재교육도 실시하고 있다.

이러한 영재교육은 고등중학교 과정을 끝내면 그대로 전문대학이나 일반대학의 해당분야로 진학할 수 있으며, 대표적인 것으로는 1973년도에 설립된 '7 · 18고등예술전문학교' 와 '평양미술대학' '평양음악무용대학' 등이 있고, 서커스에 특기가 있는 아동학생들이 입학하는 '평양교예학교' 도 있다. 어학부문에 뛰어난 학생들은 평양외국어고등중학교(6년제)과 각도에 설립된 외국어고등중(9년제)에 진학하며, 대학으로는 평양외국어대(5년제)와 평양외국어사범대(4년제)가 있다.

특수교육기관으로는 유치원 높은 반부터 김정일의 특별지시로 각지의 고등중학교에서 특히 수학, 물리, 화학 등의 기초과학과 영어에 뛰어난 학생들을 선발하여 '7 · 15소조' 라는 이름의 영재반을 만들어 운영하면서 학기별로 시험을 부과하여 탈락시키는 방법으로 경쟁심을 부여하고 있다. 그리고 1987년부터 '7 · 15최우등상' 제도를 만들어 학교별, 학급별 시상제도도 도입하고 있다.

특수교육기관으로는 유치원 높은 반부터 입학하는 6년제의 '강반석혁명학원'

과 11년제 '만경대혁명학원' 이 대표적인 것으로, 이것은 원래 '강반석혁명유자녀학원' 이란 이름으로 1947년에 설립된 당시에는 항일빨치산 활동에서 전사한 유자녀와 6·25전쟁의 전몰가족의 자녀들이 입학하였으나 1970년대부터는 교명도 ○○혁명학원으로 바꾸고 영예군인자녀, 영웅칭호 수여자 자녀, 당 고위간부들의 자녀들을 입학조건으로 하고 있다. 졸업 후에는 당 간부후보나 군 간부로 배치되는 일종의 준군사교육기관이다.

'만경대혁명학원' 은 혁명학원 가운데에서도 유일하게 인민무력부 소속으로 학생들은 군복(제복)을 입고 기숙사생활을 하면서 매우 엄한 규율 속에서 학습하고 있다. '강반석혁명학원' 과 '해주혁명학원' 은 각각 1958년에 설립되었으며 재학생 수는 각각 700여 명으로 구성되어 있다.

한편, 중앙당에서 당의 중견간부 양성용으로 각 도소재지에 1개교씩 '공산대학' 을 1946년부터 설치 운영하고 있다. 공산대학에서는 김일성저작과 혁명역사, 노동당사와 함께 경제관리 등의 교과목을 개설하여 지방 당 간부와 경제단체(기업소)의 간부를 배출하고 있다(김동규, 1999: 276-277).

3. 교원양성제도

각급 학교의 교원양성체제는 정규대학의 교원대, 사범대, 통신대학과 야간대학에서의 자격증 수여제도 그리고 각종의 단기훈련 양성반, 강습소에서 배출하는 세 가지 방법이다. 일반적으로 탁아소의 보육원 교사는 '보육원 양성소' 에서, 유치원과 인민학교 교사는 3년제 교원대학에서, 고등중학교 교사는 4년제의 사범대학과 5년제의 김형직사범대학에서 배출하고 있다.

■ 각급 학교별 양성기관과 교육내용

보육원 교사는 고등중학교 졸업생 가운데서 탁아에 필요한 과목(아동위생학, 아동심리학, 유아보육원, 영양학 등)을 1년간 배운 뒤에 자격증을 부여하는데, 전국적으로 약 20여 개의 양성소가 있다. 행정적 관리는 내각의 보건성에서 주관한다.

유치원과 인민학교 교사는 3년제 교원대학에서 교사자격 취득에 요구되는 교과목(교육학, 심리학, 수학, 국어, 음악, 미술, 무용, 학교전 교육학, 아동심리학, 교과교육법 등)을 이수하면 졸업과 함께 교사자격증이 수여된다. 전국에 15개의 교원대학이 있다. 행정적인 지도와 감독은 내각의 교육성 산하의 보통교육부와 교원대학 전담부서에서 관여하고 있다.

고등중학교 교사의 양성은 4년제 사범대학에서 필요한 교과목(공통 필수과목: 노동당사, 정치경제학, 김일성혁명역사, 철학, 교육학, 심리학, 조선문학, 군사학과 각 교과목에 따른 전공과목들)을 이수하도록 되어 있으며 현재 10개의 사범대학 등이다. 한편 기술계 및 외국어계의 중등교육 교사양성은 5년제로 운영되고 있는데, 함홍기술사범대학, 순천기술사범대학, 평양외국어 사범대학 등이다.

김형직사범대학은 북한의 사범계 교육기관 가운데 가장 권위 있는 특수대학으로 예비과 1년, 본과 5년의 체제로 운영되고 있다. 이 대학을 졸업하면 3년제 교원대학의 교원으로 발령받거나 지방의 각급 교육행정 기관의 행정관리로 배치받는 엘리트 교육자 양성기관이다. 전공분야로는 김일성혁명역사, 철학, 국어문학, 교육학, 역사, 지리, 수학, 물리학, 화학, 생물학, 외국어, 예술, 체육 전공의 13개 학부로 구성되어 있고, 교육학부는 일반교육학과, 학교전 교육학과, 심리학과의 3영역으로 구성되어 있으며 유일하게 박사원이 설치되어 있다.

행정적으로는 내각의 교육성 산하에 있는 교육위원회에서 직접 관할하고 있으며 또한 중앙당의 선전선동부의 위탁으로 2년제 작가양성반을 설치 운영하고 있다. 박사원은 3년제의 준박사과정과 2년제의 박사과정으로 구분하여 교육하고 있으며 1년제 특설 박사반도 있다.

■ 교원의 사회경제적 지위

북한의 교원들은 '직업 혁명가' 이며 공산주의적 혁명 인재 양성의 '원종장' 이라는 원칙에 기초하여 교원들에게 사회경제적으로 높은 지위를 부여하고 있다. 먼저 교원들은 대의원으로 선출되어 정치에 참여하고 있으며, 각종 수상 혜택을 받고 있다. 교원 중에서 대의원을 선출하여 각급 인민위원회부터 최고 인민위원회까지 참석하여 국가 정책을 토의하고 당의 방침을 제정하는 데 참여하고 있다. 교육사업에 오랫동안 종사하고 현저한 성과와 특수한 공로를 세운 교원에게는 '노력영웅' '인민교원' '공훈교원' 등의 칭호를 수여한다. '공훈교원' 은 보통 15년 이상 교직에 종사하고 훌륭한 성과가 있는 교원에게 수여하며, '인민교원' 과 '노력영웅' 은 보통 20년 이상 교직에 근무하고, 아주 특수한 공헌을 한 교원들에게는 '김일성상' 을 수여하는 등 여러 가지 상이 있다. 이상의 상을 수여받은 교원들은 사회적으로 존경을 받게 되며 동시에 대우도 아주 높아진다.

교원들의 봉급도 같은 학력을 가진 다른 직업에 종사하고 있는 사람들보다 높다. 예를 들어, 보육원과 교양원의 평균 월급이 보통 노동자들의 평균 월급보다 높은 것도 사실이다. 일단 사범계통대학을 졸업하고 학교에 배치 받은 교원들은 동등한 학력을 가진 다른 직장인에 비해 약 20% 정도 더 많다. 인민학교나 고등중학교에서 학교사업에 20년 이상 종사한 교원에게는 나라에서 '연금' 을 지급하게 된다(한만길, 1997: 235-237).

■ 교원의 자격제도

북한에서는 교원들의 자질을 높이기 위해 한편으로 교원양성 교육을 발전시키면서 다른 한편으로는 교원자격제도를 개선하였다. 북한 인민학교와 고등중학교 교원의 자격은 다섯 단계로 나누는데, 3급 이상은 '자격교원' 이라고 하며, 교원대학, 사범대학을 졸업한 교원들에게 해당하는 직급이다. 교원들의 자질을 보장하기 위하여 교육위원회에서는 3년에 한 번씩 교원자격시험을 실시한다. 1, 2급 교원은 전국 통일시험을 봐야 하고, 3급 이하의 교원들은 각 도에서 통일적으로 시험을 보게 된다. 사범대학 졸업생들이 '자격교원' 증서를 얻을 수 있는 외에 그 수준에 달하지 못하는 교원들은 통신대학에서 연수하거나 독학하여 '자격교원' 의 수준에 달하도록 하여 교원들의 자질을 향상시키도록 하였다.

사범대학과 교원대학에는 각기 교원자격 시험위원회를 구성하여 학력이 미달하는 교원들이 시험을 보도록 제도적인 조건을 마련해 주었다. 국가에서는 3년에 한 번씩 교원자격검증시험을 치르고 시험에 합격하는 교원은 '자격교원' 증서를 발급한다(한만길, 1997: 237-238).

■ 교원의 재교육

북한에서는 교원에 대한 재교육을 중시하고 있으며, 오래 전부터 실시하였다. 북한의 '사회주의 교육에 관한 테제' 에는 교원에 대한 재교육의 중요성을 다음과 같이 명시하고 있다. "현직 교원들은 끊임없이 재교육하여야 한다. 교원들을 재교육하는 체제를 세우고 현직 교원들을 계획적으로 재교육하여 그들의 수준을 언제나 현실 발전의 요구에 따라 세워야 한다. 사범강습을 정기적으로 조직하여 교수의 통일성을 보장하며 교수의 질을 끊임없이 높이도록 하여야 한다."

교원에 대한 재교육은 교원강습, 정기국가시험, 통신교육 등의 방식이 있다. 첫째, 교원강습은 체계적인 교육과정을 이수하는 재교육으로서 주로 방학을 이용하고 있다. 일반적으로 대학을 졸업한 후 3년이나 5년이 되면 모든 교원이 재교육을 받도록 하고 있다. 둘째, 정기시험제도는 3년에 한 번 시험을 실시하여 교원들의 자질을 체계적으로 제고시키는 방법이다. 국가시험은 교원들의 정치사상의 수준을 평가하는 방법으로 활용되고 있으며 진급 시 적용된다. 셋째, 학교현장의 교육을 개선할 목적으로 지역단위에서 실시하는 각종 재교육 과정이 있는데, 여기에는 교수강연, 교수토론회, 논문발표회, 시범상학, 현장연구 등 여러 가지 방법이 있다. 각급 학교에서는 학술토론회, 과학논문 발표회, 경험발표회 등을 개최하여 현장의 수업방법을 개선하는 데 기여하고자 한다(한만길, 1997: 244-246).

4. 남북한 교육통합을 위한 과제

남북한 교육의 비교

남북한의 교육을 비교함으로써 남북한 교육이 지향하고 있는 공통적인 특성을 발견하고 그것을 동질성 회복의 단초로 삼아야 할 것이다. 남북한 교육의 차이점을 살펴보면, 먼저 남한은 민주주의 교육이념에 따라 「교육기본법」에서 홍익인간의 이념 아래 인격 완성, 민주시민으로서의 자질, 민주국가의 발전과 인류공영에 기여할 것을 교육목적으로 명시하고 있다. 즉, 개인의 자율성과 개성의 존중이라는 개인적인 덕목으로부터 출발하여 사회와 국가발전에 대한 기여를 강조한다. 반면에 북한은 공산주의 교육이념을 지향하고 있으며 공산주의 사회 건설에 대한 헌신이라는 집단적인 측면이 강조된다.

둘째, 남한은 주지주의적 학습능력 함양이라는 교육의 본질적 가치를 중시하는 반면에 북한은 실제생활에서의 응용능력을 중심으로 교육의 실용적 가치를 중시하고 있다. 남한에서는 '진리탐구의 정신과 과학적 사고력, 창조적 활동과 합리적 활동'을 강조하고 있다. 특히 교과활동에서 기본적인 학습능력과 지적능력을 배양함으로써 지적인 탐구심, 창의적 사고능력을 기르는 데 중점을 두고 있다. 반면에 북한은 교과활동이나 과외활동을 막론하고 교육과 노동의 결합, 학습활동과 실생활의 연관성을 강조하고 있다.

셋째, 남한은 개인주의를 바탕으로 하여 개성의 존중, 개인의 자율과 책임, 개인의 능력과 적성을 중시하는 교육목적을 추구하며, 이를 위해 남한에서는 개인의 능력과 적성에 알맞은 학습과정을 선택하고 진로를 결정하는 측면이 강조되고 있다. 반면에 북한에서 개인은 개체로서의 존재보다는 집단의 구성원으로서 인식되고, 집단주의를 기반으로 하여 사회와 국가에 대한 봉사, 당과 혁명에 헌신하는 집단적 공동체 의식을 강조한다. 따라서 교육도 집단에 대한 헌신, 봉사를 중시하는 집단주의를 추구하고 있다. 이러한 차이는 교육을 국가와 당의 목표 달성을 위한 수단으로 보는 북한의 '도구주의적 교육관'과 교육을 개인의 전인적 발전을 조장하는 하나의 삶의 표현방식으로 보는 남한의 '본질주의적 교육관' 간의 차이에서 기인하는 것으로 볼 수 있다.

넷째, 학제의 기본구조를 보면 남한은 6-3-3-4제를 채택하고 있는데 비해서, 북한은 4-6-4제를 채택하고 있어서 초등학교 단계에서 북한은 남한보다 2년 짧은 기간으로 구성되어 있다. 이것이 학교제도상 가장 기본적인 차이라고 할 수 있다. 취학 전 교육에서 남한은 1980년에 이르러 조기교육의 중요성이 강조된 반면에, 북한은 여성노동력의 활용, 아동에 대한 사회주의 교양의 필요성으로 인하여 전쟁 후 복구 시기부터 일찍이 강조되었다. 또, 취학 전 교육을 살펴보면 남한은 원칙적으로 개인의 선택과 자유의사에 맡겨져 있지만 북한은 법적으로 취학 전 교육을 국가와 사회 부담으로 할 것을 규정하고 있으며, 취학 전 1년의 교육을 11년 의무교육 연한 속에 포함시키고 있기 때문에 국가의 계획적인 지도 지원이 필수적이라 할 수 있다. 북한이 의무교육을 중시하는 이유는 사회주의 교육제도의 특성을 반영한 것으로 조기에 사상교육을 강화하려는 정치사상 교육적 의도가 반영된 것이다.

다섯째, 고등교육제도에서 북한은 엘리트 양성을 위한 교육기관과 일반 대중을 위한 성인교육의 성격을 띤 교육기관이 분명히 구분된다. 입시제도를 보면 남한은 개인의 학습능력이 가장 중요한 요건으로 고려되는 데 비해, 북한은 학습능력뿐만 아니라 출신 성분과 조직활동도 중요하게 고려된다. 교육방법에서도 북한이 대학과 생산현장, 학문과 기술이 밀접하게 결합되어 있는 데 비해, 남한은 학문과 이론 중심으로 교육이 이루어지고 있다. 고등교육에서 남북한의 공통점을 찾는다면, 교육기회가 확대되어 있다는 점이다. 북한은 '전 인민의 인텔리화'라는 구호 아래 고등교육의 확대정책을 추진하고 있으며, 남한도 1980년 이후 입시제도의 개편, 정원의 확대로 인하여 대폭적으로 확대되었다. 이는 남북한에서 공통적으로 교육열이 높으며 대학교육에 대한 욕구가 강하다는 사실을 보여 주고 있다.

끝으로 교육과정에서도 남북한은 교과목 편제, 결정 방식, 교육내용 등에서 차이를 찾아볼 수 있다. 교과목의 편성에 있어서 남한은 대체적으로 통합형을 채택하는 데 비해서, 북한은 전통적인 분과형을 유지하고 있다. 남한은 저학년에서 특히 통합형 교과를 채택하고 있다. 중등학교 단계에서 남한은 계열 구분이 있으며, 인문, 자연의 과정도 구분되어 있는데 비하여, 북한은 계열이나 과정 구분이 없다. 또한 선택과목의 편성도 남한은 동일한 계열, 과정 내에서도 선택과목이 제시되어 있는 데 비해, 북한은 선택의 여지가 거의 없다(한만길, 최영표, 황규호, 1994).

남북한 교육의 통합을 위한 과제

남북한은 정치 이념과 체제의 차이로 인하여 교육이념이나 목표, 교육체제를 달리하였고 교육과정 운영이나 교육방법, 학교제도 등에서 독자적인 특성을 가지고 발전해 왔다. 하지만 교육이 추구하는 근본적이고 본질적인 가치가 존재하기 때문에 남북한 모두 시대와 장소를 초월하여 지덕체의 전인적 인간 형성이라는 공통의 목적을 도출할 수 있다. 또한 남북한은 역사와 문화를 공유하고 있는 하나의 민족으로서 오랫동안 문화 양식과 생활 방식의 동질성을 유지해 온 공동체다. 따라서 남한에서는 예절과 신의, 효도와 공경 등의 덕목을 우리 민족의 전통적인 규범으로서 중시하고, 북한에서도 전통적인 도덕규범에 대하여 우리 민족의 고유한 생활 풍습으로서 유지하고 계승해야 하는 덕목이라고 강조한다. 예컨대, 전통적 도덕규범으로 효도, 예절, 공경, 충성, 신의, 우애 등의 규범이 있다. 또한 언어예절, 행동예절, 집단에 대한 예절, 사람들 상호 간의 예절을 잘 지킬 것을 권고하고 있다.

따라서 이질적인 요소는 극복하고, 다양화에 공헌할 수 있는 요소를 살리는 방향으로 남북한 교육을 발전시키고 동시에 민족공동체 논리에 따라 남북한의 교육체제가 가진 상대적 강・약점을 상호보완하여 발전시켜 나간다면 남북한 간의 이질성을 점차적으로 극복하고 동질성을 추구할 수 있을 것이다. 이를 위한 과제를 제시하면 다음과 같다.

첫째, 교육분야에서 남북한 간의 교류협력을 촉진하여 남북한 간의 폐쇄적인 관계를 개방적인 관계로 변화시키려는 노력이 요구된다(최영표 외, 1993). 이를 위하여 남한과 북한의 교육은 이데올로기적 경직성을 탈피하고 민족공동체의식 함양의 논리에 따라 개방성을 추구하려는 노력이 필요하다.

둘째, 교육분야에서 남북한 간의 협력체제를 확립함으로써 점차적으로 동질성을 확보하려는 노력을 기울여야 한다(강무섭 외, 1991). 이를 위해 남북한이 교육통합을 추진하는 과정에서 교육체제에 대한 상호 이해와 서로에 대한 존중을 바탕으로 상호 교육체제의 장단점을 파악하여 이질성을 해소하고 동질성을 찾아 발전시키려는 노력이 요구된다.

셋째, 남북한의 지역적 특성을 반영하고 교육수요자의 요구를 수용할 수 있도록 보다 융통성 있는 방식으로 교육체제를 설정하도록 해야 할 것이다. 남한의 교육체제는 점차적으로 자율화, 다양화를 지향하고 있는 현실에서 통일 이후에 북한의 다양한 영재교육과 특수교육을 발전시키려는 작업을 시도해야 할 것이다.

넷째, 남북한이 공통적으로 지향할 교육체제의 모형을 설정할 필요가 있다. 통일된 이후에 남북한 교육이 이상적인 형태로 발전할 수 있는 방향에 입각하여 통일국가의 교육체제를 구상할 수 있다. 통일국가의 교육체제를 구상하는 데 있어서 남한과 북한의 교육체제에 대한 장단점 분석이 정확하게 이루어져야 하며, 이에 기초하여 보다 발전적인 교육구상이 설정되어야 한다. 여기에는 남북한의 교육현실에 입각하여 채장보단(綵長補短)의 방식과(이종각, 1993) 표준교육체제에 의한 방식(문용린, 1991)이 있을 것이다. 표준교육체제는 남과 북의 대표가 모여 새로운 교육체제를 구안할 것을 전제로 통일 이전부터 이상적인 교육체제를 구성하는 것이다.

참고문헌

강무섭 외(1991). 민족동질성 회복 교육대책. 교육정책자문회의 보고서.

강무섭, 홍영란(1991). 남북한 교육학술 교류협력의 방향과 과제. 교육정책자문회의.

강상조, 이준옥, 이상주(1976). 한국의 학교문화: 학교의 사회심리적 특성에 관한 연구, 9(18). 서울: 한국행동과학연구소.

강순원 역(1983). 교육과 사회구조. 서울: 한울.

권인탁(2004). 지역 평생학습 동아리 구축을 위한 학습동아리 활성화 방안. 교육학 연구, 42(2).

고영복(1981). 현대사회학. 서울: 법문사.

고형일 외(2002). 신교육사회학. 학지사.

고형일, 이두휴(2013). 글로벌라이제이션과 교육사회학. 탐구영역의 변화, 교육사회학연구, 23(2), 1-27.

김경동(1979). 현대의 사회학. 서울: 박영사.

김경식 역(2000). 학급의 사회심리학: 협력학습 조성을 위한 기초이론과 실제. 서울: 원미사.

김경희(1998). 의사소통학습의 전개와 평생학습; 하버마스의 의사소통 행위이론의 실천적 함의, 평생교육연구, 4(1).

김기석(1987). 서론: 제도교육 그 신화와 실상탐구. 김기석 편, 교육사회학 탐구. 서울: 교육과학사.

김동규(1999). 북한학총론. 서울: 교육과학사.

김병성(1980). Teacher's instructional climate, mastery model strategy and student achievement at different grade levels. 비출판 박사학위 청구논문. Michigan State University.

김병성(1981). 교육균형발전의 접근방향. 김병성 외, 교육균형발전의 접근과 과제: 교육격차해소방안 협의회 보고서. 한국교육개발원.

김병성(1981). 교육의 균형발전: 그 문제와 과제. 새교육, 4, 30-40.

김병성(1982). 사회의 학교화. 수도교육, 통권 69호, 19-24.

김병성(1982). 중등학교 자율화에 따른 학생생활지도 종합대책. 서울: 한국교육개발원.

김병성(1985). 교육기회와 사회적 지위 이동의 가능성. 한국교육, 제12권 1호. 한국교육개발원.

김병성(1985). 학교교육과 교육격차: 교육사회학적 접근과 과제. 서울: 교육과학사.

김병성(1986). 교사결핍론: 교사와 교육격차. 교육개발, 8권 4호.

김병성(1986). 학교학습 풍토와 학업성취. 서울: 교육과학사.

김병성(1987). 효과적인 학교론. 교육개발, 87, 6.

김병성(1988). 교육사회학-학교사회의 탐구. 서울: 양서원.

김병성(1990). 학교중심 교사연수 과정개발. 서울: 교육과학사.

김병성(1991). 학교의 사회심리학. 서울: 양서원.

김병성(1992). 교육사회학 관련 이론. 서울: 양서원.

김병성(1994). 교육과 사회, 서울: 학지사.

김병성(1995). 효과적인 학교학습풍토의 이론과 실제. 서울: 학지사.

김병성(1996). 한국사회의 교육격차 결정요인과 연구과제: 학력격차의 접근, 교육사회학 연구, 6(2), 205-221.

김병성 외(1981). 교육격차 관련요인. 한국교육개발원 연구보고, 138.

김병성 외(1982). 중등학교 자율화에 따른 생활지도 종합대책. 서울: 한국교육개발원.

김병성 외(1986). 방송통신고등학교 교육체제 및 질 개선 방향. 한국교육개발원 연구자료, RM 86-9.

김병성, 정영애, 이인효(1982). 학교교육과 사회적 성취. 한국교육개발원 연구보고, RR 82-7.

김석수(1991). 교사-학생 기대유형요인 분석 연구. 한국교원대학교 석사학위 논문.

김선미 외(2008). 다문화 교육의 이해. 한국문화사.

김신일(1986). 청소년 문제의 연구 동향, 청소년문제의 실태와 개선 방안 연구. 현대사회연구소.

김신일(1993). 교육사회학. 서울: 교육과학사.

김신일(2015). 교육사회학. 서울: 교육과학사.

김영모 편(1990). 현대사회 문제론. 한국복지정책연구소 출판부.

김영모(1981). 한국사회과학연구소 편. 한국사회론. 서울: 민음사, 112.

김영식, 최희선(1988). 교육제도 발전론. 서울: 성원사.

김영우, 석태종(1988). 교육사회. 서울: 동문사.

김영호(1984). 신문과 청소년 교육. 사회교육연구: 매스미디어와 청소년 교육. 전북대학교 사회교육연구소, 21-25.

김옥순 외(2009). 다문화교육-이론과 실제. 서울: 학지사.
김원동(1997). 앨빈 토플러: 제3물결의 문명과 정보화 시대 · 정보화 사회의 도래. 정보화 동향, 제5권 2호. 한국정보문화센터.
김유경(1980). 교육의 기회균등과 사회계층 이동에 관한 연구. 숙명여자대학교 석사학위논문.
김종두(2000). 정보화 사회에서 학교교육체제 정립을 위한 교육정보화 수준 측정 연구. 한국교원대학교 박사학위논문.
김종두(2003). 정보사회에서 국가의 교육에 대한 역할 탐색. 충북교육학연구, 6(1), 1-23.
김채윤(1980). 한국 사회계층의 구조와 변화. 한국사회과학연구소 편, 한국사회론. 서울: 민음사, 112-114.
김호권(1970). 완전학습의 원리. 서울: 배영사.
김형모(1990). 상담편지로 본 십대들의 고민. 한국청소년연구원.
김희진, 손진화, 이영균(1999). 정보사회론. 서울: 세창출판사.
남세진(1993). 집단지도 방법론. 서울: 서울대학교출판부.
노상우(1999). 신자유주의적 경제 논리와 민주적 교육논리. 교육학연구, 5(2).
대한교육연합회(1978). 외국의 교육관계 조사자료.
목영해(2001). 디지털 문화와 교육. 서울: 문음사.
문교부(1983). 문교통계연보.
문용린(1987). 북한의 학교교육과정 분석: 인민학교 및 고등중학교. 국토통일원.
문용린(1991). 통일 후의 교육체제 구상. 황성모 외, 통일한국의 미래상과 삶의 양식. 한국정신문화연구원.
박광서(1984). 사회학. 서울: 박영사.
박문갑(1987). 남북한 비교론. 서울: 문우사.
박성희(1995). 북한청소년의 생활. 공보처.
박용헌(1968). 학교사회. 서울: 배영사.
박용헌(1972). 교육의 사회적 기초. 서울: 서울대학교 부설 한국방송통신대학출판부.
박용헌(1977). 학교사회. 서울: 배영사.
박용헌(1980). 학교와 지역사회. 서울: 교육과학사.
박용헌, 최정숙(1989). 교육사회학. 서울: 한국방송통신대학교출판부.
배규한(1998). 미래사회학-21세기의 이해와 설계. 서울: 나남출판.
백영균, 박주성, 한승록, 김정겸, 최명숙, 변호승, 박정환, 강신천, 김보경(2003). 교육방법 및 교육공학. 서울: 학지사.
서문호 역(1993). 제4의 물결. 서울: 안산미디어.
서정우(1975). 신문과 청소년의 일탈행위. 신문학보, 제85호, pp. 12-149.

서종남(2009). 지역사회 통합을 위한 다문화교육의 역할: 평생교육의 새로운 정책 패러다임.
석태종(1985). 교육의 사회학. 서울: 재동문화사
석태종(1988). 현대교육사회학. 서울: 재동문화사.
석태종(1992). 교육사회학. 서울: 교육과학사.
손준종(1996). 90년내 교육개혁의 사회직 성격에 관한 논의. 교육학 연구, 34(1), 149-167.
송병순(1990). 한국사회와 교육갈등현상의 의미. 한국교육사회학 연구회(편) 한국사회와 교육갈등.
송병순(1992). 현대사회와 교육: 교육사회학적 접근. 서울: 양서원.
신현석, 주영호(2013). 글로벌거버넌스와 한국의 교육정책. 교육학 연구, 51(3), 133-159.
신윤식, 이철수, 박재천, 이정훈(1992). 정보사회론. 서울: 데이콤 출판부.
심성보(1999). 참여 민주적 교육개혁과 우리 교육개혁의 방향. 교육학 연구, 5(2).
양영자(2008). 한국 다문화 교육의 개념정립과 교육과정 개발 방향 탐색. 이화여자대학교 대학원 박사학위 논문.
오욱환(1984). 학교교육과 불평등. 서울: 교육과학사.
오욱환(2009). 보상패러다임의 성인교육: 한계와 극복. 교육사회학 연구, 17(2), 67-87.
오욱환(2003). 교육사회학의 이해와 탐구. 서울: 교육과학사.
유기섭(1974). 학생들의 학습활동에 미치는 학급풍토의 영향. 중앙대학교 논문집: 인문 · 사회과학편 (19).
유태용(2002). 문화란 무엇인가. 서울: 학연문화사.
윤덕중(1986). 최신사회학. 서울: 형설출판사
이갑철(1990). 학교효과 관련요인에 관한 탐색연구. 한국교원대학교 석사학위 논문.
이규환(1978). 교육사회학. 서울: 배영사.
이규환(1996). 교육개혁에 있어서 보수주의와 급진주의. 한국교육연구, 3(1), 7-50.
이상백, 김채윤(1976). 한국사회계층연구. 서울: 민조사.
이옥화, 천세영(1996). 정보사회의 도래와 교육의 변화 전망. 교육학연구, 34(1), 189-208. 한국교육학회.
이정선(2010). 초등학교 다문화 교육의 이해. 서울 동문사.
이종각(1993). 남북한 교육동질성 회복과 전망. 남북한 동질성 회복의 과제와 전망. 충남대통일문제연구소.
이종각(2000). 교육사회학총론. 서울: 동문사.
이종승(1980). 학교학습의 결정요인. 서울: 한국행동과학연구소.
이학종(1989). 조직행동론. 서울: 세경사.
장미혜 외(2002). 사회계급의 문화적 재생산. 한국사회학, 36(4).
장진호(1968). 교육과 사회. 서울: 경지사.

장진호(1983). 평생교육과 사회교육. 서울: 대은출판사.
전석호(1997). 정보사회론. 서울: 도서출판 나남.
정보사회학회 편, 김경동 외 19인(2001). 정보사회의 이해. 서울: 나남출판.
정수용 역(1979). 산업사회의 계급과 계급갈등. 서울: 광민사.
정영애(1978). 가정의 사회경제적 지위나 사회화 유형에 따른 학생의 언어모형에 관한 연구. 숙명여자대학교 석사학위논문.
정우현(1990). 교육사회학연구. 서울: 교육과학사.
정유성(1998). 공동체로서의 해방을 위한 사회교육. 평생교육연구, 4(1).
정인석(1989). 교육심리학. 서울: 대왕사.
정지웅, 김지자(1986). 사회교육학개론. 서울: 서울대학교 출판부, 423-427.
조용환, 황순희(1992). 교육사회학. 서울: 형설출판사.
진원중(1969). 교육사회학원론. 서울: 법문사.
차갑부(1992). 신교육학개론. 서울: 형설출판사.
차경수(1973). 한국에 있어서 교육의 기회균등을 측정하기 위한 모형. 한국교육학회발표논문집. 서울: 한국교육학회.
차경수(1985). 현대의 교육사회학. 서울: 학문사.
차경수, 최충옥, 이미나(1995). 교육사회학의 이해. 서울: 양서원.
천세영(1997). 정보사회에서의 학교교육의 변화 방향. 교육연구, 17(6). 한국교육생산성연구소.
청소년 대책 위원회(1985). 청소년백서.
청소년 대책 위원회(1988). 청소년백서.
최영표(1990). 북한 현대교육사의 재조. 한국교육사학, 제12집.
최영표, 한만길, 이혜영(1989). 고학력화 현상의 진단과 대책. 한국교육개발원.
최영표, 한만길, 홍영란(1993). 통일에 대비한 교육정책 연구(II). 한국교육개발원.
최정호(1986). 매스미디어와 사회교육. 한국 지역사회학교 후원회 제4차 사회교육 심포지움, 16-21.
최창섭(1980). 초 · 중 · 고생을 위한 미디어 교육 커리큘럼 개발연구(上). 신문연구, 30호, 208-209.
최충옥 외(2010). 다문화 교육의 이론과 실제. 서울: 양서원.
한국교육개발원(1986). 2000년을 향한 국가장기발전구상. 한국교육개발원 연구총서.
한국전산원(1995). 정보사회의 개념정립 및 정보화 추진방안에 관한 연구(연구보고 NCA VII-PER-95134).
한국청소년개발원 편(1993). 청소년문제론. 서울: 도서출판 서원.
한대동(1981). 학생의 사회 · 경제적 배경과 학교풍토 지각 경향과 학업성취와의 관계. 서울대학교석사학위논문.

한대동(1991). 효과적인 학교에 대한 연구동향. 교육문제연구소 논문집, 7. 경희대학교.
한만길(1997). 통일시대 북한교육론. 서울: 교육과학사.
한만길, 손계림(1997). 북한의 교원양성제도와 고등교육. 대학교육, 통권 86호. 한국대학교육협의회.
한만길, 최영표, 황규호(1994). 남북한 교육과정 · 교과서 통합 방안 연구. 한국교육개발원.
한상복(1992). 문화인류학 개론. 서울대출판부.
한승희(2004). 지식혁명의 포스트모던 조건과 평생학습의 난제. 아시아 교육연구, 5(3), 141-163.
한정신(1980). 한국청소년의 교육격차연구. 숙명여자대학교 박사학위 논문.
한준상(1981). 새로운 교육학. 서울: 민음사.
한준상(1987). 사회학 이론과 연구방법론. 서울: 문음사.
허운나(1997). 정보화 교육과 새로운 교육패러다임. 강원교육연구, 27. 강원도교육과학연구원, 31-53
허운나, 김영옥(1998). 정보시대와 미국의 교육혁명. 서울: 교육과학사.
허형, 황인찬, 황의록(1974). 가정환경의 제 변인과 학업성취와의 관계. 서울: 행동과학연구소.
홍기형(1986). 매스미디어와 청소년. 매스미디어와 사회교육. 한국지역사회학교 후원회 4차 심포지움 자료, 27.
홍두승 외(1982). 경제발전과 사회계층에 관한 연구(pp. 7-9). 한국사회과학연구협의회.
홍성열 역(1991). 집단역학. 서울: 양서원.
홍웅선(1982). 평생교육의 기초와 체제. 유네스코 한국위원회 편, 평생교육과 학교교육. 서울: 법문사, 13-19.
황정규(1981). 교육격차의 문제와 접근. 김병성 외, 교육균형발전의 접근과 과제: 교육격차 해소방안 협의회 보고서. 한국교육개발원.
황종건(1983). 평생교육의 기초와 체제. 유네스코 한국위원회 편, 평생교육의 원리. 서울: 법문사, 151-154

松石勝彦(1994). 情報ネットワーク社會論, 青木書店, 29-30.
自野昌山(1985). 교육사회학. 東京: 世界思想社.

Abadinsky, H. (1979). *Social service in criminal justice*. Englewood Cliffs, Prentice-Hall, Inc., N.J.: 36-48.
Allport, G. W. (1950). The role of expectancy. In H. Cantril (Ed), *Tensions that cause wars*. Urbana, III: University of Illinois, 43-78
Anderson, C. A. (1961). A skeptical note on education and mobility. In Halsey, Floud & Anderson, *Education economy and society*. New York: The Free Press.
Anderson, C. A., & Bowman, M. J. (1966). *Education and economic development*. Chicago:

Aldine Press.

Angell, R. C. (1928). Science, sociology and education. *The Journal of Educational Sociology (JES)*, Vol. 1, Vo. 7.

Averch, M. A. (1974). *How effective is schooling?: A critical review and synthesis of research findings.* Santa Monica: Rand Corporation.

Backman, C. W., & Secord, P. F. (1968). *A social psychological view of education.* New York: Harcourt, Brace & World, Inc.

Bales, R. F. (1950). *Interaction process analysis: A method for the study of small groups.* Reading Mass: Addison-Wesley.

Bales, R. F. (1980). *SYMLOG case study kit.* New York: Free Press.

Ballantine, J. H. (1983). *The sociology of eduction: A systematic analysis.* Englewood Cliffs, N.J.: Prentice-Hall, Inc.

Banks, O. (1968). *The sociology of education.* London: B. T. Batsford, Ltd.

Banks, J. A. (1995). *Handbook of research on multicultural education.* New York: Macmillan

Bany, M., & Johnson, L. (1964). *Classroom group behavior.* New York: Macmillan Co.

Becker, H. (1963). *Outsider.* N.Y.: The Free Press.

Bell, D. (1973). *The coming of post-industrial society: A Venture in Society Forecasting.* New York: Basic Books.

Bell, D. (1980). *The Winding Passage: Essays and Sociological Journeys 1960~1980.* New York: Basic Books. 서규환 역(1994), 정보사회와 문화의 미래. 서울: 도서출판 디자인하우스.

Bell, E. H. (1961). *Social foundations of human behavior.* New York: Harper & Row.

Bendix, R., & Lipset, S. M. (1972). *Social mobility in industrial societies.* Berkeley: University of California Press.

Bennett, C. I. (2007). *multicultural education: theory and practice*(6th ed.).MA: Allyn & Bacon.

Berg, I. (1970). *Education and Jobs: The Great Training Robbery.* New York, Praeger, 85-104.

Bernstein, B. (1973). *Class, codes and control.* Vol. 1, 2, 3. London Paladin.

Bidwell, C. (1965). The school as a formal organization. In J. G. March (Ed.), *Handbook of Organizaions.* Rand and McNally & Co.

Blackledge, D., & Hunt, B. (1985). *Sociolgical interpretations of education.* Worcester: Billing & Sons Lim.

Blau, P. (1964). *Exchange and power in social life.* N.Y.: John Wiley & Sons

Blau, P. M., & Duncan, O. D. (1967). *The American occupational structure.* John Wiley.

Bloom, B. S. (1976). *Human characteristics and school learning*. N.Y.: McGraw-Hill Book Company.

Blumer, H. (1969). *Symbolic interactionism: perspective and method*. Englewood Cliffs, N.J: Prentice-Hall.

Bourdieu, P. & passeron, J. (1977). *Reproduction in educational society and culture*. Sage Publication.

Boudon, R. (1973). *Education, opportunity and social inequality*. New York: John wiley & Sons.

Bowles, S., & Gintis, H. (1976). *Schooling in capitalist America*. New York: Basic Books Inc.

Bowles, S., & Gintis, H. (1977). IQ in the class structure. *Social Policy, 3*, 4-5.

Bowman, M. J. (1966). The human investment revolution in economic thought. *Sociology of Education*, Vol. 39, No. 2.

Bradford, L., Gibb, J., & Benne, K. (Eds.)(1964). *T-group theory and laboratory method*. New York: John Wiley and Sons.

Brameld, T. (1972). Education as self-fulfilling prophecy. *Phi Delta Kappan, 54*, pp. 8-44, pp. 58-61.

Braun, C. (1973). Johnny reads the cues: Teacher expectation. *The Reading Teacher, 26*(7), 704-711.

Brookover, W. B. (1949). Sociology of education. *American Social Review(ASR)*, Vol. 14, No. 3.

Brookover, W. B. (1974). *Society schools and learning*. Michigan: M.S.U. Press.

Brookover, W. B., & Erickson, E. L. (1975). *Sociology of education*. Illinois: The Dorsey Press.

Brookover, W. B., & Gottlieb, D. (1964). *A sociology of education*. New York: American Book Company.

Brookover, W. B., Beady C., Flood, P., Schweitzer, J., & Wisenbaker, J. (1977). *Schools can make a difference*. East Lansing, Michigan: College of Urban Development, Michigan State University.

Brookover, W. B., Beady, C., Flood, P., Schweitzer, J., & Wisenbaker, J. (1979). *School social systems and student achievement: School can make a diefference*. New York: Praeger Publishers.

Brookover, W. B., Schweitzer, J. H., Schneider, J. M., Beady, C. H., Flood, P. K., & Wisenbaker, J. M. (1978). Elementary school social climate and school achievement. *American Educational Research Journal*, 15, 301-318.

Brophy, J. E., & Good, T. L. (1970). Teacher's communication of differential expectations for children's classroom performance: Some behavioral data. *Journal of Education Psychology, 60,* 365-374.

Brophy, J. E., & Good, T. L. (1974). *Teacher-student relationships: causes and consequences.* New York: Holt, Reinhart and Winston.

Burnutt., et al. (1973). *Learning and culture.* University of Washington Press.

Cartwright, D., & Zander, A. (1960). *Group dynamics: Research and Theory.* Evanston, III.: Row, Peterson.

Centers, R. (1949). Education and occupational mobility. *American Sociological Review, 14.*

Christie, S. G., & Schribner, J. D. (1969). A social system analysis of inovation in sixteen school districts, A paper presented at the American Educational Research Association Annual Meeting, Los Angeles.

Clark, B. (1962). *Educating the expert society.* San Francisco: Chandler.

Cohen, M. (1983). *Instructional, management and social conditions in effect school improvement.* MA: Ballinger. Linkages in the 1980's Cambridge.

Coleman, J. S. (1961). *The adolescent society.* New York: Crowell-Collier and Macmillian Inc.

Coleman, J. S. (1965). Education and political development. In J. S. Coleman (Ed.), *Education and political development.* Princeton, N. J.: Princeton University Press, 3-32.

Coleman, J. S., et al. (1966). *Equality of educational opportunity.* Washington, DC: U. S, Government Printing office.

Coleman, J. S., Campbell, E. O., Hobson, C. J., Mcpartland, J., Mood, A. M., Weinfeld, F. D., & York, R. L. (1960). *Equality of educational opportunity.* Washington, D.C.: Office of Education, U.S. Department of health. Education and Welfare.

Collins, R. (1971). *Functional and confllict theories of educational stratification.* American Souological Review, 36, December.

Conley, D. T. (1993). *Roadmap to restructuring: policies, practices and the emerging vision of schooling.* Oregon: ERIC(Clearinghouse on Educational Management).

Cooley, C. (1902). *Human nature and social order.* New York: Scribner's.

Crano, W. D., & Mellon, P. M. (1978). Casual influence of teacher's expectations on children's academic performance: A cross-lagged panel analysis. *Journal of Education Psychology, 70*(1), 39-49.

Cropley, A. J., & Dave, R. H. (1978). *Lifelong education and the training.* Hamlurg, Unesco Institute of Education, 2.

Dahrendorf, R. (1959). *Class and class conflict industrial society.* California: Stanford University Press.

Dave, K. N. (1976). *Foundation of lifelong education.* Unesco Institute of Education, p. 51.

David, R. (1985). *Studying school effectives.* London: The Falmer Press.

David, K., & Moore, W. E. (1945). Some principles of stratification. *The American Sociological Review,* 10, 242-249.

Davis, A. (1963). *Social class-influences upon learning.* New York: Harper.

Denis, L. (1978). *Class, culture and the curriculum.* London: Routledge & Regan Paul.

Dewey, J. (1916). *My pedagogic creed.* New York: Macmillan Co.

Dizard, W. P. Jr. (1982). *The coming information age: an overview of technology, economic, and politics.* New York: Longman.

Donald L. Jr., & Keller, S. (1979). *Sociology.* New York: Alfred A. Knopf.

Doyle, W., Hancock, G., & Kifer, E. (1971). Teacher's perceptions: Do they make a difference?. *Paper presented at annual meeting of the American Education Research Association.*

Dreeben, R. (1967). The contribution of schooling to the learning norms. *HER,* Vol. 37. No. 2.

Dreeben, R. (1968). *On what is learned in school.* Addison-Wesley.

Dunn, F. M. (1968). Special education for the mildly retarded-Is much of it justifiable?, *Exceptional children,* Vol. 35, No. 1.

Durkheim, E. (1956). *Education and sociology.* translated by Sherwood Fox. Illinois: The Free Press.

Dyer, W. G. (1972). *Modern theory and method in group training.* New York: Van Nostrand Reinhold Co.

Edmonds, R. R. (1979). Some schools work and more can. *Social policy.*

Eicholz, G. (1961). Development of a rejection classification for newer education media. (Ph.D. Diss., Ohio State University)

Elwood, C. (1957). What is educational sociology. *JES,* Vol. 1, No. 1.

Etzioni, et al. (Eds.)(1973). *Social Change.* New York: Basic Books.

Evetts, D. (1973). *The sociology of psychology of education.* Holt, Reinhart and Winston, Inc., p. 180.

Evetts, J. (1973). *The sociology of education ideas.* R. & KP. London: 76-82.

Eysenck, H. J. (1971). *The I.Q. arguement.* N.Y.: Library Press.

Faunce, W. A. (1979). School achievement, social status and self-esteem. Paper presented at American Sociological Association Annual Meeting. Boston. August.

Faure, E., et al. (1972). *Learning to be*. Paris: Unesco.

Findley, W. G., & Bryan, M. (1971). *Ability grouping: 1970*. Athens Georgia, Center for Educational Improvement, University of Georgia.

Finn, J. D. (1972). Expectations and the educational environment. *Review of educational research, 42*(3), 387-410.

Forsyth, D. R. (1990). *Group Dynamics*. California: Brooks/Cole Publishing Co.

Foster, P. (1966). The vocational school fallacy in development planning. In Anderson & Bowman, *Education and economic development*. Chicago: Aldine Press.

Fox, R., Luszki, M., & Schmuck, R. (1966). *Diagnosing classroom learning environments*. Chicago: Science Research Associates.

Fox, R. S., Lippett, R. O., & Schmuch R. A. (1964). Pupil-teacher adjustment and mutual adaptation in creating classroom learning environments(Final Report). U. S. Department of Health. Education, and Welfare, Office of Education. Cooperative Research Project No. 1167, Inter-Center Program of Research on Children, Youth and Family Life. Institute for Social Research, University of Michigan, January.

Fox, R. S., Jung, C., Ritvo, M., Schmuck, R., & Edmond, E. V. (1970). Diagnosing the professional climate of your school(Vol. III). Washington, DC: U. S. Department of Health, Education and Welfare, Office of Education, National Training Laboratories Institute for Applied Behavioral Science.

Freire, P. (1970). *Pedagoy of the oppressed*. New York: Harder and Herler.

Freire, P. (2002). *Pedagogy of the oppressed*. 남경태 역. 피억압자의 교육학. 서울: 그린비.

Garfinkel, H. (1967). *Studies in ethnomethodology*. New Jersey: Prentice-Hall.

Getzels, J. W., & Thelen, M. A. (1960). The classroom group as a unique social system. In B. H. Nelson. (Ed.), *The dynamics of instructional group*. 59th Yearbook of the NSSE, Part2.

Getzels, J. W. (1969). A social psychology of education. *In the handbook of social psychology*. edited by G. Lindzey & E. Aronson. Reading, Mass: Addison-Wesley, Vol. 5.

Giacquinta, J. B. (1974). The process of organizational change in schools. In F. Kerlinger (Ed.), *Review of research in education* (Itasca 3.: F. E. Peacock Publishers, A Publication of the American Educational Research Association).

Glass, D. V. et al. (1954). *Social mobility in Britain*. London: Routlege & Kegan Paul LTD.

Glidewell, J. C., Kantor, M., Smith, L. M., & Stringer, L. (1966). Classroom socialization and social structure. In M. Hoffman & L. Hoffman (Ed.), *Reviewing of child development research*. New York: Russell Sage Foundation.

Goffman. E. (1972). *Interaction ritual: Essays on face to face behavior.* Garden City, N.Y.: Double Fay.

Goldberg, M. L., Passow, A. M., & Justman, J. (1966). *The effect of ability grouping*. N.Y.: Teachers College Press, Columbia University.

Good, T., & Brophy, J. (1973). *Looking at classrooms.* New York: Harper & Row, Publishers.

Good. T. L., & Brophy, J. E. (1986). School effect. In M. C. Wittrock (Ed.), *Handbook of research on reaching*(3rd ed.). N.Y.: Mcmillan Publishing Company.

Gorbutt, D. (1974). The new sociology of education. *Education for Teaching,* vol. 8.

Gottlieb, D., & Brookover, W. B. (1969). Acceptances of new educational practices by elementary school teachers: Social factors in the adoption of new teaching-learning techniques in elementary schools. East Lansing: Educational Publication Services, College of Education, Michigan State University.

Gross, N. (1959). Some contributions of sociology to the field of education. *HER(Harvard Educational Research),* Vol. 29, No. 2.

Guskin, A. E., & Guskin, S. L. (1970). *A social psychology of education.* Reading, Mass.: Addison-Wesley.

Hargreaves, D. (1967). *Social relations in a secondary school.* N.Y.: Humanities Press.

Havighurst, R. J., & Neugarten, B. L. (1968). *Society and education.* Boston: Allyn and Bacon.

Helfiker, L. R. (1969). The relationship of school system Inovations to selected demensions of interpersonal behavior in eight school systems. Report from the models for planned educational change project. *Technical Report,* No. 70. Washington, DC: U.S. Department of Health, Education and Welfare.

Herrington, G. (1947). The status of educational sociology today. *JES,* Vol. 21, No. 3.

Hopper, E. (1977). *A typology for the classfication of educational system.* Sociology 2: 29-44.

Horton, P. B., & Leslie, G. R. (1955). The sociology of social problems. N.Y.: Appleton-century-crofts.

Horton, P. B., & Hunt, C. L. (4th ed)(1976). *Sociolgy*. New York: McGraw-Hill, Inc, 234-243.

Hurn, C. J. (1978). *The limits and possibility of school: An introductiion to the sociology of education*. Boston: Allen and Bacon, Inc.

Húsen, T. (Ed.)(1975). International study of achievement in mathematics. *A compasison of twelve countries, Volume III.* New York: Wiley.

Illich, I. (1971). *Deschooling society*. New York: Harper & Row.

Inkles, A. (1969). Making men modern: On the causes and consequencies of individual change in six developing countries-. *American Journal of Sociology*, Vol. 75, No. 2.

Jaap Scheerens. (1992). *Effective schooling*. London: Cassell.

Jackson, J. M. (1960). Structural characteristics of norms. *In the dynamics of instructional groups*, 59th yearbook, part 2, edited by N. Henry. Chicago: National Society for the Study of Education.

Jencks, C. (1972). *Inequality: A reassessment of the effect of family and schooling in America*. New York: Harper & Row.

Jencks, C., et al. (1972). *Inequality*. New York: Harper & Row, Pub.

Jencks, C. (1972). *Inequality: A reassessment of effect family and schooling in America*. New York: Harper & Row.

Jensen, A. R. (1973). *Educability and group differences*. London: Methuen.

Jensen, A. R. (1969). How can we loost I.Q. and scholastic achievement? *Harvard Educational Review*, 39: 1-123.

John Useem. (1971). The study of cultures. *Sociological Focus*, Vol. 4.

Johnson, D. W. (1970). *The social psychology of education*. New York: Holt, Rinehart & Winston.

Johnson, D. W. (1970). *The social psychology of education*. New York: Holt, Rinehart & Winston.

Johnston, H. M. (1969). *Organizational climate and the climate of educational innovation*. Washington, D.C.: Office of Education, Department of Health, Education and Welfare.

Jonscher, C. (1983). Information Resources and Economic Productivity. *Information Economics and Policy*, January.

Karabel, J., & Halsey, A. H. (1977). *Power and ideology in education*. New York: Oxford University Press.

Katz, D., & Kahn, R. L. (1978). *The social psychology of organizations*. New York: John Wileys & Sons, Inc.

Kidder, L. H. (1980). *Research methods in social relations*(4th ed.). New York: Holt, Rinehart & Winston.

Kumer, K. (1995). *From Post-Industrial to Post-Modern Society: New Theories of the Contemporary World*. Oxford, UK & Cambridge, USA: Blackwell.

Kumer, K. (1997). The Post-Modern Condition. A. H. Halsey, H. Lauder, P. Brown, & A. S. Wells, *Education*. Oxford University Press.

Lee, H. (1927). *The status of educational sociology in normal schools, Teacher Colleges and*

Universities. New York University Press.

Lemert, E. (1951). *Social psychology.* N.Y.: McGraw-Hill.

Lengrand, P. (1970). *Introduction to lifelong education.* (pp. 25-49). Paris: Unesco.

Lerner, D. (1958). *The Passing of traditional society.* New York: The Free Press.

Lewen, K. (1947). Frontiers in group dynamics. *Human relations.* 1: 5-40.

Lieberman, M. A., Yalom, I., & Miles, M. (1973). *Encounter groups: First Facts.* New York: Basic Books, Inc.

Light, R. J., & Smith, P. V. (1969). A methodological inquiry. *Harvard Educational Review, 39,* 484-510.

Lindsay, K. L. (1929). *Social progress and educational waste.* London University Press.

Lippitt, R., Fox, R., & Schmuck, R. (1964). Pupilteacher adjustment and mutual adaptation in creating classroom learning environments. *Final report. U. S. Office of Education, Cooperative Research Project,* No. 1167. Wahington, D.C.

Linten, R. (1945). *The cultural background of personality.* New York: Appleton.

Lipset, S. M. (1972). Social mobility and equal orportunity. *The Public Interest,* 29.

Little, J. W. (1982). The effective principal. *American Education, 18*(7), 38-43.

Maclever, R. M. (1942). *Social causation.* Boston: Ginn and Company.

Mahan J. M. (1970). The teacher's view of the principal's role in innovation. *The elementary school journal.*

Manis, J., & Meltzer, B. N. (1969). *Symbolic interaction: A reader in social psychology.* Prentice Hall.

Mannheim, K. (1940). *Man and society in an age of reconstruction.* London: Kegan Paul.

Masuda, Y. (1981). *The information society as post-industrial society,* institute for the information society. Tokyo, Japan.

Mayeske, F. W., Wisler, C. E., Beaton, A. E., Jr., Weinfeld, F. O., Cohen, W. N., Okada, T., Proshek, J. M., & Tabler, K. A. (1969). A study of our nation's school. Washington, D.C.: U.S., Department of Health, Education, and Welfare, Office of Education.

McDill, E., & Rigsby, L. (1973). *The academic impact of educational climates: structure and process in secondary school.* Baltimore: The Johns Hopkins University Press.

McDill, E. L., & Rigsby, L. C. (1973). *Structure and process in secondary schools: The academic impact of educational climates.* Baltimore: Johns Hopkins University Press.

Mead, G. H. (1962). *Mind, self and society.* London: The University of Chicago LTD.

Merrill F. E., & Eldredge, H. W. (1953). *Culture and society.* New York: Prentice-Hall.

Merton, R. K. (1957). *Social theory and social structure* (revised. ed). Glencoe, III: The Free Press.

Millor, S. M. (1960). Comparative social mobility. *Current Sociology,* Vol. 9, p. 34.

Mosteller, F., & Moynihan, D. R. (1972). A pathbreaking report. In F. Mosteller & D. P. Moynihan (Eds.), *On equality of educational opportunity.* New York: Vintage Books.

Muldon, J. F. (1955). The concentration of liked and disliked members in groups and the relationship of the concentration to group cohesiveness. *Sociometry, 18.*

Myrdal, G. (1968). *The Asian Drama,* Vol. 3. New York: Pantheon, A Division of Random House.

Naisbitt, J. (1984). *Megatrends: Ten New Directions Transforming Our Lives, Futura.* A Warner Communication Company, 28.

Naisbitt, J. (1990). *Megatrends 2000:* Ten New Directions for the 1990's. New York: William Morrow and Company, Inc.

O'Brien, R. C. (1986). *The political economy of information: a north-south perspective.* World Communication, Longman.

Ogburn, W. F., & Meyer F. S. (1950). *Sociology.* New York: Houghton Mifflin Company.

Ogburn, W. F. (1922). *Social change.* New York: The Viking Press.

Ohira, G. (1987). Economic Analysis of Information Activities in Japan. *Keio Communication Review,* Vol. 8.

Pace, C. R. (1963). Differences in campus atmosphere. In W. W. Charters, Jr. & N. L. Gage (Eds.), *Readings in the social psychology of education.* Boston: Allyn and Bacon, Inc.

Palardy, J. (1969). What teachers believe-What children archive. *Elementary School Journal,* 69.

Parsons, T. (1959). The school class as a social system: Some of its functions in American society. *Harvard Educational Review, 29,* 297-318.

Parsons, T. (1951). *The social system.* New York: Harper & Row.

Parsons, T. (1971). *The system of modern societies.* Prentice-Hall.

Payne, E. (1927). Editorial announcement. *JES,* Vol. 1, No. 1.

Persell, C. H. (1977). *Education and inequality: The roots and results of stratification in America's schools.* New York: The Free Press.

Perry, T. (1993). *Freedoms flow: Teaching in the multicultural classroom.* N.Y: Routledge.

Plowden, R. (1967). Children and their primary schools: A report of the central advisory council for education(England). London: Her Majesty's Stationery office.

Porat, M. U. (1977). *Information economy*, Vol. 1, Definitions and Measurement. U.S. Department of Commerce.

Poster, C. (1999). *Restructuring: The key to effective school management.* New York, Canada, London: Routledge.

Purkey, S. C., & Smith, N. S. (1983). Effective schools: A review. *Elementary School Journal, 85*, 245-276.

Rawls, J. (1971). *A theory of justice.* Canbridge, Mass: Harvard University Press.

Reimer, E. (1971). *School is dead: an Essay on Alternaives in edcuation.* 김석원 역. 학교는 죽었다. 서울: 한마당.

Reuter, E. (1935). The problem of an educational sociology. *JEB*, Vol. 9, No. 1.

Rist, R. C. (1970). Student social class and teacher expectations: The self-fulfilling prophecy in ghetto education. *Harvard Education Review, 40*, 411-451.

Robert & Helen, L. (1937). *Middletown in transition.* New York: Harcourt-Brace.

Rogers, D. (1969). *One hundred and ten livingstone street.* New York: Vintage Books, A Division of Random House.

Rosenbaum, J. E. (1975). Making inequality. N.Y.: Wiley-Interscience, and The stratification of socialization processes. *American Sociological Review*, Vol. 40, 48-54.

Rosenthal, K. (1974). The Pygmalion effect: what you expect is what you get. *Psychology Today Library Cassette, 12.* New York: Ziff-Davis.

Rosenthal, R., & Fode, K. L. (1963). The effect of experimenter bias on the performance of the albino rat. *Behavioral Science*, 8, 183-189.

Rosenthal, R., & Jacobson, L. (1969). *Pygmalion in the classroom.* N.Y.: Holt, Rinehart and Winston.

Roucek, J. (1946). Sociological foundation of education. In P. Valentine (Ed.), *The twentieth century education.* Philosophical Library.

Rubington, E., & Weinberg, M. S. eds (1981). The study of social proplems, Oxford Press, Inc.

Rutter, M., Maughan, B., Mortimore, P., Ouston, J., & Smith, A. (1979). *Fifteen thousand hours: Secondary schools and their effects on children.* Cambridge, Mass.: Harvard University Press.

Sarup, M. (1978). *Marxism and education.* London: Routlege & Kegan Paul.

Sashkin, M., & Egermeier, J. (1992). *School chage models and processes: A Review and synthesis of research and practice.* Washington, D.C.: US Department of Education.

Schein, E., & Bennis, W. (1965). *Personal and organizational change through group methods*. New York: John Wiley and Sons.

Schmuck, R. A. (1966). Some aspects of classroom social climate. *Psychology in the Schools* 3.

Schmuck, R. A., & Miles, M. (1971). *Organization development in schools*. Palo Alto, Calif.: National Press Books.

Schmuck, R. A., & Schmuck, P. A. (1978). *Group processes in the classroom*. Iowa: Brown Company Publishers.

Schwartz, M. S., & Schwartz, C. G. (1955). Problems in participant observation. *American Journal of Sociology*.

Sewell, W. H., et al. (1976). *Schooling and achievement in American society*. New York: Academic Press.

Shapiso, A. K. *A contribution to a history of the placebo effect*. Behavioral Science.

Silberman, C. E. (1990). *Crisis in the Classroom*. 배영사 편집실 편역. 학급의 위기. 서울: 배영사.

Simon, D., Frank, R. S., & Walte, R. (1962). *Delinquency vulnerability*.

Skorinia, H. J. (1965). *Television and society*. New York: McGraw Hill Book Co., 165-169.

Small, A. (1897). Some demands of sociology upon pedagogy. *American Journal of Sociology(JES)*, Vol. 2.

Smith, R. L. (1972). *The wired nation: The electronic communications highway*. New York: Harper & Row.

Smith, W. K. (1917). *An Introduction to Educational Sociology*.

Sorokin, P. A. (1959). *Social mobility and cultural mobility*. New York: The Free Press.

Spencer, H. (1861). *Education: Intellectual, moral, and physical*.

Spencer, M., & Inkeles, A. (1976). *Foundation of modern sociology*. Englewood Cliffs, New Jersey: Prentice-Hill, Inc., 235.

Spengler, O. (1922). der Untergang des Abendlandes, Verlage Ludwig Auer Donauwoerth.

Stein, A. H., et al,. (1972). Television content and young children's behavior. *Television and Social Behavior*, vol II. Washington: U.S. Government Printing Office.

Stevenson, H. W. (1972). Television and the behavior of pre-school children. *Television and Social Behavior II*. Washington: U.S. Government Printing Office.

Stoiner, T. (1983). *The Wealth of Information*. London: Thames-Methuen.

Sullivan, J., Thompson, K. S. et al. (1980). Social problems. N.Y.: Wiley & Sons.

Sumner, W. G. (1907). *Folkways*. Boston: Ginn.

Szreter, R. (1980). Institutionalizing a new specialism: Early years of the journal of educational sociology. *British Journal of Sociology of Education*. Vol. 1, No. 2.

Thurow, R. M. (1972). *Education and inequality.* Public Interest.

Toffler, A. (1989). *The Third Wave.* 이규행 감역. 제3의 물결. 서울: 한국경제신문사.

Toffler, A. (1990). *Powershift: Knowledge, Wealth and violence at the edge of the 21st century.* New York: Bantam Books.

Toffler, A. (1980). *The third wave.* Bantam Books Inc.

Toynbee, A. J. (1946). *Study of history.* D.C. Summer-Bell.

Trow, M. (1977). The secondary transformation of American secondary education, Karabel and Halsey(eds.) *Power and Ideology in education*, 105-118.

Trow, M. (1962). Student cultures and administrative action. In R. L. Sutherland, W. H. Holtzman, E. A. Koile, & B. K. Smith (Eds.), *Personnality factors on the college campus.* University of Texas Press: Austin, Tex.

Trow, W., Zander, A., Morse, W., & Jenkins, D. (1950). Psychology of group behaviors: The class as a group. *Journal of Educational Psychology, 41.*

Tylor, E. B. (1871). *Primictive culture: Reseorches into the development of methodology, philosophy, religion, art and customs.* London: John Murray.

Tyson, E., Gilder, G., Keyworth, G., & Toffler, A. (1994). *Cyberspace and the American dream: A Magna Carta of the knowledge age.*

Waller, W. (1932). *The sociology of teaching.* New York: John wiley and Sons.

Waller, W. (1955). *The sociology of teaching.* New York: American Book Co.

Ward, L. (1883). *Dynamic sociology*, II.

Warmer, W. L. et al. (1949). *Social class in America: A model for procedure for measure of social status.* Chicago: Science Research Associates.

Warshay. (1975). *The current state of sociological theory.* David McKay.

Weber, M. (1947). *The theory of social and economic organization.* Free Press.

Webster, F. (1995). *Theories of the information society.* London & New York: Loutledge.

Wilhoit, G. C. (1981). *Mass communication review Yearbook,* Vol. II, Sage Publication.

Wilson, B. J., & Schmits, W. (1978). What's new in grouping? *Phi Deta Kappan, 59*(8), 535-536.

Wilson, C. H. (1973). *On the evolution of education.* S.T. Kimball. & J. B. Busnett(eds.). Learning and culture. *University of Washington Press.* 211-244.

Young, M. F. D. (Ed.)(1971). *Knowledge and control: New direction for sociology of education.* London: Collier-Macmillan.

찾아보기

인 명

내 용

:::: 저자 소개

김병성(金炳聲, Kim, Byong-sung)

서울대학교 교육학과 대학원 교육사회학 전공
미국 미시간주립대학교(Michigan State University) 교육사회학 박사(Ph. D.)
한국행동과학연구소 연구원
영국 엑시터(Exeter) 대학교 Research Fellow
한국교육개발원 책임연구원, 수석연구원
한국교원대학교 부교수, 교수
한국교육사회학회 회장
한미재단(Fulbright 위원회)교환교수
미시간주립대학교 교환교수
서울대학교, 이화여자대학교, 고려대학교, 한양대학교, 서강대학교, 성균관대학교, 경희대학교, 서울여자대학교, 중앙대학교, 숙명여자대학교, 한국외국어대학교 대학원에서 강의

〈저서 및 역서〉

School and Social Achievement(한국교육개발원, 1982)
학교학습풍토와 학업성취(교육과학사, 1984)
학교교육과 교육격차(한국교육개발원, 1985)
교육사회학(양서원, 1988)
교육사회학 관련이론(양서원, 1990)
한국사회와 교육갈등(공저, 양서원, 1990)
학교의 사회심리학(양서원, 1990)
사회문화와 교육(역, 문음사, 1991)
교육학 총론(공저, 양서원, 1992)
교육과 사회(학지사, 1994)
효과적인 학교학습풍토의 이론과 실제(학지사, 1995)
교육연구방법(학지사, 1996)
학교 효과론(학지사, 2001)
교육사회학 이론신강(학지사, 2002)
교육사회심리학(한국교원대학교, 2004) 등 다수

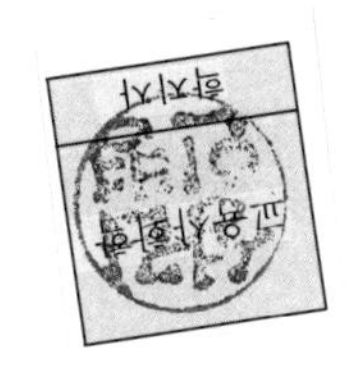

(제3판)

교육사회학: 학교 사회-문화 분석
A Sociology of Education

1994년 2월 20일 1판 1쇄 발행
2004년 3월 10일 1판 13쇄 발행
2004년 8월 27일 2판 1쇄 발행
2014년 8월 20일 2판 18쇄 발행
2017년 2월 15일 3판 1쇄 발행
2021년 2월 25일 3판 3쇄 발행

지은이 • 김 병 성
펴낸이 • 김 진 환
펴낸곳 • (주) 학지사
04031 서울특별시 마포구 양화로 15길 20 마인드월드빌딩 5층
대표전화 • 02) 330-5114 팩스 • 02) 324-2345
등록번호 • 제313-2006-000265호
홈페이지 • http://www.hakjisa.co.kr
페이스북 • https://www.facebook.com/hakjisabook

ISBN 978-89-997-1146-6 93370

정가 20,000원

파본은 구입처에서 교환하여 드립니다.

이 도서의 국립중앙도서관 출판시도서목록(CIP)은 서지정보유통지원시스템 홈페이지(http://seoji.nl.go.kr)와 국가자료공동목록시스템(http://www.nl.go.kr/kolisnet)에서 이용하실 수 있습니다.
(CIP제어번호: CIP2017001784)